グローバル・サウスはいま
3

中東の新たな秩序

松尾昌樹／岡野内正／吉川卓郎
［編著］

The New Order in the Middle East

ミネルヴァ書房

「グローバル・サウスはいま」刊行にあたって

　本シリーズは,「南」の国々と地域の歴史的な形成と発展の過程を踏まえ, 21世紀を迎えた現時点におけるその政治, 経済, 社会, 文化の諸分野の全体像を, 変容するグローバルな世界秩序の視点から再考し, その複雑に絡み合った諸問題とこれからの課題を展望する試みである。執筆者は, 主に「南の世界」を専門にしている。今日, 21世紀の世界の現実を「北の世界」との対比された「南の世界」といった従来の区分では分析するのは十分でない。それゆえ, 本書では「グローバル・サウス」という概念を使う。

　「グローバル・サウス」は新自由主義の文脈において特別な意味を持つ。新自由主義型資本主義の帰結は, 一方で, グローバルかつナショナルに, 富の激しい集中があり, 超富裕層と大多数の人々との格差の拡大がある。他方, ローカルからの異議申し立てが見られる。それは, 新自由主義型グローバル化のもとで搾取, 疎外, 周辺化の共通した経験を有するすべての人々, グループ, 諸階級, そして諸民族を包含する。これは「抵抗のグローバル・サウス」である。

　冷戦後の世界では21世紀に入り, 人類は深刻な政治的, 経済的, 社会的な出来事に直面した。2001年9月11日の同時多発テロをはじめとして, 2008年のリーマンショック, そして, 2011年3月11日の東日本大震災と原発事故である。今日, ポスト9.11のこの世界を見通すことはきわめて難しい。われわれは何を目指し, どこに向かっているのか。そこでは, ポスト国民国家とグローバル化は不可避な前提となる。そして, 世界秩序をめぐるヘゲモニーの動向やリージョナルなガヴァナンス構築, また, ナショナルな安全保障の再構築が重要な課題となる。こうした視点からすると, 中国の存在は決定的であるが, その役割は多面的な側面を持っている。

　現在, 世界各地でポピュリズム的潮流が急浮上している。他方で, 新しい社会運動の台頭に突き動かされて, 民主主義の定着や新しい社会構想が実験, 模索されている現実にも注目する必要がある。わが国では, いまだ歴史的な負の遺産を主体的に克服できていない。むしろ, 貧困格差の拡大や非正規雇用の常態化を背景とし, 社会的不安の浸透, 自由な精神と思考の萎縮傾向, そして狭隘なナショナリズムの拡がりがある。だが, こうした現状に対する若者の異議申し立ての動きも生まれ始めている。

　今や「グローバル・サウス」を考えることは, すべての人々が「現代」をいかにとらえ, 生きていくのか, この切実な「問いかけ」を考えるうえで不可欠な条件となろう。

　本シリーズは, 創立55周年を迎えた特定非営利活動法人（NPO法人）アジア・アフリカ研究所の企画として始まったが, 今日の複雑な世界を捉えるため, 研究所を越えて第一線の多数の研究者の協力を仰いだ。

2016年4月

松下　冽
藤田和子

はしがき

　一つの国や地域の外交や内政，あるいは経済や社会の動きは，今現在の状況のみに目を向ければ，無秩序に見える。しかしより長い時間のなかで，あるいはより客観的な眼差しで眺めると，なんらかの方向性が見えてくる。それが秩序である。無秩序に見える動きであっても，多様な主体は一定の幅の中で，その意図があろうとなかろうと，ある方向に向かって動いている。中東地域の秩序は，長い歴史の中で何度か更新されてきたが，今まさに古い秩序が崩壊しつつある。しかし，では中東の新しい秩序とはいったいどんなものなのか。

　今世紀に入って，大きな変化が中東地域に押し寄せているといわれる。イラク戦争やその後のイラクの混迷，「アラブの春」，IS（イスラーム国）の台頭などは，これまでの中東の政治・社会秩序を大きく変えると言われている。このような大事件は，我々の目をそこに釘付けにするが，しかしそうした目をひく事態の背後には，もう少しゆっくりとした変化，たとえば中東の域内大国がエジプトやイラクからサウディアラビアに移行しつつある状況や，イスラームにおける女性の地位といった変化が影響していることも多い。さらには，若年人口の増加や失業率の変化といった，統計資料の1頁に埋もれるような変化もある。突発的な大事件がその後の行く末を決定づけることもあれば，微細な変化の総体として新しい秩序が形成されることもある。

　こうした微細な変化も含めて，一体どの変化が，次の中東秩序を形成する鍵となるのか——これを読み解くことは非常に困難だ。目先の変化だけにとらわれないように，これまでも細心の注意を払って中東地域の秩序を読み解く努力が続けられてきたが，必ずしもその全てが成功であったとはいえない。2011年に「アラブの春」が発生した当時，アラブの民衆が自由のために立ちあがり，長く続いた中東の権威主義は遂に崩壊に向かうと予言された。しかし，この動きが一段落しつつある今日，権威主義的な支配は消滅せず，場合によってはより巧妙に，この地域の秩序を形成する一角として機能し続ける未来が提示されつつある。

グローバル化という概念は，時として様々な重要な問題を隠蔽する効果を持つようだ。グローバル化によって地球上の様々な地域が変化を引き起こしている，と説明されることが多い。それは事実だが，しかし同時に，それまで遙か遠くに存在していると思われた相手が，いつの間にか我々の隣人になっていた世界，それがグローバル化された世界であるということを忘れてはならない。

　グローバル化という表現が日常化している状況とは対照的に，我々は中東のことをあまりにも隣人として理解していない。「アラブの春」を読み誤ったのも，どこか現実味を喪失した世界として中東を眺めた結果かもしれない。その意味で，「アラブの春」は中東を眺める我々にとって，苦い教訓となった。中東は，我々が思い描くよりも遙かに複雑で手強い相手であった。では我々は，そうした手強い中東と共にどのような未来をつくれるのだろうか。グローバル化が進展し，世界中が緊密化してゆくなかで，我々は次の時代に向けて共に歩む相手を選べないのだ。それがどんな相手であっても，共に歩み，未来を作っていかなければならない。

　それであればこそ，我々は中東について，再び基本から——それは単に基本的な知識というだけでなく，相手を理解するためにはどのような方法が適切なのか，といったより広い問題も含めて——理解しようと努めるべきだろう。本書は，そのための良いきっかけとなるだろう。

　　2016年4月

　　　　　　　　　　　　　　　　　　　　編者を代表して　松尾昌樹

中東の新たな秩序

目　　次

はしがき

序　章　中東とグローバル・サウス……………………………松尾昌樹…1
　　　　中東はグローバル・サウスか　「サウス的」中東
　　　　中東における「サウス的」特徴の希薄化　分析手法の変化　各章の構成

―――――――――――
第Ⅰ部　中東世界の変容
―――――――――――

第1章　冷戦後の国際政治と中東地域の構造変容…………溝渕正季…17
　　　　　　――米国の対中東政策を中心に――
　　1　冷戦後世界における米国単極構造と中東……………………………17
　　2　「パックス・アメリカーナ」の成立――クリントン政権期とそれ以前, 1989～2001年‥18
　　　　中東への直接関与の始まり　冷戦終結と「二重の封じ込め」
　　　　中東和平を前進させる　「パックス・アメリカーナ」の影で
　　3　「帝国」の野心と挫折――ブッシュ政権期, 2001～09年 ………24
　　　　「ブッシュ・ドクトリン」　イラク戦争と困難をきわめる戦後復興
　　　　シリアとイランに照準を絞る　「中東新冷戦」構造の顕在化
　　　　シリアとイランの反転攻勢　「帝国」の黄昏？
　　4　撤退する米国――オバマ政権期, 2009年～ ……………………34
　　　　オバマの現実主義　「アラブの春」の趨勢　「対テロ戦争」の行方
　　　　「イスラーム国」の台頭　岐路に立つ米国と中東

第2章　イスラーム主義運動の歴史的展開 ………………末近浩太…41
　　　　　　――中東地域研究における意義を再考する――
　　1　やせ細るイスラーム主義運動研究……………………………………41
　　2　イスラーム主義とは何か………………………………………………42
　　　　その定義　その歴史　イスラーム主義運動の登場
　　　　1979年イラン・イスラーム革命という「勝利」
　　3　過激派はなぜ生まれたのか……………………………………………45
　　　　選び取られるイスラーム主義　過激派の誕生　抵抗運動の論理と戦術

  4 岐路に立つイスラーム主義運動……………………………………48
    9.11事件の衝撃とアル=カーイダの新しさ 試金石となった「アラブの春」
    「イスラーム国」の「反西洋」
  5 新時代のイスラーム主義運動と中東地域研究……………………53
    「ポスト・イスラーム主義」論 「政治」の意味を拡張する
    イスラーム主義運動研究と中東地域研究

第3章 グローバル化する中東と石油……………松尾昌樹…59
    ――レンティア国家再考――

  1 レントと権威主義…………………………………………………59
    レントとは何か 権威主義を支えるレント
    石油を通じたグローバル化と権威主義体制
  2 「石油の呪い」と「レンティア国家仮説」………………………63
    石油の富の流出 石油の呪い 不安定な経済成長 紛争
    ジェンダー格差 「石油の呪い」の発生条件 「呪い」の拡大
    レンティア効果をどう理解するべきか レンティア効果を計測する
  3 レンティア国家仮説と中東地域研究………………………………70
    レンティア国家仮説の弱点 レンティア国家仮説と中東地域研究の融合
  4 レンティア国家研究のフロンティア――レント配分政策の変化を追う……72
    レンティア国家における労働市場の特徴 湾岸アラブ型エスノクラシー
    レントの減少がもたらすレント配分システムの変化
    脱レンティア国家の道筋 レンティア国家とグローバル・サウス
  コラム1 中東で導入が進む再生可能エネルギー……………堀拔功二…80

第4章 エジプトの「革命」………………………岩崎えり奈…81
    ――民衆は時代の転換に何を望んだか――

  1 1月25日革命から5年経つエジプト………………………………81
    2011年からの革命の経過 革命のアクター,軍
    社会運動としての「革命」
  2 人々は何に義憤を感じたのか………………………………………85
    不平等と貧困 2000年代のエジプト経済構造の特質
  3 意識調査という手法…………………………………………………89

　　　　　意識調査とは何か　　定量的調査の意義　　意識構造をどう捉えるか
　4　革命前後で人々の意識は変化したのか……………………………………92
　　　　　意識項目間の関連を捉える──多重対応分析
　　　　　多重対応分析の分析結果──2008年
　5　革命を境に人々の意識は変化したのか………………………………………95
　　　　　2011年の抗議行動の参加者　　変化しにくい意識，変化しやすい意識
　　　　　革命後の変化の兆しと今後の課題
　コラム2　中東と「南」という問題系 ………………………… 井堂有子…103

第5章　アラブの春とチュニジアの国家＝社会関係 …… 渡邊祥子…105
　　　　　──歴史的視点から──
　1　アラブの春はなぜ起こったか──格差とクローニー・キャピタリズム……105
　　　　　チュニジアから始まった革命　　革命の背景を読む
　2　チュニジアの国家形成とパトロン＝クライアント関係 ………………107
　　　　　ナショナリズム時代のパトロン＝クライアント関係　　2つのチュニジア
　3　国家の安定とパトロン＝クライアント関係の変容 …………………113
　　　　　ナショナリスト政党から支配政党へ　　チュニジア経済の変遷
　　　　　ベン・アリー時代の政治と経済
　4　「南」から始まった革命 ………………………………………………118
　　　　　2008年ガフサ・リン鉱床事件の重み　　新しいチュニジアの課題

第6章　「パレスチナ問題」をめぐる語りの変容 ………… 金城美幸…124
　1　パレスチナ問題の起源と帝国主義・植民地主義 ……………………124
　2　「パレスチナの大義」の語り ……………………………………………127
　　　　　地域をめぐる呼称　　ナクバの語りの誕生　　イスラエルの「新しい歴史学」
　3　帝国主義と民族対立の創出 ……………………………………………134
　　　　　シオニズム史における民族概念　　パレスチナ史における民族起源の探求
　　　　　帝国主義の差別構造と民族概念の輸出
　　　　　パレスチナにおける民族カテゴリーの序列
　　　　　創造された宗教行政とパレスチナ・ナショナリズムとの関わり
　4　中東「諸国体制」からオスロ和平プロセスへ ………………………141

顕在化するパレスチナ・ナショナリズムと中東「諸国体制」
　　　インティファーダと和平の罠
　　　オスロ和平プロセスからの脱却を目指して——ハマースの台頭

第7章　中東地域の女性と難民………………………………円城由美子…149
　　　　　——紛争による周縁化の現実——

1　中東の政治変動と難民の発生………………………………………………149
　　　中東の難民女性の姿とは　　紛争と難民　　揺らぐ「難民」の定義
　　　紛争で激増する中東の難民
　　　イラク戦争とシリア紛争による爆発的な人の移動

2　脆弱な難民女性………………………………………………………………155
　　　中東の女性を見る視角とは　　重い「男性不在」の意味
　　　避難先社会からの孤立　　周縁化のスパイラル

3　シリア難民の大規模流入による労働市場への影響………………………158
　　　ヨルダンの多様な労働者——棲み分けと競合
　　　インフォーマルセクターに現れる難民の影響
　　　繊維産業におけるシリア難民女性の影響
　　　高まる就労の必要性と文化的障害
　　　多層化する労働者市場——「難民」の「女性」という階級

4　社会進出と伝統の狭間で——イラクの人身取引……………………………164
　　　紛争後イラクの女性　　社会進出・民主化・人身取引
　　　紛争地域における性的虐待と人身取引　　逃避する女性たち
　　　民主化と伝統の狭間で攻撃される女性たち

5　中東の「女性」の「難民」が内包している複雑さと普遍性……………171
　　　浮かび上がる母国の政策やホスト国の事情との関係
　　　グローバル化に伴う移動の拡大と孤立による生活空間の閉塞
　　　中東女性の輪郭の揺らぎ
　　　画一的な「難民」のイメージの根源にあるものを問い続ける

　コラム3　アラブにおけるジェンダーと教育………………平井文子…176

第Ⅱ部　中東諸国の課題

第8章　トルコ ……………………………………………………… 今井宏平…179
　　　　　──新自由主義・親イスラーム政党・秩序安定化外交──
　1　第3共和制下のトルコ ……………………………………………………… 179
　2　トルコにおける新自由主義の受容 ………………………………………… 180
　　　国家資本主義から新自由主義への転換　　オザル主導の新自由主義
　　　双子の経済危機　　公正発展党のセーフティーネット
　3　公正発展党の台頭 …………………………………………………………… 186
　　　1990年代における親イスラーム政党の躍進
　　　「2月28日キャンペーン」と公正発展党の誕生　　ギュレン運動の活動
　4　トルコの「西洋化」と「中東化」 ………………………………………… 189
　　　国家目標としての「西洋化」と「ヨーロッパ化」
　　　「EU化」による正当性の確立　　外交における中東の位置づけ
　　　公正発展党政権期の中東外交
　5　「グローバル・サウス」とトルコの関係 ………………………………… 195
　　　トルコは「グローバル・サウス」なのか　　TİKAによる援助
　　　第4回LDC会議
　コラム4　アタテュルクの「子孫」たち …………………………… 岩坂将充…200

第9章　アラビア半島諸国 ……………………………………… 村上拓哉…201
　　　　　──中東地域秩序における台頭──
　1　台頭するアラビア半島諸国 ………………………………………………… 201
　2　君主制国家群としてのアラビア半島諸国 ………………………………… 202
　　　王朝君主制　　王位継承と権力争い
　3　GCC──アラビア半島諸国間の王政護持同盟 ………………………… 205
　　　GCCの設立　　安全保障協力の進展　　内部分裂？　　再強化されるGCC
　4　安全保障政策の軍事化と欧米諸国との連携 ……………………………… 212
　　　アラビア半島諸国の独立と安全保障の追求　　米国との関係強化
　　　軍事力の積極的な行使　　軍事行動に見られるアラビア半島諸国の国益
　　　欧米諸国との連携の強化

5　中東地域秩序におけるアラビア半島諸国の役割の展望……………219
　　コラム5　湾岸アラブ諸国の移民労働者……………………細田尚美…221

第10章　イラン……………………………………………坂梨　祥…224
　　　　　──イスラーム統治体制の現状──
　　1　イスラーム共和国体制とは……………………………………………224
　　　　イラン革命とイスラーム　　法学者の統治
　　　　イスラーム共和国における選挙
　　2　外交政策………………………………………………………………228
　　　　革命初期の対外政策　　湾岸戦争以降の動き　　「対テロ戦争」とイラン
　　3　イスラーム統治体制の現状…………………………………………232
　　　　改革派の登場と退場　　「総保守」時代の到来
　　　　イスラーム共和国体制の変容
　　4　イランの覇権とシーア派脅威論……………………………………236
　　　　「イランの覇権」　　シーア派脅威論　　イラン・イスラーム共和国の行方

第11章　イラク……………………………………………吉岡明子…242
　　　　　──統治体制をめぐる迷路──
　　1　イラクの成り立ち……………………………………………………242
　　　　国家の誕生からイラク戦争まで　　豊かな石油と困難な経済
　　　　複雑な人口構成
　　2　イラク戦争後の政治プロセスと分極化……………………………249
　　　　新たな政治プロセスの始まり
　　　　占領統治の失敗(1)──脱バアス党政策と旧軍解体
　　　　占領統治の失敗(2)──民族・宗派の亀裂の表出化　　多極共存型民主主義
　　3　収まらない混乱………………………………………………………256
　　　　内戦とその収束　　マーリキ首相の強権統治
　　　　広がる反政府デモと拡大する過激派　　「イスラーム国」後のイラク

第12章　パレスチナ問題…………………………………江﨑智絵…264
　　　　　──イスラエルの国家安全保障と和平交渉──
　　1　パレスチナ問題をめぐる紛争の構造とその変化…………………264

コミュニティ対立の発生　国家間対立への吸収　イスラエルの脅威認識
紛争の「再パレスチナ化」

 2 2つの平和条約とパレスチナ問題……………………………………269
  エジプト・イスラエル平和条約の締結　パレスチナ問題への影響
  ヨルダンの位置づけ

 3 パレスチナ問題の包括的解決の試み………………………………275
  「2つの戦後」　マドリード・プロセスの開始と限界
  パレスチナ自治政府の発足　オスロ・プロセスとイスラエルの社会

第13章　ヨルダン………………………………………吉川卓郎…284
――紛争との共生――

 1 混沌の海を泳ぐ………………………………………………………284
 2 承認をめぐる議論……………………………………………………286
  承認の国際政治　承認の国内政治――パレスチナ難民　21世紀の新難民
 3 「アラブの春」と民主化……………………………………………291
  上からの改革　伸び悩む反対派
 4 経済自由化とヨルダン社会…………………………………………296
  対外依存の問題　経済・政治改革のジレンマ　自由化と国家の関与
  難民の国の先にあるもの

第14章　グローバル化時代の中東研究……………………岡野内　正…303
――板垣雄三氏の問題提起をめぐって――

 1 学問研究のタコツボ化………………………………………………303
  学問研究のタコツボ化　グローバル化時代の学問のタコツボ化
  グローバル化時代の中東研究
 2 板垣雄三氏の問題提起………………………………………………306
  板垣氏の欧米中心主義批判の危うさ　板垣氏の問題提起の核心
  第1命題――人類史的近代の始まりとしてのイスラーム
  第2命題――人類史的近代の病変としてのイスラエル
  第3命題――人類史的近代の甦りとしての2011年アラブ革命
 3 板垣氏の問題提起への疑問…………………………………………314
  第1命題に関して――商品交換，都市，対話の文化を見る視点

第2命題に関して——何が病の原因か
　　　第3命題に関して——健康回復とはどのような状態か
 4　タコツボを超える対話のため修正命題……………………………316
　　　板垣氏の問題提起の意義と限界を捉える枠組み
　　　タコツボを超えるための社会科学の対話の場
　　　修正第1命題——人類史的古代としてのイスラーム
　　　修正第2命題——グローバルな賃労働システムの中の中東と生活世界
　　　修正第3命題——グローバル・ベーシック・インカムを求める小市民革命

関係年表　325
人名索引　337
事項索引　339

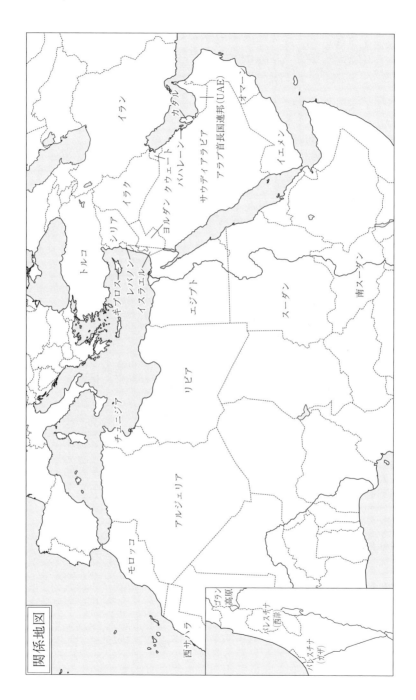

序章　中東とグローバル・サウス

松尾昌樹

中東はグローバル・サウスか

　本書は，中東を含む「グローバル・サウス」の国々と地域を，その歴史的な形成と発展の過程を踏まえ，変容するグローバルな国際秩序の視点から分析する，という企画に基づいて編纂された「グローバル・サウスはいま」の第3巻である。本書は，次の時代を担う若い研究者を中心に執筆陣を揃えたが，近年の日本における中東研究者，特に若い世代の研究者の間では，中東を「サウス」と見なす視点はあまり共有されず，また中東地域の変容をグローバル化と関連づけて説明しようとする意図は決して一般的ではない。

　その理由として，第1に中東は他地域に比べてグローバル化を顕示するような具体的な組織や制度に乏しい。中東は決して世界に対して閉ざされた地域ではないが，たとえば中東地域にはヨーロッパやアフリカ，インドなどの隣接地域と連携する包括的な経済協定は存在しない。第2に，一般にグローバル化とは地球規模で進展している潮流やそれに影響を受ける現象を指すが，中東が域外から政治的，経済的に大きな影響を受けたと論じられる場合，米国や，あるいは米国を中心とする「国際社会」が行った軍事力の行使や経済制裁が取り上げられることが多い。この認識が適切なものであるかどうかはさておき，こうした認識に即して中東を眺めるのであれば，中東は第2次世界大戦以降一貫して域外からの影響を被ってきたのであり，これをグローバル化という新しい現象として捉えるまでもないという主張に帰着する。

　第3に，中東を「サウス」に位置づけるコンテクストが，とりわけ若い研究者の間で力を失いつつある。これはおそらく，中東が有していた「サウス的」特徴が希薄化していったことと無縁ではない。これに加えて，中東地域に限らず，近年の地域研究で台頭してきた社会科学的分析手法が，「サウス」というコンテクストを共有せずに中東を理解する手段を提供しているという，研究手

法の変化がある。「サウス的」特徴の希薄化と研究手法の変化は，中東それ自体の変化とそれを眺める眼差しの変化であり，中東の変容を取り扱う際にはとりわけ注視されなければならない。このため，以下では「サウス的」要素の希薄化と，中東を理解しようとする方法の変化について説明しよう。

「サウス的」中東

　中東における「サウス」とは何を指すのだろうか。開発途上国や貧困国を「サウス」と呼んだのは，ロイズ銀行会長であったオリヴァー・フランクスが開発途上国と先進工業国の間の格差問題を「南北問題」と呼んだことに起因する。そこでは，低開発や貧困という問題を抱えた国や地域が「サウス」と呼ばれており，中東地域もまた「サウス」に含まれていた（Franks 1960：20）。「サウス」が南北問題の一方として提示される概念であることから明らかなように，「サウス」とは「ノース」との対比によって，具体的には経済格差や開発の度合いによって区別された2つの世界の，遅れた一方を指す。「南北問題」の主要な議論の1つに，「ノース」による「サウス」の搾取，あるいは「ノース」の発展に最適な開発がアジア，アフリカ，ラテンアメリカ地域に強要された結果，そこに「サウス」が成立するという「従属理論」がある。こうした議論に従えば，「サウス」が低開発にある理由は「サウス」に固有の状況にのみ求められるのではなく，「ノース」が「サウス」に押しつける経済関係や，それを可能とする「ノース」の政治的支配が重視される。そこでは，市場経済や米国の政治力といった「ノース的」事象は批判的に扱われることになった。

　このように，「サウス」には2つの意味が込められていた。1つは，貧困や低開発という解消すべき負の側面を有する国家や地域を意味した。もう1つは，こうした問題を解消しようと資本主義経済システムや植民地主義，米国中心主義に挑戦する国家や地域を意味した。この後者の「サウス的」特徴とは，中東においてはアラブ民族主義であり，計画経済であり，イスラエルを植民地主義の成果として批判することであり，そのイスラエルを支える米国を批判する国家や勢力を指した。中東で見られる政治・社会運動を「サウス」というコンテクストで理解することによって成立する世界，それが「サウス的」中東である。

　中東地域を理解しようとする人々は，そのためにこれまで多くの手法を編み出してきた。その中でも中心に位置づけられるのは，地域研究と呼ばれる手法

だろう。地域研究には厳密な定義は存在しないが、それは現地の言語や文化、歴史に関する深い知識と経験を持つ専門家が、その地域で発生する様々なできごとを解釈する行為、と言えよう。それは何らかの理論に依拠して地域を理解するというよりも、観察された事実の積み重ねを特定のコンテクストに当てはめて意味を見出そうとする人文学的な営みであり、地域というテクストの読解であった。「サウス的」中東とは、中東を「サウス」というコンテクストで読解した産物である。

　中東という地域をどのようなコンテクストに当てはめるべきか、テクストとコンテクストの結びつきの「適切さ」を計測するための客観的で明白な基準は存在しない。それゆえ人文学的な地域研究の成果を評価することは難しく、また多様な読解が切り結ぶ様子は、人文学的地域研究の豊かさとして評価されることもある。「サウス的」中東は、かつてこうした読解の主流をなしたが、今日ではその地位は大きくゆらいでいる。なぜなら、中東で「サウス的」状況が薄らいでいるためである。

中東における「サウス的」特徴の希薄化

　今日、「サウス的」中東はおおむね消失しつつある。最も明らかなこととして、貧困や低開発としての中東の「サウス」が、他の「サウス」地域と同様に、一定の経済成長によって解消された。石油輸出収入に支えられた経済的繁栄を享受する湾岸アラブ諸国を筆頭に、その一角を占めるサウディアラビアや、非産油国ながらトルコもまたG20に名を連ねる。経済成長は貧困削減をもたらし、同時に医療や教育も改善され、子供の生存率や識字率は大きく向上した。経済成長に支えられた開発の進展によって、中東地域は貧困や低開発といった「サウス的」特徴を喪失していったのである（図序-1）。

　同様に、もう一方の「サウス的」特徴もまた、今日の中東から失われた。アラブ諸国の統合を目指すアラブ民族主義は、1950年代から60年代にこの地域を席巻した。しかしアラブ諸国間の亀裂は既に1960年代に見られ（たとえばイエメンをめぐるエジプトとサウディアラビアの対立）、さらに1967年の第3次中東戦争（6月戦争、あるいは6日戦争とも呼ばれる）の敗北はアラブ民族主義の後退に決定的な影響を与えた。1979年にエジプトがイスラエルとの単独和平を締結したことは、アラブ諸国の統一という目標が失われたことを如実に示してい

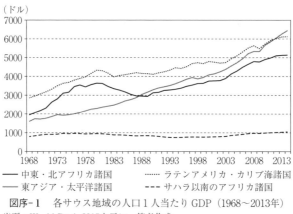

図序-1 各サウス地域の人口1人当たりGDP (1968～2013年)
出所：World Bank 2015を元に，筆者作成。

る。立山はデスーキーを引用しつつ，この頃までにアラブの統一ではなく各国の現状維持とそれぞれの国家の経済的協調を目指すという「新アラブ主義」が既定路線となっていたことを指摘している（立山 2012）。こうした路線は，1991年の湾岸戦争でアラブ諸国とイラクが衝突したことで白日の下に晒された。中東地域は植民地主義の成果として成立した国家枠組みを前提として地域秩序を形成していくという現実的な道を選んだのであり，こうした国家枠組みの打破を重要な課題に据えていた「サウス的」中東の消失は明らかだった。

アラブ民族主義に代わって登場した「イスラーム復興」は，中東の固有の文明を基盤とする政治・社会運動であり，ヨーロッパ文明を基礎とする民主主義や自由主義とは異なるものとして，すなわち「サウス的」な潮流と見なされることもある。しかしながら，市民社会の成熟を阻む権威主義的政権による弾圧，あるいはイスラーム組織それ自体の政治経験の未熟さから政治の表舞台からの退場を余儀なくされた。それと引き替えに，政治的イスラームの動きは「イスラーム国」のようなグロテスクな形で顕在化するに至った。

中東地域における自由主義経済への移行もまた，「サウス的」要素の喪失の1つである。各国が採用していた計画経済は早々に破綻が見えていたが，70年代のオイルブームで中東地域は空前の規模の資本流入を経験し，また産油国の支援に支えられたため，各国の経済システムは70年代頃まで大きな変更なく維持された。しかし80年代になると自由主義経済に徐々に移行し，市場原

理に基づく国民経済の成長が目指される時代となった。80年代から進展した経済構造改革では，市場に対する国家の影響力の縮小や，富の再配分機能が改善されることで政治体制の変化が期待されたものの，権威主義的な指導者達は上手く事態に対応し，構造改革に合わせて新たな利権集団を創出して体制を延命させた。

　反米もまた「サウス的」特徴をなす重要な要素である。1979年のイラン革命で成立したイラン・イスラーム共和国は，中東における反米の1つの核となった。そのイランと戦火を交えたイラクのフセイン政権もまた，湾岸戦争を通じてリンケージ論（イラクのクウェート撤退とイスラエルのパレスチナ占領地からの撤退を結び付けた主張）を展開し，米国を厳しく批判した。しかしながらこうした米国を中心とする国際秩序への挑戦は，イランが経済的に封じ込められ，イラクが戦争によって排除されることで終わりを迎えた。ただし，反米勢力の封じ込めによって中東地域全体が親米化したわけではなく，また国際社会に挑戦する勢力が一掃されて安定がもたらされたわけでもなかった。イラクの現状は，むしろ米国の介入が中東に一層の混迷をもたらしていることを物語っている。

　1991年のマドリード中東和平会議と93年のオスロ合意によってパレスチナとイスラエルの和平が成立したものの，平和を安定的に維持することには繋がらず，2000年代になるとイスラエルの軍事侵攻とハマースのイスラエル攻撃が繰り返され，多くの犠牲者を出すに至った。2011年に発生した「アラブの春」はこうした中東全体を覆う停滞状況に風穴をあけ，アラブ民衆が自ら新しい政治・社会秩序を構築する契機として期待されたが，チュニジアを除いて民衆運動は鎮圧され，リビアやイエメンでは内戦に至り，混乱に乗じた武装勢力と「イスラーム国」の台頭によってシリアは紛争状態に突入した。サウディアラビアやUAEは反アサド陣営の一翼としてシリア空爆に踏み切った。

分析手法の変化

　このように「サウス的」中東が喪失した今日，中東を眺めるにはどのようなコンテクストが適切なのか。ある者は，新自由主義経済の浸透や中東和平交渉といった変化を，米国を中心とする「世界」（グローブ）の介入が招いた中東の変質あるいは逸脱として批判的に捉え，そうした姿を「グローバル・サウス」の中東として描こうとするかもしれない。それは，現実としての「サウス」がおおむね消

失しつつある今日においてもなお,「サウス」という問題関心それ自体は重要かつ有効であると考え,中東地域が抱える諸問題を「サウス」の文脈で再度捉え直そうとする試みであると言えよう。中東地域の貧困は完全に解消されたわけではなく,大国の介入は依然として存在しており,紛争の犠牲者は発生し続けているのだから。これに対して別の者は,「サウス的」中東の消失を「サウス」が自ら積極的に「ノース」を取り込むことで変革を推し進めた結果と捉え,そうした過程を通じて新たに成立する異種混交的な中東を「グローバル・サウス」として発見しようとするかもしれない。中東に限らず,全ての地域は時代と共に変化し続けているのであり,そうした変化をその地域の主体的営為に位置づける必要は,確かにある。

しかし,「サウス」に代わる何らかの新しいコンテクストが今日広く共有される状況にはない。多くの人々が1つの理念を共有する時代が終わったと言われて久しく,中東へのまなざしも多様化したため,この地域を見通す唯一の優れたコンテクストを探すのは至難の業だ。こうした時代を反映しているのだろうか,近年ではコンテクストに依存せずに中東を理解する方法が模索されている。それは統計資料や単純化・抽象化されたモデル,地域横断的分析を通じて,中東の政治や社会の変化を読み解こうとする営みである。伝統的な地域研究が人文学的であったことに対して,上記の新しい手法を「社会科学的手法」と呼ぶことにしよう。

社会科学的手法に依拠する者は,何らかのコンテクストに照らして中東で発生している変化に意味を見いだそうとすることはほとんどない。たとえば彼らは,紛争と大国の介入の関係であれば,複数の国で同程度に大国の強い影響下にあった事例を取り上げ,紛争が発生した場合と発生しなかった場合を比較し,大国の介入が実際に紛争発生にどの程度影響を与えるか分析するだろう。さらにそこから得られた知見(どのような場合に大国の介入が紛争を引き起こすか)の正しさを,中東地域以外に対象を広げながら検証しようとするだろう。

社会科学的手法においては,個々の人間や集団は,中東であろうとアメリカであろうと日本であろうと,条件が同じであれば同じ行動を取るとされ,その条件も同じ要素(所得や教育水準,為政者が国民に配分できる資源の多寡とその配分方法,野党と与党の力関係,内政と外交の意思決定プロセスの差異,大国や隣国との関係など)に還元できると考えられている。あるいは,こうした要素に還元でき

ない複雑な事柄は捨象可能だと考えられている。こうした前提に立つと，他地域には見られない中東固有の状況は，世界的に共通して存在する諸要素の強弱やその作用の違いによって理解できるということになる。彼らには，中東を理解するためにわざわざ「サウス」といったコンテクストを用いる必要性はほとんどない。

　社会科学的手法は中東を見通す強力なツールになりつつあるが，これを拒絶する者も多い。地域の現実は複雑であり，この複雑さに地域の固有性や魅力を見出す者は多く，彼らは複雑な現実を単純化する分析手法を嫌う。また，中東が抱える諸問題への共感を抱く者も多く，それらの問題を分析対象として突き放して共感を表明しないことが，彼らの目にはひどく傲慢な行為と映る。さらに，社会科学的手法は中東地域における諸現象が「どのように／なぜ発生したのか」を検証可能な形で説明するが，しかし「中東とはなにか」といった問いに答えることはできない。それゆえ，我々にとって中東とは何か，世界における中東の意味とは何か，といった深遠な問題を捉えるときには，社会科学的な手法を援用しながら，コンテクストの陳腐化を恐れずに人文学的な読解を試み続けなければならない。

　上記の俯瞰は本書の執筆者全てに共有されているわけではないが，本書に収録された多様な論考は，こうした多様な中東研究の現状を反映しているといえよう。本書がそうした多様な論考を通じて新しいコンテクストを構想する者の手がかりになれば幸いである。

各章の構成

　第Ⅰ部は，グローバルからリージョナルへ，そしてローカルへと視点を移しながら，中東地域に対するグローバル化の影響を俯瞰する試みである。第1章（溝渕）は米国の中東政策の観点から，1990年代から現在までの中東地域のパワーバランスの変化を取り扱う。米国は今日唯一の超大国として世界中で影響力を行使する覇権国家であり，近年の中東では特にその軍事的影響力が突出して目立っている。しかし第1章が明らかにするように，90年代における「二重の封じ込め」から2000年代の「ブッシュ・ドクトリン」，そして現在のオバマ政権による中東からの撤退と，米国の対中東外交は時代によって大きく変容してきた。こうした変容の中でも，溝渕が「中東新冷戦」と呼ぶ中東の親米陣

営と反米陣営の対立構造はきわめて重要だ。ともすれば，中東は反米ブロックという政治的一体性をもつ地域と見なされたり，あるいはアラブ諸国の一体性が自明視され，それらがこの地域のあるべき本当の姿とみなされることもあるが，現実には中東の内部にはこうした対立構造が存在する。さらに，「中東新冷戦」以前の60年代に既に「中東旧冷戦」が存在していたことを参照すれば明らかなように，この対立はグローバル化が進展する以前から見られた。このように，グローバル化以前から，アラブあるいは中東の一体性というものが（少なくとも政治の上では）希薄化し続けてきたことが確認されるのである。

第2章（末近）はグローバルから中東というリージョナルな世界に注目し，イスラーム主義運動を思想と運動の両面から，その歴史と現在を取り扱う。それは，イスラーム主義が中東で果たした（そして果たしている）役割を説明するだけでなく，それを理解しようとする我々の営為そのものへの再帰的な視点を含んでいる。末近はイスラーム主義を「公的領域における政治的なイデオロギー」と位置づけ，イスラーム運動がイスラームの本質の一部であるという解釈から距離を置く。すなわち，イスラームへの信仰と政治的イデオロギーの信奉を別の問題とし，たとえばイスラーム過激派を準備したのは世俗主義や社会主義を掲げた中東の独裁政権にあると指摘する。個々のムスリムがその内面に形成する信仰世界よりも，現実の過酷な政治・社会状況にその理由を求める。イスラーム国家の樹立がイスラーム主義運動の最終目標であるとする見解は，イスラーム主義運動の1つの「フォーマット」であり，それとは異なる形での「公的領域でのイスラーム的価値の実現」も存在し，既存の政治制度に寄り添うイスラーム主義運動に注目する。

第3章（松尾）は石油というグローバル商品によって媒介された中東地域の経済グローバル化を取り上げ，グローバルとリージョナルを架橋する。中東の産油国は1970年代のオイルブームによって急激な経済成長を遂げたが，そうした成長が非産油国に及ぼした影響について，これまで十分に考慮されてきたとは言い難い。第3章では，グローバル化や経済的豊かさを指向してこれを達成し「非サウス的」特徴を有する湾岸アラブ諸国が中東の政治・経済に大きな影響を及ぼしていたことが説明されるが，こうした視点は従来の「サウス的」中東イメージへの修正を迫るものとなるだろう。なお，第3章が依拠するレンティア国家仮説や「石油の呪い」は，石油収入が中東地域に流入したことで発

生した政治的，経済的影響を分析する優れた分析枠組みとして知られているが，一方でこれらに対する誤解も散見される。第3章ではこの誤解を解消するためにこれらの分析枠組みを再検討するなかで，社会科学的な手法で中東を眺めることの有効性が提示される。

社会科学的な手法は，続く第4章（岩崎）でも採用されている。岩崎は，ナショナルな事象に視点を移し，「アラブの春」に揺れる2011年前後のエジプトに焦点をあて，民衆の「意識」から政治・社会の変容を眺める。2000年代のエジプト経済はマクロ経済指標の改善があり，また経済格差も縮小していたが，都市部には貧困ライン上にある人々が多く見られていた。このため，経済が好調なのか，それとも民衆が貧困にあえいでいるのか，判別が難しい状況にあった。岩崎は，エジプトの「アラブの春」に見られた2回の「革命」――ムバーラク体制が終わった2011年1月25日革命と，その後を継いだムルスィー政権が倒された2013年6月30日革命――に関する人文学的な研究者の評価を丹念に追いつつ，同時に社会科学的な「意識調査」の手法を採用し，「アラブの春」前後で変わった意識，変わらない意識の違いを踏まえながら，何が民衆を革命に駆り立てたのか，また革命が人々の意識をどのように変えたのか，分析を試みる。

続く第5章（渡邊）はチュニジアの「アラブの春」――エジプトと異なり，チュニジアのアラブの春は一定の民主化を達成しつつあると評価され，「成功例」に位置づけられることが多い――の原因を考察する。そこでは，スィーディー・ブーズィードで発生した露天商の青年が焼身自殺したことをきっかけとした民衆の反体制運動の背後に，チュニジアが独立以来抱えてきたパトロン=クライアント関係が存在し，これが時代とともに変化することで格差とクローニー・キャピタリズムを育て，民衆の不満を蓄積させていった経緯が紹介される。このパトロン・クライアント関係は現在のチュニジアでも払拭されておらず，それゆえに権威主義体制の復活を阻むためには新たな国家=社会関係を構築することが求められていると論じる。

人文学的な中東地域研究の伝統を構成するものに，抑圧と解放というコンテクストに基づいて中東を理解しようとする試みがある。パレスチナ研究や中東におけるジェンダー研究は，こうした問題を取り扱う主要なアリーナであり続けてきた。第6章と第7章は，こうした中東地域研究の伝統ともいえるテーマ

を取り扱う。第6章（金城）は，「パレスチナ問題」の現状と，それを描写する「語り」に対する視角を提示する。「パレスチナ問題」という括弧付きの表記は，基本的な用語を記述する時点で既にこの問題に対する立場表明がなされうる，というこの問題を取り扱う人々の間で共有されてきた規範を反映している。すなわち，「パレスチナ問題」という括弧付きの表記は，この問題がパレスチナという地域あるいは国家が抱えるものとして描かれる問題なのか，もしくはパレスチナとイスラエルという2国間で，それともアラブ（諸国）とイスラエルの間で発生している問題として描かれるべきなのかという，事態を眺める我々の視点の問題を提起するための記号的処理である。

　こうした表記作法は，我々が何らかの対象を記述するという行為それ自体が政治性を有するという考え方を反映している。第6章はこうした叙述行為が有する政治性への配慮あるいは表明という中東研究に伝統的な手法を踏襲するだけでなく，問題の当事者に位置づけられるパレスチナとイスラエルの双方によるこの問題の語りが変遷する様子を明らかにしつつ，「パレスチナ問題」の現状を浮かび上がらせようとする。なお，第6章はパレスチナ（あるいはアラブ「諸国」）の側からこの問題を捉えようとする試みであるが，第12章はイスラエルの視点を含みながらこの問題を取り扱ったものである。読者諸氏には，2つの章を読み比べてこの問題へのアプローチが複数存在することをご確認いただきたい。

　このようなパレスチナ問題とともに，中東地域が抱える問題の1つが難民であり，また女性の地位であろう。特に2003年のイラク戦争とその後のイラクの混乱，また2011年以降のシリアでの紛争は多くの難民を生み続けている。一方で中東における女性の地位については，その低さは広く知られているが，同時にそうした地位の低さは中東のステロタイプ化に繋がるものとして，慎重に取り扱うことが求められてきた。第7章（円城）は女性の難民に焦点をあてることで，この2つの問題に新しい視角を導入することを試みる。国境を越える難民女性を下層労働力に組み込む労働市場が受入国で形成される点に注目し，難民女性が受入国の下層労働者に低賃金競争を強いる新たな抑圧主体になっていることを指摘する。他方で，性的暴力を受けた女性は一族の「名誉」という伝統に基づく家庭では保護されずにむしろ名誉殺人の対象とされ，またこうした犯罪を取り締まる規定がないために公的にも保護されることがなく，逃避の

末に人身取引ブローカーの手にかかって人身取引市場に供給されるようになる。円城は，難民女性がこうした「奪われたモノ」とされてしまう原因として，暴力的な環境や女性が内包する主体性といった複雑さに目を向ける重要性を指摘する。

中東全体を俯瞰すると確かに「サウス」は失われているが，依然として抑圧され，貧困にあえぐ民衆は残されている。こうした存在を叙述するためには，それをノスタルジックな「サウス」のコンテクストに当てはめるのではなく，新しい視点を含んだコンテクストで中東を描く必要がある。第6章と第7章はそうした試みであるといえよう。

第Ⅱ部は各国別の状況を取り扱う。

第8章（今井）は，90年代以降のトルコで進展した変化を政治勢力（親イスラーム政党の伸長）と経済政策（新自由主義と社会保障政策）に焦点をあてて読み解く。共和国の建国以来一貫して世俗主義を維持し，また国家資本主義から新自由主義へと舵を切ったトルコは，EU加盟を目指すなど，「脱サウス」の道を歩んできた。こうした経緯を踏まえ，今井はトルコが経済成長を遂げたかつての途上国という意味では「グローバル・サウス」に近い国家として分類されうるが，実際には「グローバル・サウス」には当てはまらないと指摘する。

また第9章（村上）は，アラビア半島諸国の外交政策に焦点を当て，それら諸国が欧米諸国との協調を通じて中東地域の秩序形成に関与してきた過程を振り返る。革命共和国政権が成立せず，米国との間に強い協力関係を維持してきたアラビア半島諸国は，他の中東諸国，とりわけアラブ諸国とは異なる経路を歩んできた。イラン革命やソ連のアフガニスタン侵攻への対応として設立されたGCC（湾岸協力理事会）や，湾岸戦争を通じて強化された米国の軍事プレゼンスが加盟国の体制維持機構として機能するようになった。

第8章と第9章で我々が確認するのは，中東における「非サウス性」の安定性である。中東への視角は「サウス的」特徴に注目が集まっていたが，その背後に「非サウス的」中東が存続し続け，今日の中東政治で影響力を拡大しつつあるという現実は，我々が中東に対して抱いていた従来の認識を転換する必要性を示すものであるといえよう。

イランを扱う第10章（坂梨）は，「法学者の統治論」に基づく同国のイスラーム統治体制の現状を，内政と外交の両面から叙述する。「イスラーム国」の

台頭によってイスラーム的統治のあり方に多くの関心が集まっているが，これは中東地域あるいはイスラーム世界においては今に始まった問題ではない。「イスラーム国」の台頭以前から中東のほぼ全ての国家で，たとえば憲法におけるクルアーンの位置づけについて，一定の議論が行われてきた。その中でも，イラン・イスラーム共和国はイスラーム的統治を近代国家の枠組みで具現化した唯一の事例である。

坂梨が指摘するように，イスラーム統治体制を成立させたイラン革命は，西洋化的近代化政策への反発や「大国からの解放をうたう第三世界主義」に強い影響を受けていた。すなわちイラン・イスラーム共和国はきわめて「サウス的」特徴を備えた国家であり，同時にその政治体制は「法学者の統治」に基づく特殊性を持つ。しかし，イランが「サウス的」で特殊中東的と見なされうる特徴を有していることを踏まえた上で，その政治路線は国内の多様な政治集団の要請に応え，また国際社会での生存戦略のために対米対話路線を採用する中で形成されてきたという当たり前の現実に即して理解可能であることを，第10章は示している。

イラクを扱う第11章（吉岡）では，混迷を極めるイラクの現状がきわめて明瞭に解説される。石油経済という不安定な経済基盤と複雑な民族構成という前提条件のもとで，イラク戦争後の人材不足という困難を抱えながら，民主主義的な国家建設を進めるという難題を突きつけられている現状が，多極共存型民主主義に基づく国家運営の問題という形で説明される。また，マーリキー首相の強権統治やシリアでの紛争といった複合的な要因が重なり，「イスラム国」の台頭を招いたことが示される。

続く第12章（江﨑）では，イスラエルが扱われる。すでに第6章で「パレスチナ問題」を取り扱っているが，この問題を多角的に捉えるために本書ではイスラエルの国家安全保障との関連から改めて取り上げた。植民地主義の成果であろうとなかろうと，一度成立した国家は存続を求めて活動を始めるのであり，そうした国家存続のための方策が国家安全保障である。イスラエルを取り囲むアラブ諸国もまた，自国の安全保障を求めてイスラエルとの共存を模索してきた。こうした動きを「中東諸国家体制」あるいは植民地的支配と見る立場と，当然の国際政治と見る立場は大きく異なり，しばしば先鋭な議論を引き起こすが，我々は現状を追認するでもなく，かといって批判に終始するでもない

視角を獲得する必要がある。

　イスラエルと密接に関連しているのが，第13章（吉川）が取り扱うヨルダンである。ヨルダンはきわめて人工的な国家である――英委任統治領を領土の祖型とし，ヨルダンに縁のないハーシム家出身の国王を戴き，住民の過半数は移民によって構成されている――が，にもかかわらず建国以来安定を維持しているのは中東政治をめぐる大きな謎だ。ヨルダンはアラブ民族主義に支えられたわけでもなく，むしろ英国の傀儡政権として批判される立場にあった。また，移民が多数を占める中ではヨルダン・ナショナリズムは期待できず，また外来の国王がそれを体現できるはずもなかった。吉川によれば，その理由はヨルダンが地道な努力を通じて国際社会の承認と支援を取り付けることに成功してきたため，ということになる。こうしたヨルダンの生存経路は，反植民地主義や民族主義に基づく「サウス的」アラブ諸国であるエジプトやシリア，イラクがいずれも混迷を迎える今日にあって，「非サウス性」を有する中東諸国の強さを改めて見せつけていると言えよう。

　こうした中東への眼差しを，第14章（岡野内）はやや異なる角度から取り扱うことを試みる。第6章で引用される「中東諸国家体制」や，「差別を伴いながら重層的に構造化される中東地域」という中東の捉え方は，日本の中東研究を牽引してきた板垣雄三の概念である。今日の日本の中東研究者に対する影響力に比して，板垣のアプローチが批判的に検討される機会はあまりに少ないが，これに対して岡野内は独自の視点で板垣批判を行う。それは彼独自のコンテクストを中東に当てはめ，テクストとしての中東に大胆な読み込みを行うものである。

　本書における中東への眼差しは1つの方向にまとまっているものではない。「サウス的」立場と「非サウス的」立場が混在し，伝統的な人文学的手法と比較的新しい社会科学的手法も混在している。誤解を招かぬよう付言しておくと，本書の執筆陣にはこれらの手法を媒体によって使い分ける者，また常にどちらかの手法を採用しながら，しかし両方の手法をよく理解している執筆者も含まれている。豊かで発展的な中東理解を得るためには，多様な中東解釈に通じることも必要であろう。そうした試みとして，本書の多様性を受け止めていただければ幸いである。

参考文献

立山良司「パレスチナ問題はなぜ国際的広がりをもつのか——アラブ，イスラーム諸国およびアメリカとのつながり」『中東政治学』有斐閣，2012年。

Franks, O. The New International Balance: Challenge to the Western World, *The Saturday Review*, January 16, 1960: 20-25.

The World Bank, 2015, *World Development Indicators*. (http://data.worldbank.org/data-catalog/world-development-indicators)（2015年12月21日閲覧）

第Ⅰ部

中東世界の変容

チュニジアの反政府デモ（首都チュニスにて，2011年1月）（EPA＝時事）

第1章　冷戦後の国際政治と中東地域の構造変容
　　　　――米国の対中東政策を中心に――

溝　渕　正　季

1　冷戦後世界における米国単極構造と中東

　21世紀の国際システムにおける顕著な特徴とは，米国がパワーのあらゆる側面において他国を圧倒する存在だという点である。1989年に東西冷戦が終結し，1991年暮れに冷戦期のライバルであったソ連が崩壊したことで，重苦しい東西冷戦は西側諸国の完全勝利で幕を閉じた。そして米国は，唯一の超大国としての圧倒的な優位を国際政治において確立することとなった。
　冷戦が終結した時点で米国は世界全体のGDP合計のおよそ4分の1を占めており，2位（当時は日本であった）以下を倍近く引き離していた。2008年のリーマン・ショックを経て，中国の圧倒的な追い上げを受けている2015年現在においても，米国は依然として経済覇権を維持しており，こうした状況は少なくともこの先10年20年では変化することはないと予測されている。
　さらに，こうした経済面での優位を基礎として，米国は軍事面でも他国を圧倒的に凌いでいる。1990年時点で米国は，世界全体の軍事費合計の4割近くのシェアを占めていた。1990年代から2000年にかけてその割合は一時的に35％前後へと落ち込んだが，2001年9月11日の同時多発テロを契機として再び世界全体の4割以上を占めるに至った。くわえて，米国の軍事力に関する最大の特徴はその前方展開能力，すなわち，自国の軍事力を地理的な遠隔地へと投射する能力にある。米国の軍事面での優位は米軍を地球規模で大規模展開することが可能となって初めて達成されたものであり，また，その際に必要とされる要求を満たすために強化されてきた。米軍は2015年時点で，およそ150万人の兵力を150カ国以上に派遣しており，1000人以上の兵力が常駐している国は10カ国以上に及んでいる。こうして米国は，冷戦終結以降，残された唯一の超大国として他に比肩すべき存在の無い圧倒的な世界的大国としての地位

第Ⅰ部　中東世界の変容

を確立するに至ったのである。

　そして，世界がこのように米ソ双極構造から米国単極構造へと推移するなかで，その影響を最も強く受けた地域の1つが中東であった。というのも，中東地域は，石油をはじめとする天然資源の宝庫であるとともに，米国の緊密な同盟国であるイスラエルの存在，そして反米的な国際テロ組織を無力化させる必要性とも相まって，米国にとって戦略的に重要な地域の1つだったからである。それゆえ米国は，「世界の保安官」として冷戦終結以降も継続して中東地域に深く関与し，安定的な，そして何より自国にとって好都合な地域秩序を中東に打ち立てるという明確な意思（ないしは「覇権的野心」）を有していた。

　本章では，主として1990年代から現在に至るまでの時期を対象として，米国の対中東政策とそれに対する中東の為政者たちの対応，そして激しく揺れ動く中東政治の動態に関して，分析を進めていきたい。

2　「パックス・アメリカーナ」の成立
——クリントン政権期とそれ以前，1989〜2001年

　米国は1980年代後半以降，1990年代を通じて，米軍の恒常的な前方展開を基礎として，戦略的要衝である中東地域に影響力を行使すべく，その圧倒的なパワーを陰に陽に用いてきた。その姿は，まさに中東の覇権国と呼ぶに相応しいものであった。米国の中東専門家マイケル・ハドソンが1996年に指摘しているように，「米国の対中東政策に関する批判者——私もその1人だが——でさえ，次の点には必ず同意することだろう。すなわち，米国は今日，この不幸な地域に対して巨人の如く君臨しているのである」(Hudson 1996 : 329)。

　結果として中東では，1990年代を通じて，地域の戦略的状況を一変させるような大規模な紛争が一度も起きず，一定の平和と秩序が維持された。1990年代初頭に冒険的な軍事侵攻に打って出たサッダーム・フセイン体制下のイラクは1990年代を通じて封じ込め続けられていたし，中東和平問題（アラブ・イスラエル間の和平交渉）も一定の進展を見せた。このように，1990年代の中東では，米国の覇権による平和，すなわち「パックス・アメリカーナ」が（少なくともある程度は）維持されていた。

第1章　冷戦後の国際政治と中東地域の構造変容

中東への直接関与の始まり

　米国が中東に前方展開基地を建設し，直接的・軍事的な関与を行うようになったのは，実は比較的最近のことである。その際，決定的な分水嶺となったのは，イラン・イラク戦争も終盤に差し掛かっていた1986年の出来事，そして1991年の湾岸戦争であった。

　米国は第2次世界大戦以降，中東地域における英国の覇権（これは1971年，湾岸諸国の英国からの独立をもって正式に終了した）を引き継ぐかたちで，同地域に対する関与を深めていくこととなった。冷戦期における米国の対中東政策は，主として（互いに両立困難な）次の3つの要素によって規定されていた。すなわち，第1に石油の確保，第2にソ連の封じ込め，そして第3にイスラエルの安全保障である。

　第1の石油の確保という点に関して，1970年代の米国は，パフレヴィー朝イランとサウディアラビアを「湾岸の憲兵」とし，地域の秩序維持任務を任せるという政策を採用していた（いわゆる「二柱政策〔Twin Pillars Policy〕」）。当時の米国としては，石油の戦略的重要性について疑う余地はないとしても，湾岸地域の安全保障全般に関して大きな責任を負うつもりはなかった。他方で湾岸諸国の側としても，米軍が国内に駐留するようなことになれば国民の猛烈な反発を招くことが十分に想定されていた。第2と第3のソ連の封じ込めとイスラエルの安全保障について言えば，冷戦期の歴代米政権（とりわけリンドン・ジョンソン政権期〔1963～69年〕以降）は，イスラエルとの「特別な関係」を急速に深化・拡大させていく一方で，イスラエルに肩入れし過ぎであるとアラブ側に認識されることも強く警戒していた。アラブ諸国の反米意識に乗じてソ連が浸透してくる恐れも十分あったし，1973年の石油危機のような事態を二度と繰り返したくもなかった。また，アラブ・イスラエル紛争に巻き込まれ，さらにそれが米ソ直接対決へとエスカレートする危険性もあった。

　こうしたことから米国は，1970年代を通じて1980年代後半に至るまで，中東情勢に深入りすることは極力避けつつ，イスラエルに対しては外交的・金銭的支援を行うに留め，湾岸地域の安定についてはイランとサウディアラビアに一任することにした。これがいわゆる「水平線の外から（Over the Horizon）」と呼ばれた政策である。

　しかしながら，アーヤトッラー・ルーホッラー・ホメイニー率いる反シャー

19

勢力が1979年にイランで革命を成し遂げ、パフレヴィー王朝が突如として崩壊したことにより、事態は一変した。「二柱」のうちの1つの柱が反米最強硬勢力へと転換したこと、そしてサウディアラビア1国だけの軍事力では地域の安定を維持するには甚だ心許なかったことから、1987年、ロナルド・レーガン政権（1981～89年）は湾岸地域へと軍事力を本格的に展開することを決断する。契機となったのは、イラン・イラク戦争も終盤に差し掛かった1986年、クウェート船籍のタンカーがイランによって攻撃を受け（このときクウェートはイラクに対して多額の資金援助を行っていた）、同国が米ソ両超大国に対して護衛を要請したことであった。ソ連がこの要請に即座に応えたために、米国としてもペルシャ湾に艦隊を送り込まざるを得ない状況が生じたのである。

しかし、米国の対中東政策における決定的な分水嶺となったのは、1991年の湾岸戦争であった。冷戦の終結を受けて、サッダーム・フセインによるクウェート侵攻を「生まれつつある新世界秩序への挑戦」と捉えたジョージ・W・H・ブッシュ（以下、ブッシュ〔父〕）政権（1989～93年）は、1991年1月の「砂漠の嵐作戦（Operation Desert Storm）」に際して実に50万もの戦力を湾岸地域に投入した。そしてこれ以降、米国は湾岸地域に恒常的な軍事的プレゼンスを維持するようになる。そこにはたとえば、陸・空軍基地をはじめとする軍事施設の建設、海軍第5艦隊の展開、湾岸諸国への武器の提供、共同軍事演習、米軍専門家による助言、そして国境監視などが含まれた。

冷戦終結と「二重の封じ込め」

1991年の湾岸戦争を契機として、米国は中東情勢への関与を着実に深めていった。その目的は、中東地域に安定的かつ自国にとって都合の良い秩序を構築・維持することであり、冷戦終結を機に唯一の超大国となった米国はそれを独力で遂行することが可能であった。そして、そうした方針が最も顕著に表れたのが、1993年にビル・クリントン政権（1993～2001年）によって打ち出された「二重の封じ込め（Dual Containment）」政策である。これは、米国の利益に対して敵対的であり、地域で最も危険な修正主義国家であると（少なくともワシントンからは）認識されていたイランとイラクを同時に封じ込めるという、きわめて野心的な政策であった。

ただ、イランとイラクを同時に封じ込めると言っても、両国に課せられた負

荷のレベルには大きな差があった。イランに対しては，同国が「テロ支援国家」に指定されていることから武器輸出を禁止するほか，大量破壊兵器の獲得を諦めさせるためにいくつかの制裁措置を継続するだけであった。また，他国に対しても同じように，核物質や武器を輸出しないこと，そして経済的な関係も制限することを「説得するために努力する」としたに過ぎなかった。むしろ，「二重の封じ込め」政策の主たる標的はイラクの方であった。同国は多国間による徹底した経済制裁，大量破壊兵器開発計画に対する査察，北部と南部に設定された飛行禁止空域，そして国境周辺に駐留する米軍の軍事力増強などが組み合わされた様々な規制によって，がんじがらめにされた。くわえてクリントン政権は，懲罰的な意味合いでバグダードに対して幾度も巡航ミサイルを発射してもいる。しかしながら，イラクに対するこうした封じ込め政策は，結果として，フセイン政権を不安定化させることにも，同政権を内部から転覆させるような反体制勢力を生み出すことにも成功しなかった。それどころか，何重にも張りめぐらされた制裁措置による一番の被害者はイラク国民であり，その一方でサッダーム・フセインをはじめとする政権エリートたちは不正な「制裁破りビジネス」を通じて私腹を肥やし続けた。

とはいえ，大量破壊兵器開発の疑惑は最後まで解消されることはなかったにしても，イラクは封じ込め政策によって大幅に弱体化された。周辺国，特に米国の緊密な同盟国であるサウディアラビアに対して，再び侵略的行動に出ることもなかった。また，イラン・イラク間で戦争が再度勃発することもなかった。くわえて，米国による「二重の封じ込め」と湾岸地域への深い関与は，湾岸協力理事会（GCC）諸国間の不和や係争を調停し，相互不信と脅威認識による軍拡競争（「安全保障のジレンマ」）を抑制することで，地域全体の秩序維持に寄与することにも繋がった。この意味で，前方展開基地を基礎とした米国の覇権的政策は，高いコストを費やしはしたが，少なくともイラクを封じ込め，湾岸地域の平和と秩序を維持することには成功していた。

中東和平を前進させる

イラン・イラクに対する「二重の封じ込め」と並び，中東和平問題は1990年代の米国の対中東政策におけるもう1つの重点事項であった。この問題については，1993年1月にクリントン政権が誕生した時点では，将来的な見通し

は比較的明るいもののように思われていた。

　冷戦の終結とソ連の崩壊により、アラブ諸国、とりわけシリアやイラクなどの急進派諸国はソ連という後ろ盾を喪失した。湾岸戦争に際しては、当時中東随一の軍事力を誇っていたイラク軍が完膚なきまでに粉砕されたことで、地域諸国は米国の軍事力と覇権への強い意思をまざまざと見せつけられた。くわえて、ヨルダンとパレスチナ解放機構（PLO）は湾岸戦争の際にイラク側に付くという過ちを犯したために、戦後、対米関係を修復する機会を喉から手が出るほど欲していた。こうした中東地域における戦略環境の変化を敏感に察知したブッシュ（父）政権は、1991年10月、ソ連、イスラエル、エジプト、ヨルダン、レバノン、シリア、そしてパレスチナ代表団を一堂に集め、マドリードにおいて中東和平国際会議を開催する。マドリード会議にはパレスチナ住民だけで構成されたパレスチナ代表団のみが参加し、PLO指導部は含まれなかったが、それでも米国の圧力を受けたイスラエルやシリアなどが参加し、中東和平プロセスに先鞭をつけることに成功した。クリントン政権は発足当初からこうした既存の枠組みを引き継ぐことができたのである。

　とはいえ、クリントン政権はイスラエル・パレスチナ間の交渉（パレスチナ・トラック）については、任期終盤の1年余りを除いて驚くほどに無関心であった。ノルウェーが主導し、1993年にイスラエルとPLOの間で合意された「暫定自治政府原則の宣言」、いわゆる「オスロ合意」についても、米国はほとんど何の貢献もしなかった。クリントン政権はヤーセル・アラファートPLO議長を本質的に信用ならない人物であると判断しており、また、ブッシュ（父）政権が過度にパレスチナ寄りで、イスラエルに対して厳しすぎたとも考えていた。さらに、その交渉過程においても、クリントン政権は多くの場合においてイスラエル側に有利になるように話し合いを進めた。あるいは、少なくともパレスチナ側はそのように感じていた。

　ただ、こうしたパレスチナ・トラックに対する無関心とは裏腹に、クリントン政権はイスラエル・シリア間交渉（シリア・トラック）に対しては強い関心を寄せていた（いわゆる「シリア・ファースト」戦略）。シリアは地理的に中東地域の中心に位置し、政治的にも中東の要衝国家としてきわめて重要な役割を担ってきた。ハーフィズ・アサド（以下、H・アサド）は1970年の政権掌握以降、貧しく脆弱で、不安定な東アラブの弱小国家に過ぎなかったシリアを、強力で

安定した地域大国へと変貌させることに成功していた。また，レバノン・ヒズブッラーとパレスチナ・ハマースという2つの重要な対イスラエル抵抗運動組織に対して強い影響力を行使し，1979年以降はイランとの間で「地域における最も耐久性の高い同盟の1つ」とも称されるような強固な同盟関係を維持していた。このような高い戦略的重要性を有するシリアに対して「建設的関与」を行い，イスラエルとの関係を「仲介者」として取り持つことで，シリアを自発的に「パックス・アメリカーナ」体制に組み込み，とりわけ東アラブ地域の秩序維持に貢献させること——これがクリントン政権の狙いであった。

他方で，ソ連の急激な弱体化を前に域外の主要な後ろ盾を今にも喪失しつつあったシリアは，1991年の湾岸戦争時には米軍主導の多国籍軍への参加を表明し，クウェートに侵攻したイラクを米軍と協同して叩くとともに，1991年10月に開催されたマドリード中東和平会議に出席し，イスラエルとの初の直接交渉へと踏み切っていた。H・アサド大統領自身も和平に対して積極的な姿勢を見せていた。H・アサドは1994年1月，ジュネーブでのクリントンとの首脳会談において，占領地（つまり，ゴラン高原）からの完全撤退と引き換えに，シリアはイスラエルとの間で「正常で，平和的な関係」を築く用意があると明確に述べている。

イスラエルとの和平交渉は最終的に決裂することになったが，それでもこうしたシリアに対する関与政策はある程度ポジティブな結果を生んだ。シリア・イスラエル・米国間関係が落ち着きを取り戻したことで，1990年代を通じて，ヒズブッラーやハマースとイスラエルとの間で地域全体を巻き込むような武力衝突は起きなかった。また，1991年の湾岸戦争時，そしてその後の中東和平プロセスにおいて米国に協力することと引き換えに，シリアは1976年以降続いていたレバノンに対する実効支配を黙認された。これによって，内戦終結以降のレバノンに再び安定がもたらされることとなったのである。

「パックス・アメリカーナ」の影で

このように米国は，1990年代を通じて中東に「パックス・アメリカーナ」体制を打ち立てる強い意思を有しており，かつ圧倒的な軍事力と前方展開能力によってそれを現実のものとしてきた。ただ，同時にこれには大きな対価が伴った。すなわち，湾岸諸国に大規模な米軍を駐留させることになったこと，イ

ラクへの厳しい経済制裁によって数多くの無辜のイラク人が犠牲になったこと，「自由と民主主義を推進するというお題目を掲げながら，エジプトやサウディアラビアなどの権威主義国家を支援し，そこに軍隊を駐留させている」というダブル・スタンダード，そして過度にイスラエルに肩入れする姿勢などにより，米国に対する憎悪が地域全体を徐々に広がっていったのである。そうした憎悪は 2001 年 9 月 11 日，アル゠カーイダを名乗る国際テロ組織によって行われた，全世界に衝撃を与える未曾有の米国同時多発テロという形で顕在化することになる。

3 「帝国」への野心と挫折——ブッシュ政権期，2001～09 年

2001 年 9 月 11 日の衝撃的な大規模テロ事件を目の当たりにしたことで，同年 1 月に発足していたジョージ・W・ブッシュ（以下，ブッシュ〔子〕）政権は，現状維持を目的とするだけのこれまでの「パックス・アメリカーナ」では中東の「ならずもの国家」やテロリストを封じ込めることはもはや不可能であり，現状は積極的に（軍事力によって）修正されなければならないと結論づけた。そして同時に，米国の圧倒的なパワーを用いれば，それは十分に実現可能であるとも考えた。

「ブッシュ・ドクトリン」
こうして米国の対中東政策は，クリントン政権時の現状維持志向のものから修正主義志向の積極的介入政策，いわゆる「ブッシュ・ドクトリン」へと大きく方向転換していった。そしてその際，政権内部のネオコン（Neo-conservatives；新保守主義者）たちが大きな役割を果たしたことはよく知られている。自身もネオコンの代表的な論者であるチャールズ・クラウタマーが適切に指摘している通り，「ブッシュ・ドクトリン」とは「本質的にはネオコンの対外政策と同義語」（Krauthammer 2005：22）であった。その戦略理念は次の 2 つの要素によって構成される。第 1 に理想主義を基礎とする対外政策，第 2 に米国の軍事力に対する過度の信頼である。

第 1 の点に関して，「ブッシュ・ドクトリン」の核となるのは，「民主主義を尊重し，何人も排除し得ない市場を繁栄させ，平和を保証する制度的メカニズ

ムを有するような世界こそが,唯一,米国の安全を保障し,米国本土が自由を謳歌できるような世界である」という理想主義的な世界観である。そして,米国は「例外的な国家」であるがゆえに,自由,民主主義,そして市場経済といった価値を世界中に普及させる権利と責任があると考える。したがって,そうした価値や理念を共有しない「ならずもの国家」は必然的に「体制転換」されなければならない。こうした自由や民主主義といった米国の伝統的な価値に対する確信という意味で,この理念はあくまで保守主義の系譜に属するものである。

　次いで第2の点に関して,「ブッシュ・ドクトリン」は,冷戦後の米国は突出して強大な軍事力を備えているとの前提から出発する。そしてそこから,米国はその軍事力を用いて,上のような理想を実現することができる――ないしは,実現しなければならない――と考える。さらに,軍事力の有効性に関するこうした過度の信頼は「単独行動主義」という発想にも繋がる。なぜなら,他国が束になっても敵わないほどの軍事力を米国が有している以上,国連や安保理において,あるいは同盟国との間で煩雑な根回しや合意形成を行うよりも,単独で戦争を行った方が遥かに効率的だからである。むしろネオコンに言わせれば,国連やヨーロッパの同盟国などは「パックス・アメリカーナ」にタダ乗りする無責任な連中ということになる。

　「ブッシュ・ドクトリン」は,「覇権による秩序」を目指したそれまでの米国の対外政策を,「帝国による秩序」を目指すものへと大きく転換させた。歴史家のポール・シュローダーは次のように述べている。「覇権国は平等者のなかの第一人者である。帝国は従属国を支配する。(中略)覇権国の責任は,決定がきちんと行われるのを見届けるという,本質的に管理的なものである。これに対して帝国は,システムを支配し,もし望むなら,その決定を強制する」(Schroeder 2003)。他国の主権を公然と無視し,自国の理想を実現するために圧倒的な軍事力を通じて世界を作り替えようと試みる対外戦略を明確に打ち出したことで,米国は「慈愛に満ちた覇権国」から「獰猛な帝国」へとその姿を変えた――あるいは,少なくとも世界からはそのように認識された。

イラク戦争と困難をきわめる戦後復興

　ブッシュ(子)政権の一部高官たちは,湾岸戦争以来の悲願――すなわち,

イラクへの軍事侵攻とフセイン政権の打倒——と 9.11 事件とを即座に結び付けた。たとえばポール・ウォルフォウィッツ国防副長官は，破壊されたペンタゴンから逃げ出した数分後，側近に向かってイラクが関与している可能性を口にしている。ドナルド・ラムズフェルド国防長官は 9.11 事件発生直後に今後の対応に関して熱弁を振るっているが，彼の補佐官はその内容について次のようなメモを取っている。「最新情報を至急。SH［サッダーム・フセイン］も同時に攻撃できるかどうか判断。UBL［ウサーマ・ビン=ラーディン］だけでなく。大規模派兵。一掃。関係あるなしにかかわらず」。彼らにとって，犯罪的で米国的価値を真っ向から否定するフセイン政権は，抑止や封じ込めではなく軍事力を行使してでも「体制転換」されねばならない存在であった。

そして実際，「対テロ戦争」の名の下で，米国は 2001 年 11 月にアル=カーイダ指導部を匿っていたアフガニスタンのターリバーン政権を打倒したのみならず，2003 年 3 月に始まった戦争ではイラクのフセイン政権を瞬く間に粉砕した。イラク攻撃の表向きの理由は「フセイン政権が大量破壊兵器を保有している」ことであった。フセイン政権の側もまた，域内での影響力や（特にイランとサウディアラビアに対する）抑止力を高めること，そして米国側の意図を見誤っていたこともあり，この疑いを明確には否定しなかった。ただ，戦後に大量破壊兵器が発見されなかったことで，この戦争の大義は即座に失われてしまった。

また，本書第 11 章で詳細に論じられているように，2003 年 5 月に「主要な戦闘作戦の終結」が宣言されたにもかかわらず，その後のイラクにおける国家再建は困難を極めた。イラクの連合国暫定当局（CPA）代表に就任したポール・ブレマー文民行政官は，「ゼロ年」アプローチ，すなわち過去との繋がりがあるものはすべて一気に排除されなければならないという姿勢で戦後復興に臨んだ。そして，こうした方針に則り，ブレマーはただちに軍の解体を命じ，バアス党所属の公務員数万人を解雇した。だが，彼らの多くは恐怖心，あるいは単に出世に有利になるからという理由でバアス党員となった普通のイラク人であった。こうして新生イラク政府は，国家を立て直すために最も必要であり最も有能な人材を，一気に失うことになってしまったのである。治安部隊は無力化し，反米武装勢力は仕事を失った元軍人たちを競って仲間に取り込んだ。そして，フセイン政権時代に冷遇されてきたシーア派が権力を握るようになり，スンナ派を蚊帳の外に置くようになったことに加えて，無政府状態が拡大し，

治安がますます悪化の一途を辿っていったことで、人々は徐々に宗派的共同体にアイデンティティと安全保障の拠り所を求めるようになっていった。

そのうえ、2003年から2004年にかけて、イラクにおける国家権力の真空を狙ってイスラーム過激派勢力が大量に流入するようになり、彼らの存在はイラクにおける暴力をより過激なものに、より残虐なものに、そしてより宗派的色合いの濃いものに変えた。ヨルダン出身の過激派アブー・ムスアブ・ザルカーウィー率いるイラク・アル＝カーイダ（後に「イラク・イスラーム国」、そして「イスラーム国」へと名称を変更）はその代表的な例である。こうして犠牲者数は急速に伸びていき（本書図11-4を参照）、2004年6月にCPAからイラク暫定政府へと主権が移譲されて以降も、そうした流れが止まることはなかった。

結果として米国は、2007年のピーク時には17万人近い米兵をイラクに駐留させることとなり、イラクという泥沼にどっぷりと嵌り込んでいった。そして、2003年3月のイラク侵攻から2011年末に米軍の完全撤退が実現するまでの期間、イラクで2兆ドル以上の戦費を費やし、イラク側・米国側合わせて20万人近い犠牲者を出すことになったのである。

シリアとイランに照準を絞る

一部のネオコン勢力はかねてより、イラクのフセイン政権を打倒することと同じ程度に、シリアのバッシャール・アサド（以下、B・アサド）政権、そしてイランのイスラーム体制を転覆することを強く望んでいた。とはいえ、両体制とブッシュ（子）政権の関係は最初から敵対的なものであったわけではなかった。むしろ、表向きの敵対的関係とは裏腹に、両体制はともにブッシュ（子）政権発足当時、そして発足以降も暫くは、米国が推し進めた「対テロ戦争」における貴重な協力者であった。

シリアについては、クリントン政権時代から続いていた積極的な関与政策をブッシュ（子）政権も踏襲した。とりわけ9.11事件以降は、アル＝カーイダに関する情報提供者としてのB・アサド政権の存在はブッシュ（子）政権にとって不可欠なものとなっていった。シリアは国境を越えて活動するイスラーム過激派組織に数多くのスパイを潜入させており、そこからもたらされる情報は質量ともにCIAの期待を上回るものであった。これにより、ブッシュ（子）大統領はアル＝カーイダ対策におけるB・アサド政権の協力にいつも感謝してい

た，とも言われている。イランについても同様である。クリントン政権時代には「二重の封じ込め」政策の対象となり，イラン側がいくら対話を求めても（とりわけモハンマド・ハータミー政権期〔1997～2005年〕），米国・イラン間の対話のチャンネルはその大部分が閉ざされていた。だが，9.11事件を機に，封じ込めるべき真の敵はイランではなくイスラーム過激派勢力であることを米国は理解した。それ以降，アフガニスタンのターリバーン，そしてアル＝カーイダに関する情報収集の面で，イランはブッシュ（子）政権の重要な協力者となっていった。

しかしながら，シリア・イラン両国とのこのような協調的関係について，ウォルフォウィッツ国防副長官，ダグラス・ファイス国防次官，あるいはジョン・ボルトン国務次官ら，ブッシュ（子）政権の一部高官はきわめて懐疑的な見方を持ち，さらに言えば強硬に反対していた。彼らは一貫して，イラクのフセイン政権と同様，シリアとイランの現体制も軍事力によって転覆されなければならないと主張してきた。そして2003年4月，劇的とも言えるバグダード陥落を契機として，彼らはダマスカスとテヘランの「体制転換」を公然と口にし始めた。議会はシリアに対する厳しい制裁を定めた「シリア問責レバノン主権回復法（シリア問責法）」の再審議を2003年10月に開始し（2002年秋にはいったん廃案となっていた），同年12月に大統領の署名により発効された。国防総省の一部高官たちもまた，同じ時期，イランが米国やサウディアラビアを攻撃したアル＝カーイダ戦闘員を匿っているとの主張を展開し始めていた（イランはこの疑惑を明白に否定した）。そして実際，2002年9月に発表された『米国家安全保障戦略』には，「テロリストおよびテロ支援国家に対する自衛権を根拠とした先制攻撃（preemptive attack）」という表現が盛り込まれている。これはつまり，フセイン政権下のイラクと同様に，シリアとイランをいつでも攻撃する準備ができているということを意味していた。

また，こうした流れのなかで，1990年代には希望の光が見えていた中東和平プロセスもまた，暗礁に乗り上げてしまった。その直接的な原因は，2000年9月に発生した第2次インティファーダ（民衆蜂起）であった。イスラエルのアリエル・シャロン外相（後に首相）が1000名ほどの武装した側近とともにアル＝アクサー・モスクに突入したのをきっかけとして，パレスチナ側で大規模な民衆蜂起が巻き起こった。だが，1980年代後半に発生した第1次インテ

ィファーダとは異なり，第2次インティファーダではその発生当初から重火器が使用され，剥き出しの暴力の応酬によって多数の犠牲者を出すことになった。その後，イスラエル国内でも自爆テロが頻発するようになり，それに伴ってイスラエル側も態度をさらに硬化させていった。その結果，2001年3月には対アラブ強硬派のシャロン政権が発足することになり，和平への道はますます遠のいていった。2002年以降，シャロンは米国のイラク戦争を歓迎し，シリア・イランへの武力行使を公然と要求するとともに，パレスチナに対するイスラエルの軍事侵攻やアラファート議長宅への空爆を米国の掲げる「対テロ戦争」というロジックで正当化しようとした。ブッシュ（子）政権はこうしたシャロン政権の強硬姿勢を「自衛行動」として「理解する」と述べ，イラン，イラク，シリアが自爆テロを支援しているとの批判を繰り返した。

「中東新冷戦」構造の顕在化

　こうしてシリアとイランは徐々に窮地に追い込まれていった。シリアについて言えば，2005年3月，サウディ王室と太いパイプを持っていた大富豪ラフィーク・ハリーリー・レバノン首相が白昼堂々爆殺され，その嫌疑をかけられたB・アサド政権は同年4月，およそ30年にも及んだレバノン実効支配に終止符を打つことを余儀なくされた。同時に，「シリア問責法」の影響もあり，シリアは外交面でも徐々に国際的な孤立を深めていった。一方でイランでは，2005年8月に穏健派のハータミーに代わって対米強硬派のマフムード・アフマディーネジャードが大統領に就任したことで，対米関係，および米国の忠実な同盟者であり湾岸地域の地政学的ライバルであるサウディアラビアとの関係はますます悪化していった。

　こうして2000年代半ば以降，エジプト・ヨルダン・サウディアラビアを中心とする親米諸国陣営と，シリア・イラン，そして（国家ではないが）レバノン・ヒズブッラーを中心とする反米諸国陣営の間で，「中東新冷戦」とでも呼ぶべき対立構造が徐々に形成されていった。

　なお，「中東『新』冷戦」に対応する「中東『旧』冷戦」とは，1960年代に顕在化した，ガマール・アブドゥン・ナーセル体制下のエジプトを中心とするアラブ民族主義・共和制諸国と，サウディアラビアを中心とする王朝君主制諸国の間の敵対関係を意味しており，米国人政治学者マルコム・カーによって

1965年に初めて提唱されたものである。ナーセルはこのとき、軍事力ではなくイデオロギー的影響力を通じて「アラブの英雄」という名声を確かなものとした。すなわち、新しく登場したトランジスタ・ラジオを利用して超国家的アラブ民族主義イデオロギーを喧伝し、アラブ諸国の国民を大規模に動員する能力を示すことで、その他のアラブ諸国に強力な圧力をかけることができたのである。

「中東新冷戦」はこうしたかつての「中東冷戦」といくつかの共通点を持つ。つまり、軍事力が第一義的な重要性を有さない点、そして、重要となるのは周辺他国の国内政治主体を効果的に支援し、コントロールすることができる能力である点、などである。

「中東新冷戦」構造が顕在化する大きな契機となったのが、2006年7～8月に発生した第2次レバノン戦争であった。イスラエルとヒズブッラーの間で勃発したこの戦争では、中東域内最強であると広く考えられていたイスラエル軍に対してヒズブッラーが予想を遥かに上回る善戦を見せたこと、イスラエル側がヒズブッラーの殲滅（少なくとも武装解除）という当初の目的を達成できなかったこと、さらにはヒズブッラーが戦後、プロパガンダなどを通じて自らの勝利を巧みに印象づけたことにより、「ヒズブッラーの勝利」と広く見なされるようになった。これにより、ヒズブッラーのハサン・ナスルッラー書記長は1960年代のナーセルと重ね合わされ、「21世紀の新しいアラブの英雄」としてアラブ民衆から広く熱狂的な支持を得ることとなった。

他方で、ブッシュ（子）政権は一貫して、イスラエルを擁護し続けた。エジプトのホスニー・ムバーラク大統領とヨルダンのアブドゥッラー2世国王は、ヒズブッラーの「冒険主義が地域を不安定化させた」と厳しい批判を展開し、サウディ王室も同組織の「危険な冒険主義」を非難する大規模なネガティブ・キャンペーンを繰り広げた。さらにサウディアラビアは宗派主義的論理を持ち出し、ヒズブッラー（そしてその背後にいるシリアとイラン）の「シーア派性」を殊更に強調することで、スンナ派が大多数を占めるアラブ民衆の熱狂を何とか冷まそうと試みた。こうして両陣営の間の溝は埋め難いほどに広がっていった。「中東新冷戦」はその後、2008年中頃にレバノン情勢をめぐってシリアとサウディアラビアの間で「デタント」が成立したことにより、一時的に緊張緩和の気運が高まった。しかしながら、2011年3月に発生したシリア危機をめぐっ

て，両陣営は再び根深い対立構造を顕在化させることになる。

シリアとイランの反転攻勢

　他方で，2003年以降，高まる米国の脅威に晒され続けていたシリアとイランは，ブッシュ（子）政権の思惑とは裏腹に，それに屈服するのではなく，あくまで対決路線を選択した。両国の指導者たちはともに，ワシントンからの要求——とりわけ，イラクとレバノンにおける反米武装勢力の支援停止——に服従することは，国内外の脅威を増幅させ，中東域内における影響力や威信の低下を招くと考えていた。そして，国民の間に広がる反米的機運の高まりを考慮すると，対米追従は体制の支配基盤そのものを脅かすことになるとの認識を有していた。そんな両政権がとった戦略は以下の2つであった。

　第1に，結成から30年以上もの間維持されてきたシリア・イラン同盟，さらにはそこにレバノン・ヒズブッラーを含めた同盟関係を改めて強化することである。たとえば2006年6月には，シリア・イラン間で新たな安全保障協定が締結された。それまで同盟関係の中心となっていたのは主として経済面での協力関係であったが，これによって軍事面での繋がりも強化された。2007年1月にはB・アサド大統領が2005年以降2度目となるテヘラン訪問を行い，アリー・ハーメネイー最高指導者，アフマディーネジャード大統領と会談を行った。逆に2010年2月には，アフマディーネジャード大統領がシリアを訪問し，それに合わせてナスルッラー・ヒズブッラー書記長もダマスカスを訪問するなど，B・アサド大統領も交えた三者会談はあたかも「首脳会談」などと評され，その結束の強さを内外にアピールする形となった。

　次いで第2に，イラク国内における反米武装勢力を支援（あるいは黙認）することで，米国を消耗させることである。シリアとイラクは600キロ以上に及ぶ長い国境で接しており，イラク戦争以降にイラク国内で反米破壊活動を行ってきたイラク・アル=カーイダなどは，その戦闘員や武器・資金などの大部分をシリア北東部を経由してイラク国内に引き入れていた。シリア北東部にはシリア・イラク国境を跨いで複数の部族が存在しており，彼らのなかには両国間の密輸や潜入の手引きを生業とする者が多数存在した。イランもまたイラクとの間に監視の行き届いていない長大な国境を共有しており，イラク戦争以降はイラク国内のシーア派反米武装勢力に資金や武器を提供してきた。2005年の

表1-1　米国に対して「好ましいイメージ」を持つ人々の割合　　　(%)

	'99/'00	'02	'03	'04	'05	'06	'07	'08	'09	'10	'11	'12	'13	'14	'15
英国	83	75	70	58	55	56	51	53	69	65	61	60	58	66	65
ドイツ	78	60	45	38	42	37	30	31	64	63	62	52	53	51	50
フランス	62	62	42	37	43	39	39	42	75	73	75	69	64	75	73
日本	77	72	--	--	--	63	61	50	59	66	85	72	69	66	68
トルコ	52	30	15	30	23	12	9	12	14	17	10	15	21	19	29
ヨルダン	--	25	1	5	21	15	20	19	25	21	13	12	14	12	14
レバノン	--	36	27	--	42	--	47	--	51	55	49	48	47	41	39
パレスチナ	--	--	0	--	--	--	13	--	15	--	18	--	16	30	26
イスラエル	--	--	78	--	--	--	78	--	71	--	72	--	83	84	81
パキスタン	23	10	--	21	23	27	15	19	16	17	12	12	11	14	22

出所：Pew Research Center, "America's Global Image" (http://www.pewresearch.org/) のデータをもとに筆者作成。

時点では，イランはおよそ4万人のイラク人シーア派武装勢力に武器や訓練を提供していたとも言われている。両国はこうした戦略を用いてイラクを「ヴェトナム化」し，その泥沼に米国を嵌り込ませることで，自国に向かう脅威を低減しようとしたのである。

「帝国」の黄昏？

「ブッシュ・ドクトリン」を掲げて中東の政治システムを作り替えようと試みたブッシュ（子）政権下の試みは，結果として無残な失敗に終わった。ブッシュ（子）が政権を去った2009年1月時点で，イラク国内には未だに14万人以上の米兵が駐留し，治安情勢は回復の兆しを見せているものの完全撤退の目処は依然としてまったく立っていない状況であった。シリア・イランで体制転換を実現するという米国の野望が達成されることはなく，逆に域内における両国の影響力は2008年前後を境に拡大しつつあった。また，政権発足当初から明らかであった通り，「対テロ戦争」を戦うために，そしてイラク情勢を安定化させるためには，両国の協力は何よりも不可欠なものであった。

米国はさらに，2000年代を通じて，中東・アラブ世界の一般民衆からもあからさまな敵意を向けられるようになっていった（表1-1を参照）。これは明らかに，米国の体現する価値に対する嫌悪というよりは，米国の追求する政策

に対する嫌悪に由来するものである。たとえば米国は，2006年1月のパレスチナ国民評議会（PNC）選挙において民主的に——この点については，ブッシュ（子）政権も称賛を送っている——勝利を収めたハマースを「テロ組織」と断じ，選挙以降のパレスチナに事実上の経済制裁を科した。また，自由や民主主義を標榜しているにもかかわらず，エジプトやサウディアラビアといった独裁国家と緊密な同盟を結び，それらの国の権威主義的性格については見て見ぬ振りを続けている。パレスチナ人をはじめとする中東・アラブ世界の人々は，「所詮，米国は民主主義ではなく親米政権を支持しているに過ぎないのだ」として，米国の露骨な「偽善」と「二重基準」を非難した。

　こうしたなかで，「帝国的過剰拡大」を懸念する声が米国国内から沸き上がることは避けられない事態であった。中東への過剰ともいえる深い関与政策，そして「対テロ戦争」に関わる巨額の出費によってただでさえ逼迫していた財政に，2008年9月のリーマン・ショックがさらなる追い討ちをかけた。そのうえ，2004年4月に発覚した米兵によるアブー・グレイブでの捕虜虐待事件などが相俟って，ブッシュ（子）大統領の対中東政策に対する疑念は国民の間に急速に広がっていき，それとともに大統領支持率は急降下していった。9.11事件直後には92％という記録的な数字を達成していたブッシュ（子）政権の支持率は，イラク戦争直前には50％前後に落ち込み，イラク戦争での「電撃的勝利」によって再度70％前後まで持ち直すも，2005年には40％台まで低迷している。その後，ブッシュ（子）大統領の支持率は緩やかに下降線を辿り続け，任期の終盤には過去最低の28％を記録した。そして，ブッシュ（子）政権への風当たりが徐々に強まる中で，その中核を形成していたネオコン勢力も徐々に権力の座を追われていった。

　2000年代も終わりに近づき，米国は明らかに，対中東政策をはじめとして，対外政策全般を見直す必要に迫られていた。そんななか，「変化（Change）」，あるいは「大丈夫，我々なら出来る（Yes, We Can!）」といった楽観的とも言えるほどポジティブなフレーズを呼号し，バラク・オバマ上院議員が初のアフリカ系米国人として第44代大統領に就任したのは，2009年1月のことであった。

4　撤退する米国──オバマ政権期，2009年〜

　ブッシュ（子）政権の2期目，とりわけ2008年のリーマン・ショック以降の時期においては，「政治的にも経済的にも米国は衰退傾向にある」という認識が国内外で徐々に現実味を帯びつつあった。そうした中，オバマ大統領の呼号した「変化」という言葉は様々な意味合いを持っていたが，こと外交政策に関して言えば，それは前任者であるブッシュ（子）前政権が軍事力の圧倒的優位を基礎として推し進め，そして失敗した「ブッシュ・ドクトリン」からの訣別，そして米国外交の再建を意味していた。

オバマの現実主義
　2009年6月4日，オバマ大統領はカイロにおいて，「近年，民主主義の推進に関して多くの論争があり，かつ，そうした論争とイラク戦争が直接関連づけられていることは，私も知っている。ここで明らかにしておきたいのは，いかなる種類の統治システムであれ，ある国家が他のいかなる国家に対しても，それを押し付けることはできないし，そうすべきでもないということだ」（Barak Obama, "Remarks by the President at Cairo University, 6-04-09," Cairo, Egypt, June 4, 2009, https://www.whitehouse.gov/the-press-office/remarks-president-cairo-university-6-04-09）と明確に述べている。これはブッシュ（子）政権が推し進めた「ブッシュ・ドクトリン」とは対照的である。ここからも窺えるように，オバマ政権は中東の諸問題に対して，一貫して現実主義的姿勢を堅持した。これはつまり，自由や民主主義といった価値の実現はひとまず脇に置き，米国の重大な国益が脅かされない限りにおいては基本的には現状維持を目指し，中東への政治的・軍事的な深い関与を極力回避するために不介入路線を貫く，という立場である。
　たとえばオバマは，イランを説得して核兵器開発への野心を捨てさせるために「悪の枢軸」という言葉を慎重に避けた。オバマ政権が対中東政策の柱と位置づけた中東和平問題に関しては，交渉を前に進めるためには米国が「公正な仲介者」として広く認知されること，そしてシリアやエジプト，サウディアラビアといった周辺諸国の協力が不可欠であると考えられた。それゆえ，それら

諸国との関係正常化に力を注ぎ，その権威主義的性格について言及することは決してなかった。また，とりわけシリアに対しては，クリントン政権時の積極的な関与政策を復活させ，2010年2月，2005年以来引き揚げていた駐シリア米国大使を新たに指名するなど，関係の正常化に努めた。

　さらに，オバマ大統領の現実主義が顕著に確認できたのは，カイロ演説の直後，2009年のイラン大統領選挙の際に発生した「グリーン革命」への対応であった。大統領就任から5カ月の間，オバマ大統領はイランのアフマディーネジャード大統領との対話を継続し，核兵器獲得の野心を放棄するよう説得し続けてきた。だが，「グリーン革命」と称された反体制運動がイランで勃興するに至って，オバマ政権は大きな選択を迫られることとなった。すなわち，あくまで内政干渉を否定，距離を置いて傍観を決め込み，アフマディーネジャード大統領との対話を継続するか，あるいは同大統領と訣別し，胎動しつつある反体制運動を支援するか，である。オバマ大統領は最終的に前者を選択し，反体制運動には口先だけの支持を与えたに過ぎなかった。現実主義の観点からすれば，現時点でのイランにおける体制転換の試みは中東域内全体を不安定化させる恐れがあり，それは米国の国益にそぐわないと判断された。結果的に，アフマディーネジャード政権が反体制運動を制圧したことで，イランの「グリーン革命」は失敗に終わった。

　また，2003年3月のイラク戦争以降，泥沼の内戦状態が続いていたイラクでも，2007年後半頃からは徐々に治安状況の改善が見られていた。これは，ブッシュ（子）政権がそれまでの方針を転換して採用した「増派戦略」が奏功したこと，そしてアンバール県などでスンナ派部族によって組織された10万人規模の自警団，いわゆる「覚醒評議会」が米軍から給与を支給され，アル＝カーイダなどの掃討作戦に協力したことなどによるものである。中東への関与を徐々に軽減させていきたいオバマ政権にとって，イラク駐留米軍を早期に完全撤退させることは選挙公約であり，政権発足当初からの最優先課題でもあった。そして実際，2008年以降のイラクにおける治安状況の改善を受け，同政権は公約通り（実際にはやや遅れたが），2007年のピーク時には16万人以上にのぼった駐留米軍を2011年末には完全撤退させることに成功した。

「アラブの春」の趨勢

2011年初頭にチュニジアで発生した「ジャスミン革命」に端を発し，その後，アラブ諸国全体に広がっていった政変の連鎖，いわゆる「アラブの春」は，そんなオバマ政権に困難な問題を突き付けることになった。

「アラブの春」を全体として見た時，その趨勢に及ぼした米国の影響力は微々たるものであった。オバマ政権は発足当初から一貫して，世界の現状を米国の思い通りに修正しようという意思も，またそれを達成するだけの国内的資源も，いずれも持ち合わせていなかった。今次の政変においても，めまぐるしく変化する中東政治に深く関与することを慎重に回避し続け，現状を追認することしかしなかった。

各国ごとの細かい政治過程については本書第Ⅱ部に譲るが，たとえばエジプトの例をとれば，暴動が始まった2011年1月の時点で，オバマ政権は先のイランの「グリーン革命」の時と同じく，あくまでホスニー・ムバーラク政権を支持しようとした。だが，次第に反体制勢力の側が勢いを増すにつれ，そうした態度を貫くことは徐々に困難になってきた。そこでオバマは2月1日，ムバーラク大統領に対して事実上の退任勧告を突き付ける方向へと舵を切る。その後，民主的に誕生したはずのムスリム同胞団政権に対してクーデタが発生した時も，アブドゥルファッターフ・スィースィー陸軍元帥の下で新たな権威主義体制の成立した時にも，その現実をただ追認しただけであった。

シリアについても同様であり，オバマ政権は2013年8～9月，B・アサド政権側による化学兵器使用の疑いが国際的に大きく報じられたことを受けて，シリアへの軍事介入の可能性を示唆したことがあった。というのもオバマ政権は，化学兵器の使用を「レッド・ライン」と明確に規定していたからである。こうした方針は米国の強硬姿勢を示すためのブラフに過ぎなかったが，「レッド・ライン」を設定してしまったことにより，それを取り下げる際のコストもまた大きくなった。「米国は口だけだ」という事実を世界中に知らしめ，米国のパワーに対する信頼は大きく損なわれた。これは米国にとって大きなダメージではあったが，しかしそれでも，オバマ政権は結果的に軍事介入を回避する決断を下した。

オバマ大統領は独裁体制に異議を申し立てる民衆デモに共感を示し，民主主義体制の樹立を助けたいと考えていたようだが，彼らが異議を申し立てる既存

の旧秩序とは、これまで米国が支え、親米的な独裁国家が維持してきた地域秩序に他ならなかった。オバマ政権は民主主義の追求という理想主義と、国益の追求という現実主義の狭間で困惑し、事態の成り行きをただ傍観するより他に選択肢はなかったのである。

結果として、エジプトにおける民主主義の実験は失敗に終わり、リビアやシリア、イエメンは破綻国家と化した。シリアやイエメンの情勢をめぐってイランとサウディアラビアの間の「新冷戦」構造は再び顕在化していった。そして、「イスラーム国」の台頭によって、米国が10年以上の歳月と多くの資源を費やして取り組んできた「対テロ戦争」の行方に再び暗雲が立ち込めることとなった。

「対テロ戦争」の行方

オバマ政権は2009年1月の発足当初から、ブッシュ（子）政権から引き継いだ「対テロ戦争」という難題に取り組んできた。オバマは無人機（Drone）攻撃や現地の同盟諸国との密接な協調関係を通じて、あるいは過激なイスラーム主義勢力と、いわゆる「穏健な」イスラーム主義勢力を峻別し、前者に対するカウンター・バランスとして後者を育成するという手法を通じて、中東への直接的な関与を極力避ける形でアル=カーイダを打倒したいと考えていた。政権1期目の4年間においては、こうしたアプローチはうまく機能しているように見えた。アル=カーイダは政治的にも組織的にも弱体化していき、最高司令官であるビン=ラーディンは2011年5月に殺害された。チュニジアやエジプトでは「アラブの春」をきっかけに、ナフダ党やムスリム同胞団といった「穏健な」イスラーム主義勢力が政治過程に参入し、選挙で勝利を収めた。オバマは「誰が選挙で勝利を収めようと、民主主義を尊重する」という姿勢を貫き、「穏健な」イスラーム主義勢力が権力を握ることを許容した。

「イスラーム国」の台頭

だが、政権2期目に入った2013年あたりを境として、オバマ政権のこうした政策は次第に暗礁に乗り上げるようになっていった。エジプトでは、民主的に選ばれたムスリム同胞団政権がクーデタによって瓦解し、その後を引き継いだ軍事政権はムスリム同胞団も含め「穏健派」も「過激派」も十把一絡げに徹

底的な弾圧を加えた。こうした展開は米国の国益を大きく脅かすものではないと判断した以上，オバマ政権としては為す術もなく，趨勢を見て見ぬ振りをするしかなかった。しかし，エジプトにおける民主主義の失敗は，イスラーム主義を信奉する人々に対して，民主政治への参加という理念そのものへの信頼を失墜させてしまった。そして何より，「イスラーム国」の台頭という形で，グローバル・ジハード主義勢力の復活を許すことに繋がってしまった。

そもそも「イスラーム国」とは，アブー・ムスアブ・ザルカーウィーに率いられ，2003年以降のイラクで対米闘争・破壊活動を活発化させたイラク・アル＝カーイダへとその起源を遡ることができる。イラク・アル＝カーイダは2006年，勢力の拡大に伴って「イラク・イスラーム国」へと組織名を変更し，閣僚や省庁を設けるなどして国家を自称するようになる。その後，イラク内戦に乗じて順調に勢力を拡大していくも，2008年前後からイラクでの暴力が収束の兆しを見せ始めると，それに伴ってイラクでの足場を徐々に失っていくこととなった。

そんな「イラク・イスラーム国」が退勢を挽回するきっかけとなったのが，2011年3月に隣国シリアで始まった紛争である。当初は自由や民主主義を求める非暴力デモとして始まったシリアの騒擾は，B・アサド政権側が激しい弾圧を加えたことによって暴力の応酬に，そして周辺諸国が各々の利害や政策的目標に沿ってあからさまな介入を行ったことによって中東地域における地政学的攻防の「代理戦争」へと，その性質を即座に変化させた。そしてその過程で，B・アサド体制の崩壊を望む諸外国は反体制派の武装闘争を様々な側面から援助し，「反アサド」を掲げてさえいればいかなる集団であってもその活動を肯定・黙認した。「イラク・イスラーム国」は，紛争初期には「ヌスラ戦線」と称するフロント組織を通じて，2013年4月以降は「イラクとシャームのイスラーム国」と改称してシリア紛争に直接参入し，シリアを窓口として世界各地からヒト，モノ，カネといった資源を調達する経路を確立した。こうして息を吹き返した「イラクとシャームのイスラーム国」は，2014年6月にはイラクへと再侵攻し，巻き返しを目論むフセイン政権の残党と手を結ぶことでイラク第2の都市モスルを制圧するとともに，組織名を「イスラーム国」とし，カリフ制の復活を宣言するに至る。

「イスラーム国」の台頭に際しては，「アラブの春」の挫折が大きな追い風と

して作用した。そもそも「イラク・イスラーム国」が息を吹き返すことができたのは、隣国シリアにおける民主化要求デモが失敗に終わり、泥沼の内戦に突入したからである。また、政治参加によるイスラーム主義政権の樹立という理念は、エジプトにおける民主主義の失敗によって無残に打ち砕かれた。さらに、「穏健な」イスラーム主義勢力を代表するムスリム同胞団は、その後の軍事独裁政権による徹底的な弾圧に晒され、大打撃を受けた。こうして再び、急進的なイデオロギーを掲げるイスラーム過激派勢力が一定数のアラブ民衆の支持を受けることになったのである。

　こうした「イスラーム国」に対しては、2014年8月以降、米国を中心とする有志連合が空爆を加えている。ただ、オバマ政権の掲げる「『イスラーム国』を弱体化し、最終的には撃滅する」という目標を達成するには、いずれかの段階で地上部隊を派遣し、特定領域を物理的に制圧する必要がある。だが、そのための地上部隊の派遣を名乗り出る国家はもちろん存在しない。オバマ政権は直接的な関与を避ける代わりに、「穏健な反体制派」と称する武装勢力に米軍による訓練を施し、それを地上部隊の代わりとする戦略を進めているが、訓練を受けた戦闘員が「イスラーム国」や「ヌスラ戦線」に寝返ったことで、その計画は即座に破綻した。また、仮に「イスラーム国」を軍事的に打倒できたとしても、イデオロギーや理念の面でグローバル・ジハード主義勢力を打ち負かさない限り、こうした問題は今後も長く尾を引くことになるだろう。

岐路に立つ米国と中東
　冷戦終結を機に唯一の超大国となった米国は、冷戦終結以降も様々な利害関係や動機から、クリントン政権、そしてブッシュ（子）政権と続いて、中東地域に深く関与してきた。だが、そうした政策が「帝国的過剰拡大」を招いてきたと考えたオバマ政権は、そうした過去との訣別をはっきりと意識していた。
　しかし、「アラブの春」を経て、米国が中東への深い関与を明確に否定したことで、域内における米国のパワーに対する信頼は大きく損なわれ、同盟諸国は大きな不安を抱き、シリア危機と「イスラーム国」の台頭によって域内秩序は大きな動揺に晒されることになった。歴代米政権の対中東政策の柱に据えてきた中東和平問題もまた、ほとんど前に進まなかった。オバマ政権は2017年1月に任期満了を迎え、その後を引き継いだ政権は民主党であれ共和党であれ、

おそらく「オバマ政権との違い」を生み出すために軌道修正を試みるだろう。その時に，中東の為政者たちはそれにどう対応し，中東政治はどのように変化するのだろうか。激動の中東情勢を，引き続き注視していく必要があるだろう。

参考文献

ロジャー・オーウェン（山尾大・溝渕正季訳）『現代中東における国家・権力・政治』明石書店，2015年。

ジョージ・パッカー（豊田英子訳）『イラク戦争のアメリカ』みすず書房，2008年。

ジョン・J・ミアシャイマー，スティーブン・M・ウォルト（副島隆彦監訳）『イスラエル・ロビーとアメリカの外交政策（I・II）』講談社，2007年。

溝渕正季「アラブ政変とアメリカ――オバマの現実主義と中東の地政学的変化」『中東研究』第513号，2012年2月。

溝渕正季「冷戦終結以降の中東における地域秩序の変遷――『アメリカの覇権』の趨勢をめぐって」*NUCB Journal of Economics and Information Science*, Vol. 59 No. 2, 2015年3月。

溝渕正季「米国の対『イスラーム国』軍事作戦をどう評価するか？」『中東研究』第523号，2015年5月。

ジョージ・レンツォウスキー（木村申二・北澤義之訳）『冷戦下・アメリカの対中東戦略――歴代の米大統領は中東危機にどう決断したか』第三書館，2002年。

Michael C. Hudson, "To Play the Hegemon: Fifty Years of U. S. Policy toward the Middle East," *Middle East Journal*, 50/3, 1996.

Charles Krauthammer, "The Neoconservative Convergence," *Commentary*, 120/1, 2005.

Paul Schroeder, "Is the U. S. an Empire?" *History News Network*, March 2, 2003.

第2章　イスラーム主義運動の歴史的展開
―― 中東地域研究における意義を再考する ――

末 近 浩 太

1　やせ細るイスラーム主義運動研究

　ムスリム同胞団，ハマース，ヒズブッラー，ターリバーン，アル＝カーイダ，そして，「イスラーム国（IS）」――。イスラーム主義運動は，21世紀の今日において，中東政治のみならず国際政治をも動かす存在となっている。2001年の9月11日の米国同時多発テロ事件（以下9.11事件）後には治安対策の対象として，2011年の「アラブの春」においては民主化の成否を左右するアクターとして注目されてきた。そして，イラクとシリアを拠点とした「イスラーム国」の台頭は，グローバルな安全保障上の問題となっている。

　このように，イスラーム主義運動は，今や現代世界の一風景となっている。にもかかわらず，その実像はそれほど知られていない。その原因は，彼らが既存の秩序に対する脅威と捉えられ，それゆえに監視・管理すべき客体としてのみ語られがちであること，そして，その結果として，地域性，時代性，思想，戦略などの違いが等閑視され，十把一絡げにされる傾向があったことを指摘できる。

　しかし実際には，イスラーム主義運動には，反西洋を掲げ武装闘争に明け暮れるものだけではなく，医療，福祉，教育などの社会サービスを提供するNGOのようなものもあれば，政党を結成して民主政治への参加を目指しているものもある。だとすれば，9.11事件と「アラブの春」を経た今日，イスラーム主義運動に関する語りはやせ細ったものになってしまっていると言わざるを得ない。

　テロ対策，民主化，安全保障は，中東のみならずグローバルな課題となっている。だからこそ，イスラーム主義運動がどのような実態を有しているのか，主体としての彼らが何を求め，なぜ戦うのか，という問いを考えなくてはなら

ない。本章では，中東におけるイスラーム主義運動の歴史的な変遷を素描し，彼らの実態を捉えることの意義とそのために必要な視座を考えてみたい。

2　イスラーム主義とは何か

その定義

　イスラーム主義とは，「宗教としてのイスラームへの信仰を思想的基盤とし，公的領域におけるイスラーム的価値の実現を求める政治的なイデオロギー」と定義できる（末近 2013：9）。イスラーム教徒であることは，イスラーム主義者であることと同義ではない。イスラームという宗教への信仰を有していることと，イスラームを政治的なイデオロギーとして信奉することとは別個のものである。

　もう少し用語の整理をしておこう。イスラーム主義に似た用語として，まず，「イスラーム復興」がある。人類学者の大塚和夫は，「イスラーム復興」を「文化的・社会的な現象」を指す用語とし，政治的イデオロギーとしてのイスラーム主義と区別した。その一方で，いずれの用語も，後に詳述するように，19世紀以降の西洋的近代化，とりわけ国民国家の成立のなかで，人々がイスラームを「再発見」し，それをよりどころにして政治や社会を変革しようとした点で共通する（大塚 2004：10-15）。

　イスラーム主義と似た用語には，「イスラーム原理主義」というものもある。この用語は，日本だけではなく，欧米や中東諸国のアカデミアでも，近年ではほとんど使われなくなっている。その理由としては，第1に，明確な定義を欠いた，「狂信」「頑迷」「テロリスト」といった否定的なラベリングに過ぎないこと，第2に，その語源が20世紀初頭の米国におけるキリスト教の一派を指す用語であること，第3に，一般的にある宗教の信者がその「原理」に忠実なのは当然であること（イスラームであればクルアーンの教え），が指摘されている。つまり，「イスラーム原理主義」は，自文化中心主義やオリエンタリズムの誹りを免れない数々の問題を含んだ用語なのである（大塚 2004：6-10）。

その歴史

　オスマン帝国時代末期の19世紀以降，中東にも西洋的近代化の波が押し寄

せ，西洋諸国を範とした制度や法律が次々に導入されていった。とりわけ，国民国家の成立と世俗主義——政治と宗教の分離を是とする考え方——の影響力拡大の結果，自分たちの政治や社会がイスラームの教えから乖離していると感じる人々が現れるようになった。イスラーム主義は，このような西洋的近代化に対する疑念や異議申し立てから生まれた。

　20世紀に入りオスマン帝国が崩壊した後，中東は，西洋列強による植民地化を経て，近代西洋を起源とする国民国家体制に飲み込まれていったが，その時に起こった生をめぐる意味空間の変化は甚大なものであった。自分は何のために生きているのか。それまで神のために生きてきた人が，国のために生きることになる。あるいは，自分は何者なのか。それまで同じイスラーム教徒だったのが「イラク人」となる（そして，「シリア人」や「ヨルダン人」とは異なる人間となる）。人々は戸惑った。

　それだけではない。第2次世界大戦後に独立を果たした多くの中東諸国では，西洋的近代化が推し進められる一方で，クーデタ，独裁，低開発，内戦，戦争などが頻発した。たとえばシリアは，1946年の独立から最初の20年あまりの間で9度ものクーデタと3度のイスラエルとの戦争を経験し，独裁と政情不安，そしてそれに伴う経済的停滞に苦しんだ。イランでは，米英を後見人とする王による専制政治が確立し，石油輸出収入の多くを両国の企業に握られる状況が続いた。

　その結果，イスラーム主義は，単なる個人の内面的な救済としてだけではなく，近代以降の様々な諸問題を解決するための処方箋として，中東の人々の間に広がっていった。さらに，1967年の第3次中東戦争でのイスラエルに対するアラブ諸国の惨敗は，それまで推し進められてきた西洋的近代化，とりわけナショナリズムを通じた社会変革・経済発展のプロジェクトの失墜を決定づけた。こうしたなかで，1970年代以降，イスラーム主義は，西洋的近代化に代わる「もう1つの道」を指し示す政治的イデオロギーとして隆盛していったのである。

　このことは，イスラーム主義が，20世紀において，反植民地主義や西洋的近代化への異議申し立てを担う「サウス的」なものであったことを示している。言い換えれば，イスラーム主義は，中東政治の混乱の原因ではなく，オスマン帝国崩壊以来の地域秩序の流動化の結果として生まれたのである。

イスラーム主義運動の登場

イスラーム主義を掲げる社会運動を，イスラーム主義運動と呼ぶ。その嚆矢が，1928年にエジプトで誕生したスンナ派のムスリム同胞団である。創設者は小学校教師のハサン・バンナー（1906〜49）であった。当時のエジプトは英国による植民地支配下にあり，バンナーは若き日より反英独立闘争に参加していた。ただし，彼が目指した独立は，国民国家としてのエジプトの独立ではなく，自らの祖国エジプトを含むイスラーム世界全体，すなわち信徒たちの共同体であるウンマの独立であった（横田 2009）。

ムスリム同胞団は，結成からわずか5年あまりで50万人ものメンバーを擁するまでになったが，その強大な力ゆえに，エジプトの歴代政権による激しい弾圧に遭うことになった。1948年に運動は非合法化され，翌年にはバンナー自身も暗殺者の凶弾に倒れた。こうして，政治の表舞台から去ったムスリム同胞団であったが，その後も福祉，医療，教育などの分野で活動を続け，エジプト社会に着実に根を張っていった。2011年の「アラブの春」後に実施された国民議会選挙と大統領選挙の両方で勝利を収めたことは記憶に新しい。

他方，シーア派のイスラーム主義運動は，1957年に結成されたイラク・イスラーム・ダアワ党（以下ダアワ党）を先駆とする。ダアワ党は，カリスマ的なイスラーム法学者ムハンマド・バーキル・サドル（1935〜80）を中心に，イラク社会で進行する世俗化に反対し，イスラームの教えに立脚した国家とイスラーム法学者による統治の実現を目指した。そのため，彼らもまた，世俗主義や社会主義を掲げる時の政権によって激しい弾圧を受けた。1969年のアラブ社会主義バアス党政権の成立，そして1979年のサッダーム・フセイン（1937〜2006）の大統領就任を経て，1980年代にダアワ党に対する弾圧は頂点に達し，サドル自身も逮捕・処刑された。

しかし，彼らは，長く過酷な弾圧の時代においてもイラク最大の反体制派としての活動を続け，同国のシーア派住民を中心に支持基盤を維持した。そして，2003年のイラク戦争後の民主化によって政権の座に就き，以後，同国の政治を主導する大きな勢力となっている（山尾 2011）。

1979年イラン・イスラーム革命という「勝利」

西洋的近代化に対する「もう1つの道」を追求するイスラーム主義運動が，

その力を劇的な形で示す事件となったのが，1979年のイラン・イスラーム革命（以下，イラン革命）であった。革命の指導者であり，高位のイスラーム法学者であったルーホッラー・ホメイニー（1902～89年）は，イランに蔓延していた抑圧や社会正義の欠如の原因を欧米諸国による事実上の植民地支配の継続と社会の脱イスラーム化にあるとし，それを許してきた同国の王政を「不義の体制」と断罪した。そして，革命によりこれを打倒した後に，「イスラーム共和制」というまったく新しい政治体制を樹立した（富田 2015）。

　この事件は，西洋的近代化の模範国，そして，中東における米国の最大の同盟国の1つであったイランが一夜にして転覆しただけではなく，それがイスラームという宗教の名の下に行われたことから，西洋的近代化や世俗化が既定路線と考えられてきた世界に大きな衝撃を与えた。イラン革命は，イスラーム主義者にとっての最初の大きな「勝利」であり，以後，これを追い風に，中東各地で多くのイスラーム主義運動が活動を活発化させていった。

　注目すべきは，この時点で，イスラーム主義運動をめぐる1つの「フォーマット」が生まれたこと，少なくとも観察者の側にそのような認識が広まったことである。その「フォーマット」とは，イスラーム主義運動の最終目標はイスラーム国家の樹立であり，また，そこにはカリスマ的な指導者と体系的な組織が存在する，というものであった。イスラーム主義は政治的イデオロギーであると先に述べたが，その「政治的」とは国家権力の掌握およびイスラーム国家の樹立と同義となったのである。

3　過激派はなぜ生まれたのか

選び取られるイスラーム主義

　人々は，なぜイスラーム主義運動に参加し，また支持したのか。その要因は，宗教と政治の関わり合いのなかで探る必要がある。ある人がイスラーム主義者になる動機を持ったとして，そこには，まず何よりも，イスラームという宗教への信頼が不可欠である。イスラームがより良い／善い政治や社会をもたらす，という信頼である。こうした西洋的近代化や世俗化が進んだ中東におけるイスラームの「再発見」こそが，「文化的・社会的現象」としての「イスラーム復興」であった。1970年代は，イスラームだけではなく，キリスト教やユダヤ

教でも同じように宗教復興の気運が高まった時期であった（ケペル 1992）。

　ただし，ここで注意すべきは，こうしたイスラームへの信頼の高まりが必ずしも人々をイスラーム主義へと誘うわけではない，という点である。言い換えれば，その人が篤信的なイスラーム教徒であったとしても，それを政治的イデオロギーとして信奉するかどうかは，別の問題である。イスラーム主義者になることは信仰よりも理性の問題であり，その理念や政策の善し悪しや他の運動や政党の比較のなかで，あくまでも選び取られるものなのである。だとすれば，極端な場合，イスラームへの信仰は稀薄であっても，運動が掲げる理念や政策に共感することでメンバーや支持者になることもある。

過激派の誕生

　1970年代の半ば頃から，一部のイスラーム主義運動の過激化が見られるようになった。過激派には，手段と目的の2つのタイプがある。手段とは，暴力で政治や社会の「イスラーム化」を推し進めようとするタイプであり，具体的には，武装闘争やテロをも厭わないタイプを指す。一方，目的とは，彼らの独善的な解釈に基づく「正しいイスラーム」を人々に強要するタイプであり，個人の心の奥までターゲットにする——すなわち私的領域にまで容赦なく踏み込む——タイプである。

　この2つは重なることも多い。たとえば，アフガニスタンのターリバーンやイラク・シリアの「イスラーム国」は，それぞれの国の政権やそれを支持する欧米諸国を敵視し，ジハード（聖戦）の名の下に武装闘争を行っている。また，自らの支配地域では西洋的な事物を嫌悪し，他宗教の住民にはイスラームへの改宗を強いていることが伝えられている。

　過激派はなぜ生まれたのか。そこには，確かに彼ら独自の「正しいイスラーム」の実践への異常なまでの執着が見え隠れしている。だが，先に述べた議論を敷衍すれば，人々が政治的イデオロギーとしてのイスラーム主義を選び取る背景にはその時々の政治や社会の状況があり，過激派の誕生を考える際にも同様の視点が必要である。すなわち，1960年代から70年代にかけて，独裁政権——その多くが世俗主義や社会主義を掲げていた——によるイスラーム主義運動に対する苛烈な弾圧が広がっていくなかで，イスラーム主義者のなかから，もはや武力をもってでも体制を打倒しなくてはならない，と考えるグループが

第2章　イスラーム主義運動の歴史的展開

生まれたのである。

　こうした過激派の揺籃の地がエジプトであった。エジプトでは，ムスリム同胞団に対する厳しい取り締まりや弾圧が実施されていたが，投獄されたメンバーのなかから傑出したイスラーム主義思想家が現れた。サイイド・クトゥブ（1906～66）である。クトゥブは，現代を神の主権（ハーキミーヤ）が欠如した無明時代（ジャーヒリーヤ）であると激しく批判し，イスラーム法に基づく統治の「回復」こそが，様々な社会問題の解決の道筋となると説いた。クトゥブの影響を受けた一部のイスラーム主義者たちは，神の主権を確立するための体制打倒を訴えるようになり，1981年にアンワル・サーダート大統領（1918～81）を暗殺したジハード団や1990年代に外国人観光客への襲撃を繰り返したイスラーム集団などを結成していた（横田 2009）。

抵抗運動の論理と戦術

　こうして見てみると，過激派は，内面の信仰世界よりも，過酷な政治・社会状況を背景に登場したことが分かる。人々は，「イスラーム復興」のなかでイスラームへの信頼を強く抱きながらも，あくまでも現実の政治や社会の状況に応じるかたちでイスラーム主義を選び取ったり，過激派に共鳴したりしたのである。

　このことを象徴したのが，イスラーム主義者による抵抗運動（レジスタンス）の結成である。1980年代のパレスチナのハマースやレバノンのヒズブッラーがそれにあたる。これらの運動は，武力の行使という点では先に述べた過激派と大きな相違はなく，「敵」に対する自衛のためのやむを得ない措置として「自爆テロ」——彼らは「殉教作戦」と呼ぶ——を用いた点でも類似する。

　しかし，武力の行使を伴うイスラーム主義運動を十把一絡げに過激派と呼ぶことには留保が必要である。パレスチナもレバノンも，中東最強の軍隊を擁するイスラエルの軍事占領下に置かれていたからである。

　言うまでもなく，武力の行使を正当化しうる政治・社会状況の「不義」の度合いに明確な基準があるわけではなく，それはもっぱら当事者の主観に依るところが大きい。しかし，それでもなお，「自爆テロ」を伴うハマースやヒズブッラーによる武力の行使は，一見すると過激派特有の「狂信性」の所産に見えるかもしれないが，実際にはイスラエル占領下における戦力面での格差を前提

47

とした「弱者の武器」として編み出されたものであった点を踏まえる必要がある。ハマースやヒズブッラーによる武力の行使は、政治・社会状況に依拠した合理的な戦術として選び取られ、それゆえに、人々からの支持も、イスラームの信仰に加えて、その合理性にも依るところが大きいと見るべきであろう（末近 2013 : 69-73）。

4　岐路に立つイスラーム主義運動

9.11 事件の衝撃とアル=カーイダの新しさ

　これまで見てきたように、20世紀におけるイスラーム主義運動は、オスマン帝国崩壊後の中東の新しい秩序の創出とそれに伴って生じた新しい諸問題——クーデタ、独裁、低開発、内戦、戦争など——に対して、西洋的近代化とは異なる「もう1つの道」を追求する営みの一環として生まれた。それは、紛れもなく「サウス的」な性格を強く帯びた運動であった。

　そのため、中東だけではなく、日本や欧米諸国においてもイスラーム主義への関心が高まったのは道理であった。その関心は、「サウス的」なものへの政治的な共感だけではなく、西洋的近代化を「唯一の道」とすることへの疑念から生まれたものであった。つまり、冒頭で述べたように、21世紀の今日におけるイスラーム主義への関心が「監視・管理すべき客体」に駆動されたものだとすれば、20世紀のそれは「理解すべき他者」としての認識に裏付けられていたと言える。

　しかし、こうしたいわば観察者と観察対象とのある意味では幸せな関係を大きく変えたのが、21世紀の幕開け、2001年に起こった9.11事件であった。イスラームの名の下で、中東から遠く離れた米国の地で、民間の旅客機をハイジャックし、無垢の一般市民が働く世界貿易センタービルと国防総省に突入するという非道な行為は、それまでのイスラーム主義のイメージを大きく傷つけると同時に、アル=カーイダという21世紀の新しい形のイスラーム主義運動の登場を世界に印象づけた。

　アル=カーイダの首領ウサーマ・ビン=ラーディン（1957～2011）は、この行為を米国によるイスラーム世界に対する政治的・軍事的・経済的・文化的攻撃に対する自衛措置であると正当化した（保坂 2011）。アル=カーイダは、先述の

手段と目的の両面で紛れもなく過激派であったが，次の2つの点において，それまでのイスラーム主義運動と性格を異にしていた。

　第1に，脱領域性である。それまでのイスラーム主義運動が基本的には特定の国家内で活動していたのに対して，アル＝カーイダは——アフガニスタンの山岳地帯に拠点を置きながらも——世界全体を作戦行動範囲とした。また，メンバーについても，インターネットを駆使してイデオロギーを世界に拡散し，人種や国籍を問わず様々な国や地域からリクルートを行った。

　第2に，ジハードの自己目的化である。それまでのイスラーム主義運動の多くは，自らが生を営む政治や社会の「イスラーム化」という目的を掲げ，ジハードはあくまでもそのための手段の1つとしていた。これに対して，アル＝カーイダは，9.11事件が象徴したように，自らの生と直接関わりない米国を攻撃することを目的としていた。むろん，彼らの論理では，米国攻撃もイスラーム世界の自衛のための1つの手段と位置づけられていたが，それでもなお，その後に想定されている米国の打倒と世界大のイスラーム国家の樹立という目的は現実味を著しく欠いたものであり，その意味において，彼らはジハードの実践それ自体を目的としていたと言える。そのため，自死を厭わぬ「自爆テロ」も，自らの信仰世界の内での自己満足的な行為に過ぎず，パレスチナやレバノンのような厳しい政治的・軍事的制約のなかで選び取られた戦術ではなかった。

　このように，アル＝カーイダは，米国のグローバルな覇権の打破という一見すると「サウス的」な理念を掲げながらも，現実には創造よりも破壊に徹し，また，信仰心の自己充足というエゴイズムを露呈したことで，世界に対してイスラーム主義一般への戸惑い，失望，さらには警戒感を惹起した。

　しかしながら，「理解すべき他者」としてのイスラーム主義が完全に失墜したかと言えば，そうではなかった。米国主導の「対テロ戦争」が，強大な軍事力を背景に民主主義，資本主義，自由主義の三位一体を中東やその他の地域に強制していくのに対して——その象徴が2003年のイラク戦争であった——，「サウス的」なものの担い手としてのイスラーム主義運動には一定の期待と注目が寄せられ続けた。そのため，アル＝カーイダのような「浮き草の過激派」とムスリム同胞団に代表される「草の根の穏健派」を混同することを戒める議論が，中東だけでなく，日本や欧米諸国でも数多く出された（たとえば，小杉2003）。

試金石となった「アラブの春」

その「草の根の穏健派」の力と可能性が試されたのが，2011年の「アラブの春」であった。2010年末にチュニジアで発生した市民による抗議デモは，わずか1カ月あまりで24年間続いてきた独裁体制を崩壊させた。この革命の熱狂は瞬く間に他の中東諸国にも広がり，エジプト（2011年2月），リビア（10月），イエメン（11月）でも政変が起こり，シリアやバハレーンでは体制側と反体制側の間の武力衝突が発生した。この一連の事件を，一般に「アラブの春」と呼ぶ。

「アラブの春」は，一般市民による非暴力の民主化運動を特徴としていた。そのため，世俗主義を掲げる独裁体制とイスラーム主義運動を中心とした反体制派というそれまでの内政の対立構図——ムスリム同胞団やイラン・イスラーム革命の経験から生まれた「フォーマット」——からは「逸脱」するものであった。しかし体制転換後に実施されたチュニジアとエジプトの選挙では，ムスリム同胞団をはじめとするイスラーム主義運動が結成した政党が大きく票を伸ばし，「草の根の穏健派」がその支持基盤の広さを見せつけた。チュニジアでは，政変後の制憲議会選挙でイスラーム主義者の政党であるナフダ党が第1党となり，エジプトでは，ムスリム同胞団出身のムハンマド・ムルスィー（1951〜）が大統領に選出され，同国史上初めてイスラーム主義運動が政権を獲得した。これは，1990年のアルジェリアにおけるイスラーム救国戦線（FIS），2004年のパレスチナ自治区におけるハマースに続く，イスラーム主義運動の選挙での大きな勝利であった。

しかし，チュニジアでは，対話による権力の禅譲や法制度の整備が進められたのに対して，エジプトでは，長年にわたった政治と経済の停滞に加えて，単独与党となったムスリム同胞団系の自由公正党の拙い政治運営も相まって，イスラーム主義者が主導する新政権に対する一般市民による路上抗議行動が発生する事態となった。そして，これを好機と見た軍を中心とした旧体制の残党によるクーデタが起こり，2013年6月末，わずか1年で新政権は崩壊した（鈴木 2013）。

さらに，国際政治の力学も，エジプトの「草の根の穏健派」にとっての打撃となった。「アラブの春」では，独裁体制の崩壊後には欧米諸国を範とするリベラルな民主政治が訪れるものと期待されていた。そのため，イスラーム主義

者の選挙での勝利は想定外であり、歓迎されざるものであった。欧米諸国は、ムルスィー政権に対して政治的な支持も経済的な支援も低い水準にとどめ、さらには、2013年のクーデタ後に成立した事実上の軍事政権を容認し、ムルスィー自身を含むムスリム同胞団のメンバーに対する苛烈な人権侵害に対して沈黙した。

　このような「アラブの春」後のムスリム同胞団の挫折は、中東の人々の間に2つの幻滅を生んだ。1つは、言うまでもなく、「草の根の穏健派」のイスラーム主義運動に対する幻滅である。民主化の移行期の混乱の最中の難しい舵取りであったとはいえ、山積する政治や社会の課題に対して、ムルスィー政権はエジプト国民の期待に十分に応えることができなかった。もう1つは、民主主義への幻滅である。長年にわたって独裁体制の下で苦しんできた中東の多くの人々にとって、民主主義は現状の政治や社会を変えるための希望であった。しかし、「アラブの春」を経て、現代世界における民主主義はイスラーム主義者を選挙の勝者として温かく迎えてくれるほど懐が深くなかったこと、そして、欧米諸国がイスラーム主義者の伸張を抑止する独裁政権を必要悪と見なしていることが浮き彫りになった。

　こうして、「草の根の穏健派」のイスラーム主義運動は失速した。彼らが国家権力を掌握できないという点では、「アラブの春」以前と変わりはない。しかし、「春」を経て大きく変わったのは、彼らが示してきた「もう1つの道」の思想的な力が失われたことであった。くわえて、民主主義への信頼も大きく損なわれたことで、中東の人々の間には思想的な閉塞感が広がった。世俗主義を掲げる独裁体制の下で生き続けるか、それとも、欧米諸国の顔色を窺いながら条件付きの「民主主義」を運営するか、中東の人々は厳しい選択を迫られることとなった。

「イスラーム国」の「反西洋」

　こうした閉塞状況のなかで、急速に勢力を拡大したイスラーム主義運動が「イスラーム国」であった。彼らは、世俗主義と独裁だけでなく、西洋的近代化や民主主義をも否定した。そして、カリフ（預言者ムハンマドの後継者・代理人）が主導する「正しいイスラーム」に立脚した新たな国家の建設を謳った。

　「イスラーム国」は、国際法上の国家ではなく、一方的に「国」を名乗って

いる過激派の組織である。その源流は，2003年のイラク戦争にある。彼らは，戦後のイラクの政治的混乱のなかで，米国の占領軍およびその協力者に対する攻撃を繰り返したが，イラク軍の攻勢によって一時的に勢力を失った。しかし，2011年の「アラブの春」をきっかけに始まった隣国シリアの混乱によって同国内に自由な活動ができる「聖域」を獲得すると，国外から豊富に流入する武器，資金，戦闘員を背景に再び勢力を拡大し，2014年1月にはイラクとシリアにまたがる地域を自らの領土とする「イスラーム国」の建国を一方的に宣言するまでに至った（池内 2015）。

「イスラーム国」では，独善的な「正しいイスラーム」に基づく恐怖政治が行われ，異教徒や裏切り者と見なされた人々が銃殺や斬首などの残忍な方法で次々に殺されていった。そして，シリアとイラクの両国の政権を敵視するだけではなく，それらと対立する様々な勢力との間でも激しい武力衝突を繰り返した。「イスラーム国」もまた，手段と目的の両面において過激派に他ならなかった。

「イスラーム国」の特徴は，残忍な殺人・虐殺行為だけではなく，異なる宗教や宗派に対する不寛容，奴隷制の再興，人類の歴史的遺産の破壊，兌換紙幣の否定と金本位制の復活を次々に打ち出し，自由，人権，民主主義などからなる現代世界が培ってきたあらゆる西洋的（普遍的）価値を否定した点にあった。その過剰なまでの「反西洋」の姿勢は，かつてイスラーム主義運動が担った「サウス的」なものをグロテスクな形で21世紀の今日に再構成したものであった。

その意味で，「イスラーム国」は20世紀からのイスラーム主義運動の歴史的発展における連続と断続の両方を内包していた。連続については，「イスラーム国」の思想や活動に見ることができる。彼らは，イスラーム国家の樹立を最終的な目的としており，また，カリスマ的な指導者と体系的な組織を有していることから，かつてのイスラーム主義運動の「フォーマット」を踏襲していると言える。「イスラーム国」は，西はモロッコ，東は中国の一部までを含む広大なイスラーム国家の建設を標榜しながらも，実質的にはイラクとシリアという2つの国民国家内での国家権力の争奪戦に拘泥している。このことは，21世紀初頭に中東で猛威を振るったアル゠カーイダが脱領域性とジハードの自己目的化を特徴とする新しさを見せたのとは対照的である。

他方，断続については，「イスラーム国」は，狡猾な外国人誘拐・脅迫戦術を展開し，また，SNSに代表される新しい情報コミュニケーション技術（ICT）を駆使した点で，21世紀の今日のイスラーム主義運動の1つのあり方を示したと言える。また，グローバル化の進展によって人，モノ，カネ，情報がいっそう激しく国境を越えて移動していくなかで，メンバーや戦闘員，資金や物資を絶え間なく獲得し続けている。かつて「テロリスト」は中東から欧州に来るものと言われていたが，今や多くの欧州市民が「イスラーム国」へと参加・合流するような事態が起こるようになった。

　だが，より重要な断絶は，かつてのイスラーム主義運動が「非西洋」の「もう1つの道」を目指したのに対して，「イスラーム国」は「反西洋」を掲げている点である。彼らは，前者がかつて担っていた「サウス的」なもののなかの「西洋との違い」だけを抽出し，それを憎悪と暴力で粉飾しながら過剰なまでに押し出している。その徹底した否定の姿勢こそが，「イスラーム国」の逆説的な新しさであった。

　こうしたいわばアンチテーゼに徹した姿勢は，平時であれば多くの人々の心を惹きつけることはない。しかし，現実には「イスラーム国」への支持者や参加者は増え続けた。それは，おそらく「アラブの春」後の中東の混乱と思想的閉塞と無縁ではなく，「イスラーム国」に，従来からの独裁でも条件付きの「民主主義」でもない，オルタナティヴとしての魅力や「魔力」が見出されていたからであろう。

5　新時代のイスラーム主義運動と中東地域研究

「ポスト・イスラーム主義」論

　「イスラーム国」の台頭により，イスラーム主義運動は二重の苦難に直面した。第1に，運動が担ってきた「サウス的」なものがグロテスクな形で乗っ取られてしまったこと，第2に，イスラーム国家樹立の大義がディストピアとして実現してしまったことである。その結果，あらゆるイスラーム主義運動が絶対悪としての「イスラーム国」や「テロリスト」と同一視され，世界から厳しいまなざしを向けられるだけでなく，治安対策の対象としてばかり語られるようになった。

もはやイスラーム主義運動に未来はないのであろうか。これは，中東が将来イスラーム主義運動のまったく存在しない地域になるのか，という問いでもある。その答えは否であろう。正確には，問い自体の前提を見直してみる必要がある。そこでもう一度，本章におけるイスラーム主義の定義を見直してみよう。

イスラーム主義とは，「宗教としてのイスラームへの信仰を思想的基盤とし，公的領域におけるイスラーム的価値の実現を求める政治的なイデオロギー」である。

ポイントは，「政治」の部分である。ここで注目すべきは，そうした政治的イデオロギーを信奉することは，本来的には革命や選挙を通して国家権力の争奪戦に独占的に勝利しようとすることと同義ではない，ということである。逆の言い方をすれば，公的領域におけるイスラーム的価値の実現のためには，様々な手段や道筋があり得る。たとえば，ムスリム同胞団は，実際には個人，社会，国家の漸進的な「イスラーム化」を目指しており，性急な国家権力奪取の是非が問題にされるようになったのは，政権による弾圧が強まり，またマルクス主義など他のイデオロギーとの軋轢が大きくなったときであった。また，トルコのギュレン運動や中東各国に支部・支持層を持つタブリーグなど，社会へのイスラーム的価値の浸透を優先する運動も少なくなかった。

にもかかわらず，イスラーム主義運動が国家権力の争奪戦の文脈ばかりで捉えられてきたのは，先述の「フォーマット」——イスラーム主義運動の最終目標はイスラーム国家の樹立であり，また，そこにはカリスマ的な指導者と体系的な組織が存在する——が独り歩きしてきたためである。この「フォーマット」は，欧米，特にフランスのイスラーム主義研究において顕著で，そこでは 1990 年代初頭のアルジェリアのイスラーム救国戦線の過激化と挫折の経験から「政治的イスラームの失敗」が議論されてきた。そして，その失敗を受け，イスラーム主義もそれを掲げる運動も軌道修正を余儀なくされるようになったと述べ，そうした動きは「ポスト・イスラーム主義」と呼ばれた。

「ポスト・イスラーム主義」とは，論者によって違いがあるものの，特定のイデオロギーを指す用語ではなく，社会の変化によってイスラーム主義がかつてほどの訴求力を持たなくなった状況のなかで生じた新たな現象を指す用語である。その現象とは，国家権力の奪取によるイスラーム国家の樹立という営為が駆動力を失い，その結果，宗教的経験や活動の「個人化」が進んでいるとい

うものであった（私市 2012：61-65）。

「ポスト・イスラーム主義」論は，現代世界におけるイスラーム主義運動の特徴や変化を捉える上では有益な視点の1つである。後に論じるように，歴史的に見ても，イスラーム主義運動には，組織よりも個人，国家権力の掌握よりも社会における生の充実を目指しているもの多い。しかし，いや，それゆえに，わざわざ「ポスト・イスラーム主義」という用語を使う必要があるのか，という疑問も残る。むしろ，新たな用語の提唱は，政治的イデオロギーとしてのイスラーム主義の「政治」を組織や運動による国家権力の争奪戦へと矮小化したことによるボタンの掛け違いであったと見ることもできよう。つまり，「ポスト・イスラーム主義」を論じる前に，イスラーム主義とは何か，その「政治」の解釈をめぐる前提を見直さなくてはならない（末近 2013：356-362）。

「政治」の意味を拡張する

では，イスラーム主義運動は，どのような「政治」を射程に，どのような手段や道筋で公的領域におけるイスラーム的価値の実現を目指しているのか。先に述べた「フォーマット」を裏返し，「政治」の意味を拡張しながら，その実像を見てみよう。

まず，イスラーム国家の樹立を目指さない形としては，社会へのイスラーム的価値の浸透や，それに基づく活動の拡大や仕組みの構築がある。ムスリム同胞団以外にも，ヒズブッラーやハマースを含む多くの運動が医療，福祉，教育などの分野で社会サービスを提供しており，こうした理念と活動に対して熱烈に支持する人々も多い。その支持は，これらの運動がイスラームの価値観に立脚しているからだけではなく，他の運動や政党とのパフォーマンスの比較のなかで選び取られた結果でもある。このことは，宗教としてのイスラームが力を失ったことを意味せず，むしろ，1970年代からの「イスラーム復興」が今や常態化し，その力の「再発見」の段階は終わったがゆえに，より現実に即した理念や政策が注目されるようになったことを示唆するものであろう（小杉 2014：vii-viii）。

このように，イスラーム的価値の実現は，国家権力よりも経済や社会の諸問題を優先する形で実施されるべきだとする「政治」のあり方もある。むろん，このような「政治」は国家権力の掌握を放棄したことと同義ではなく，運動も

支持者も経済・社会問題の解決の先に政権の座に就くことを射程に入れている場合がほとんどである。ヒズブッラーもハマースも，今やそれぞれレバノンとパレスチナの国家権力の一翼を担う政党となっている。21世紀の今日，イスラーム主義運動の多くは，数々の失敗と挫折を教訓に，国家権力の奪取や独占的支配ではなく，既存の政治制度を通して他のイデオロギーや宗教を掲げる人々と多元的に共存を試みる姿勢を見せている。

たとえば，2002年に政権の座に就いたトルコの公正発展党は，国是である政教分離に基づく法制度に従いながらも，イスラーム的な価値に則った形で社会や経済の改革を推し進め，2015年まで計4回の総選挙で勝利してきた。また，チュニジアのナフダ党は，「アラブの春」後の制憲議会選挙で与党第1党となったが，その後は世俗主義や社会主義など異なるイデオロギーを掲げる諸政党との連立政権を誕生させた。トルコもチュニジアも民主政が営まれているが，体制が強権的な統治を行わない限りにおいて，イスラーム主義も革命路線や武力行使による対決姿勢を採用しない——内部分裂や過激派の分派も起こりにくい——ということを示している。

次に，カリスマ的な指導者と体系的な組織が存在しないかたちのイスラーム主義「運動」も出てきている。それは，伝統的な宗教的権威を纏わず，世俗的な教育を受けてきた知識人たちの緩やかな集合体であり，柔軟なイスラーム解釈によって過激派の限界を乗り越え，社会や経済の諸問題を解決するための処方箋を打ち出そうとする「運動」である。エジプトを例にとれば，元行政裁判所判事であり歴史家でもあるターリク・ビシュリー，2012年の大統領選に立候補した弁護士サリーム・アウワー，文筆家のファフミー・フワイディーなどの名前が挙げられる。彼らは，個別のオピニオンリーダーである一方で，民主主義，人権，信仰の自由など西洋的価値とイスラームとの接点を理論的に探る姿勢を共有する。過激派でもなく世俗派でもない両者の中間的な立場として，彼らは「イスラーム中道派」と呼ばれる（小杉 2014：171-174）。

「イスラーム中道派」は，いわゆる社会運動組織が主導する「タテ」の大衆動員を行っているわけではないが，出版物やテレビ，インターネットでの積極的な発信を通して，その思想に共鳴する人々の間の「ヨコ」の関係を生み出している。そこには，明確なイデオロギーも綱領も存在しないが，長年の独裁，色あせた「民主主義」，「イスラーム国」という厳しい思想的閉塞を打ち破り，

今日のエジプトが直面する社会や経済の諸問題を解決するための新たな挑戦の萌芽を見ることができる。そして，それに共鳴した人々が，民主的な選挙を通して政治に大きな発言力を得る可能性も十分にあると思われる。

イスラーム主義運動研究と中東地域研究

　以上，本章を通して見てきたように，イスラーム主義運動は，20世紀初頭のオスマン帝国の崩壊後の中東の地域秩序の再編において，西洋的近代化とは異なる「もう1つの道」を人々に示し，政治と社会を大きく動かしてきた。その影響力は，既存に秩序に対する脅威や「テロリスト」としてだけではなく，公的領域におけるイスラーム的価値の実現を目指す様々な営みによって生み出されてきたことが明らかになった。イスラーム主義運動は，現代の中東の秩序を形づくる主体的な構成要素なのである。

　そのため，イスラーム主義および運動の研究は，中東地域研究においては定番分野の1つとなってきた。日本でも欧米諸国に比べるとその数は少ないものの，1980年代初頭からいくつもの優れた研究が出されてきた。

　しかし，日本におけるイスラーム主義運動研究は下火になっている。その背景として，次の3つの点を指摘できる。第1に，冒頭で述べたように，彼らを治安対策の対象や「監視・管理すべき客体」とする見方が強くなり，議論自体がやせ細ったものになってしまっていること，第2に，これに伴い，観察者（研究者）が彼らの敵か味方かの踏み絵を踏まされるような言論状況が生じていること，言い換えれば，イスラーム主義者の「脅威」をことさらに強調しなければ，即座に彼らの擁護者であるかのように目されかねないこと，第3に，「アラブの春」以降の中東各国の情勢悪化によって現地調査が困難になっていること，である。くわえて，知られざる実態の把握を目指す what（なに）の問いよりも，因果効果や因果メカニズムを説明する why（なぜ）の問いを重視する昨今の中東地域研究の「ディシプリン回帰」もその一因かもしれない。いずれにせよ，イスラーム主義運動の多様な実態はブラックボックスの中に入ったままである。

　こうした状態が続くことは，中東地域研究にとっても不幸なことであろう。それは，本章で見てきたように，今日においてもイスラーム主義が――過激派を含めて――中東という地域の主体的な構成要素であり続けているからで

ある。グローバル化の深化に伴うアクセス可能な情報の飛躍的な増加によって，彼らの存在は以前よりも身近なものになっている。長年蓄積されてきた研究成果はもとより，インターネット上の情報を眺めるだけでも，彼らの実像が鮮やかに浮かび上がってくるだろう。イスラーム主義運動が織りなす豊かな現実が抜け落ちたままの中東の姿を今一度問い直す必要がある。

ただし，そのとき求められるのは，イスラーム主義運動が体現してきた「サウス的」なものを20世紀のそれと同じものとして汲み取ることではなく，21世紀の中東の政治・社会状況の変化に伴う過激派の台頭・変容や西洋的近代化との接点を積極的に探る新しい形の「運動」の拡大といった，彼らが関わる様々な現象を総体として動態的に捉える作業である。

現代世界の一風景となったイスラーム主義運動。彼らが形づくる多彩な「政治」を描き出すことは，21世紀の中東地域研究にとって不可欠かつ，創造的な視座を提供することに繋がるのである。

参考文献

池内恵『イスラーム国の衝撃』文春新書，2015年。
大塚和夫『イスラーム主義とは何か』岩波新書，2004年。
私市正年『原理主義の終焉か——ポスト・イスラーム主義論』山川出版社，2012年。
ジル・ケペル（中島ひかる訳）『宗教の復讐』晶文社，1992年。
小杉泰「未来を紡ぐ糸——新しい時代のイスラーム思想」小松久男・小杉泰編『現代イスラーム思想と政治運動』東京大学出版会，2003年。
小杉泰『9.11以後のイスラーム政治』岩波現代全書，2014年。
末近浩太『イスラーム主義と中東政治——レバノン・ヒズブッラーの抵抗と革命』名古屋大学出版会，2013年。
鈴木恵美『エジプト革命——軍とムスリム同胞団，そして若者たち』中公新書，2013年。
富田健次『ホメイニー——イラン革命の祖』山川出版社，2015年。
保坂修司『新版　オサマ・ビンラディンの生涯と聖戦』朝日新聞出版，2011年。
山尾大『現代イラクのイスラーム主義運動——革命運動から政権党への軌跡』有斐閣，2011年。
横田貴之『原理主義の潮流——ムスリム同胞団』山川出版社，2009年。

第3章　グローバル化する中東と石油
―― レンティア国家再考 ――

松尾昌樹

1　レントと権威主義

　この章では，経済の話，特に政治と経済の話をしよう。中東の経済は様々な特徴をもつが，ここでは石油に注目しよう。なぜなら，中東における経済グローバル化は石油によって達成されてきたからであり，また紛争，低開発，ジェンダー格差，民主化の停滞といった「サウス」を象徴する事象の多くは，中東では石油を媒介にして発生したからだ。レンティア国家と呼ばれる石油輸出収入に依存した権威主義国家群（松尾 2009）の発生もまた，石油を経由したグローバル化の1つの結果だ。本章では，石油が生み出す特殊な状況，とりわけ中東のレンティア国家の代表例である湾岸アラブ諸国（アラブ首長国連邦，バハレーン，サウディアラビア，クウェート，オマーン，カタル）に注目しながら，中東におけるグローバル化を問い直してみたい。

レントとは何か
　湾岸アラブ諸国はレンティア国家の代表例である。近年，レンティア国家という言葉は研究者のみならず一般にも広く浸透してきた。「レントに依存することで権威主義体制を継続させている国」。これがレンティア国家の最小限の定義だ。レントは「不労所得」や「金利所得」とも呼ばれる。石油産業以外にこれといった製造部門がないにもかかわらず，石油という資産を切り売りすることで経済的に繁栄し，権威主義的な君主制を維持している産油国の状況を表現する言葉として，「不労所得生活者国家（レンティア）」ほどうまく当てはまるものはない。
　政治経済学ではレントについて広範な議論が存在している。そうした議論をここでごく簡単にまとめるならば，レントとは「完全競争市場で存在する利益の水準を超えた利益」と説明することができるだろう（中村 2013）。たとえば，

ある企業が独占的にある商品を生産し，市場に供給しているとしよう。複数の企業が競争してその商品を市場に供給している場合に比べて，独占している企業はより高い価格でその商品を販売できる。この差額が，レントだ。レントは，市場を介して発生する——ある企業が優れた技術力を持つために独占的に商品を生産することで，レントを獲得する——場合もあれば，市場の外で発生する——政府がある商品の販売を許可制にしたために特定の企業が独占的にその商品を販売し，レントを獲得する——場合もある。自社の利益追求のために政府に規制を働きかけ，独占レントを獲得しようとする試みは「レント・シーキング」と呼ばれることもある。

　石油が生み出すレント，すなわち「石油レント」もまた，政治経済学では上記のような意味で用いられることが多い。たとえば，通常の製品を生産する場面では，ある企業が他に先んじて多くの利益を生む商品を製造すると，独占的にそれを販売することで多くの利益（レント）を獲得することになるが，後に他の企業も類似商品を生産するようになるので，最終的には競争が発生して価格が低下し，レントも縮小する。これに対して石油産業では，石油を採掘するが新たに生み出すことはできないので，先行する生産者が高品質な原油を安価に産出できる油田を獲得してしまうと，後発の生産者が同じような利益率の高い油田を見つけることはできない。すると，前者と後者の間では獲得できる利益に大きな差が，つまりはレントが発生する。サウディアラビアやクウェートのような巨大油田を擁する国では，石油生産コストが低いので，大きなレントが発生していることになる。また，そもそも石油は今日の経済活動に不可欠な資源であるにもかかわらず，代替可能な資源に乏しく，また地球上の一部の地域でしか産出されないという希少性を有しており，これが他の製造可能な商品にはない価値（レント）を生み出している。

　これに対してレンティア国家研究におけるレントとは，「不労所得」を比喩的に石油の富に当てはめたものだ。それは，石油の富が持つ「外生性」と「非稼得性」に由来する。「外生性」とは，石油の富がそれを産出する地域や国の経済から独立しており，その経済の外側からもたらされることを指す。たとえば，石油産業は国内の他の産業との関連が極端に弱い。石油生産に必要な設備は産油国ではなく主に国外の専門企業から調達されることが多く，高価な設備を調達してもその代金は国外に流出するので，国内が潤うことはほとんどない。

また石油産業に必要な技術は他の産業に転用されることが少ない。このため，石油産業が拡大したとしても石油精製や石油関連商品を生産する石油化学工業を除いて，他の産業の発展にはなかなか繋がらない。そのうえ，石油を輸出した場合にはその収入は国外からもたらされるので，国内経済からは完全に独立していることになる。こうした「外生性」は，奇妙な現象を生む。すなわち，石油以外の国内産業がまったく成長しないにもかかわらず，国内経済は潤ってしまう。

もう1つの「非稼得性」は，その生産に関わっていない者がその利益を享受する状況を指す。石油産業は資本集約型産業の代表例であり，油井の設置や精製設備の建設に大量の資本を必要とするが，操業に従事する労働力は少数だ。このため，産油国の中で実際に石油生産に従事している人々はほんの一握りに過ぎない。多くの人々は石油とは関連のない産業に従事しており，そうした人々から見れば石油の富は自分の労働の対価ではない，つまり稼得性のない富となる。

権威主義を支えるレント

権威主義的な政府がこうした富を獲得すると，より長くその体制を維持できるようになる。このレンティア国家の傾向はよく知られるようになったが，残念ながらその仕組みは正しく理解されていないことが多いようだ。レンティア国家の仕組みは，実はレンティア国家（あるいは石油輸出国）に固有のものではなく，一般的な経済活動（商品を製造販売することで成り立つ経済）に立脚する国家にもみられる。その仕組みは，「財政民主主義」と「富の配分」で説明される。

支配領域内の財産が支配者の私的な所有物とみなされた封建的家産制が消滅した後に誕生した近代国家においては，政府は行政を実行するために必要な富を持っていないので，国民から税を徴収しなければならない。しかし国民は黙って税を支払うとは限らず，それが高ければ反発し，またその使途を明確にするように求め，さらには支出計画の作成に関与しようとする。つまり，政府には説明責任が発生し，国民は政治参加を求める。これを「財政民主主義」と呼ぶ（神野 2007）。

これに対して，政府が何らかの巨大な資産を持っている場合を想定しよう。

その場合、政府は税を減らすか、あるいは税にまったく依存せずに、資産を売却することで行政に必要な富を得ることができる。この資産の代表例が、石油レントだ。レントを獲得した政府は国民から支持を獲得するために減税を実施し、これは歳入の税への依存を減らすので、「財政民主主義」の発生を抑えることになる。国民にとっては減税それ自体が喜ばしいことであるのに加えて、石油の富が非稼得性を有しているため、自分が稼いだわけでもない富の配分を受けていることになり、こうした富を配分する政府を支持するようになる。為政者はできるだけ長く政権に留まろうとするため、積極的に税を削減して資産に依存するだろう。民主化を抑え込みたい権威主義的な政府であれば、こうした傾向はさらに強くなるはずだ。税を軽減することで国民の支持を調達するという手法は、民主主義的な国家であろうと、権威主義的な国家であろうと変わりなく用いられる。レンティア国家はレントという特殊な収入を得ているため、こうした手法を極端な形で採用しているに過ぎない。

石油を通じたグローバル化と権威主義体制

　産油国の中には生産される石油の大半を国内で消費する国もあるが、中東の産油国の多くは石油「輸出」国なので、必然的に国外からもたらされた富で、すなわち石油貿易を通じてレンティア国家が生み出されたことになる。貿易の拡大が経済グローバル化の重要な特徴であることを考慮すれば、中東のレンティア国家は石油貿易というグローバル化の進展によって誕生し、強化されていったといえよう。

　中東における経済グローバル化の進展と権威主義体制の持続性を分析した浜中は、中東ではグローバル化が権威主義体制を持続させる一因であり、その主要因が石油レントにあることを突き止めた（浜中 2008）。浜中は貿易開放度と海外直接投資額を元に中東地域のグローバル化を計測したが、ここでは貿易開放度に限定して話を進めよう。貿易開放度とは、当該国の GDP に占める輸出入の割合を指す。1970 年から 99 年の貿易開放度の平均値が南米で 53.5％、アジアで 61.9％であったのと比較して、中東では 76.1％と大幅に高いが、その半分近くは石油で占められていた。輸出に限定し、さらに石油を取り除いて比較すると、中東地域の輸出額は同程度の人口を有する別の地域と比較して 5 分の 1 から 8 分の 1 に過ぎない。このように、中東のグローバル化は石油を中

心に展開し，このグローバル化によって石油収入が権威主義体制を強化するという「石油のレンティア効果」が発生したのである。

2 「石油の呪い」と「レンティア国家仮説」

石油の富の流出

　中東のすべての国が産油国ではなく，また産油国であっても生産規模が小さい国もある。そうした国は当然ながら石油輸出収入をほとんど獲得していない。そうであれば，「石油のレンティア効果」は中東のごく一部に限定されるはずだが，にもかかわらずなぜ権威主義体制は中東全域で広く見られるのだろうか。

　こうした中東全体の権威主義化は，石油輸出国が獲得したレントがその周辺諸国に流れることで，中東全体が「半レンティア国家」化するためだと説明されることがある。石油輸出収入は輸出国内に留まらず，財政支援や開発援助，直接投資を通じて周辺諸国に流出する。特に財政支援や開発援助はその受給国政府にとって「外生的」であり「非稼得性」を有するレント収入となる。すなわち，石油輸出収入が形を変えて中東全体に浸透することで，この地域の権威主義的統治が継続されていると考えられる。

　図3-1は，世界中から中東地域に提供された援助資金に占めるクウェート，サウディアラビア，UAEの3カ国の援助割合を，OECDの統計を元に算出した結果を示している。これによると，1975年にはオイルブームを背景にこの3カ国だけで中東全域の援助額の約60％を提供した。降って湧いた石油の富は，湾岸アラブ諸国だけでなく中東地域を広く潤したのである。80年代の油価の下落によってこれら3カ国の援助額も減少し，90年代には10％を割り込む時期もあった（90年代初頭の数値が突出しているのは，湾岸戦争の影響であると考えられる）。しかし石油価格が上昇した2000年代に入ると援助額は拡大し始めた。中東が受けた援助総額はイラク戦争後の復興支援を反映して2003年以降に急増し，また2013年にはシリアの紛争に関連する難民支援等の影響でさらに増加している。こうした増加によってクウェート，サウディアラビア，UAEからの援助割合は低い数値となっているが，こうした緊急援助を除くと，2000年代の3カ国の援助割合は30％から40％に達するだろう。

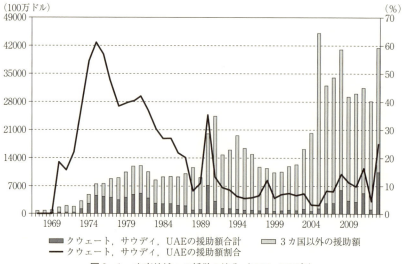

図 3-1　中東地域への援助の流入（1967～2013年）

注：OECD 統計における中東諸国と北アフリカ諸国に対する援助から，対イスラエル援助を除き，対トルコ援助を加えて作成した（OECD 統計ではトルコはヨーロッパに区分されている）。1990年代初頭の援助額の急増は湾岸戦争の，2003年以降の急増はイラク戦争の復興支援であり，2013年の急増は難民支援対策と思われる。
出所：OECD 2015を元に，筆者作成。

石油の呪い

石油輸出収入の浸透は，中東にとってまったく新しい時代の幕開けだった。中東地域は湾岸アラブ諸国を経由してグローバル経済と結び付き，石油の富を受け入れることとなったが，これは中東地域にとって福音ではなかった。石油の富は時として社会や経済，政治に有害な効果を持つことが知られており，これは「石油の呪い」と呼ばれている。最近発表されたマイケル・ロスの研究では，「石油のレンティア効果」に加え，以下のような有害な効果が説明されている（ロス 2016年刊行予定）。曰く，石油の富が生み出されると石油以外の国内産業の成長が阻害され，紛争が発生しやすくなり，女性の政治参加が阻害される。なぜこのような効果が発生するのだろうか。ここでは，ロスの議論に基づいてこの現象を整理しよう。

不安定な経済成長

石油を含む資源とは，一般に人間の生産活動に不可欠である。このため，資

源を容易に調達できればそれだけ生産活動が有利になると推測される。しかし実際には，資源を多く産出する国では資源が経済成長にマイナスに作用する場合があり，そうした資源の代表例が石油である。では，なぜ石油は経済成長を阻害するのだろうか。

この理由は，第1に石油価格が乱高下するからだ。図序-1が示すように，中東地域の1人あたりのGDPは1990年代よりも1970年代の方が多く，これは石油価格の乱高下によるものだ。資源，とりわけ石油輸出に依存すると，急成長が急落で相殺されてしまう。

また第2に，「オランダ病」が挙げられる。「オランダ病」とは，資源輸出によって自国の経済が成長することで，通貨価値が上昇して輸入が促進され，自国の中で貿易財（国際的に取引されている商品）を生産している産業が衰退する現象を指す。1960年代のオランダで発生したためにこの名で知られている。これに加えて前記の通り，石油は「外生性」を有しているために石油産業が発展してもそれ以外の産業の成長にはほとんど効果を及ぼさない。このように，石油産業がその国の中心的な産業になると他の産業の成長に貢献することが少ないばかりか，貿易財を生産する産業を圧迫する効果が見られる。

紛　争

石油を多く有する国では紛争の危険性が高まることが知られている。この原因を大国の軍事介入に求める説明もあるが，それでは不十分だ。実際には，大国は産油国にも非産油国にも大差なく介入しており，特別に石油が大国の軍事介入を招くということはない。むしろ，原因は石油産業の特殊性と産油国の国内情勢にある。上記の通り，石油生産は他の産業との連関が乏しい。さらに，限定されたごく狭い空間で富を生み出しているに過ぎない。このため，その限られた石油生産地域を掌握してしまえば，その富を独占できる。また，石油の売買には原産地証明が必要ないので，不正に入手した原油を闇ルートで販売することも可能だ。こうした石油の特徴は，テロリストや反政府武装勢力を石油生産拠点に引き付けてきた。

また，石油生産地域がその地域に固有の民族の居住地である場合，彼等が自分達の土地で産出される石油の富が自分達に還元されていないと考えると，中央政府を批判したり，分離独立を試みるかもしれない。これに対して中央政府

は，この民族に攻撃を加え，こうした動きを阻止しようとするかもしれない。こうした事態もまた，紛争を発生させることになる。

ジェンダー格差

　石油を多く輸出する国では，女性の政治参加が阻害されることが知られている。倫理的な是非はともかくとして，世界的に見て，夫が主な稼ぎ手となり，夫の収入が不足する場合に妻が就労する傾向が存在する。途上国では世帯所得が不足する集団が多いため，働き口を求める女性も多い。一方で，途上国の経済開発では輸出指向型産業開発政策が採用されることがある。すなわち，高度な技術や資本はないが人件費が安いという特徴を生かし，低い技術で多くの資本を必要としない製品を製造し，それを国際市場で低価格で販売することで外貨を獲得する政策である。

　この代表例が，既製服産業だ。既製服産業では高度な技術が必要とされないために技術習得に必要な時間が短く，長いキャリアは必要とされない。長期間の就労から解放され，離職や復職が比較的容易な労働環境は，女性が社会進出する際の第1段階として理にかなっている。なぜなら，女性は家事や育児を負担しなければならないことが多く，子供や老人の予期せぬ病気への対応，あるいは妊娠や出産など，就労を長期間継続することが困難となることが多いからだ。雇用者からみても，女性は男性よりも低い賃金で雇うことが可能な場合が多いため，製品価格を低くして国際競争力を獲得することが重要な輸出向け産業では，女性は魅力的な労働力であった。こうして輸出産業の主たる労働力となった女性たちは，職場で組織化され，次第に権利の拡大に動き出す。経済開発を進めなければならない政府は，その主力である女性の意向を無視できなくなるので，女性への権利付与に積極的になる。このようなプロセスを経て，途上国では女性の政治参加が達成されるようになると説明される。

　しかしながら，先に説明したようにオランダ病が発生すると，国内で貿易財を生産する産業が衰退する。これは，女性の職場を少なくする。また，各種の補助金やサービスの無償提供を通じて政府が石油の富を各家計に配分すると，妻が家計を支える必要性が低下する。このため，石油輸出国では女性の雇用が阻害され，女性の権利が拡大される機会も失われることになる。湾岸アラブ諸国に見られる女性の社会参加が，政府が公的部門で女性を積極的に雇用すると

いう労働市場への政策的介入の結果であったり、また女性への政治的権利の付与が政府による「上からの改革」の結果であったりするのは、こうした石油の呪いをよく反映している。

「石油の呪い」の発生条件

「石油の呪い」研究は、この呪いが発生するいくつかの条件も明らかにしてきた。たとえば、石油の呪いの効果は1980年代になって顕著となる。表3-1は、前掲のロスの著作から引用した。これは、1960年から2006年の間に権威主義体制を経験した全ての国を対象とし、それを産油国と非産油国に分け、両者の間で民主主義に移行する割合を比較している。もしも産油国と非産油国の間で民主化する程度に変化がないのなら、石油は民主化に影響を及ぼしていないことになる。第1行を参照すると、非産油国が民主化する割合は産油国が民主化する割合の倍以上であることが分かる。

ここに時代という要素を加えて比較すると（第2行、第3行）、1979年以前には石油の効果は表れないが、1980年以降になるとはっきり表れる。これは、なぜだろうか。石油の呪いは石油の売買に伴う富の流入と配分に起因するため、石油価格が変動し、また産油国により多くの富が流入するようになれば、それだけ顕著に呪いの効果が発生することになる。すなわち、石油価格が上昇し、また石油国有化によってその富を産油国が直接獲得するようになった1970年代以降に、石油の呪いが発生したのである。

1970年代になって石油価格が変動するようになった背景には、国際的な石油の需給バランスの変化やブレトン・ウッズ体制の崩壊（これは石油決済に用いられていた米ドルの変動を促した）などがあるが、最も大きな理由は産油国による石油国有化だ。国有化は、それまで国際石油メジャーに吸い上げられていた石油の富を産油国に還元したという華々しい成果だが、石油価格を一定に保っていた国際石油メジャーのカルテルが崩れたことで、石油価格の乱高下が発生するという災難も招いた。

このように考えると、1973年のオイルショックは第4次中東戦争で発生したという説明はあまり適切ではない。なぜなら、アラブ産油国は第2次中東戦争でも、第3次中東戦争でも石油ボイコットを行ったが、それらは石油国有化以前であったため、国際石油メジャーの対応によって価格変動がほとんどなか

表3-1 民主主義への移行（1960～2006年）

	非産油国	産油国	差
全時代	2.22	1.00	-1.02*
時代別			
1960～79年	1.13	1.33	0.20
1980～2006年	3.18	1.14	-2.04**

*片側t検定で，5％の水準で有意。
**1％の水準で有意。
注：数値は，民主主義体制に移行する権威主義体制国の割合（％）を，年平均で示している。
出所：ロス 2016表3.1から引用。

ったからだ。重要なのは戦争ではなく国有化である。それまで石油生産は産油国の国民や為政者の意思と無関係に国際石油メジャーの利益のために行われていたが，石油国有化によって為政者や国民の欲望を満たす装置に転換した。

これは歴史の皮肉であると同時に，中東で発生する諸問題を理解するための重要な視角を提示している。中東に限らず途上国で発生する問題の原因は，特に検証されることもなく，しばしば大国の介入や多国籍企業の独善的な利益追求に帰せられる。確かに大国や多国籍企業が原因の場合もあろう。しかし，現実はより複雑だ。中東の石油産業においては，価格変動を引き起こして産油国に損害を与えたのは多国籍企業ではなく，産油国自身であった。さらに石油価格の変動だけでなく，国有化は産油国政府が莫大な石油の富を得て，それを国民に配分する道——財政民主主義を弱体化させて権威主義体制の維持へと進む経路を開いたのである。ひとたびレント収入を獲得すれば，為政者はそれを用いて延命を試み，国民はその配分にあずかろうとする。世界中どこにでも見られる資源配分の政治が中東の産油国にも存在しており，多国籍企業が撤退したことで，為政者はこの資源配分の政治をより大胆に行うようになったのだ。

「呪い」の拡大

石油の呪いは拡大する。図3-1で示したように，湾岸アラブ諸国から中東地域へ活発な開発援助が行われた。経済的に豊かになった石油輸出国が周辺諸国に資金援助を行うことで，石油の呪いは拡散する。中東地域は世界で最も多くの石油資源を有しており，その富は援助や投資として周辺地域に浸透したので，経済成長が不安定になり，紛争が多く発生し，女性の権利が阻害され，民

主化が進展しなかった——つまりは「サウス化」したのである。中東地域は，経済開発は進展したものの，平和は進展しなかった。多額の資本が投下されて社会開発は進展したが，女性の地位は上昇しなかった。豊かにはなったが，民主化しなかった。欧米の石油メジャーから石油の富をとり戻したが，呪いを発生させた。これが，中東地域のグローバル化の結果の1つである。

レンティア効果をどう理解するべきか

このように，これまでの研究で石油には様々な負の影響があり，権威主義体制を延命させる「石油のレンティア効果」もその1つであることが明らかとなっている。しかし一方で，こうした研究成果に対する批判も出されてきた。たとえば，レンティア国家仮説には，しばしば次のような批判が展開されてきた。

「権威主義的なレンティア国家の中には，体制が崩壊したものもある。やはりレンティア国家仮説は正しくないのではないか？」

確かに，レント収入に依存しながら崩壊した権威主義体制は存在する。たとえば，近年の事例では，「アラブの春」の影響で2011年に崩壊したリビアは，レンティア国家であった。しかし，レンティア国家仮説はレント収入に依存していれば権威主義体制が絶対倒れない，という仮説ではない。むしろ，レンティア国家はいつか必ず崩壊する。国民は必ず政府批判を展開する。ただし，権威主義体制がより長く持続されるので，崩壊が遅いだけだ。

レンティア効果を計測する

このことを，前出のロスの研究を参考に確認しよう。表3-1では，産油国と非産油国で，1年間の間に民主化した国の数がパーセントで示されている。1行目の「全時代」を例に取ると，非産油国では2.22％，産油国では1.00％であり，ここから産油国は非産油国よりも民主化する可能性が半分以下であることが示される。しかしこれは同時に，産油国であっても非産油国の半分の割合で民主化することを示している。レンティア国家であっても民主化しうる。しかしそれは非レンティア国家に比べて，ずっと可能性が低い。つまり，レンティア国家の権威主義体制はいつか民主化するだろうが，それは非レンティア

国家が民主化するよりもずっと遅い。

確かにリビアは石油輸出収入に依存するレンティア国家であり，にもかかわらず崩壊した。しかし，カッザーフィー体制は 1969 年から 2011 年まで 42 年間も続いたのであり，これは非産油国の権威主義体制と比べれば異常に長い。この寿命の長さは，レンティア国家仮説の正しさを証明しているのであり，リビアの事例はレンティア国家の失敗例ではない。こうした議論を踏まえて考えると，仮にレンティア国家の代表例である湾岸アラブ諸国が明日倒れたとしても，それはレンティア国家仮説が間違っていたことを意味しない。なぜなら，これらの権威主義的な政府は非レンティア国家の権威主義的な政府に比べてずっと長く維持されてきたのであり，こうした「寿命の長さ」によってレンティア国家仮説の正しさは既に証明されているのだから。

3 レンティア国家仮説と中東地域研究

レンティア国家仮説の弱点

レントが効果を生むことは明らかだ。しかし，現実にはそれは各地の固有の状況に応じて変化する。「石油の呪い」研究は基本的にはマクロな分析であり，石油価格や民主化スコア，GDP に占める石油産業の割合やその 1 人当たりの額，歳入に占める非税収入の割合，非石油産業の成長率などを比較することで行われることが多い。このため，その議論は大づかみなものとなり，統治者が国民の支持を獲得する具体的なプロセスが見えづらいという弱点がある。

こうした弱点は，レンティア国家仮説に基づくレンティア国家の将来分析に大きな影を落としている。たとえば，近年の石油価格の低下を背景にレンティア国家の権威主義体制が大きく揺らいでいる，という主張が展開されることがある。しかしながら，湾岸アラブ諸国は 1980 年代から 90 年代の石油価格の低迷時代を乗り切ってきたのであり，また湾岸戦争やイラク戦争の戦費負担にも耐えてきた。レンティア国家の代表例であるクウェートは，一時はイラクに占領され，またイラク軍の撤退時には石油生産施設の一部を含む多くのインフラを破壊された。その復興には莫大な費用が必要とされたが，クウェート政府はそうした支出に耐えて国土を復活させ，今日まで権威主義体制を維持させている。

これは，単にレント収入の減少や不足が発生しても，レンティア国家の権威主義体制はすぐには倒れないことを示している。レンティア国家の権威主義体制が崩壊するとしても，それは常に革命によるとは限らない。政府は，徐々に国民の政治参加を認め，また徐々に言論統制を緩めることで，段階的に民主化を実行し，国民の批判に段階的に応えることで，可能な限り延命に努めるだろう。しかしマクロな視点に留まったままでは，こうした段階的な改革のような微細な動きを把握することが困難となる。短期的な石油価格の変動が直ちにレンティア国家の革命的な——アラブの春のような——崩壊をもたらすと短絡してしまうのは，具体的なレント配分政策に基づく体制維持システムへの理解が不足しているためで，具体的なレント配分政策の変化に基づいてレンティア国家の変質を論じることに失敗しているからだ。

レンティア国家仮説と中東地域研究の融合

具体的なレント配分政策は，レントの効果を現地社会の固有性というフィルターを通じて分析することで明らかになる。レンティア効果には多様性があり，それは，各地の政治，社会，経済を細かく分析する中東地域研究の成果と，マクロな政治・経済指標を用いて傾向を明らかにするレンティア国家仮説とが結び付くことで初めて明らかになる。実際のところ，レンティア国家仮説では政府が国民にレントを配分すると説明されるものの，その配分の実体は解明されておらず，レント配分の実証分析はまだ始まったばかりだ。

国民へのレント配分には多様な経路が存在する。国民には多種多様な補助金（食料品，ガソリン燃料など）やサービス（医療，福祉，教育），あるいは住宅も提供される場合がある。こうしたレント配分は国民に均質に行き渡っているのだろうか。資源配分が不均質に行われれば，国民の一部が不満を持つことは十分に考えられる。70年代に成立したレンティア国家の年齢は既に45年を越えており，国内に十分なひずみが発生している可能性がある。にもかかわらず，湾岸アラブ諸国は今日まで生き残ってきた。こうした強さは，レンティア国家が諸問題に対応するための，我々がまだ知らない機能を有しているのかもしれないことを予想させる。我々は見えない歯車を探し当て，それをレンティア国家のモデルに組み入れなければならない。

4 レンティア国家研究のフロンティア——レント配分政策の変化を追う

レンティア国家における労働市場の特徴

　湾岸アラブ諸国におけるレント配分の具体的事例として、ここでは労働市場に注目しよう。労働市場は、以下の理由からレント配分の実証研究として適切である。第1に、産業分野別就労人口やその平均賃金、失業率といった労働市場に関する情報は公開されていることが多く、こうした情報は規格化されたマクロデータを元にモデルを構築するレンティア国家研究と親和性が高い。第2に、権威主義的な政府は公的部門を拡大して労働力を吸収し、国民を扶養する政策を採用することが多い。湾岸アラブ諸国の場合、公務員給与の財源は石油輸出収入なので、これは国民へのレント配分政策に他ならない。第3に、湾岸アラブ諸国の労働市場は独特の形態を持っている。元来の経済規模が小さい湾岸アラブ諸国に石油輸出収入という外生的な富が国外から大量に流入したため、国内経済の規模が国内で調達できる労働力の規模を超えてしまった。この結果、不足する労働力が国外から大量に移入されることとなった。そうして出来あがった独特な労働市場は、他には見られない機能——たとえば権威主義体制を支える機能——を持っているかもしれない。

　事実、湾岸アラブ諸国における労働力の主力は移民であり、その比率は他に見られないほどに高い（表3-2参照）。湾岸アラブ諸国はいずれも多くの移民人口を抱えており、居住人口に占める割合は最も小さいオマーンでも約30％、最も高いUAEで約80％である。一方、労働人口に占める移民の割合は、最も小さいバハレーンでも約75％、最も高いカタルで94％となっている。このように、湾岸アラブ諸国は完全に移民に依存している。では、仮に移民が多いと権威主義体制が持続されるのであれば、それはどのように説明できるだろうか。

湾岸アラブ型エスノクラシー

　多くの移民労働者を抱える湾岸アラブ諸国にとって、国民の雇用を確保することは政府に課せられた重要課題であった。なぜなら、移民労働者は多くの場合、湾岸アラブ諸国よりも経済水準の低い彼らの出身国の経済水準に準じて労

表3-2　湾岸アラブ諸国の移民と国民　　　　　　　　　　　　　　(％)

		バハレーン (2010年)	クウェート (2005年)	オマーン (2010年)	カタル (2010年)	サウディアラビア (2010年)	UAE (2005年)
居住人口	国民	46.04	39.22	70.57	25.78	68.84	20.10
	移民	53.96	60.78	29.43	74.22	31.16	79.90
就労人口	国民	25.20	18.50	24.50	5.60	20.24	15.50
	移民	74.80	81.50	75.50	94.40	79.76	84.50

出所：松尾 2014a。

働契約を締結しており，また移民労働者の側から契約を解除してより条件のよい職場を選ぶことが法的に禁じられているので，湾岸アラブ諸国の国民よりもずっと低い賃金で就労する。このため，労働市場で自由競争が確保されていれば，湾岸アラブ諸国の国民は移民と職を争っても賃金の面で確実に負けてしまうので，賃金低下を受け入れるか，失業するかどちらかを選択することになる。どちらの選択肢も国民にとって損失が大きいので，これを放置すると国民の労働運動が発生する可能性が高まる。労働運動は雇用者に対する運動だが，歴史的には労働運動が拡大して政府批判に発展する事例は数多く見られた。このため，政府が労働運動に適切に対応することは政権の延命のために重要な課題である。そこで湾岸アラブ諸国の各政府は，公的部門を拡大して国民労働力を吸収する政策を採用した。

　政府が歳入を税に依存する国家では，移民の賃金低下圧力がもたらす国民の賃金低下に対応するために別の手段を採用しうる。たとえば，労働者の賃金が低下すれば，民間企業はそれだけコストを圧縮できるので，収益が増加する。企業収益が増加すると法人税収入が増加するので，政府はこの増加分を賃金低下によって損失を被った国民に再配分することで，国民の損失を軽減できる。しかし，税依存がもたらす財政民主主義の発生を抑えたい権威主義的な湾岸アラブ諸国の政府は，徴税を避けるためにこの手段を採用できない。このため，湾岸アラブ諸国は公的部門の雇用を通じてレントを配分することで労働市場の問題を解決しようとするのである。

　こうして出来あがったシステムにおいては，国民は公的部門に吸収されるか，あるいは民間部門の高待遇職に就労し，民間部門の低待遇職の労働力には移民が充当される。移民が低賃金労働に不満を抱き，その改善に向けて労働運動を展開しようとしても，湾岸アラブ諸国では移民の人権はないに等しく，政府は

即座に彼らを国外退去処分にする。すなわち，湾岸アラブ諸国では移民が増加すればそれだけ，低賃金労働や重労働など，国民が忌避する仕事を移民に押しつけることで，国民の不満を解消できるとともに，そうした不満を原因とする政府批判を解消（正確には外部化）できる。移民は，政府が国民を公的部門で吸収するというレント配分政策を支えることで，権威主義体制の継続を支えているのだ。民族や宗派の境界が支配／被支配の境界に一致する統治形態が「エスノクラシー」と呼ばれることにちなみ，ここではレント収入を背景に国民／移民の違いを支配／被支配に結び付けた湾岸アラブ諸国の統治形態を「湾岸アラブ型エスノクラシー」と呼ぼう（松尾 2014a）。

　湾岸アラブ型エスノクラシーが維持されるためには，それを可能とする政府のレント収入が維持されなければならない。これが不足して国民に十分な公的部門の雇用を提供できなくなると，国民は民間部門での就労を余儀なくされ，移民と競合して敗北してしまうからだ。国民の一部は低賃金で労働するよりも失業して給付金で生活する道を選択し，これは財政負担（言葉を換えれば，失業給付金という形のレント配分）を生むだろう。こうなると，移民はレント配分政策を破綻させ，権威主義体制を崩壊させる原因となる。レントが減少すると，政府はこうした事態を防ぐために，新しい制度を導入して湾岸アラブ型エスノクラシーを維持するか，あるいはまったく別のシステムを生み出さなければならない。

レントの減少がもたらすレント配分システムの変化

　レントの減少は，石油収入の減少だけでなく，国民人口の増加によっても引き起こされる。たとえ石油輸出収入が増加したとしても，国民人口の増加がそれを上回れば，国民1人あたりのレントは減少するからだ。しかし，たとえ国民の人口増加率が高くとも，元来の人口規模に比して巨大な石油収入を得ているクウェートやカタルは，国民を公的部門で吸収する政策を継続できる。これに対して，国民の人口規模が大きいためにレント収入が減少する影響が大きいサウディアラビアや，石油生産そのものが縮小してレント収入が減少しているバハレーンでは労働政策の大転換が見られた。ただし，この政策転換の内容は両国で大きく異なっていた。

　サウディアラビア政府は国民労働者の保護を徹底する道を選んだ。既に公的

部門で国民を吸収する政策が限界に達し，国民の一部は民間部門で移民と競合しつつあったが，世界金融危機によって民間部門の賃金が低下したため，2009年頃までに多くのサウディ人労働者は離職し，失業給付金を取得して生活する道を選択していた。これに対して政府は，2011年から民間企業に自国民の雇用を義務づけるクォータ制を導入し，違反した企業には移民労働者のビザ更新を行わないなどのペナルティを課した（この制度はサウディアラビアでは「ニターカート」と呼ばれる）。また同時に，民間部門の国民労働者の最低賃金は月額3000サウディ・リヤル（これは失業給付金2000サウディ・リヤルの1.5倍に相当する）に引き上げられた。この結果，民間部門に雇用が生み出され，国民の民間部門への就労インセンティブは回復し，国民の失業率は改善された。しかしながらこの失業解消は，国民が移民に対して価格競争力で勝利した——つまりサウディ人労働者の賃金は高くともそれ以上にサウディ人労働者の生産性が向上した——のではなく，民間企業にサウディ人を雇用する義務が発生したためであり，結果的に偽装就労を生み出した。企業はサウディ人に賃金を支払うことで彼らを被雇用者として書類上は登録し，クォータ制の要求を満たしてペナルティを回避しようとする。この時，企業は移民の賃金を低下させることで，サウディ人に支払う賃金を埋め合わせできる（湾岸アラブ諸国には移民に対する最低賃金制度は存在しない）。一方のサウディ人は，雇用実態がないままに賃金を獲得する。事実，統計上サウディ人労働者が最も増加したのは建設業であるが，実際に建設業で就労するサウディ人を見かけることはほとんどない（松尾2014b）。

　こうした現象は，きわめてレンティア国家的だ。ここでサウディ人労働者が民間企業から獲得している賃金は，クォータ制度と最低賃金という政府の規制がなければ市場には発生しない富，すなわちレントである。税制度を機能させたくない政府は，政府を経由した富の再配分を実施することができないので，低賃金の移民を雇用することで企業に生じる富を直接国民に（偽装）就労の対価として支払わせる仕組みを作り上げた。国民の規模が拡大し，国民に配分するレントが減少していったとしても，移民が生み出す利益を企業から直接国民に環流させ，それを移民に負担させる仕組みを機能させれば，湾岸アラブ型エスノクラシーは維持される。

　これに対してバハレーンは，国民と移民の価格競争力の縮小を通した労働市

場の健全化を選んだ。2006年に移民労働者へのビザ発給，雇用状況のモニタリング等，移民と国民両方の労働者を一括管理するLMRA（Labour Market Regulatory Authority：労働市場監督庁）の設立が決定され，移民が職場を自由に変更する権利が法に明記された。これまで移民が湾岸アラブ諸国で低賃金労働に従事していたのは，移民の側から労働契約を解除することが不可能であり，また賃金交渉を行おうとすれば即座に解雇され，解雇されれば就労ビザが失効するので，帰国あるいはさらに労働条件の悪い不法就労しか選択肢がなかったためである。これに対して，バハレーン政府は移民の職場変更を可能とし，またLMRAを通じて移民への賃金不払いや時間外労働の強制といった不法行為や非正規労働の取り締まりを実施することで，移民の労働流動性を上昇させた。同時に，政府は国民の人材資源開発を行うタムキーン（TAMKEEN，日本語で「能力強化」の意）を設立し，国民労働者の生産性向上プログラムを開始させた。移民の労働流動性が高まれば，雇用者は移民を職場に定着させるために賃上げや労働環境の改善といったコストを支払うことになるので，移民の価格競争力が低下する。同時に，国民労働者の生産性が向上することで，民間部門の雇用者が国民を雇用するインセンティブが上昇する。実際に，こうした取り組みによってバハレーンの失業率は低下した（松尾 2015）。

脱レンティア国家の道筋

レンティア国家の「脱レンティア化」を考える際，バハレーンの事例は示唆的だ。石油のような巨大なレント収入が絶たれたとき，国民は自ら付加価値を生み出し，それを原資として経済運営を行わなければならない。このためには技術習得が必要だが，それを促進するのが労働と報酬のサイクルである。レンティア国家はレントを配分するというシステムを作り上げることでこのサイクルを破壊したが，バハレーンはこれを積極的に回復しようとしている。

政府が国民や企業に求める負担に注目すると，サウディ政府の政策は短期的にはバハレーンよりも負担が少ない。サウディアラビアの政策では，政府が国民に支払う失業給付金は軽減され，民間企業が国民に支払う賃金は移民の賃金低下で相殺される。これに対してバハレーンの場合，国民は職業訓練の手段を提供されるものの，移民と競争して職を得なければならない。移民の労働流動性が確保されているため，企業は国民に支払う賃金を移民に転嫁することがで

きない。このように，バハレーン政府は新制度の導入に当たって，企業や国民に負担を求めなければならない。ここで最も利益を得ているのは待遇を改善された移民だが，政治参加の手段がまったくない移民は政府の支持組織にはなり得ないので，移民の地位を向上させても短期的には政権の安定には結び付かない。では，バハレーン政府はなぜこうした負担を民間企業や国民に求めることが可能なのか。

　バハレーンの移民・労働市場政策は，2002年に始まった政治改革の1つの到達点でもある。1999年に就任したハマド国王は，2002年に国民投票を通じて新憲法を成立させ，同時におよそ四半世紀の間停止されていた選挙に基づく議会制度を復活させた。この新しい議会制度はいくつかの問題を抱えているとはいえ，周囲の湾岸アラブ諸国に見られる政治改革と比較すると，長足の進歩だ。国王の交代という絶好のタイミングでこの大改革を開始した直後の2004年には，既に国内労働市場改革を含む経済開発戦略の見直しが実施されており，LMRAの設立を含む移民制度改革もまた，こうした改革の基本方針の1つであった。国民や財界に負担を強いる政策を実施する際には，政府は負担を強いられる者にその対価を支払わなければならない。バハレーン政府は，2002年に始まった政治改革という対価を支払ったことで国民の支持を取り付けていたからこそ，こうした移民・労働市場政策が可能となったのである。

　サウディアラビアは世界最大規模の油田を擁し，その可採年は今後半世紀以上と見積もられている。一方でバハレーンの油田は事実上の枯渇状況にある。サウディアラビアは直近の問題を回避できればその後しばらくレント収入を獲得できるため，政治改革という対価を支払って国民や財界に負担を求める必要性は低いが，バハレーンにとって脱レンティア国家化は喫緊の課題であった。こうしたレント収入の将来性の違いが，2つの政府に異なる政策を採用させたのだった。

レンティア国家とグローバル・サウス

　これまで見てきたように，レンティア国家とはグローバル化に対応する中で生み出されてきた国家である。そこでは，外生的な富が圧倒的な影響力を持っていた。湾岸アラブ諸国はこれに対応しながら権威主義体制を固める方策を生み出した。さらに，このグローバル化の影響が経済援助となって周辺地域に流

出し，石油の呪いを拡散させた。これは，不可避の現象である。どんな国であっても，自国に資源が眠っていればそれを活用するのは当然のことであり，また周辺諸国から経済援助が提供されれば，それを喜んで受け入れる。こうした資源を活用し，また援助を受け入れたときには，それによって「呪い」が発生することは誰も予期できなかったのだから。こうした外生的な富と，労働市場に移民という「外生的」な低賃金労働力があふれていれば，その富を用いて国民を保護し，また移民を通じて諸問題を外部化するエスノクラシー体制を作り上げるのは，決して特殊なことではない。

ただし，レント収入の効果は均一ではない。レント収入を受け入れる各国の政治，経済，社会状況には大きな多様性があり，そうした国内状況を反映してレントの効果も多様性を持つ。さらに，レンティア国家がレント収入によって生み出されたシステムである以上，レント収入の変化——それはレント収入の絶対量の減少かもしれないし，国民の増加による1人当たりの量の減少かもしれないし，あるいはまったく逆に，急増かもしれない——は，レンティア国家のありようを変化させる。産油国が独自に石油価格を管理する能力には限界があり，石油価格はグローバルな経済状況を反映するため，レンティア国家の質的な変化もこうしたグローバル経済の変化に影響を受ける。

このように考えると，レンティア国家研究は中東におけるグローバル研究の1つの核だ。中東のグローバル化は石油という特殊な富に媒介されているため，それは必ずしも幸福なプロセスではなかった。こうしたグローバル化によって誕生した現在の湾岸アラブ諸国，あるいは中東の姿は，伝統的なアラブ社会がグローバル化に敗北した結果なのだろうか。そのように解釈できないこともないが，それは政治や社会，経済の諸問題を外国がもたらしたものだと責任転嫁し，ありもしない創られた伝統の殻に閉じこもろうとする狭隘な民族主義者の寂しいつぶやきとさして変わりない。むしろ我々は，自分たちが生きる大地に埋め込まれた石油という富，それが生み出す呪われたグローバル化に対応するために，自らの姿を変え，次の時代に進もうとする人々の営為として眺めることにしよう。中東におけるグローバル・サウスとは，そのようにして初めて見えてくるレンティア国家の多様性と変化の風景である。

参考文献

神野直彦『財政学改訂版』有斐閣，2007年。
中村文隆編著『レントと政治経済学』八千代出版，2013年。
浜中新吾「中東諸国におけるグローバリゼーションと政治体制の頑健性」『山形大学紀要（社会科学）』第39巻第1号，2008年。
マイケル・ロス（松尾昌樹・浜中新吾訳）『石油の呪い——石油の富はいかにして国家の発展経路を決定づけるのか』（仮），吉田書店，2016年刊行予定。
松尾昌樹『湾岸産油国——レンティア国家のゆくえ』講談社，2009年。
松尾昌樹「湾岸アラブ諸国の権威主義体制とエスノクラシー・モデル」『中東研究』第521巻第2号，中東調査会，2014年a。
松尾昌樹「増え続ける移民労働者に湾岸アラブ諸国政府はいかに対応すべきか」『湾岸アラブ諸国の移民労働者——「多外国人国家」の出現と生活実態』明石書店，2014年b。
松尾昌樹「湾岸アラブ諸国における移民・労働市場改革——バハレーンの事例」『アジア・アフリカ研究』第55巻3号，2015年。
OECD 2015 OECD. Stat (http://stats.oecd.org/)（2015年12月10日閲覧）

コラム1　中東で導入が進む再生可能エネルギー

　中東は石油や天然ガスなどの世界的なエネルギー資源の産出地域として知られている。しかし，近年では人口増加や経済成長に伴ってガソリンや電力などのエネルギー需要が急増し，将来的な不足が懸念されている。実際，UAEやオマーンは天然ガス輸出国であるにもかかわらず，国内需要を賄うために近隣のカタルから天然ガスを輸入している。サウディアラビアは世界第2位の石油生産国（2014年）であるが，英国王立国際問題研究所は同国における国内エネルギーの需要予測から「2038年に石油輸入国になる」との見通しを発表し，エネルギーの浪費に警鐘を鳴らした。

　このような状況のなかで注目を集めるのが，再生可能エネルギー（renewable energy）の導入である。石油や天然ガスなどの化石燃料は有限であり，消費するとなくなってしまうエネルギーであるが，太陽光や風力，水力などは枯渇することなく，繰り返し使用することができる。CO_2排出の観点からも，再生可能エネルギーはクリーンなエネルギーだ。近年，中東でも具体的な導入計画や目標の設定もされてきている。たとえばモロッコは，2020年までに電源構成の42％を再生可能エネルギーにするきわめて野心的な目標を設定している。UAEもこの分野に積極的に力を入れており，2011年に国際再生可能エネルギー機関（IRENA）が発足した際，UAEはアブダビに本部を誘致した。また「シャムス」（アラビア語で「太陽」の意味）と呼ばれる太陽光発電プロジェクトを立ち上げるなど，盛り上がりを見せている。

　ただし，再生可能エネルギーは発電技術やコストの問題など，乗り越えなければならない課題は多い。一般的に中東は乾燥地帯で日照時間が長いというイメージがあるため，太陽光発電に適した土地であると考えられることがある。しかし，実際には太陽光パネルに付着する砂埃を定期的に掃除する必要があり，さらに気温が50℃を超える過酷な環境では，逆に発電効率が下がってしまうという問題もある。また，2014年中頃から国際的な石油・ガス価格が下がるなかで，再生可能エネルギーの普及には発電コストのさらなる低減が必須である。中東における再生可能エネルギーの普及は，これらの地域に石油・天然ガスを依存する日本にとってエネルギー安全保障の観点からも重要な意味を持っていることを忘れてはならない。

（堀拔功二）

第4章 エジプトの「革命」
―― 民衆は時代の転換に何を望んだか ――

岩崎えり奈

1 1月25日革命から5年経つエジプト

2011年からの革命の経過

　エジプトでは，2011年1月25日にムバーラク政権が倒され，2012年の大統領選挙と議会選挙の後，ムスリム同胞団を母体とするムルスィー政権が誕生した。ムルスィー大統領はエジプトの歴史上，初めて民主的に選出された大統領となり，国民の大きな期待を集めた。

　ところが，2011年の「1月25日革命」後の厳しい経済状況が続くなかで，生活物資の値上がりや電力不足などがカイロなどの都市部で起き，解決策を打ち出せない政府に対し，国民の期待は失望へと変わった。また，ムルスィー政権が進めようとした行政改革は，官僚組織の「同胞団化」を進めるものだとして反発をかった。

　2012年秋以降，ムルスィー政権に対する国民の批判は一層高まった。ムスリム同胞団を母体とする自由公正党が勝利した2011年の議会選挙については，被選挙権に不平等が生じたとして最高憲法裁判所が違憲判決を出していた。その結果，人民議会に解散命令が出され，人民議会が進める憲法起草もまた違憲であるとの司法判断が下されていた。そのことに反発したムルスィー政権は，次期人民議会が発足するまで軍最高評議会が保持していた立法権を剥奪し，司法判断より大統領権限を優先した。さらにムルスィー政権に対するリベラルや世俗派の反発を招いたのは，2012年12月に国民投票を行い，新憲法を制定しようとしたことであった。イスラーム色の強い新憲法は男女平等原則や表現の自由を制限するものであり，それをムルスィー政権が強引な手法で制定しようとしたためである（鈴木 2013）。

　リベラルや世俗派の野党勢力は，2013年の1月以降，政権批判を展開し，

同年4月からはタマッルド（「反抗」）などの若者グループが大統領の辞任を求める署名活動を始めた。この運動は，2300万人におよぶ署名を集め，大統領の辞任を求める大規模なデモに発展した。ムルスィー大統領就任1周年であった2013年6月30日に，100万人にのぼると言われる人々が2011年の「1月25日革命」の舞台であったタハリール広場に集まったデモである。

この大規模なデモに呼応して，2013年7月に，軍が事態収拾に乗り出した。その介入の結果，ムルスィーは解任され，ムルスィー政権は発足後わずか1年で崩壊した。当然ながら，ムルスィーとムスリム同胞団を支持する人々は，民主的に選ばれた大統領に対する反動的なクーデタだとこれを非難し，ムルスィー氏の復権や2012年憲法の復活を求めてカイロ市のラービア・アダウィーヤ・モスク付近などで座り込みを続けた。これに対して，2013年8月14日，軍と警察が座り込みの強制排除を実施し，多数の死傷者が発生した。

その後，軍が発表した政権移行の「行程表」に基づき，政権移行プロセスが進められている。2014年1月には国民投票が行われ，新憲法が承認された。そして，2014年5月26日から28日に実施された大統領選挙の結果，スィースィー前国防相が当選し，6月8日に大統領に就任した。2015年10月から11月にかけて実施予定の議会選挙と議会の発足をもって，「行程表」の政権移行過程は完了することになっている。

こうしてみると，2011年の「1月25日革命」はエジプトが民主化に向かう一大転機だとみなされたが，発生から5年を経て，当初の期待と逆行する傾向が目立つ。「革命」という名前の反革命によって，エジプトは2年前のムバーラク時代に戻ってしまったという声もある。

実際，治安や法などの支配体制面では，軍や警察や裁判所などをみるかぎり，2度の「革命」によっても変化はない。それどころか，ムルスィー政権崩壊後の議会が不在だった2年間には，抗議規制法や対テロ法などが大統領署名によって成立し，対テロを名目に政治的な自由がより一層制限されるようになった。

ムスリム同胞団については，ムルスィーはじめムスリム同胞団幹部の多くが逮捕・拘束され，厳しい弾圧下におかれた。2013年12月には，政府によって「テロ組織」に指定されるに至っている。くわえて，2014年11月にはデモ隊殺害や不正蓄財で告訴されていたムバーラク元大統領が保釈され，その2人の息子も無罪放免になるなど，大きな議論を呼んだ。

革命のアクター，軍

2011年以後の「革命」の展開に大きな影響力をもったのは軍である。軍は，若者やムスリム同胞団などの宗教勢力とならんで重要な政治アクターである（長沢 2012／鈴木 2013）。実際，軍は政治に対して強い影響力をもつとされ，それは国家予算に占める軍事費の大きさ，軍事産業や非軍事産業の大きさなどにみてとれる（オーウェン 2015）。軍の情報は秘密にされているのではっきりしたことはわからないが，国内の治安維持のほか，軍事産業さらには多様な非軍事産業，治水事業，発電などの公共事業にまで既得権益を持っているとされる。

その軍はムバーラク大統領の追放に賛成したが，それはムバーラクとの共倒れを回避し，既得権益を保持するためであった。2011年の「1月25日革命」後に選挙によって文民政権が誕生してもなお，軍はこうした既得権益を握り続けた。軍がムルスィー政権追い落としに動いた最大の要因は，ムルスィー政権が軍の既得権益に挑戦しようとした経緯にある（横田 2014）。

ただし，2013年の政変は，大統領の辞職を求める民衆の意思に応えたものである。「1月25日革命」を「民主化」を目指すものだったと考えれば，議会制民主主義の柱である選挙に基づいてムルスィー政権は成立したのであるから，その政権成立は「革命」の成果である。それゆえ，民主的に選出された大統領を解任した「クーデタ」だと非難する人々がいたのだが，その一方で，多くの人々は2013年の政変を2011年の「1月25日革命」に続く「2回目の革命」だと主張し，「6月30日革命」と呼んで，軍の介入を歓迎した。

したがって，「クーデタ」という呼び方がされることが多いが，人々が望んだことであるのだから，2013年の展開は基本的には「巨大な国民の運動」として捉えるべきだとの意見がある（栗田 2014）。政権打倒として始まった運動は，既存の政治勢力，特に軍とムスリム同胞団との間での対立を主軸として展開することとなった。さらには米国の意向や国際社会の利害関係が大きく反映することとなり，複雑化した。その結果，現状では，どうしても既存勢力の権力抗争としての側面に注目が集中しがちである。しかし，2013年の政変の基本的な要因は国民の多くがムルスィー政権打倒を欲したことにある。ムルスィー政権の打倒を青年層や世俗・リベラル派がそれを支持したのは，民主的に選出されたとはいえ権力集中を目論む指導者は権力の座から引きずり下ろすべきであり，そのために非民主的な手段をとらざるを得なくても致し方ないと考え

たからであろう（鈴木 2013／長沢 2015／横田 2014）。

社会運動としての「革命」

　2011年の「1月25日革命」が何だったのか。まだ5年しか経っていないとはいえ、「1月25日革命」がエジプト社会さらにはアラブ世界にとって大きな転換点になったことは間違いない。しかし、エジプトの現状をみるにつけ、2011年の「1月25日革命」に対する評価が変わりつつある。はたして2011年に起きた反政府抗議運動は、革命だったのか、抗議イベントだったのか。民主化を求めて発生したのではなかったのではないかという意見もある。

　たしかに、2011年にタハリール広場に集まった人々は、ただ統治者の辞任を求める以外には明白な統一的政治目標を持たず、政権を倒した後の将来の政治的青写真を持たなかった。また、参加者が多様であったことが新たな社会運動として注目を集めたが、このことは裏を返せば、統一的な目標や組織を持たなかったとも言える。

　しかし、数百万近くの普通の市民が自然発生的に抗議行動に参加したことの意義は大きい。2011年の抗議行動のスローガンは、「自由」、「尊厳」、「社会的公正」であった。なかでも街頭行動の参加者に共通していたのは、「抑圧され続けてきたことに初めてノーを言い、自らの人間としての尊厳を主張した」点であった。その意味で、「自己覚醒、市民社会のエンパワーメント」であり、長らく権威主義体制の下で尊厳と人権を抑圧されてきた人々の運動である（長沢 2015）。しかも特定の指導者やイデオロギーを持たず、老若男女、様々な出自、階層の市民や団体・組織が参加した点で、様々な運動の束とでも言える広範で新しい運動であると考えられる。

　したがって、「革命」の意義を理解するためには、「1月25日革命」後の展開も含めて、人々が何に義憤を感じ、何を目指して街頭に繰り出したのか、人々がどのように動員され組織化したのか、人々がどのような抗議の手段をとったのかといった観点から抗議行動を分析する必要がある。これらの点については、日本語ではまだ少ないが欧米語での研究は進められており、権威主義体制下での抗議運動の形態、人権に関する運動の展開、イスラームを掲げる社会運動や労働争議などについての「1月25日革命」以前からの運動研究の蓄積を踏まえて研究が積み重ねられている（たとえば Beinin and Vairel 2011 を参照）。

第4章　エジプトの「革命」

特に運動の組織化・形態については，それが運動の連合体であることは運動の強みであると同時に弱みであり，実際にエジプトにおける2011年の「1月25日革命」後の展開に影響していることから，運動間ないし内部における利害調整や協力という側面について，今後さらなる研究がなされるだろう。

　ただし，これらの社会運動論のなかで「革命」を論じる研究では，いかに運動が動員・組織化したのかという運動発生の「仕方」については詳細な研究が多くある一方で，なぜ運動が起きたのか，その社会経済的要因は何であるのかという運動発生の「理由」についての側面が軽視されているように思われる。もちろん，社会的不満と運動とは単純な因果関係にあるのではないし，「理由」が運動の性格を規定したり説明できるものでもない。重要なのは，運動を構造とその歪みから生み出される問題と関連づけることである。それによって，運動の意義が明確化される。

　また，それらの研究の多くはタハリール広場に集まった若者や既存団体にのみ注目している。もちろん，6月5日運動などの若者グループや，ムスリム同胞団，各種労働組合などが果たした役割は大きい。しかし，タハリール広場に行かなかった人々もいる。それらの人々はタハリール広場には行かなかったものの，それぞれのローカルな場で，それぞれのやり方で運動に参加していた。筆者は，2011年3月に西部砂漠のオアシス村を訪問したが，そのときに会った若者はみな遠いカイロでの「革命」を歓迎していた。そして，単に歓迎するだけでなく，自分たちの手で村をどうやったら良くできるのかを議論していた。その際，彼らは「人権」や「民主主義」というような抽象的な言葉を使っていたのではない。パンの配給，村の青少年センターや村議会の運営をどうするかという個々具体的な問題について話し合っていた。

2　人々は何に義憤を感じたのか

不平等と貧困

　先に述べたように，人々が政権転覆を望んだ主要な理由は，「自由」「尊厳」「社会的公正」であった。と同時に，経済的停滞も大きな理由である。非産油国のアラブ諸国に共通する問題だが，エジプトは近年の食料価格の高騰や失業などに悩まされてきた。特に人口の4割から半数を占める若年層の間での高い

失業率や，学歴や能力を生かす機会の欠如などが，若者の不満を強めていた（岩崎 2012）。

とりわけ政治変動との関係において問題になるのは，貧困や不平等の問題である。実際，社会的公正と不平等の問題は，2011年の「1月25日革命」以後，議論され続けてきた重要なテーマの1つである。分配の不平等は「革命」前のムバーラク政権に根強くみられた問題であり，マスコミや学問の世界においても，社会的不満の噴出を招いたと問題にされてきた。

しかしながら，エジプトをはじめとするアラブ諸国について興味深いのは，金銭的な意味での不平等はあまり見当たらないことである。実際，金銭的な意味での不平等を測定するためによく用いられるのは家計調査であるが，国別の家計調査に依拠するかぎり，不平等の状況は一般的に認識されているのとは異なっていた。ジニ係数を例にとると，エジプトでは2000年の36.1から2009年には30.7へと低下している。この30.7という値は，国際的な基準からみても良いほうである。

一方，貧困については相反する見方がなされてきた。中間層の増大に伴う政治的不満や政治的腐敗の高まりを「民主化運動」の要因として重視する研究者は，貧困が減り，生活水準が向上したことに注目する。たとえば，国連開発計画『人間開発報告書2011』のコラム「民主主義の弱点を克服する──エンパワーメントと「アラブの春」」(34頁) では，生活水準が向上し，教育水準が高くなれば，自由と人権を当然求めるようになり，高学歴の失業者は当然不満をもつという近代化論的な見方をしている。これに対して，反グローバル論の立場をとる研究者は，グローバル経済のなかでの貧富の格差や貧困層の生活困窮が再生産される状況を問題視する。

しかし，問題関心の違いはともかく，このように相反する貧困の解釈があること自体が，エジプトにおける貧困の特徴を表しているように思われる。つまり，客観的には貧困が悪化したとも改善したともどちらにでもとれるような状況だと言うことである。実際，上エジプト地方ではもともと貧困率が高く2000年代後半にさらに悪化したが，「革命」の舞台であるカイロでは，貧困が2000年代後半に悪化したとはいえ，貧困率は2010～11年の時点でも10%にすぎず，1990年代と比べれば低かった。

エジプトの貧困の性格を理解するうえで，キーワードになるのは脆弱性であ

る。脆弱性とは，世帯レベルにおいては，ショックによって生活水準が低下してしまう可能性である。貧困には，長期的な社会経済構造の問題（慢性的貧困）と，短期的な経済変動に結び付いた問題（情況的貧困）の2つがある。今日のエジプトにはこれら2つの貧困の形態が並存しているが，「革命」という政治変動との関連で重要と考えられるのは，後者の情況的な貧困である。情況的な貧困に陥っていなくとも，貧困に陥るリスクにさらされている脆弱な状態，すなわち前の時期との比較において期待値よりも実際の所得・消費水準が低下するリスクがある状況はまさに道徳的憤怒をもたらすと考えられる（加藤・岩崎 2013／岩崎 2013）。

地域的には，前者の構造的な貧困は農村部，具体的には上エジプト農村部に集中しているのに対して，情況的な貧困のリスクを抱える世帯は地方都市のみならず，カイロにもみられる。つまり，都市住民の大部分を占める中間層においても，貧困は他人事ではないのである。

しかし，エジプトの中間層が貧困線すれすれの消費水準にあるとはいえ，短期的な経済変動により，中間層がみな貧困に陥るわけではない。人々がもつ資源の質と量が貧困の脆弱性に影響する。エジプトでは，出産などによる世帯規模の増加，失業に陥る場合，低学歴者，女性，カイロなどの都市県や下エジプト都市部では公務員や教師などの政府部門就業者や建設業などの不安定就業者，上エジプト地方では農業従事者と建設業従事者が貧困に陥りやすいことが指摘されている。特に教育水準は貧困リスクに最も影響を与える要素である。

ここにおいて，貧困は不平等の問題と結び付く。一部の人が貧困に陥り，あるいは貧困すれすれのリスクを抱えて暮らす人々がいる一方で，そうでない人々がいるのはなぜなのか。ただし，裕福である人々が自らの能力で道を切り開いて裕福になったのならば，不平等とは認識しないかもしれない。不平等が社会の問題になるのは，自分よりも不当に恵まれている他者と比べて，自分が得られる価値水準が低い場合である。

2000年代のエジプト経済構造の特質

2000年代のエジプト経済はマクロな指標にみる限り，悪くはなかった。経済成長率は5％以上であり，2000年代後半は特に好調であったが，2007〜08年の世界金融危機を挟んで激しい物価の変動に見舞われた。食料については，

2000年代後半において,特に主食である小麦粉の価格上昇が激しく,小麦粉やパン・シリアルの価格は2倍前後に高騰した。

このような基礎食料価格の上昇は,エジプト経済がグローバル経済に依存している証である。エジプトは乳製品などの贅沢品よりも,最も基礎的な食料である小麦需要の45～50％を輸入に頼っており,世界最大の小麦輸入国である。そして,小麦を原料とするパンはエジプトのアラビア語で「生きる」を意味するエーシュと呼ばれ,金持ちも貧乏人も食べる大事な食料である。そのため,国際価格の変動が贅沢品を食べる富裕層よりも,庶民の台所を直撃する。つまり,グローバル経済の動向が中間層と貧困層の経済生活に直結しているところに,エジプト経済の対外依存の特徴がある（加藤・岩崎 2013／岩崎 2013）。

こうして,2008年の世界食糧危機後,食料安全保障の問題が脚光を浴びるようになった。従来の食料安全保障は国内での基礎食料の自給率を高めることに主眼をおいていたが,経済の自由化,農業離れと都市化の進展のなかでは基礎食料品を国内生産でまかなうことは不可能である。したがって,国際市場に食料供給を依存せざるを得ないが,そのためには十分な外貨収入を必要とする。それを持たなければ,突然の基礎食料価格高騰の際,必要な量の食料を輸入できないリスクが生じる。

そこで,リスクを回避するためには,外貨獲得のために輸出の奨励が求められるが,エジプトは産業基盤が弱く,観光収入や海外出稼ぎ収入に頼っている。つまり,国家収入と消費の両面において,エジプト経済は高い対外依存性を特徴とする。このため,エジプト経済は外的ショックを被りやすく,1970年代に繰り返された食糧暴動のような社会不安が容易に醸成されることになる（加藤・岩崎 2013／岩崎 2013）。

こうして,人々が自らの置かれた状況をどう認識しているのかという側面についてみることが重要になってくる。つまり,人々が政治的な行動に出るのはある客観的な基準があって現実がそれを下回ったことに反発するからではなく,自分が正当だと期待する主観的な価値があり,それが現実に合わないから立ち上がったのではないかということである。

第**4**章　エジプトの「革命」

3　意識調査という手法

意識調査とは何か

　意識調査は，人々の世の中に対する見方・考え方を知るための有効な方法である。近年，多くの意識調査が中東北アフリカ各国で実施されるようになった。そのなかで最も知られており，大掛かりなものは「アラブ・バロメーター」(Arab Barometer) である。これはアラブ諸国でこれまで 3 回にわたり実施されてきた世論調査で，エジプトについては，第 1 ラウンドが 2006～07 年，第 2 ラウンドが 2010～11 年，第 3 ラウンドは「アフロバロメーター」(Afrobarometer) の一環として 2013 年に「エジプトにおける民主主義とガバナンスの質」と題された調査が実施された。質問項目には，幸福や満足感，世帯の経済状況，所得階層などに関するものが含まれており，主観的な不平等などについても分析が可能である。そのデータベースはウェブサイト上で公開されており，誰でも入手可能である。

　また，日本の機関が行った意識調査としては，一橋大学がエジプトの「エジプト研究訓練センター」(Egypt Research and Training Center : ERTC) と協力して実施したものがあり，筆者もこれに参加した。調査（以下，「エジプト意識調査」）は 2008 年，2010 年と 2011 年，2012 年の 4 回にわたって実施され，このうちの 2008 年，2010 年と 2011 年の 3 回の調査はニーズ対応型地域研究推進事業「アジアのなかの中東」（代表：加藤博）の一環として実施された。

　この調査の特徴は，何よりも 2011 年の「1 月 25 日革命」を挟んで継続的に調査が実施されたことにある。第 1 回目の調査は「1 月 25 日革命」より 2 年前の 2008 年 10 月から 11 月にかけて実施された。そのため，「1 月 25 日革命」直前のエジプト市民の政治意識を反映したものではない。しかし，2008 年は今回の政治変動の予兆となる大きな食糧暴動が起きた年であり，その時点での調査結果には，「革命」に至るエジプト国民の意識が反映されていると予想された。

　2 回目の調査は，偶然ながら，「1 月 25 日革命」直前の 2010 年 12 月 22 日から 31 日にかけて実施された。そして，第 3 回目の調査は，「1 月 25 日革命」直後の 2011 年 2 月から 3 月にかけて実施された。さらに，2012 年 9 月には，

89

4回目の調査が2012年5月の大統領選挙を経てムルスィー政権が成立した後に実施された。その結果，2008年を出発点として，革命の直前の2010年と革命直後の2011年，さらに2012年の4時点において，革命をめぐってエジプト国民の意識がどう変化したかを分析する稀有な機会が与えられ，革命の背景を探るだけでなく，今後のエジプトで始まるであろう厳しい変革のプロセスでの問題点を明らかにすることが期待された。

定量的調査の意義

以上で述べた意識調査は，質問票を用いて調査員が対面式面接で調査する定量的調査である。近年，このような定量的な意識調査は社会学や政治学の領域で利用されるようになった。中東地域に関する研究においても取り入れられつつある。それには，先に触れた「アラブ・バロメーター」のように，調査から得られたデータベースが公開され，入手可能になったことが大きい。

もっとも，定量的調査に対しては，こんなやり方で何が分かるのかという根強い批判はある。また，定量的調査から得られたデータを用いた分析結果はウソだ，信用できないという批判もある。しかし，調査の対象になった人がある質問に対してある答え方をしたのは事実であり，その事実を積み重ねれば，その社会ないし集団をみる指標になりうる（林 2011）。

ここで強調しておきたいのは，定量的調査から得られる結果は実態を表すものではないということである。たとえば，ある質問に対する回答が50％という数字であったとして，この値自体は意味をもたない。質問の仕方が変われば，この値も変わるかもしれないからである。重要なのは，答え方の傾向をみることである。とりわけ，継続調査は定量的調査の威力を発揮する。つまり，時系列で答え方を並べて，人々の答え方にある種の傾向がみてとることができれば，それは社会がどのような方向に変化していくのかを示しているのである。

ただし，定量的調査から良い分析結果を得られるかどうかは，サンプリングに左右される。どのような人々を抽出するかというサンプリングは，研究成果の出来不出来を左右するといっても過言ではない。とりわけ継続調査の場合は，サンプルの母集団が異なれば，答え方も変わってくるかもしれないから，サンプルを固定することが肝心である。

先に述べた「エジプト意識調査」の場合は，「革命」の中心地カイロだけで

なく，地方の人々も含めて分析することが可能なように，調査のサンプルをカイロおよび激しい抗議行動が起きたポート・サイド市に加えて，地方の住民からも抽出するように配慮した。サンプルは，18歳以上の男女が調査対象県から2006年のセンサス台帳をベースに，確率比例抽出法に依拠してサンプルを無作為抽出した。その数は2008年意識調査で1000人，2010年意識調査で1500人，2011年意識調査で900人，2012年意識調査で1500人であった。

　サンプル抽出の際には，サンプルに偏りが生じないように努め，同じサンプル抽出方法でサンプルを抽出した。しかし，「エジプト意識調査」は，あらかじめ設定された目的とスキームによって企画されたものではなく，エジプト政治の激動のなかで，試行錯誤しながら実施された。それゆえに，どうしてもサンプルの抽出において違いが生じることは避けられなかった。結果としては，サンプルに偏りが生じてしまった（詳しくは加藤・岩崎 2013 を参照）。

　意識調査におけるサンプルは総じて教育水準が高く，大卒者が多い。とりわけ2008年におけるカイロ県のサンプルは，若い年齢のサンプルが多かったことが影響して教育水準が高かった。そのため，時間的変化をデータのなかに読み取る際には各年の調査結果の相違が時間的変化によるものなのか，サンプル属性の違いによるものなのか判別するのが難しく，何度もクロス集計を繰り返し，分析結果を出すまでに悪戦苦闘することとなった。

意識構造をどう捉えるか

　意識とは，曖昧で捉えがたいものである。政治意識の場合，そこには政治不信など狭義の政治に対する感情，政治参加などの政治に対する自己の関わり方，福祉や外交問題などの政治的争点に対する意見，政党支持の態度などのほか，一見すると非政治的な領域も関わってくる。権威や国家，帰属する集団に対する態度，生活水準や格差，雇用などの経済的な事象に関する意見などである。これらの要素は互いに関連しあって広義の政治意識を形成している。

　ただし，それぞれの意識の要素は因果論的な関係にあるのではない。意識を扱うときには，このことに注意する必要がある。人間の思考回路は単純ではなく，二律背反する意見を心のなかにもっている。したがって，ある質問に対する回答から分かるのは答え方であり，答え方は質問の仕方によって異なってくる。統計で捉えることができる意識は，そうした答え方の組み合わせであり，

それをここでは意識構造と呼ぶ。

　以上の問題関心から意識を捉えるためには，質問票の設計が重要になってくる。先の「エジプト意識調査」の場合は，その質問票に次のような多様な項目を含めた。サンプルの基本的属性（性，年齢，出身地，世帯規模，世帯主との関係，宗教，就業状況，世帯所得，教育，在外経験など）のほか，政治意識（政治関心度，対外意識，市民活動と選挙への参加，支持政党，自由や権力に対する意識，マスメディアの利用頻度など），経済意識（階層意識，生活水準の変化に対する意識，生活満足度など）などである（詳しくは加藤・岩崎 2013 を参照）。

4　革命前後で人々の意識は変化したのか

意識項目間の関連を捉える——多重対応分析

　以下では，加藤・岩崎（2013）をもとに，エジプト国民の意識構造をデータのなかに探る方法を紹介したい。そこでの目的は，必ずしも因果関係が知られていない意識の構造を探索的に明らかにすることにあった。こうした目的に合った分析方法はいくつかあるが，ここでは多重対応分析（Multiple Correspondence Analysis：MCA）を取り上げる。多重対応分析は，クロス集計表の行や列に含まれる情報を，次元と呼ばれる少数の成分に圧縮し，それらの関係を散布図上に布置することで視覚的なデータの俯瞰を可能にする手法である。

　MCA では，抽出した軸で構成された空間に各変数の値をプロットすることができる。この座標空間では，各変数の個々の値（変数値）同士における関連の強さが，空間上の距離として示されるので，互いに近くにプロットされた変数値同士は関連が強く，逆に遠ければ遠いほど関連が弱いことになる。一般的な相関係数では一度に 2 変数間の関連しか把握できないが，MCA では複数の変数値同士の関連を同時に図示できるため，それぞれの変数値同士が持つ多様な関係性を直感的に把握することができる。

　MCA の手順としては，初めにデータの全体的な分散のうち最も多くの部分を捉える軸（主軸）を抽出し，次に，主軸によって捉えられなかった分散を最も説明する軸を，主軸と直交する空間の中から抽出し，さらに残された分散について以上と同様の作業を繰り返し行っていく。比喩的に表現すれば，まずは雲（データの散らばり）の一番長い部分を捉える線（主軸）を引き，次に，それ

と直交する線の中で最も長い部分を捉えるものを探し出す，という作業を繰り返すことになる。

もっとも，変数が多すぎると視認化しづらくなるので，本分析では，次の9つに変数を絞った。それらは，政治生活に関しては(1)政治安定志向，(2)政治関心，(3)投票経験，経済生活に関しては(4)階層認識，(5)生活水準認識，(6)格差認識，社会生活に関しては社会的不安感の指標として(7)道徳荒廃認識と(8)家族紐帯危機認識，文化生活に関しては(9)ライフスタイル，(10)理想の上司である。

また，加藤・岩崎（2013）での目的は意識構造の地域的特徴を捉えることにあったので，地域をプロット図に表示した。ここでの地域とは，2008年のデータについては，革命の中心であったカイロ県，地中海沿いの都市であるポート・サイド県，上エジプト地方のソハーグ県のほか，中エジプト地方のベニースエフ県，下エジプト地方中心部のメヌフィーヤ県，下エジプト地方周辺部（北部）のカフル・シェイフ県である。

多重対応分析の分析結果——2008年

図4-1は2008年「エジプト意識調査」データのうち，意識に関する変数群に対してMCAを適用した結果である。第1軸を横軸に，第2軸を縦軸に取った二次元座標平面に，分析に用いた各変数値の座標をプロットしている。なお，データのすべての散らばり（Total Inertia）のうち，55.8％が第1軸によって，25.6％が第2軸によって捉えられている。残された分散は19.7％にとどまり，これら2つの軸によって上記の変数値同士の関連性が捉えられていることが分かる。また，第2軸によって捉えられる分散が全体の5分の1近くに達していることから，この軸が捉えた関連性も，十分に検討する意味があると言える。裏を返せば，1次元のみでエジプト人の意識を捉えようとするのは不十分だと判断できる。

図4-1から第1に指摘できるのは，カフル・シェイフ県を挟んで，上エジプト地方の2県と都市県ならびにメヌフィーヤ県が第1軸の左右対称に位置していることである。とりわけ興味深いのは，上エジプト地方の2県とカイロの対称性であり，両者が異なった意識構造をもつことを示している。

以下では，両者が位置する第1軸座標の左右を比較しよう。カイロ県とポート・サイド県の都市県が位置する第1象限左側では，高い格差認識，家族紐帯

第Ⅰ部　中東世界の変容

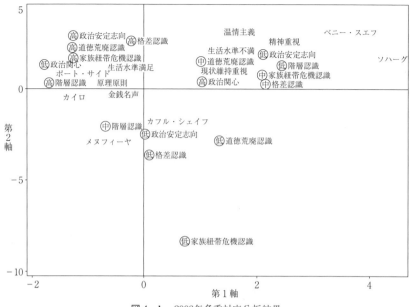

図4-1　2008年多重対応分析結果
出所：加藤・岩崎 2013：219。

や道徳の荒廃に対する高い危機感，政治的安定志向，金銭・名声欲，原理原則の保守に対する志向とが関連しており，政治関心度とは負の関係にある。つまり，政治関心が低くなる傾向がある。また，投票経験とは関連性が弱い。一方，上エジプト地方2県が位置する右側では，左側ほどに高くはないが政治的安定志向，家族紐帯や道徳の荒廃に対する危機感があり，さらに高い政治関心度と投票経験，精神生活の重視や生活の現状維持，温情主義への志向とが関連性をもっている点が左側と異なっている。したがって，両者は異なる意識構造をもつと考えられる。すなわち，考え方のすじみちは，カイロ県とポート・サイド県の都市県および近似の下エジプト地方（メヌフィーヤ県），ベニー・スエフ県とソハーグ県の上エジプト地方では違うのである。

　こうした意識の違いはまた，階層認識，生活水準認識の分布とほぼ対応している。第1軸座標に着目しよう。この座標の右から左にかけて，生活水準の満足度が高まり，それに伴い階層認識が変化していることが分かる。したがって，この第1軸座標は広義の階層意識と呼ぶことができる。カフル・シェイフ県を

別にすれば，都市県・下エジプト地方と上エジプト地方では意識構造が大きく異なり，それが階層意識と関連していることが分かる。

また，第2軸座標に着目すれば，低い格差認識が第2軸座標上のマイナス側に位置し，高い格差認識が位置するプラス側に他の意識変数の多くが位置している点が注目される。このことは，格差認識を強く持つときに，政治や社会生活における意識が意識化されることを示唆する。低い格差認識と近い位置に低い政治安定志向が位置しているのも，逆に言えば，格差認識が強いときに，政治的安定の志向が意識化されやすいということだろう。カイロ県とポート・サイド県はこれらの意識変数と近い距離に布置しているから，このような高い格差認識と意識項目間の関係はこの2つの都市に強くみられる傾向であると言える。

5　革命を境に人々の意識は変化したのか

2011年の抗議行動の参加者

2012年の「エジプト意識調査」では，2011年の質問票をそのまま使い，「1月25日革命」への参加や評価に関する情報を得るために，質問項目群をあらたに加えた（他にも，2008年人民議会選挙，2011～12年人民議会選挙，2012年大統領選挙への投票，「1月25日革命」における情報入手手段，「革命」の現状評価に関する質問項目群も加えたが，その調査結果については加藤・岩崎2013および加藤・岩崎2014を参照のこと）。

これらの質問項目群は，抗議行動の参加者が誰であったのかを地方において確認するために設定された。「1月25日革命」における顕著な特徴は，それが若者によって主導された運動だったということであった。また，運動には若者だけではなく，様々な社会層が参加しているようであり，とりわけ印象的だったのは，多くの女性がデモへ参加していることであった。

実際，2012年の調査結果は，「1月25日革命」の抗議行動参加者が多様な社会層から成り立っていたことを裏付けている。2012年の調査では，大統領追放前と後に分け，2011年の抗議行動全般とタハリール広場における抗議行動への参加の有無を問うた。また，抗議行動全般については参加した抗議行動の形態と回数を，タハリール広場における抗議行動については回数と最初に参

加した日をたずねた。

　全体的な傾向として，「1月25日革命」の抗議行動への参加者は大統領追放前と後のどちらであれ，カイロ県で15％であり，地方の県での参加者はごくわずかであった。また，抗議行動参加者のプロフィールをみると，学歴と年齢については，圧倒的に20代の若者，大卒者が多く，カイロ県では24歳以下の若者の37％，大卒者の14％が抗議行動に加わっていた。性については，カイロ県の24歳以下の男性では抗議行動参加者は46％にのぼった。女性も男性と比べれば少ないとはいえ，24歳以下では24％が抗議行動に参加していた。さらに，インターネットへのアクセスの有無と抗議行動への参加は密接な関連があり，抗議行動参加者におけるインターネットへのアクセス保有者は65％に上った。非参加者におけるその率が18％であったのと対照的である。この限りにおいて，「1月25日革命」は「若者革命」「情報革命」ということができる（加藤・岩崎 2014）。

変化しにくい意識，変化しやすい意識

　さて，抗議行動に直接には参加しなかったものの，地方の住民はカイロでの「革命」に同調していたと考えられる。実際，2011年の「1月25日革命」後にいくつかの村を訪れた際，村民の多くが若者も年配者もカイロでの出来事を歓迎し，なかにはそれに発奮して自分たちも変革を起こそうという熱気がみられたように思われた。また，第1節で述べたように，2011年の「1月25日革命」が運動として捉えられるならば，2011年の「革命」時のみならず，その後も継続した変化が人々の意識に生じ，それは抗議運動の中心地カイロだけでなく，地方の住民にも及んでいたと考えられる。しかし，こうした見解は直観に基づいたものであって，裏付けがあるわけではない。また，今後の行方を見据えるためにも，「1月25日革命」前後における人々の意識を検証することは意味がある。

　以上の問題関心からエジプトの「革命」を見直すうえで，継続的な意識調査が威力を発揮する。変化を観察するためには，ある時点での断面図をみるのではなく，時間の経過のなかで観察することが必要になってくるからである。もっとも，本調査で捕捉できるのは，「2回目の革命」が起きる以前の2012年までの期間に限られる。また，本調査の調査対象はいくつかの県に限られており，

エジプト全土を網羅するものではない。しかし、いくつかの変化の兆候を読み取ることは可能である。

以下では、2008年から2011年の「1月25日革命」を挟んで2012年までの回答の変化をみよう。2008年、「1月25日革命」直前の2010年、その革命直後の2011年、2012年の4つの時点で答え方が変化しなかった質問項目と答え方が変化した項目に回答を整理すると、次の2つが明らかになった。

第1は4つの時点で答え方が変化しなかった質問項目についてで、世相の変化によっても、変化しにくい意識の要素があることを表している。それらは、たとえば、「生活水準において、あなたはどの社会階層に属していると思いますか」という階層意識や、「どちらの人格が好きですか。(1)原理原則に基づき合理的な判断を重んじる人、(2)人との調和の維持を重んじる人」、「あなたが現在（ないし過去に）企業や職場で働くなら、どのような上司の下で働きたいですか。(1)規則を曲げても無理な仕事をさせないけれども人の面倒をみない上司、(2)規則を曲げても無理な仕事をさせることもあるが、仕事以外ではよく面倒をみる上司」といった権威志向に関するものである。

また、予想に反して、経済状況に対する認識も変化しなかった。第2節で述べたように、2000年代におけるエジプトの格差や貧困の特徴は主観面での問題が重要だということであり、それが「1月25日革命」を発生させた一因と考えられた。したがって、2008年から2010年の短い期間においても意識が高まっただろうと予想された。ところが、生活満足度（「あなたは生活にどの程度満足していますか」）や過去と比べた現在の生活水準認識（「3年前と比べ現在のあなたの生活水準は良くなった、または悪くなったと思いますか」）などの自らの経済状況の認識についての回答では、4時点間でさしたる変化はみられなかった。

貧富の格差認識については、「金持ちと貧乏人の間の平等の機会の不足についてどう思いますか」という質問を設定した。この質問に対する回答の分布も4つの時点において変わらなかったが、「大いに感じる」という5段階評価中の最も高い評価を8割の回答者が与えていた点が注目に値する。カイロだけでなく地方でも、すでに2008年の時点で格差を問題視する認識が国民全体で共有されていたと言えよう。

同様に、腐敗認識を問う質問（「あなたの国で腐敗は深刻な問題である」という意見に賛成か）に対しても、2008年から2012年まで、3県に共通して「大いに

感じる」との評価が6割を占めた。これは家族崩壊認識（「あなたの国で家族関係が弱まっている」という意見に賛成か）や道徳認識（「あなたの社会で道徳が低下している」という意見に賛成か）に関する回答分布がばらついており，一定の傾向がみられなかったのとは対照的である。家族や道徳などの社会問題については国民に共有される意見がなかったのに対して，腐敗についてはそれを問題視する見解においてすでに2008年の時点で国民的な合意ができていたのだろう。

第2は2011年の「1月25日革命」前後で変化がみられた質問項目についてであり，「革命」の高揚感のなかで人々の意識が高まったことを表している。それらには，帰属意識（どのコミュニティないし地域にあなたは属していると感じますか。優先順位により最も重要なことを3つあげてください。(1)私の県ないし地域，(2)エジプト・アラブ共和国，(3)アラブ民族，(4)イスラーム共同体，(5)北アフリカ，(6)アフリカ大陸，(7)その他）や政治関心度（「失業，物価，給料などの政治的な事柄について，あなたはどれくらい関心がありますか」）などがある。

前者については「エジプト国民」としての意識の高揚が，後者については政治関心度の高まりが観察された。しかも，それらの意識の高まりは3県に共通して「1月25日革命」前後でみられた（図4-2）。このことは，「革命」を契機に，カイロだけでなく地方においても，意識の変化がナショナリズムの高揚や政治的態度において生じたことを示している。

また，実際に選挙に行くかどうかは別にして，選挙参加に関する意見に大きな変化が生じた。それは，「次の国会選挙への参加」（「あなたは，次の国会選挙に参加する予定ですか」）という質問に対して肯定的な意見が「1月25日革命」を境に大幅に増えたことにみてとることができる。とりわけカイロ県とポート・サイド県では，肯定的意見は2008年と2010年では2割に満たなかったが，2012年には8割に上った。「1月25日革命」を契機に，政治参加において大きな意識変化が生じたと言えよう。

ただし，政治に関わる質問項目でも，政治安定志向に関するものについては3県に共通した傾向は読み取れなかった。「「政治的安定は民主的な変化よりも大事である」との意見にあなたは賛成ですか」という質問に対する回答については，5段階評価中の最も高い「大いに賛成する」がカイロ県とポート・サイド県では2010年以降に減っており，一見すると安定志向から民主化志向にシフトしたかのようにみえる。しかし，カイロ県については増えたのは5段階評

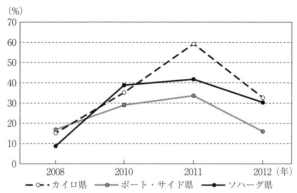

図4-2 政治関心度の回答 4段階評価中の4「大いに関心がある」の推移（2008〜12年）
出所：エジプト意識調査データ（2008年，2010年，2011年，2012年）より筆者作成。

価中の3の中庸の意見である。これは民主化も政治的安定も両方大事であって，どちらか一方を選べないという人々が増えたことを表している。一方，ポート・サイド県では，「1月25日革命」直前の2010年を境に「あまりそう思わない」という否定的な意見が増えており，民主化志向が強まったと考えられる。ただし，2012年においては回答の分布がばらついており，住民の間で意見が分かれる傾向があった。これに対して，ソハーグ県では肯定的な意見が一貫して増えており，安定志向に動く傾向が強い。

また，「市民参加意識」については，「現状がどうであれ，コミュニティにおける意思決定にどの程度市民が参加すべきとあなたは思いますか」という質問に対して3県に共通して6割の人々が「意思決定に参加し，積極的に大きな役割を果たすべき」と3時点に一貫して回答している。一方，「現実の市民参加」（「現実の生活において，あなたは市民がどの程度（あなたのコミュニティにおける意思決定に）参加していると思いますか」）という質問に対しては，「1月25日革命」前までは悲観的な意見であった。ところが，「革命」直後の2011年には「意思決定に大いに，そして効果的に参加している」という肯定的な意見が大幅に増えた（図4-3）。「1月25日革命」前までは市民参加についての理念と現実に大きなギャップがあったのが，「革命」後に大きく変わったのである。ただし，2012年には再び「意思決定に参加する権利をまったく持たない」との意見が増えており，政治的な鬱積が高まったことを物語っている。

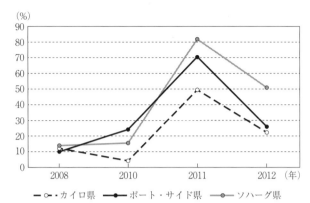

図4-3 「現実の市民参加」に対する回答「意思決定に大いに,そして効果的に参加している」の推移(2008〜12年)
出所:エジプト意識調査データ(2008年,2010年,2011年,2012年)より筆者作成。

革命後の変化の兆しと今後の課題

　第4節で指摘したように,エジプト国民の意識構造は地域によって異なり,とりわけカイロと上エジプト地方の住民は対称的な意識構造を持っている。しかし,意識調査結果からは,2011年の「1月25日革命」が全国民に波及したものであったことが明らかになった。サンプルが3県に限られるが,「1月25日革命」前後でエジプト国民としての高揚感や政治関心の高まりが生じ,政治的態度の変化がカイロだけでなく地方の住民にも共有されていた。タハリール広場に行かなかった人々,特に地方の人々が「革命」をどう経験し,関わったのかはあまり目が向けられることがない。しかし,地方の住民は,直接には抗議行動に参加しなくとも,カイロでの動きに同調し,自らも少なくとも意識のレベルで変わったのである。

　そして,その背景には,2008年の時点ですでに格差認識や腐敗認識が高かったことからすると,2000年代後半には社会的不満が鬱積していたことが指摘できる。それはカイロだけでなく地方においても,共有されていた。また,現在の生活水準を低いと認識する者も高いと認識する者も,格差を強く認識していた。つまり,どのような主観的な生活水準であれ,2008年の時点で貧富の格差を問題視し,社会的公正を求めるような意識が全国的に共有されるような状況ができあがっていたということである。

このような意識は，第2節で述べたグローバル化と結び付いたエジプト経済の脆弱性と結び付いていると考えられる。基礎食料品の物価高騰に象徴されるように，グローバル経済が市民の日常的な食生活を直撃するような構造をエジプト経済は持っているからである。

　こうしてみると，エジプトの「革命」はグローバル経済への抗議という性格を有していると言えるが，それは持続的な運動だと言えるだろうか。現実には多くの難題をエジプト社会は抱えている。「革命」前のほうが良かったという声もある。その兆候は，意識の面では，2011年から2012年にかけて強まった政治的安定志向や市民参加に対する悲観的な見方に，すでにみられたことである。

　しかし，意識のレベルでは2011年の「革命」を契機に，政治的態度において意識変革が起きており，包括的な運動の兆しがみられたと考えてよいだろう。政治的関心度や政治参加に対する意欲にみるかぎり，政治参加に対する悲観的な見方が強まるなかでも，積極的な政治的態度は継続されていたと考えられるからである。実際，「1月25日革命」直後の2011年と比べれば，2012年には，意識の後退がみられたものの，政治的態度における意識が2008年の水準まで後戻りしたわけではない。一時的でも政権を打倒したという経験が，抗議行動に直接に参加しなかった者も含めて，全国民的な意識の変化をもたらしたことは確かである。

　もっとも，本章で取り上げた意識調査から読み取れるのは2012年までである。2011年に起きた「革命」は全国民的な包括的社会運動として捉えられると考えられるが，それは持続的な運動としてどのように発展していくのだろうか。その把握のためには，意識調査を継続していくことが大事である。2013年6月の政変を経たスィースィー政権下で，この運動がどのような方向に向かっていくのか，また格差の構造を注視していかなければならない。

参考文献

岩崎えり奈「エジプトにおける1.25革命の社会経済的背景——人口，失業，貧困」伊能武次・土屋一樹編『エジプト動乱』アジア経済研究所，2012年。

岩崎えり奈「エジプトの革命と貧困——モラル・エコノミーの観点から」『神奈川大学評論』第16号，2013年。

オーウェン，ロジャー（山尾大・溝渕正季訳）『現代中東の国家・権力・政治』明石書店，2015年．

加藤博・岩崎えり奈『現代アラブ社会――「アラブの春」とエジプト革命』東洋経済新報社，2013年．

加藤博・岩崎えり奈「グローバル化とエジプト革命」『社会学評論』第65巻第2号，2014年．

栗田禎子『中東革命のゆくえ――現代史のなかの中東・世界・日本』大月書店，2014年．

鈴木恵美『エジプト革命――軍とムスリム同胞団，そして若者たち』中公新書，2013年．

長沢栄治『エジプト革命――アラブ革命変動の行方』平凡社新書，2012年．

長沢栄治「「7月3日体制」下のエジプト」『石油・天然ガスレビュー』第49巻第2号，2015年3月号．

林知己夫『調査の科学――社会調査の考え方と方法』ちくま学芸文庫，2011年．

横田貴之「エジプト――二つの「革命」がもたらした虚像の再考」青山弘之編『「アラブの心臓」に何が起きているのか――現代中東の実像』岩波書店，2014年．

Joel Beinin and Frederic Vairel (eds.), *Social Movements, Mobilization, and Contestation in the Middle East and North Africa*, Stanford University Press, 2011.

コラム2　中東と「南」という問題系

「この一粒で奴隷が何人も売られていったんだよ」

店主は無表情でそう呟き，筆者の掌にガラス玉を乗せた。現在の北スーダンの首都ハルトゥーム旧市街にあるスーク。他の中東のスークとは趣が異なり，リアルな鰐の壁掛けや鰐皮の靴が迎えてくれる鄙びたスーク。その一角にある店で，本で読んだだけのヴェネチア産「奴隷ビーズ」を初めて見た。美しいガラスの玉，そこに宿る暗部の歴史。この地には，アフリカ大陸には，同じようなガラス玉が一体幾つ散在しているのだろう。何人の人たちが売られていったのだろう。そんなことを思ったのは2010年の終わり，ちょうどチュニジアで革命が起きる前の頃だった。

中東の地域概念を「伸縮自在なもの」と緩く想定した上で，結論として，「南」としての中東，という認識枠組みはかつてより大きく変化しているだろうと思う。それは経済協力開発機構・開発援助委員会（OECD/DAC）非加盟，独自路線で「支援する側」にある湾岸産油国の存在に加え，「北」が運営する国際金融レジームの大型顧客に中東の富裕層も多いという現実もある。「今世紀最大の人道危機」と化したシリア難民問題の解決策として地中海の島を購入する提案をしたエジプトの大富豪もいる。一方，トマ・ピケティ氏も指摘するように，この地域の経済格差は世界有数である。まもなく5年を迎えようとしているが，「アラブの春／革命」が自由や尊厳，社会的正義を求める人々の声から始まったことを振り返ると，中東も「グローバル・サウス」の一員であり，重層的な「南」が存在していると考えられる。

冒頭のスーダンは，中東と「南」という問題を考える上で非常に興味深い。「中東」に含められたり外されたりするが，中東とアフリカを繋ぐ存在である。1956年に英国統治から独立，軍事政権樹立に前後して，長期内戦（72〜83年の休戦期間除く）へと突入した。2005年の包括的和平合意，2011年の南部住民投票を経て，同年7月に南部が分離独立。かつてアフリカ大陸最大面積だったスーダンは2つのスーダンとなり，北は油田を失った。中央政府と戦っていたのは南部だけではない。西部のダール・フール，東部の人々も戦った。共通した背景に，ハルトゥーム中心の不均衡な開発計画への不満，アラブ・イスラームを優位とし，それ以外の民族や宗教を劣ったものと見なす権威主義的中央政府への不信感があった。

2010年秋から2年弱，筆者はハルトゥームを拠点に，日本の開発援助機関によるプロジェクトの管理業務に従事した。「内戦の最大の要因は開発の地域格差」を前提とし，その格差是正を通じて平和構築に資することを目的とした人材育成事業であった。字数により詳細は割愛するが，平和構築事業は，本来一過性であるはずの人道緊急支援から，より長期的社会経済開発に繋がる支援への橋渡しとしての役割も期待される。しかしポ

スト紛争地域はきわめて流動的で、実は紛争が完全には終結していない場合もある。国際連合アフリカ連合ダール・フール派遣団は「リカバリー・マップ」を作成、武装勢力が移動し「安全と想定される地点」、すなわち開発援助機関に介入を促す地点を随時発表していたが、完成時点で情報の更新が必要となる場合もあった。そうした流動的現場を対象とする事業の遂行は、その他諸々の状況と併せてきわめて困難であった。スーダン人の同僚はすぐに

スーダン・南コルドヴァン州ガドゥグリーでの祭り。ヌバ民族の若者と人々。（2011 年撮影：Dr. Sami Assil）

へこたれる筆者にこう言ったものだ。「先進国からきたあなたがここで学ぶことがあるとすれば、それは忍耐だ。私たちは生まれた時から忍耐を強いられてきている」と。

2003 年に始まり、最大 30 万人が犠牲になったとされるダール・フール紛争。産油国カタルが和平交渉を主導、ダール・フール開発銀行設立案も含む「ドーハ合意」が 2010 年に締結された。しかしこれに異議を唱え合意を拒否する反政府組織もあった。彼らは「この合意は包括的ではない（不公平である）」と主張したが、2015 年段階でもハルトゥームへの不信感の声が各所で報道されている。

筆者が初のダール・フール出張から戻った時、高齢のハルトゥーム政府職員は笑顔で「黒人をみてきたか」と質問した。ヌバ民族等が住む南北国境の南コルドヴァン州を訪問し、アラビア語は支配する側の言葉であると痛感した。既に 20 年前、栗田禎子氏は「ウルーバ（'urūba）」の問題として、前近代に遡るスーダンの「アラブ」と「黒人」の差別構造を的確に指摘されたが、この問題は人々の意識の根深いところに残存している。紛争の原因は、開発の地域格差だけではない。冒頭の「奴隷ビーズ」が生き証人として伝える植民地主義時代の暴力の歴史は、未だ克服されていないのではないか、とすら思える。

「北」と「南」の闇は深い。

参考文献

栗田禎子「スーダン史上におけるウルーバの意味の変遷について」酒井啓子編『国家・部族・アイデンティティ――アラブ社会の国民形成』アジア経済研究所、1993 年。

（井堂有子）

第5章　アラブの春とチュニジアの国家＝社会関係
　　　　——歴史的視点から——

渡邊祥子

1　アラブの春はなぜ起こったか——格差とクローニー・キャピタリズム

チュニジアから始まった革命

　2010年12月17日，アラブ世界の大変動のきっかけとなる事件が，北アフリカの小国・チュニジア内陸のスィーディー・ブーズィードで起こった。露天商として野菜を売っていた26歳の青年，ムハンマド・ブーアズィーズィーが，インフォーマル商業を取り締まる警察官に，商売道具の秤を没収された。青年は役所に公式に抗議しようとしたが，訴えの受理を拒否されてしまった。絶望した青年は，県庁前で衝撃的な焼身自殺を図った。1987年以来，ザイン・アービディーン・ベン・アリー大統領（在職1987~2011年）が支配し続けていたチュニジアは，2000年当時で国民の70人に1人が警官という一大警察国家だった（福富 2011：103）。日常的に警察の暴力や，賄賂請求を含む嫌がらせの犠牲となっていた人々は，青年の憤りに共鳴し，翌日の県庁前広場は抗議者でいっぱいになった。これに対し，治安部隊は弾圧で臨んだ。12月24日には，ついに治安部隊の発砲による最初の犠牲者が出た。しかし，デモに対する治安部隊の弾圧がさらなる抗議運動を呼ぶ形で，抵抗の輪が広がった。

　スィーディー・ブーズィードから近隣地域へと自発的な抗議運動が拡大するとともに，労働組合（チュニジア労働総同盟：UGTT）の地方支部，弁護士，学生，教師団体などがデモを組織する動きが見られた。12月27日には首都チュニスで大規模なデモがあった。貧しい地方都市で始まった抗議運動が首都チュニスに到達するに及んで，ドバイで休暇中だったベン・アリー大統領は事の重大さに気づいた。帰国したベン・アリーは，ブーアズィーズィー青年が重症のやけどで入院していた病院を見舞い，その様子がテレビで放映された。見舞いは，拡大した抗議運動を鎮めるためのパフォーマンスだったが，国民の怒りは

収まらなかった。翌 2011 年 1 月 4 日に亡くなった青年の葬儀は，国際メディアが注目する中，盛大に行われ，人々は抗議行動の続行を叫んだ。国民に犠牲者が出つづけるなか，軍の出動が要請されたが，軍は国民に発砲することを拒絶し始めた。1 月 14 日，チュニスでデモに繰り出した群衆が見守る中，ベン・アリーとその家族は，ついに海外亡命した（チュニジア革命の展開については，パーキンズ 2015：第 8 章などを参照）。

革命の背景を読む

　後に革命の「殉教者」と呼ばれることになるブーアズィーズィー青年については，当初，SNS「フェイスブック」上の同姓同名の人物と混同されるなど，情報が錯綜し，高学歴（大卒）の青年であるという報道がなされた。しかし，後日ジャーナリストらの調査で，青年は大学に行ったことはなく，十代の時から露天商をして家計を支えていた労働者であったことが分かっている。このおそらくは故意ではない誤報は，チュニジア革命が成就するうえで，大きな意味を持っていた。

　スィーディー・ブーズィードなどの中部や，南部などの貧しい地域と，チュニスを含む北部とサヘル地帯（チュニジア中東部の地中海湾岸地域）に代表される，経済的な先進地域の間には，植民地期に遡る社会経済的な格差が存在していた。さらに各地域においても，社会層の多様性が存在する。チュニジアの大衆層の人たち，特に中部や南部の開発後進地域のこうした社会層の人々にとっては，ブーアズィーズィー青年の苦しみは，自分たちが貧困の中で何とか日々の糧を得るために味わっている，あらゆる苦しみに他ならなかった。これに対し，中間層の青年たちにとって，ブーアズィーズィー青年が共感しやすい存在であるためには，彼が「高学歴失業者」であった方が都合がよかったかもしれなかった。なぜなら，大学や大学院を出ても，そのキャリアにふさわしい仕事が見つからない現実に苦しむことの多い中間層の青年たちにとって，自分たちの本来の価値にふさわしい仕事の機会を，腐敗した体制とその取り巻きに奪われていることこそが，問題だったからある。

　青年が大卒であるという誤報の事実が示唆するのは，ブーアズィーズィー青年という革命のシンボルに対する多様な「読み」が存在したことによって，それぞれの社会集団が青年に自己イメージを投影することが容易に可能となり，

大衆層と中間層の社会運動の方向性の間にあった質的な相違を乗り越えて，それぞれが革命に参加する促進力となった可能性である。逆に言えば，様々な社会層の間，地域の間の連帯がなかったとしたら，スィーディー・ブーズィードの抗議運動は単なる地方的な反乱に終わり，チュニジア人の関心は地域ごと，社会層ごとに分断されたままであったかもしれない。

もう1つ，不正に対する人々の認識を象徴する出来事があった。革命時の大衆暴動のさなかで，支配政党（立憲民主連合：RCD）の本部や，ベン・アリー一族の私財などが打ちこわしに遭った。この時，破壊されたり略奪されたりした施設には，公的機関の他に，ベン・アリーの女婿一族が経営するジェアン・スーパー（フランス系のカジノ・グループに属する）など，私企業が含まれていた。ベン・アリー時代のチュニジアでは，ベン・アリーとその妻の一族，そして体制に近い経済エリートが，チュニジア市場の自由化で得られた経済機会を独占する，露骨な腐敗が常態化していた。それゆえに人々は，政治機関や施設だけでなく，外資系を含む私企業の富もまた，体制による不正な収奪の結果と見なしていたのである。

チュニジアは，1969年に自由主義経済を採用して以降，アラブ世界の経済自由化の優等生としての国際的評判を維持し続けた。平和で風光明媚なムスリム国家として海外の観光客を惹きつけ，グローバル化する経済の中で，ヨーロッパの繊維産業の下請け生産を行うなど，外部からは模範的な国に見えたチュニジア。しかし，その内部を支配していたのは，自由競争と機会の平等に基づく資本主義ではなく，コネと袖の下がものをいうクローニー・キャピタリズム（縁故資本主義）だったのである。

地域・社会層間の格差，そしてクローニー・キャピタリズム。チュニジア革命の展開の中に我々が見出すこれらの特徴的な要素は，チュニジアの国家と社会の結び付きの歴史の中から生じた。そこで以下では，革命に至るまでの国家＝社会関係の歴史的発展，そして，その破綻の道筋を探ってみたい。

2　チュニジアの国家形成とパトロン=クライアント関係

ナショナリズム時代のパトロン=クライアント関係

米国の政治学者リサ・アンダーソンは，チュニジアとリビアの近世以降の国

家形成を比較した著書の中で，第三世界の国家について議論し，国家性（statehood）がどこにでも見られるのに対して，国家が適切な制度（institutions）に支えられている度合いは，国によって異なると述べている（Anderson 1986: 272）。チュニジアはこの度合いが強い国家の例，リビアは弱い国家の例である。国家的制度は，国家との関係によって国民が資源にアクセスすることを可能にするような，水平的なパトロン＝クライアント関係のネットワークを，国土の隅々にまで生む。こうした国家的制度の例として，アンダーソンは，チュニジアとリビアの19世紀以来の常備軍，徴税機構，官僚機構の発達，さらに農業の商業化の度合いを歴史的に検討する。オスマン朝期から植民地支配，独立後の国家形成に至る長い間の，両国の近代国家としての歴史的発展の差異の結果として，チュニジア国家の安定と，リビア国家の脆弱性を説明するのである。

　アンダーソンのこの研究は，チュニジア革命が起こる25年も前，ベン・アリーが大統領となるよりも以前に出版されたものであり，もちろん，「アラブの春」とはまったく関係がない文脈で書かれた。それにもかかわらず，アラブの春後も何とか合法的な手続きによる体制移行を果たし，国家的枠組みが生き延びたチュニジアの安定性と，内戦に陥り国家破綻状態にあるリビアの命運を，あたかも予言したような内容になっている。分厚いテクノクラート（高度な技術や専門知識を持った知識人）官僚層と，国家経済に貢献する経済エリートが存在するチュニジアの「安定性」は，しかし，アンダーソンの言う，国家と社会の間を繋ぐパトロン＝クライアント関係のネットワークに裏打ちされてきた。この関係が権威主義と結び付き，関係が「水平」ではなくなる時，前節で述べたような格差の固定化や，腐敗の温床にもなりうる。

　1956年にフランスから独立した後のチュニジア国家の制度的な基礎を築いたのは，初代大統領ハビーブ・ブルギバ（在職1957～87年）である。そして，ブルギバ体制の歴史的起源は，彼が指導的役割を果たしたナショナリスト政党，ネオ・ドゥストゥール党が創設された1934年に遡ることができる。当時フランス保護領だったチュニジアには，現地王朝であるフサイン朝の君主のもと，王宮とマムルーク（オスマン朝の奴隷市場で購入され，チュニジアに連れて来られた特権階層。しばしば高官となったり，王宮の娘と結婚することもあった），チュニスの大地主層を中心とする伝統的エリート層が君臨していた。しかしながら，保護領化（1881年）とヨーロッパ人による入植の進展による経済構造の変化，そし

て競争的な学校制度の導入によって，20世紀の前半までに，こうした旧エリートとは異なる新しい中間層が台頭してきた。新しい中間層の典型は，チュニスではなく地方農村の出自であり，出身社会層としては小規模地主，地方名士，地方行政官，給与生活者などで，商人や自由業者の職に就く者も多かった。

ブルギバは，サヘル地方と呼ばれるチュニジア中東部の地中海沿岸の都市，モナスティールの農村の出身で，チュニスのサーディキー高等中学校とカルノー高校で勉学した後，パリの大学に学び，弁護士となった。サーディキー中学は，フランスによる保護領化以前に，マムルーク出身の宰相ハイルッディーンが行った，チュニジアの教育改革の賜物として 1875 年に創設された。伝統教育の最高峰であるチュニスのザイトゥーナ・モスクが，イスラームの学問伝統に基づくアラビア語での教育を踏襲していたのに対し，サーディキー中学では，アラビア語とフランス語のバイリンガル教育を行い，ヨーロッパの学校をモデルに，近代科目を取り入れた当時最先端のカリキュラムが取り入れられていた。ネオ・ドゥストゥール党の書記長となるサーリフ・ベン・ユースフも，ブルギバと同様，弁護士であった。彼はチュニジア南東部の地中海上に浮かぶ，ジェルバ島の有力商人の出身である。

当初，旧エリート層の主導していたナショナリスト組織，ドゥストゥール党（1920 年創設）で活動を行っていたブルギバらだったが，ドゥストゥール党のリーダーたちがチュニスの大地主層出身者が中心であったのに対し，大衆の支持に根差した運動を目指して，ネオ・ドゥストゥール党を立ち上げた（宮治 1978：116）。ネオ・ドゥストゥール党は，植民地体制を批判しチュニジア人の権利向上を目指すナショナリズム団体であったが，社会経済的には，農村社会の新興中間層のロビー団体という性格も持っていた。ネオ・ドゥストゥール党がチュニジア人の政治・経済条件の向上を主張した背景には，学校制度や農業の技術革新を戦略的に利用し，十分な経済力と社会的影響力を蓄積したにもかかわらず，経済的には法的に優遇されているヨーロッパ系入植者と競合せねばならず，政治的には旧エリートの後塵を拝するという，農村出身の新興中間層が置かれている厳しい状況にあった。国家による資源分配がフランスとヨーロッパ系入植者たち，そしてフランスに従属するフサイン朝政府の手に握られている状況を変え，その主導権を自分たちの手に取り戻すことが，彼らのナショナリズムの目的であった。

2つのチュニジア

　農村と一口に言っても，小麦などの穀物生産の多かった北部，オリーブ栽培とオリーブオイル生産業のあったサヘル地方，ナツメヤシの生産が行われていた南部など，気候と地理的条件によって社会経済状況も様々だった。ネオ・ドゥストゥール党の社会的基盤は，どのような地理分布をしていたのだろうか。表5-1に1954年におけるネオ・ドゥストゥール党の地域別党員数，細胞（支部）数，人口当たりの党員の割合を示した。党員の絶対数だけ見ると，サヘル地方のある中東部と，チュニスと近郊の割合が高いが，人口当たりの数字では南東部の割合も高かったことが分かる。

　このように，独立以前のネオ・ドゥストゥール党は，チュニスとサヘル地方に多くの党員を擁しつつも，全国的な組織網を持ち，南部を含む様々な地域に支持を広げていた。こうした地理的なバランスが一変するのが，独立前夜の党内抗争の時である。フランスとの独立交渉の開始と，それまでチュニジア国内での政治活動が難しかったために海外で宣伝活動をしていたブルギバのチュニジア帰国（1955年）をきっかけに，ブルギバとベン・ユースフの対立が表面化したのである。アンダーソンによれば，この対立は，ネオ・ドゥストゥール党の代表と書記長の間の個人的な覇権争いであったと同時に，2つのパトロン＝クライアント関係の間の対立だった。すなわち，ブルギバはサヘル地域の小ブルジョワ，および労働組合のチュニジア労働総同盟（UGTT）に基盤を置いていた。対するベン・ユースフは，ジェルバ島の商人層，チュニスの伝統的な職人層や商人層の支持を集めていたほか，この頃までに，ザイトゥーナ・モスクの宗教権威（その一部は，チュニスの大地主層と重なっている）を味方につけていた（Anderson, 1986, 232-233）。

　2人の対立は結局，ブルギバの勝利とベン・ユースフの党外追放（そして，ドイツでの1961年の暗殺死）で幕を閉じる。しかしながら，特に南部を中心にベン・ユースフ派の抵抗は続き，ブルギバ率いる主流派が徹底的に弾圧したために，武装闘争にまで発展した。武器を取って明白に抵抗しなかった者についても，容赦はされなかった。チュニジア独立後，ベン・ユースフの支持基盤の1つであった宗教権威とチュニスの大地主層は，シャリーア法廷（イスラーム法に基づく法廷）の廃止，ザイトゥーナ・モスクの大学への統合，ワクフと呼ばれるイスラームの宗教寄進財制度の廃止など，彼らの社会的・経済的基盤に大

第5章　アラブの春とチュニジアの国家＝社会関係

表 5-1　ネオ・ドゥストゥール党の地域別党員数，細胞（支部）数，人口当たりの党員の割合（1954年）

地域	党員数	地域分布（％）	党細胞の数	ムスリム人口当たりの党員の割合(％)※
チュニスと近郊	20,000	15.4	47	4.5
北東部	8,840	6.8	47	1.7
北西部	16,135	12.4	41	2.4
中東部	45,500	35.1	98	6.0
中西部	12,000	9.3	43	3.3
南東部	12,500	9.6	25	7.9
南西部	6,500	5.0	14	2.7
南部領域	8,200	6.3	30	3.4
合計	129,675	100.0	345	

出所："Néo Destour (Decembre 1954)," Archives diplomatiques de Nantes (France), 1TU/2/V/2635 より筆者作成．
※行政区別ムスリム人口の数値は，1956年の人口調査データ *Recensement général de la population de la Tunisie du 1er février 1956* (Tunis: n.d.) に基づき，1954年当時の行政区分ごとの数値を筆者が再計算したものを使用した．

鉈を振るう立て続けの政策で，大きな打撃を受け弱体化した．

　中東・北アフリカ諸国の中でも，チュニジアは，非常に急激な国家理念の転換を行った国である．ブルギバの主導下でそれまでの王朝（フサイン朝）の枠組みを保ったまま独立（1956年）し，翌年大統領制の共和国となった（1957年）チュニジアは，ケマル・アタテュルクの強力な指導力のもとに，オスマン朝からトルコ共和国（1923年）への転換を成し遂げたトルコと比較すべき事例であろう．フサイン朝のチュニジアは，スンナ派マーリク法学派（地元マグリブ人に多い法学派）と同ハナフィー法学派（支配層である「トルコ」系に多い法学派）の宗教指導者が率いるザイトゥーナ・モスクの宗教権威が王朝の正当性を宗教的に保障する，政教非分離の宗教エスタブリッシュメント国家であった．これがわずか数年の間に，大統領制を採用する共和国となり，憲法ではイスラームを国教としつつも，個人身分法（民法）において男女平等を謳い，一夫多妻制を明確に禁じる国家へと変容していった．チュニジアの国民の中には，必ずしもブルギバの奉じる「世俗主義」を支持しない人々もいた．とくに，ザイトゥーナ・モスクの宗教権威は，「世俗主義」の国家理念への導入に反対した（宗教知識人の意見については，若桑 2010 を参照）．このような状況の中での「世俗主義」への転換は，ブルギバ個人の思想信条のみならず，ベン・ユースフに肩入

れした宗教権威を周縁化しようとする政治的思惑によるところが大きかったと考えられる。

ザイトゥーナ・モスクの卒業生の1人で，のちにイスラーム運動「ナフダ運動」の指導者となる宗教知識人，ラーシド・ガンヌーシー（1941〜）は，ブルギバ時代の幕開けを次のように回想している

[…] ブルギバの勝利は，占領者フランスに対しての勝利であるよりもむしろ，本当のところ，チュニジアのアラブ＝イスラーム文明に対してのものだったのです。ブルギバは異国の侵略者のように勝利者として入国し，権力を握りました。そして彼は，宗教諸機構を攻撃し始めました。これらの機構がチュニジアの生活そのものだったにもかかわらず。当時は，すべてのものがザイトゥーナ機構の周りをまわっていました。伝統的手工業，チュニジア文学，思想のすべてが。ある程度まで，チュニジアすべてがザイトゥーナの産物と言えるほどにです。

（François Burgat, *L'Islamism en face*, Paris : La Découverte, 2007, 49）

ガンヌーシーの目には，ブルギバはザイトゥーナが代表するアラブ＝イスラーム文明の破壊者に見えたのである。フランスで高等教育を受け，海外での亡命生活が長かったブルギバを「異国の侵略者」に喩える表現はもちろん，大多数のチュニジア人の見方を反映するものというよりは，ガンヌーシーの主観が反映されている部分である。しかしこの証言を，2つのパトロン＝クライアント関係の対立という上述の議論を念頭に置いて読む時，ブルギバの代表する地中海的で開明的なチュニジアと，ガンヌーシーの語るアラブ的で宗教的なチュニジアという，2つのチュニジアのイメージが，独立時の歴史的文脈の中で生まれた対立の産物として浮かび上がってくる。

対立者を排除したブルギバ体制は，サヘルとチュニスの小ブルジョワを支持基盤とし，同じ基盤の上で国家建設を行った。それゆえ，独立後の経済と政治の中心はサヘルとチュニスに移り，内陸部や南部は，開発からも，政治の流れからも取り残された地域になっていった。チュニジアという国自体，天然資源に乏しい小さな国であり，先進国に多くの移民労働者を送り出し，国家経済の大きな部分をヨーロッパ市場に依存する「南」の国であるが，そのチュニジア

の内部にも，「南」と「北」が存在していたのである。

3 国家の安定とパトロン=クライアント関係の変容

ナショナリスト政党から支配政党へ

　1956年のチュニジア独立後，30年にわたりチュニジアを支配したブルギバ大統領（1957～87年）時代の幕開けは，ネオ・ドゥストゥール党のパトロン=クライアント関係が，国家権力による裏打ちを得て，制度化されていく過程の始まりでもあった。ナショナリスト政党としてのネオ・ドゥストゥール党は，前節に述べた通りの全国的な組織網を特色としていたが，独立後に中央集権化・官僚化へ向けた組織改革を経験する。

　党は執行部である政治局（Political bureau），数年に一度開かれる最高決定機関である全国議会（National congress），通常の議論を行う全国評議会（National council）など，党エリートからなる上部組織を持っていた。これらに対し，党の最下位組織は細胞（cell）と呼ばれ，選挙によって選ばれた委員会を指導部としており，2年以上の党籍の持ち主であれば誰でも委員に立候補することができた。細胞は毎年の選挙を通じ，地方連合（federation）を選出した。ところが，1958年の党組織改革によって，細胞の委員への立候補には，政治局の承認を経なければならないことになった。さらに，地方連合が廃止され，政治局が任命する地方局に取って代わられ，それまで地方連合が持っていた，細胞委員会に対する解散権などの権限は，政治局に与えられることになった。地方細胞の数も，独立後のチュニジアで最も小さな行政区分として設定された「シャイハ」ごとに1つとなるように調整されるようになり，党の組織全体が，国家の行政と並行したヒエラルキーを持つ組織に改革されていった（Moore 1962：461-482）。

　このように，独立後の党改革により，党の組織から地方の人々からのボトム・アップ式の意見集約の機能が失われ，ブルギバと政治局のリーダーシップのもと，トップ・ダウンの組織として改変されていった。それと同時に，党と国家組織の近似が見られるようになった。

　さらに，ネオ・ドゥストゥールの重要な支持基盤であった労働組合，チュニジア労働総同盟（UGTT）との関係においても，変化が起こった。UGTTは，

ファルハート・ハシェード（1914～52）を指導者として，1946年に設立された労働組合の全国組織である。植民地時代当時，既存の労働運動組織にはヨーロッパ人労働者とチュニジア人労働者が混在していたのに対して，UGTTは，チュニジア人労働者の解放のためには，植民地支配に基づく差別的な制度の撤廃が必要であるという信念のもと，チュニジア人のための組織として創設された。ネオ・ドゥストゥール党とUGTTは植民地主義の廃絶という共通の大義のもとで共闘し，ネオ・ドゥストゥール党の指導者たちが政治犯として逮捕されたり，弾圧されたりしている間も，労働運動組織としてフランス当局との戦いを主導した。ハシェードの後を継いでUGTTを主導したアフマド・ベン・サーリフ（1926～）は，独立時のベン・ユースフ派に対するブルギバ派の勝利にも一役買った。

しかしながら，独立が達成されると同時に，ブルギバのネオ・ドゥストゥール党はUGTTを完全に党の支配下に置こうとした。ブルギバは，UGTTの指導部に内紛を引き起こすことで，これを実現しようとした。1956年にベン・サーリフは，ブルギバが擁立した対立候補の前に支持を失い，UGTTの総書記を辞任するに至った。しかしながら，労働運動組織としてのUGTTが自律性を阻害されていったのに対し，政治家としてのベン・サーリフはのちに復活を果たす。彼は1961年に財政・経済計画大臣に任命され，チュニジアにおける「社会主義」の実験を率いることになる。

チュニジア経済の変遷

ブルギバ時代の経済は，いくつかの変遷を辿ったが，それは，国家による経済統制の試みの失敗と，パトロン=クライアント政治の回帰と要約できる。独立後のチュニジアは1969年までの間，「社会主義」経済を導入する。1950年代から60年代はエジプトのナーセルが指導的な役割を果たしたアラブ・ナショナリズムと，当時「アラブ社会主義」と呼ばれた国家主導の計画経済の最盛期であった。こうした国際的背景と，植民地時代に敷かれたヨーロッパ人入植者優位の経済を清算しようとする努力のもと，財政・経済計画大臣ベン・サーリフは，産業の国営化，農業の共同経営，行政による商業の統括などの，「社会主義」政策を打ち出した。独立チュニジアの支配政党となっていたネオ・ドゥストゥール党は，1964年に「社会主義ドゥストゥール党」に改称された。

ところが、ベン・サーリフ大臣が推し進めた経済への厳しい統制は、自由な経済活動を望む地方農村と中央のエリート層双方に批判を受けた。すなわち、ブルギバ体制が主な社会的基盤とした社会層から、反発を生んでしまったのである。こうした内部の反対によって1969年にベン・サーリフは失脚し、チュニジアは社会主義を放棄して自由主義経済への転換を決定した。この転換は、エジプトのサーダート大統領の門戸開放（インフィターフ）政策に先立ち、アラブの国として最も早いタイミングであった。

しかし、その後のチュニジアの経済発展は、自由競争と機会の平等に基づく資本主義の発展には繋がらなかった。経済改革は共同経営農業の解消、一部の国有地の売却と規制緩和などに限られていた。公的部門への国家支出は、1970年代を通じてむしろ増えていた。このような形式的な自由主義経済導入の結果、実際に起こったのは、国家がその支持基盤となる社会層に対し、資源を優先的に分配し、庇護を受けた社会層は政治的支持と投資によって応えるという、パトロン=クライアント政治の回帰であった。かつてのネオ・ドゥストゥール党の支持基盤であった農村の地主層は、ブルギバ体制と強い繋がりを保っており、公的機関や、海外からの私的な融資なども容易に受けられた。このように、経済自由化で開かれた機会は、国家によってそのクライアントに分配され、そこから利益を得たクライアントたちは、私企業を運営する企業家層へと育っていった。

他方において、体制を批判する勢力に対しては、政治的な自由は与えられなかった。かつてはブルギバの支持基盤の1つであったUGTTは、労働者の権利よりも企業家たちを優先する体制に対して批判的であり、1970年代の経済悪化を受けて労働争議を主導した。これに対してブルギバは組合人事への介入とストライキ弾圧で臨んだ。このようにして、チュニジアにおける自由主義経済の実践は、政治的権威主義と固く結び付いていった（ブルギバ時代の経済政策と内政状況については、Anderson 1986：240-250／Murphy 1999：57-61, 81-102を参考にした）。

ベン・アリー時代の政治と経済

1980年代初めは、チュニジア経済の最悪の危機であった。失業者が増加し、物価が上昇する一方で、食糧に対する国庫からの補助金は削減された。日々の

生活もままならない状況のなかで、チュニジア各地で暴動が起こった。治安の乱れにより、1984年には国家非常事態が宣言されることになった。こうした危機を背景に政治家として台頭したのが、軍出身のベン・アリーであった。1970年代末に警察を統括する立場となった彼は、暴動の取り締まりで見せた手腕を買われ、異例の速さで出世した。彼は1986年に内相、1987年には首相に登用された。首相になった1987年、ベン・アリーはブルギバ大統領の健康状態を理由に職務遂行不能を宣言し、権力を自ら掌握する無血クーデタを完遂した。このように、ブルギバを押しのけて大統領となったにもかかわらず、ベン・アリーの支配を支えた諸制度は、ブルギバのそれにとてもよく似ていた。クーデタ後、ベン・アリーは「社会主義ドゥストゥール党」の基盤を引き継ぎ、同党を1988年「立憲民主連合（RCD）」と改名した。また、ブルギバ体制の制度的基礎であった官僚制と家産的大統領府は、ベン・アリー体制においても引き続き権力を支え続けた。

　開発の中心が北部とサヘルに偏る構造、閣僚の出身地がチュニスとサヘルに偏る現象は、ベン・アリー時代も引き続いて見られた。ブルギバ時代の閣僚136人のうち、26.3％がチュニス近郊の、31.4％がサヘル地方の、10.2％がスファックスの出身だった。2001年1月までのベン・アリー時代の官僚116人のうち、25.0％がチュニス近郊の、32.8％がサヘル地方の、6.0％がスファックスの出身であり、出身地域の傾向があまり変わらないことを示している。ちなみに、中部の出身者はブルギバ時代が8.8％で、ベン・アリー時代（2001年1月まで）が6.9％であった。南部出身者はブルギバ時代が9.4％、ベン・アリー時代（同）が14.6％である（Camau and Geisser 2003：200）。

　経済的には、チュニジアは1986年に構造調整プログラムを導入していた。世界銀行と国際通貨基金（IMF）が推奨する構造調整は、対外債務返済と収支改善のための財政支出の抑制（特に非効率な公共事業の廃止）、通貨切り下げ、外貨呼び込みのための規制緩和などを行うものだったが、経済危機にあったチュニジアには他に選択肢はなかった。経済政策の結果として、自由主義経済はさらに浸透し、チュニジア社会の経済的階層化が進んだ（Murphy 1999：228）。また、ベン・アリー時代の自由化改革は農村・都市の経済エリートを利する一方で、下位中間層の人々や農村の小農を貧困化に追い込んだ。なぜなら、自由主義的改革が、RCDのパトロネージに基づく権威主義的な支配を通じて遂行さ

れたからである。

　経済自由化は政治の自由化を伴う，すなわち，経済を自由化すれば，政治もまた民主的になっていくはずであるという学説は80年代から90年代ごろに大きな影響力を持っており，IMFや世界銀行が途上国における経済自由化を促進した背景ともなっていた（King 2003：5）。しかし，チュニジアをはじめ多くの途上国の開発は，このような筋書き通りには進まなかった。その背景となっていたのは，経済改革が機会の平等や自由な競争に基づかず，権力集中とえこひいきによる資源分配と結び付いて展開したことであった。チュニジアでは，1981年より複数政党制が導入されていたが，ベン・アリー期に至ってもそれは実質的な権力分有を伴わない，形式的なものだった。1989年の国政選挙には，ブルギバ時代に活動を制限されていた多くの野党が，自らの政治的意見が反映される期待を抱いて参加したが，結果，与党RCDが141議席すべてを獲得した。労働組合は依然として厳しく統制され，「ナフダ運動」などのイスラーム運動も合法活動を許可されなかった。

　他方で，ブルギバ期にすでに萌芽がみられた腐敗とクローニー・キャピタリズムの問題が，次第に顕在化していった。ベン・アリー時代は，体制と強い関係を持つ経済エリートと，大統領一族による経済機会の独占が行われた。国有企業売却においては，輸出産業において海外企業と共同で起業できる資本を持っている経済エリートに優先権が与えられた。農地改革では，大土地所有者に対して国有地の低価格での貸し出しと開発支援が行われ，小規模農民との不平等が広がった。農村においては，地方行政官が血縁やイスラーム的な福祉など，地域にもともと存在した価値や制度を復古させることで，権威主義的支配と機会の不平等に基づく経済秩序を正当化する努力を行った（King 2003：35-37, ch. 4）。

　しかし，こうした官製モラル・エコノミーは，RCD支配のほころびを糊塗する手段に過ぎなかった。なぜなら，構造調整導入以降の政治経済的変容に伴い，国家が分配するパトロネージのネットワークと，社会の要求の間に齟齬が生じていったからである。与党RCDは，ベン・アリーの側近たちに支配された管理・統制機構と化しており，社会の希求をすくい上げるような機能はもはや持っていなかった。他方，社会においては，開発進展と経済的階層化によって利害が多様化していた。とりわけ，下位中間層や小農，開発から取り残され

た地域の大衆層など，体制との特権的な繋がりを持たない層は，チュニジアの経済発展からまったく利益を得られないでいた。こうした人々は，大会社の幹部やいつも行くスーパーの経営者の中に，自らは全く努力しないで，政府との関係によって重要な地位に置かれ，裕福な生活を送っている人々がいるのを知っていた。また彼らは，大統領への権限集中と RCD 支配が続く限り，草の根の声が政策に反映される機会はないことも知っていた。安定した収入と健康的な生活，人権の尊重や政治的自由。それぞれ最も求めるものは異なっても，チュニジアの国民の多くが共有していたのは，一握りの人々のために不当に苦しめられているという思いであり，トップ・ダウンの改革では，何も変えることができないという認識だった。

4　「南」から始まった革命

2008 年ガフサ・リン鉱床事件の重み

　こうしたなか，激しい社会運動の舞台になったのは，やはり経済的に恵まれない地域だった。南西部のガフサにおいて 2008 年，地域社会を巻き込む大規模な暴動事件が起こった。この地域には，チュニジアの重要な地下資源であるリン鉱石の採掘や加工を行う国営の「リン資源開発社（CPG）」があり，この地域において，重要な雇用元となっていた。1980 年代以来の新自由主義的な経済政策によって，雇用は減少し，特に若者の失業が深刻な問題となっていた。また，この時期の降水の少なさと，CPG による工業用水の使用を背景とした水不足で，農業は荒廃していた。2008 年，この会社で行われた入社試験の結果に，地元の労働活動家たちが不正を指摘したことがすべての始まりだった。不正を指摘した人々は，労働組合の全国組織 UGTT の下部活動家であったが，当時 UGTT の内部において，中央指導部は体制に取り込まれており，地方支部のレベルにおいても同様の状況だった。組織としての UGTT は，この不正問題を取り上げることを拒み，逆に，不正を糾弾した活動家たちを罰した。

　ガフサ鉱床事件の特徴は，このように，UGTT，反対政党，人権団体などの既存の組織でなく，自発的に立ち上がった地元の人々が主体になったことであった。労働者たちがストライキ，デモ，座り込みや操業妨害を行い，連帯を呼びかけ始めると，腐敗の糾弾とより良い生活を求める抗議運動は，地域全体に

第5章　アラブの春とチュニジアの国家=社会関係

広がった。運動の参加者たちは，地元の貧しい住民，高学歴失業者，貧困化した元労働者，鉱床労働者の夫を持っていたが，夫の死後子供とともに貧しい暮らしを強いられていた寡婦などであった。中心地のレダイエフでは，警察署の襲撃事件が起こり，暴動は政治的な事件となっていった。ベン・アリーは抗議運動に対して治安部隊を投じ，激しい弾圧を加えた。治安部隊のデモ隊への発砲によって死者と負傷者が出たが，ガフサの人々は抑圧に立ち向かった。

ガフサ鉱床事件の結果，3人が犠牲となり，約100人が逮捕ないし尋問され，約30人が告訴された。また，運動に参加した人々に対する拷問が広く行われたことも報告されている。ベン・アリーは，資源開発による利益の一部を地域の開発に投資することを約束したが，抗議運動に含まれていた様々なメッセージは圧殺されてしまった。ガフサの事件は，運動参加者に犠牲者を出し，参加者たちが望んでいた結果をもたらせなかったという点では，苦い経験であった。しかし，運動の自発的な発生と多様な社会層の連帯によるその拡散，そして，労働争議から様々な政治的表現への発展が見られた点，失業者ら未組織の人々の自主的な組織化の動きが見られた点で，チュニジアの社会運動の力を示した，革命の前史ともいうべき事件であった。また，海外在住のチュニジア人たちがこの事件をメディアに取り上げ，国際世論に訴えたことも知られている（パーキンズ　2015：292-295／Chouikha and Geisser 2010：415-426／Allal 2011：185-203）。

新しいチュニジアの課題

チュニジア革命はかくして起こった。ブーアズィーズィー青年のバックグラウンドについての誤報がおそらく偶然であったように，革命は，偶発的な出来事の重なりの産物でもあったが，ガフサ鉱床事件という体験とそこから得た教訓が，チュニジアの人々の糧となっていたことは確かである。また，より長期的な目で見るならば，チュニジア国家をその形成以来支えてきたパトロン=クライアント関係が，独立後長い時間をかけて破綻していった末に，チュニジア革命が生じた，と捉えることもできよう。大統領府，与党RCD，中央・地方の行政機構は，上からの管理・統制機関でしかなく，社会の草の根との接触をほとんど持っていなかった。そこで，抗議行動の背景となった社会的な不満を察知したり解消したりするどころか，発生した抗議行動を平和的交渉によって収束させることすら，まったく能力の埒外であった。国家が行ったのはもっぱ

ら力による弾圧だが，それさえも，立ち上がった人々の英知を集めた連帯の前に崩れ去った。革命を支援する側に回ったUGTT，人権団体，野党らも，どれも組織としては中心的な主体にはなれず，革命の主役となったのは，末端の活動家たち，教師たち，ブロガーたち，そして無名の，場合によっては政治経験の全くない国民たちであった。

　革命後から現在（2015年）に至るまで，チュニジアは合法的な手続きによって移行期を生き抜いてきている。しかし，政権が取り組むべき課題は非常に多い。まず，地域格差が，チュニジアを特徴づける社会的亀裂の背景であり続けている。革命後，初めて行われた国政選挙である立憲議会選挙（2011年）では，第1党になった「ナフダ運動」の得票には大きな地域的偏りが見られなかった。しかし，得票率と支持政党をもとに地理単位ごとの投票行動の傾向を分析してみると，北西部や中西部の有権者の多くが雇用と生活水準の向上の実現を強調する政党に投票したのに対し，北部沿岸部では人権や自由の問題を強調する政党に多くの人が支持を表明したという差異を認めることができる（岩崎 2012）。

　2011年の選挙でも，多くの政党が地域経済格差の是正を掲げたにもかかわらず，現在に至るまで，格差の問題は解決の糸口を見せていない。2014年11月の国政選挙（人民議会選挙）や，同年末の大統領選挙においても，地域による投票行動の差異が認められた。北部に革命以前のエリート層を代表するカーイド・セブスィー（1926～）と「チュニジアの呼びかけ」党を支持した人々が多かったのに対し，南部の人々の多くがそれに対抗するイスラーム政党の「ナフダ運動」に投票する傾向が強かった問題である。とりわけ大統領選挙においては，イスラーム政党支持者を含む多くの南部の人々が現職のマルズーキー支持に回り，カーイド・セブスィーの当選とマルズーキーの敗北が宣言されるや否や，南部の複数の地域において，選挙結果を不当と見なすマルズーキー派による暴動が起こった。

　南部や中部を中心とする経済的に恵まれない地域では，労働争議などの社会運動が起こり続けている。2015年の4月から6月までのチュニジア各県の社会運動，労働争議などの発生件数を調べた市民団体のデータを見たところ，全国24県のうち，社会運動が最も多かったのは中部のカイラワーン県で142件，2位が南部のガフサ県で123件，3位がチュニス県で102件，4位が中部のスィーディー・ブーズィード県で97件，5位は南部のケビリー県で71件だった

第5章　アラブの春とチュニジアの国家＝社会関係

表 5-2　チュニジア各県における社会運動発生件数（2015年 4〜6 月）

県	4月	5月	6月	4〜6月合計
ビゼルト	28	12	21	61
ガーベス	17	13	13	43
ガフサ	41	50	32	123
ジェンドゥーバ	15	16	9	40
カイラワーン	61	48	33	142
ケビリー	15	32	24	71
カスリーン	20	14	19	53
ルケフ	18	1	4	23
ナーブル	21	5	11	37
スィーディー・ブーズィード	23	38	36	97
チュニス	39	34	29	102
トーズル	9	3	7	19
スファックス	27	14	8	49
マヌーバ	16	2	1	19
モナスティール	16	2	1	19
ベジャ	14	3	4	21
シリアナ	12	1	7	20
スース	17	12	16	45
マダニーン	11	9	0	20
ベン・アルース	14	0	0	14
アリアナ	12	1	2	15
ザグワーン	6	0	0	6
タターウィーン	11	3	3	17
マフディーヤ	11	4	7	22
合計	474	317	287	1078

出所：Forum tunisien des droits économiques et sociaux, "Rapport de l'observatoire social tunisien juin 2015"（http://ftdes.net/2015/07/rapport-ost-juin-2015）より筆者作成。

（表 5-2）。社会運動には盛衰の「サイクル」があるので，短期の傾向を見ただけでは運動の多寡は分からない。その意味で，表 5-2 のデータは非常に限られていることに注意が必要である。しかし，2 位のガフサの数字を押し上げているのは，2008 年のガフサ・リン鉱床事件で言及した CPG における労働争議

事件であり，2014年12月に再燃した。従業員の待遇改善，地域の雇用創出と開発などを求める労働組合のストライキと政府側との交渉が行われたが，2008年の抗議運動の時と同様，労働争議は，周辺地域の失業者による輸送路の閉鎖などを引き起こした。このように，ガフサの人たちの，腐敗の撤廃とより良い生活を求めての革命以前から続く闘争は，革命を経ても終わっていないことが分かる。

　さらに，チュニジア革命の遠因にもなったパトロン＝クライアント政治について，これそのものを根本的に変革しようとする議論が見られないことも，指摘しなければならない。歴史研究者トーマス・デジョージズは，チュニジア革命前後にメディアによって形成された革命の「殉教者」（「殉教者」はイスラームと関連する概念であるが，ここでは革命成就のために犠牲になった人々が広く含意されている）のイメージとその具体的内容を分析した。そこで，「殉教者」の家族に対して国家が住居，交通，医療の補助などの経済的な補償を行う案があることや，革命の「殉教者」を代弁する人々が，「殉教者」の払った犠牲への見返りとして，国家が経済改革や政治改革を行うことを要求している点に注目している。彼は，「殉教」とひきかえに国家への権利要求を行うという論理自体に，権力者による功労者への富の分配に基づくかつての政治モデルに回収される危険が孕まれていることを指摘している（DeGeorges 2013：482-493）。

　この論文の指摘する事態を，本章の表現で言い換えるならば，パトロン＝クライアント関係と権威主義の結び付きを継続させる論理を，革命後に至っても，人々が自ら再生産してしまっている状況が続いているということになる。そして，チュニジアが本当に権威主義体制から抜け出すには，国家＝社会関係の抜本的な変革が必要であり，権威主義を呼び込み，求めるような国家＝社会関係の論理を，チュニジア人自身が断ち切る必要があるということになろう。

参考文献

岩崎えり奈「チュニジアの革命と地域——2011年の制憲議会選挙結果をもとに」『中東研究』515号，2012年。
ケネス・パーキンズ（鹿島正裕訳）『チュニジア近現代史』風行社，2015年。
福富満久『中東・北アフリカの体制崩壊と民主化』岩波書店，2011年。
宮治一雄『アフリカ現代史Ⅴ』山川出版社，1978年。

若桑遼『チュニジア独立期のウラマーと世俗主義に関する基本資料集』上智大学アジア文化研究所イスラーム地域研究拠点, 2010年。

Amin Allal, "Becoming Revolutionary in Tunisia, 2007-2011," in Beinin, Joel and Frédéric Vairel eds., *Social Movements, Mobilization, and Contestation in the Middle East and North Africa*, 2nd ed., Stanford : Stanford University Press, 2011.

Lisa Anderson, *The State and Social Transformation in Tunisia and Libya, 1830-1980*, Princeton: Princeton University Press, 1986.

François Burgat, *L'Islamism en face*, Paris : La Découverte, 2007.

Michel Camau and Vincent Geisser, *Le syndrome autoriraire : politique en Tunisie de Bourguiba à Ben Ali*, Paris : Presses de Sciences Po, 2003.

Larbi Chouikha and Vincent Geisser, "Retour sur la révolte du basin minier : Les cinq leçons politiques d'un conflit social inédit," *L'année du Maghreb*, no. 6 (2010).

Thomas DeGeorges, "The Social Construction of the Tunisian Revolutionary Martyr in the Media and Popular Perception," *The Journal of North African Studies*, vol. 18, no. 3 (2013).

Stephen J. King, *Liberalization Against Democracy : The Local Politics of Economic Reform in Tunisia*, Bloomington : Indiana University Press, 2003.

Clement Henry Moore, "The Neo-Destour Party of Tunisia: A structure for Democracy ?," *World Politics*, vol. 14, no. 3 (1962).

Emma C. Murphy, *Economic and Political Change in Tunisia : From Bourguiba to Ben Ali*, Hampshire : Macmillan, 1999.

第6章 「パレスチナ問題」をめぐる語りの変容

金城美幸

1 パレスチナ問題の起源と帝国主義・植民地主義

　20世紀の西洋帝国主義の時代は、非ヨーロッパ地域での産業化・資本主義化を促したという点で、今日のグローバル化の前提条件を用意したといえる。英仏列強が中東での影響力を拡大していくなか、中東各地は国民国家に分割されて権威主義体制が作られた一方、民衆の間からは様々な抵抗の論理が生まれた。本章で取り上げるパレスチナという地域は、長らく中東のみならず「サウス」における帝国主義・植民地主義との闘いの前線と見なされてきた。英仏列強によって境界線が引かれた周辺の国々は、20世紀半ばより名目上とはいえ独立を遂げていったが、パレスチナでは1948年5月にユダヤ人国家イスラエルの建国が宣言され、住民の多数派であるアラブ系住民の約75万人が難民となった。故郷を失ったパレスチナ難民たちは、この悲劇を「ナクバ（大災厄）」として語り、この喪失の記憶を核として「パレスチナ人」という民族アイデンティティを結晶化させてきた。

　パレスチナ人のナクバの語りにおいて加害者とされてきたのは帝国主義・植民地主義を背景として侵入してきた2つの敵、英国とイスラエルだった。なぜなら、ユダヤ人国家イスラエルの建国は、第1に第1次世界大戦後に国連からの委任統治によってパレスチナを支配したイギリスの統治下で準備されたためである。さらにこの事態は、ヨーロッパでの反ユダヤ主義とホロコーストによって祖国を失ったヨーロッパ・ユダヤ人難民問題の解決をパレスチナに押し付けることで引き起こされたのだった。

　こうしたパレスチナ問題についての説明は、1950年代からのアラブ・ナショナリズムの高揚のなか、中東で広く定式化されていった。エジプトのガマール・アブドゥン・ナーセルは、『革命の哲学』のなかで「イスラエルはそれ自

体，帝国主義の1つの帰結に過ぎない存在であった」としてイスラエルと帝国主義が共犯だと訴えた。さらに1967年の第3次中東戦争以降は，イスラエルがパレスチナ全域を占領し，占領地でユダヤ人入植地の建設を進めたことから，シオニズム（イスラエル建国の原動力であったイデオロギー，第2節参照）を植民地主義の一形態だとする批判が高まり，イスラエルは南アフリカのアフリカーナー体制やアルジェリアでのフランス植民地体制などに類する体制だと見なされた。

　帝国主義・植民地主義の延長線上にシオニズムを捉える視点は，1970年代には在米離散パレスチナ人であった故エドワード・サイードを筆頭にポストコロニアル研究に引き継がれた。ポストコロニアル研究では，欧米社会のメディアや学術研究に見られるアラブ人，中東，イスラームをすぐさまテロリズムと結びつけるステレオタイプ的な表象が問題視され，帝国主義の時代との思想的連続性が指摘された。そのなかで，かつて「民なき土地に土地なき民を」をスローガンにかかげていたシオニズムには，パレスチナにおけるアラブ住民を「見えざる」存在としてきた点で大きな批判が投げかけられた。

　このように長らくのパレスチナ人の問題認識においては，ナクバをもたらしたのは帝国主義・植民地主義の力だとされ，一方に欧米・イスラエルを，他方にパレスチナ人をおいた二項対立的な加害・被害の図式が作られてきた。この図式は，1960年代に祖国解放のための「パレスチナ革命」を訴えた「パレスチナ解放機構（Palestine Liberation Organization：PLO）」によって前面に押し出された。しかし，紛争が長期化するなかでパレスチナ革命という目標は後退し，イスラエルの存在を受け入れてこれに対峙することがパレスチナ人の選択肢の上位に挙がっていった。そのため，1970年代からはPLO内でも第3次中東戦争で占領されたパレスチナの一部地域であるヨルダン川西岸地区・ガザ地区でのパレスチナ国家建国という「ミニ・パレスチナ案」が議論され始めた。1988年のパレスチナ国家独立宣言は，ミニ・パレスチナ案の受け入れ宣言だったと同時に，イスラエルの存在も受け入れるものだった。このPLO側の姿勢は，1993年にイスラエルとの間で結ばれたオスロ合意によってイスラエル側も受け入れたかに見えた。

　しかし，この和平合意から20年以上たった今もパレスチナ情勢は泥沼化したままである。その理由として一般に指摘されてきたのは，オスロ合意は

1967年にイスラエルによって占領されたパレスチナの一部地域の問題を取り上げるに留まり，1948年のイスラエル建国およびパレスチナ難民の発生については一切取り上げていないという点である。実際この点が，イスラーム主義運動「ハマース（正式名称は「イスラーム抵抗運動」）」など，パレスチナ社会内の反オスロ勢力の主張だった。しかし，最近の研究では，オスロ合意は1967年の占領地問題に対する解決としても不十分であるとして，オスロ合意はイスラエルによる占領地返還・パレスチナ独立国家樹立をもたらす「二国家解決案」だとする想定を批判する研究も出てきている（金城 2015a）。

こうした限界を抱えた和平にパレスチナ人の代表たるPLOが合意し，不完全な自治政府を立ち上げ，権力集中に邁進したために，パレスチナ革命はネガティヴな形で終焉したとの評価もある（臼杵 2005）。この観点からすれば，革命のネガティヴな形での終焉という歴史の流れに一石を投じようとしているのがハマースだとも言える。当初，ハマースはオスロ合意反対の立場から，和平プロセス下でのパレスチナ評議会選挙には参加しなかったが，2006年の選挙ではこれに参加し第1党となった。しかし，イスラエル・米国・EUなどはハマースを「テロリスト組織」に指定して国際支援を停止し，PLO主流派ファタハの権限維持を後押しした。

結果，2007年にはPLO主流派ファタハ・ハマース間で衝突が起こり，実質的にはガザのハマース内閣，西岸のファタハ内閣へと分裂するなど，政治的な大混乱が生じた。現在，ハマース「制圧下」にあるとされるガザは，イスラエルによって陸海空をほぼ完全に封鎖され人道危機が起こっている。くわえて，近年イスラエルはガザへの大規模侵攻をたて続けに行っており，多くの民間人が犠牲になっている。侵攻によって多くの住居・医療・教育・産業施設が破壊され，多額の国際復興支援が約束されるも封鎖ゆえに物資が届かず復興は進んでいない。状況打開を狙うハマースは2014年にファタハとの統一政権を発足させたが，実質的進展はないままである。

このように，パレスチナ革命をネガティヴな形で終焉させたオスロ合意は，パレスチナ政治内部での混乱を招き，対イスラエル関係でも従来的な被害者・加害者の二項対立で語ることが難しくなっている。一方，パレスチナ問題をめぐる語りについては，帝国主義とそれに対する中東民衆の抵抗という大きな語りのなかで被害者・加害者の二項対立に落とし込められてきたという問題が確

かにある。そこで、今日のパレスチナ政治の混乱によって二項対立図式が後退する状況において、帝国主義以降の地域編成と再度接続させて、今日のパレスチナ政治を捉え直そうというのが、本章の試みである。よって本章では、パレスチナ問題の形成に帝国主義が関与している点を再度整理しつつ、これらの研究を、もはや被害者・加害者の二項対立図式では説明しきれなくなった今日のパレスチナの情況といかにつなぎ直すのかを、近年の研究動向との関わりのなかで示していきたい。

2 「パレスチナの大義」の語り

地域をめぐる呼称

　パレスチナとはどこか。この問いはきわめて政治的なものにならざるをえない。「パレスチナ」という国名はイスラエルや米国の強い反対のために長らく使われてこなかったが、今日にしてようやく国際的に承認されるに至った。だが、その内実は領土と呼べる連続的な地域をもたないままである。

　「パレスチナ」の由来は古代ローマ時代に用いられた「フィラスティーン」という語であり、「ペリシテ人の地」を意味した。イスラーム帝国下では軍管区単位となった時期もあったが、政治・行政単位としての「パレスチナ」という語が定着するのは英委任統治を待たねばならない。

　オスマン帝国下のパレスチナは、現在のシリア・レバノン・ヨルダン・パレスチナを含む「シャームの地」南部の一部地域だったが、第1次世界大戦後、旧オスマン帝国領の処遇を決定したサン・レモ会議（1920年）では、トランスヨルダン、パレスチナ、イラクでの英委任統治が決まり、翌年3月にはトランスヨルダンをパレスチナ委任統治領から切り離す決定が下された。以降、英委任統治下ではヨルダン川の西側地域一帯がパレスチナとされたが、イスラエル建国後はこの領域は「歴史的パレスチナ」と呼ばれるようになった。

　他方、ユダヤ教の文脈ではこの地は「エレツ・イスラエル（イスラエルの地）」と呼ばれる。これは聖書時代にイスラエル王国が存在した場所とされるためである。伝統的ユダヤ教には、離散したユダヤの民は救世主の到来によって帰還が果たされるという「贖い」思想があり、その点でもエレツ・イスラエルは神学上の重要性をもってきた。ただし、伝統的ユダヤ教では、この贖い

は神の意図によって導かれるとされてきた。だが，18世紀後半にヨーロッパで反ユダヤ主義が興隆すると，ヨーロッパの一部ユダヤ人の間からは，古代イスラエル王国のあった「シオンの丘」に移住してユダヤ人国家を作ろうとするシオニズム運動が生まれた。これは神の意図による贖いを待つのではなく，人的努力によってユダヤ国家を建設することを贖いと見なす思想だった。つまりシオニズムは，伝統的ユダヤ教の贖いの神学をヨーロッパ的ナショナリズムの思想に基づいて政治化し，エレツ・イスラエルに集団移住してユダヤ主権を確立することを「贖い」と見なしたのである。

1948年，イスラエルの独立宣言を受け，近隣アラブ諸国であるトランスヨルダン・イラク・エジプト・シリア・レバノンの5国がパレスチナに侵攻した。パレスチナ難民はこの時期に発生し，翌年の停戦協定によってイスラエルは歴史的パレスチナの約78％の土地を領有した。パレスチナ民族運動が誕生した当初，その目標はイスラエル領を含めた歴史的パレスチナ全土の解放だった。しかし，1967年の第3次中東戦争でアラブ諸国が敗北したことによって，それまでヨルダン主権下にあったヨルダン川西岸地区（以下「西岸」），エジプト軍政下にあったガザ地区（以下「ガザ」）がイスラエルによって占領された。そのため，1967年以降のパレスチナ民族運動では西岸・ガザという歴史的パレスチナの22％の土地の解放が議題の1つになっていった。

1993年のオスロ合意以降の和平プロセスではパレスチナ暫定自治が決定され，「パレスチナ自治区」という呼称も登場した。ただし，パレスチナ自治区は第3次中東戦争でイスラエルが占領した土地全域を指すわけではなく，あくまでもオスロ和平プロセスのなかで新たに設定された行政区分である。そこでは，イスラエル占領地はA・B・Cの3地区に分けられ，都市部を中心としたA地区では民政・治安ともパレスチナ自治政府の管轄となったが，農村を中心としたB地区では民政はパレスチナ自治政府，治安はイスラエル軍，C地区では民政・治安ともイスラエル軍が管轄する。つまり，C地区ではイスラエルの占領状態が続いており，割合にして西岸の約63％を占める。また，2002年から建設が始まったコンクリート製の分離壁は，占領地に建設された大規模ユダヤ人入植地をイスラエル領に編入するがごとく建設されており，パレスチナ人の生活空間を分断している。

過去についての記憶が折り重なり，暴力によって変容するなかで形でイスラ

エル人とパレスチナ人が混住するこの土地をいかに呼ぶのか。それは語り手の政治的姿勢を映し出す鏡にもなる。1990年代以降の和平プロセスを追い風としてイスラエルの学術サークルに生まれた「ポストシオニズム」と呼ばれるリベラルな空気のなかでは，こうした地域認識をめぐる政治学を自覚的に捉えるため，「イスラエル／パレスチナ」というように「／」をつけ，地名が背負う歴史の重層性と決定不可能性を明示する試みが生まれた。日本でも，臼杵(1997)は「パレスチナ」や「イスラエル」という地名が独占的な土地領有の意志を反映せざるをえないと問題視して，「パレスチナ／イスラエル」という地域呼称を使うことを提起し，民族を単位として時空間を把握することからの脱却を訴えている。

だが，臼杵も指摘する通り，「パレスチナ」と「イスラエル」を「／」で結べば問題を総合的に把握できると考えるのもいささか性急な議論である。というのも，「パレスチナ」と「イスラエル」という単位が前面化して「パレスチナ・イスラエル紛争」が語られ始めるのは，1967年以降の局面だからである。それ以前には「アラブ・イスラエル紛争」という呼称が広く受け入れられていたように，イスラエルとアラブ諸国を含めた国家間紛争の位相が強調されていた。それは，イスラエル建国以降，パレスチナ地域がイスラエル・ヨルダン・エジプトによって分割されてしまったためだった。しかし第3次中東戦争でイスラエルが占領地を広げ，歴史的パレスチナが全てイスラエル統治下に入った結果，アラブ・イスラエル紛争がイスラエルとパレスチナ人間の闘争に変化し，紛争の「パレスチナ化」が起こったのである。つまり，「パレスチナ／イスラエル」という地域呼称も，あくまで1967年以降の紛争局面を指す名称として捉えておく必要がある。

ナクバの語りの誕生

日本では「パレスチナ問題」という語はよく使われるが，アラビア語でこれに対応する用語は「パレスチナの大義」である。そこでは，イスラエル建国によって生まれたパレスチナ難民が故郷に帰還できないことが問題とされ，難民の帰還こそが「大義」と見なされたのだった。そしてナクバの経験者たちにとって故郷喪失の記憶は，今日も続くトラウマとなっている。

他方，イスラエルの公的な語りにおいては，パレスチナ難民の帰還を訴え

パレスチナの大義の主張は到底受け入れられないものだった。国際法上は，パレスチナ難民の帰還は 1948 年 12 月の国連総会決議 194 号で認められており，正統な権利と見なされている。だが，イスラエルにとってはパレスチナ難民の帰還を承認すると，国内のユダヤ系・アラブ系市民の人口バランスが崩れ，ユダヤ人国家としての原理が危機に瀕するため，これを承認できないのである。

　パレスチナの大義についての語りでは，ナクバの原因は先住者の存在を無視・抹殺するシオニズムの植民地主義に求められてきた。これに対して近年のイスラエルでは，このシオニズムを植民地主義の典型として描く語りに対抗するため，イスラエル建国前のシオニスト指導者たちが先住者をどのように見ていたのかを掘り起こす研究が出てきている。それらによれば，建国前のシオニスト指導者たちは先住民の存在を確かに認識しており，これを「アラブ問題」と捉え，アラブ問題の顕在化を恐れながらも，それに対処しようとする複数の流れが存在したことが示されている。

　ただし，そこでの認識単位は「アラブ人」というカテゴリーを基軸にしており，パレスチナの土地に根差した固有の文化をもつ「パレスチナ人」という集団の存在は考慮されていなかった。こうしたシオニスト指導者の認識のなかでのパレスチナ人の不在は，その後，パレスチナ民族自決権を否認する態度の基礎となっていった。

　だが，パレスチナ人社会でもパレスチナ人固有の民族自決権を掲げた言説がナクバの直後から存在したわけではなかった。1948 年以降，歴史的パレスチナが分割されるなか，大義を語り始めたのは当事者パレスチナ人だったというよりは周辺アラブ諸国の知識人たちだった。事実，1948 年のパレスチナ人の故郷喪失・離散・難民化を指してナクバと呼んだのは，シリアのアラブ・ナショナリスト知識人クスタンティーン・ズライクの著書『ナクバの意味』(1948) であり，そこで述べられたナクバの意味とはパレスチナ人固有の経験であるよりも西洋帝国主義に対するアラブの敗北だとされた。

　さらに，アラブ諸国からの発信も足並みが揃っていたわけではなく，パレスチナの現地名望家たちとの間の対立もあった。パレスチナの大義を国際的に発信する窓口として，パレスチナ人名望家ムーサー・アルアラミーがイラクの支援により「アラブ・オフィス」を設立したが，これはパレスチナ・ナショナリズムを牽引していた名望家ハージジ・アミーン・アル・フサイニーの反対にあ

い頓挫した。その後アラブ・オフィスはエジプトが主導し，ロンドン，ニューヨーク，ジュネーブにオフィスを構えてパレスチナの大義を説く外交パンフレットが発刊された（Khalidi 2006：130）。

　パレスチナ人の立場からナクバを語る研究が本格化するのは1950年代後半以降だった。これを牽引したのは，エルサレム名望家の出自をもつワリード・ハーリディーである。彼の研究は，イスラエル側の加害行為の検証に注がれ，パレスチナ難民の発生にシオニスト指導部はどう関わったのか，シオニスト指導部による先住者アラブ系住民の追放政策はあったか否かが検討された。

　ハーリディーらがパレスチナ人独自の学術研究の流れを作ったことは，パレスチナ民族運動の萌芽という政治的文脈と無関係ではない。長らくイスラエル側が否定してきた「パレスチナ人」という集合的アイデンティティを掲げ，祖国・民族解放を謳うパレスチナ・ナショナリズムを追い風に，1963年，ハーリディーはベイルートに「パレスチナ研究所（Institute for Palestine Studies）」を開設し，PLOの「パレスチナ研究センター（Palestine Research Center）」もこれに続いた。ここではパレスチナ人の経験を主題として，いかにそれを学術的に発信し，政治的な戦略と連動させるかという点が課題とされた。

イスラエルの「新しい歴史学」

　以降，ナクバの原因をめぐっては，イスラエル側とパレスチナ側の歴史家の間で正反対の主張が行われてきた。イスラエル側は，戦闘中にアラブ人指導者らが住民に戦火を逃れるために避難するよう命じたことがパレスチナ難民の発生原因だったとする，いわゆる「自発退去論」を公式見解としてきた。他方，パレスチナ人たちは，難民発生はシオニスト指導部の追放政策の結果だとして難民問題に対するイスラエルの国家責任を追及してきた。そこでは前述の国連総会決議194号が根拠とされ，パレスチナ難民の故郷への帰還の権利が主張されてきた。

　パレスチナ難民の発生原因をめぐる見解の対立は，より大きな歴史観の対立とも呼応している。パレスチナ人が1948年を「ナクバ」と語るのに対して，イスラエルにとって1948年という年は，ユダヤ人国家が「独立」した栄光の年として語られてきた。

　パレスチナ人とイスラエル人の歴史観は長らく並行線を辿ってきたが，1980

年代になるとより精緻な研究が現れ，同じ土俵に立った論争が始まった。直接の発端は，1948年当時の公文書がイスラエルで公開され始めたことであり，これにより従来は神話化されてきたイスラエルの公式の歴史の語りが検証に付されたのである。また，これには新しい世代の歴史家が登場したことも関係している。従来のイスラエル「正史」のほとんどは独立戦争を戦った戦争体験者たちによって語られていたが，新しい世代の歴史家たちは第3次中東戦争とその後の占領，第4次中東戦争 (1974年)，レバノン侵攻 (1982年) という一連の戦争を経て，戦争をめぐる「正史」に懐疑を抱いていたのだった。そのため従来の建国神話に批判的な歴史家がイスラエルに現れ，なかでもベニー・モリス，イラン・パペ，アヴィ・シュライムらの研究が「新しい歴史学」として注目された。

特にベニー・モリスの著作『パレスチナ難民問題の誕生』(Morris 1987) が，イスラエルの公的史観だった自発退去論の根拠を，他ならぬイスラエル公文書を使って覆したことのインパクトは大きかった。モリスの研究によって，1948年にパレスチナ人の村落や都市でシオニスト軍が行った虐殺，追放，財産略奪，そして一部ではレイプなどの残虐行為の詳細が，イスラエルでも公的に語られるようになったのである。

新しい歴史家の登場によりパレスチナ・イスラエル間の歴史観の対立も解消されるのではないかと期待されたが，事態はそううまくは進まなかった。モリスは，パレスチナ難民がシオニスト軍による暴力の結果生まれたという点は認めつつも，軍による暴力はあくまで現場レベルで指示されたものだったと結論を下し，シオニスト指導部が組織的な追放作戦を決定したという点は認めなかったのである。このときモリスが理由としたのは，追放政策の決定を示す史料がないということだった。

長らくハーリディーらパレスチナ人歴史家たちは，シオニスト指導部による追放政策を裏づける史料がないなかでも，シオニスト指導者らの思想的背景や1948年に起こった出来事を状況証拠的に積み重ね，追放政策の存在を主張してきた。だが，モリスの研究によってパレスチナ人歴史家たちの主張は再び否認される形になり，モリスには「より洗練を遂げたシオニスト」だとの批判も浴びせられた。

この言論状況の打開を目指したのが，新しい歴史家のなかでもシオニズムを

最も鋭く批判するイスラエル人歴史家イラン・パペである。パペは『パレスチナの民族浄化』(Pappe 2006)という著書のなかで、ハーリディーらの論を史料的に補強することでシオニスト指導部による追放政策の存在を主張したのだった。

　パペの議論の新しさは、何よりもパレスチナでの難民発生を「民族浄化」という国際法上の犯罪として捉え直すよう主張した点である。そもそも民族浄化が国際法上の犯罪とされたのは、1990年代の旧ユーゴ内戦下での暴力行為を裁くためだった。つまり、1948年のパレスチナ難民の発生を民族浄化と考えることは、時間的・空間的に異なる出来事を重ね合わせる比較史的作業になる。実は、この試みが示唆するものは大きい。シオニスト指導部によるアラブ系住民の追放政策についての評価を単に史料の有無で片付けるのではなく、他の事例を参照することで他の究明の方法を探ることができるからだ。

　さらにパペは、パレスチナ難民の発生は、「ナクバ」として語られてきたがゆえに忘却されてきたという逆説も指摘した。つまり、イスラエル政府が我がものとして主張するナチスによるホロコースト（ユダヤ人大量虐殺）の記憶は人類が記憶すべき普遍的出来事として記憶されているのに対して、ナクバはパレスチナ社会固有の経験と見なされてしまったために世界に共有されてこなかったとパペは言うのである。

　以上のナクバをめぐる研究は、帝国主義・植民地主義を背景とした加害・被害関係のなかで、パレスチナ人を後者に位置づけるものだった。そしてこれは、イスラエル「正史」がイスラエル建国時にパレスチナ人に対してふるわれた暴力を否定する以上、必要な戦略とされてきた。それが1990年代のポストシオニズム的状況では、植民地主義としてのシオニズムという主題がイスラエルでも検討され始め、パレスチナ人研究者とのコミュニケーションが生まれるようになったのである。

　だが、2000年にパレスチナ人の第2次インティファーダが起こると、このイスラエルのなかのリベラルな空気は一変し、植民地主義としてのシオニズムという題目は取り組まれるべき知的課題と見なされるよりも政治的プロパガンダとして一蹴されるようになった。イスラエルで1990年代に芽生えた植民地主義としてのシオニズムについての批判的検討は、今日では周縁的な試みに追いやられている。

3　帝国主義と民族対立の創出

シオニズム史における民族概念

イスラエルの学術研究では，シオニズムを植民地主義の一類型と捉えて加害者に位置づける評価を「不当」として，これを是正する試みも登場している。1960年代後半以降からはヤアコヴ・ロイ，シュムエル・アルモグらユダヤ史研究者が，80年代以降はシオニズム史研究者として名高いヨセフ・ゴルニーやアニータ・シャピーラらが，シオニスト指導者たちがパレスチナのアラブ系住民にいかに対峙したのかについての研究を発表している。これらの延長線上に日本でも森（2002）の研究がある。

これらの研究では，イスラエル建国までのシオニズム運動は当初こそアラブ問題には目をつぶっていたが，徐々にアラブ人の「統合」と「分離」という2つの方向性で対応が模索されていた点が記述されている。シオニズム運動諸派のアラブ問題への対応を総合的に検討したゴルニーは，統合を労働シオニズム（後のイスラエル労働党の主流）の基本路線，分離を修正主義シオニズム（後のリクード党の主流）の基本路線として説明する。これは「左派」労働党と「右派」リクードという，シオニズムの二大潮流についての古典的理解の派生形でもある。そしてゴルニーはユダヤ人・アラブ人の対立が決定的となるアラブ大反乱（1936~39年）を境に，労働シオニズムは「統合」から「分離」へと舵を切ったと述べる。つまり，労働シオニズムは本来的にはアラブ人の統合という言わば「民族共生」を求めていたが，アラブ人はこれに暴力によって応えたという語り方で「分離」への転換を説明した（金城 2015b）。

ゴルニーの議論は，植民地主義的な加害・被害の二項対立を否定し，シオニズムとアラブ民族主義という2つのナショナリズムの対立，すなわち「対等な」条件下でのゼロサムゲーム的民族紛争を喚起させるものになっている。だが，こうした議論は深刻な問題をはらんでいる。それは，後で詳しく述べる通り，帝国主義諸国およびシオニズム運動がヨーロッパから民族カテゴリーを一方的に移植したことで起こった集団の序列化こそが，パレスチナ問題形成の根源にあった点に触れられていない点である。

このように民族を前提として紛争を論じるイスラエル歴史学の語りを規定し

ているのは,「イスラエル民族史」観である。というのも,イスラエルの歴史研究では「イスラエル民族史」と「一般史」という2つの系譜があり(サンド 2010：12),とりわけ前者では,聖書時代に遡る「イスラエルの民」の歴史的継続のなかに世界のユダヤ人の歴史を位置づける民族史観が根強く存在するのである。

　もちろん,近年のナショナリズム論の影響から,民族(ネイション)を近代の産業化過程で登場した概念として古代の「イスラエルの民」とは切り離す研究も多く存在する。だが,そのときも民族概念のモデルはヨーロッパに求められ,アラブ・イスラーム世界での民族形成やナショナリズムは進化論的視点からしか評価されない。結果,ユダヤ人は「民族」集団だと前提される一方,パレスチナのアラブ系住民については,「真正な」,あるいは「成熟した」パレスチナ・ナショナリズムは存在しないと評価され,パレスチナ人の集団的権利を否定する論理へと戻ってきてしまうのである。そして仮にパレスチナ・ナショナリズムなるものが存在したとしても,それはシオニズムへのリアクションとして生まれた擬制的な運動だと評価され,その「真正性」が問いに付されるのである。

パレスチナ史における民族起源の探求

　こうしたイスラエルでの議論の立て方に対して,パレスチナ人は「パレスチナ人意識」の歴史的起源を検証することで反論してきた。なかには,カナアン時代に遡る「有史以来」のパレスチナ人の起源を見出そうとする原初主義的な立場も根強くあるが,近代主義的なナショナリズム理解からパレスチナ人意識の起源を探求する研究も1990年代から現れている。そこでは,20世紀のアラブ世界に共通してみられた重層的アイデンティティ,すなわち宗教的帰属,オスマン帝国臣民意識,アラブ人意識,行政区に基づく地域的帰属,都市・農村,家族・氏族などに基づく帰属意識などのなかに,パレスチナ地域を単位としたパレスチナ人意識も徐々に顕在化していった過程が示された。しかし,そこではパレスチナ人意識がはっきりと輪郭をもってこなかったというジレンマも語られてきた。それは,20世紀に芽生えたパレスチナ人意識を独立国家樹立運動にまで導いていくようなナショナリズムが英委任統治下で弾圧されたこと,さらにイスラエル建国以降は,離散状態のためにパレスチナ人意識を明確に発

信できるような国家装置が奪われてきたためだった。

だが，こうしたパレスチナ人意識の探求は，パレスチナ民族の存在を自明視したうえで将来の政治・社会単位の前提としている点では，イスラエルのシオニズム史研究の議論を反転させたものだと言える。つまり，そこでは帝国主義時代に生じた民族観念の輸出という流れの延長線上で，民族概念を受容してしまっているのである。

しかし，近年は民族概念を相対化する試みも出てきており，ここでは以下2つのアプローチを紹介したい。第1には，ナショナリズムという大きな語りには落としこめない民衆の多様な過去を記述する民衆史アプローチがある。このアプローチを提唱するのは，前述のイスラエルの「新しい歴史家」の一人であるイラン・パペである。彼の民衆史アプローチは，歴史化されてこなかった社会集団の過去を描き出し，植民地主義・ナショナリズムの到来によって生じた民族集団の構築やその関係変容を明らかにしようとする。

この試みのもと，パペは2000年代よりイスラエル人・パレスチナ人研究者に呼びかけて「橋渡しのナラティヴ」プロジェクトを立ち上げ，共同研究を進めている（その成果の1つがPappe and Hilal eds. 2010）。同プロジェクトは様々な論点を含んでおり，オスマン帝国時代，英委任統治下パレスチナ，1948年戦争，イスラエル国内のパレスチナ人の歴史，東洋系ユダヤ人（ミズラヒーム）の歴史，シオニスト指導者のホロコーストに対する態度，パレスチナ抵抗運動における女性の役割など，内容は多岐にわたる。しかし残念ながら，イスラエルの閉塞的な言説状況のなかでパペ自身は英国に移住するという選択を下すなど，情勢の泥沼化によって共同研究に必要な物理的環境が整っていないのが現状である。

他方，上記のアプローチと同様にイスラエル人とパレスチナ人内部の社会階層間の関係性に焦点を当てながらも，階層間のヒエラルキーをモデル化することで統合的に把握する試みがある。その例が「エスノクラシー」の観点から社会集団の関係性を把握しようとするオレン・イフタヘルである（Yiftachel 2006）。イフタヘルによれば，エスノクラシー体制下ではエスニシティに基づく階層形成がなされ，結果，民主主義体制とは異なり，個人に与えられる平等な市民権によってではなくエスニシティが権力と資源配分の鍵となる。そしてイスラエル／パレスチナでのエスノクラシー体制を支えてきたのが，西洋系ユ

ダヤ人（アシュケナジーム）を頂点としたヒエラルキーのなかでの土地の「ユダヤ化」プロジェクトである。イフタヘルは，これがイスラエル／パレスチナにおけるアラブ・ユダヤ関係，アシュケナジーム・ミズラヒーム関係，世俗派・宗教派関係を規定してきたと論じる。

　植民地主義的プロジェクトのなかでの社会集団間のヒエラルキーとして紛争を把握しようとするイフタヘルの試みは，先に挙げた民衆史の総合的整理を目指すものであり，両者は補完関係にある。ただし政治地理学者であるイフタヘルの議論は，対象地域をイスラエル／パレスチナとしていることからも明らかなように，「イスラエル・パレスチナ紛争」化した局面についての考察を主眼としている。そこでは，各エスニシティ・階層構成についての帝国主義的起源が必ずしも明示的ではない。

帝国主義の差別構造と民族概念の輸出

　そこで帝国主義時代からの紛争構造の形成も考慮に入れたアプローチの可能性を模索するため，帝国主義とナショナリズム論の観点からパレスチナ問題における民族形成の問題を検討したい。

　ナショナリズムをめぐる議論は数多いが，その類型化や類型間の関係性についてはいまだ見解の一致はない。とりわけ，ナショナリズム理論を牽引したのが西洋社会であることから，分析モデルとしては西洋近代国民国家を範とすることが多く，第三世界やイスラーム世界のナショナリズムについては多くの課題が残っている。

　欧米中心のナショナリズム研究を超えて，中東・イスラーム地域におけるナショナリズムの様々な類型を整理したのが酒井（2005）である。欧米型のナショナリズムをモデルとしたネイション論では，ネイションを「自然で客観的な存在」と捉える原初主義・本質主義的ナショナリズム論と，「想像・構築されたもの」と捉える近代主義の論争があり，今日では後者が優位となっている。だが酒井は，アラブ世界のナショナリズムには両者の複合的アプローチが必要だとする。それは，中東におけるナショナリズムは近代の産業化を起源としていることは確かだが，そこで現れたアラブ人意識とは，産業化以前からアラブ世界に存在した宗教（とりわけイスラーム改革運動）によって担われた点が否定できないためだとしている。

また，酒井によれば，中東・イスラーム世界のナショナリズムは次の点でも欧米型とは異なる。中東地域を含む第三世界では領域国家がネイション形成に先んじて成立したため，ナショナリズムには国家建設論理として機能する「上からの」あるいは「公定」ナショナリズムと，外国支配に対する抵抗論理としての「下からの」あるいは「大衆的」ナショナリズムという2つの志向性が存在するのである。つまり，中東・イスラーム世界では，帝国主義の信任を受けた国家建設論理としてのナショナリズムと，国家機構を押し付ける帝国主義への抵抗としてのナショナリズムの2つの形態があるとされるのである。

　これは，帝国主義の浸透した地域では政治体制は差別を伴いながら重層的に構造化される形で地域形成がなされたというモデルを提示した板垣 (1992) の論とつなげて考えることができる。板垣は，民族形成とはそれを自ら獲得しようとする民衆運動（下からのナショナリズム）によって担われるとし，他方，これに対抗的な楔として打ち込まれる政治組織化およびそのイデオロギー（上からのナショナリズム）として民族主義を位置づける。つまり，民衆側の運動としてのナショナリズムとこれをある型枠に封じ込めようとする民族主義は区別されるのである。そして「民族主義なしには，帝国主義の体制は存続しえない」のであり，民族主義は帝国主義体制を機能させる一要素とされるのである。

パレスチナにおける民族カテゴリーの序列

　この民族主義と帝国主義の共犯関係はパレスチナ問題では複雑さを増す。なぜなら，パレスチナ問題は，帝国主義権力・民族主義・民衆運動という構図に，シオニスト（非帝国主義権力である入植者）というファクターも加わるためである。

　英国のパレスチナ統治の基礎は，ロイド・ジョージ内閣の外相バルフォアが英国シオニスト連盟会長だったロスチャイルドに宛てたバルフォア宣言（1917年）にあり，ここでパレスチナにおける「ユダヤ人の民族的郷土」の建設が約束された。この宣言はその後，英国パレスチナ委任統治憲章（1922年）の根拠の1つとなった。筆者はすでにバルフォア宣言と委任統治憲章に見られる民族を単位とした「ユダヤ人」・「アラブ人」の権利関係の問題を論じたが（金城2015b），そこでは以下の問題を指摘した。

　2つの文書のなかで英国は，一方で「ユダヤ人」と明確に名指しできる民族

集団を前提としつつも,他方でパレスチナのアラブ系住民たちには「既に存在する非ユダヤ人コミュニティ」としてしか言及していなかった。つまりここでは,「ユダヤ人」は民族集団だとされた一方で,先住者たちは民族には数え上げられなかったのである。

そもそもオスマン帝国のイスラーム的社会システムでは「ユダヤ人」という民族カテゴリーは存在せず,「ユダヤ教徒」という宗教的帰属で捉えられていた。そこでユダヤ教徒たちはイスラームの覇権のもとながら人頭税の支払いと引き換えに被保護民として居住を許され,宗教的自治を享受していたのである。しかし,帝国主義によって中東に民族カテゴリーが移植されたことにより,従来の共存システムが壊されたばかりでなく,現地のパレスチナ・アラブ系住民たちは「非ユダヤ人コミュニティ」にくくり入れられた。そして「ユダヤ人」と「非ユダヤ人コミュニティ」は,民族集団を構成しているか否かによって付与される権利が決定され,「ユダヤ人」には「政治的権利」が認められる一方,先住者たちには「宗教的・市民的権利」しか認められなかった。そのためパレスチナのアラブ系住民たちの民族自決権は,英委任統治がしいたカテゴリーのためにその出発点より否認されていたのだった。

創造された宗教行政とパレスチナ・ナショナリズムの関わり

だが,委任統治下パレスチナのアラブ系住民は法的保障のまったくの枠外に置かれたわけではない。「政治的権利」の「外」にあるとされた「宗教的・市民的権利」の領域では委任統治権力のもとで統制されたのである。これを象徴するのが,委任統治政府が設置した「最高ムスリム評議会」やエルサレムの「パレスチナ大ムフティー」職である。これはオスマン帝国下のイスラーム法制度にはない,委任統治下で創出された宗教職だった。

英国植民地での宗教行政の整備はパレスチナに限ったものではなく,アイルランドやインド,エジプトでの前例がある。エジプトでは,クローマーの『近代エジプト』(1908年) で示された通り,エジプト人の民族性は否定され,エジプトに居住する集団は宗教・エスニシティに基づく帰属意識しか持たないとされた。それゆえにこそ,英国の植民地支配が必要だとされ,民衆が主体となって活動することが許容される領域を宗教的領域に限定する形で植民地主義の政治支配が正当化されたのである。パレスチナでも,ユダヤ人は民族だとして

その政治的権利を認めた一方で、パレスチナのアラブ系住民に対して認められた権利は宗教的領域に留まった。だが、実はこれと同時に新たな宗教行政の整備によって地元エリートたちの取り込みが図られたのである。つまり、英委任統治権力が創出した「ユダヤ人」・「非ユダヤ人（アラブ系住民）」という2つの集団間のヒエラルキーにパレスチナ人の地元エリートたちも参加していたのだった（Khalidi 2006：48-64）。

　地元名望家たちを委任統治の枠組みに引き込もうとする英国の努力のなかで、最高ムスリム評議会議長と大ムフティーに任命されたのが、エルサレムで最も影響力をもった名望家フサイニー家を出自とするハージ・アミーン・アル・フサイニーだった。このハージ・アミーン・アル・フサイニーは、大きな論争を呼びこんできた人物である。パレスチナ研究のなかでは、委任統治下パレスチナでの抵抗運動の旗手と目され、ナクバ以降はパレスチナの大義のために尽力した人物として称揚されてきた。だが臼杵（2012）が指摘するように、欧米・イスラエルの論壇では、2001年の9.11事件を境として、ハージ・アミーンは「イスラーム・テロリズム」の元型として「再発見」されるようになっている。

　ハージ・アミーンに「イスラーム・テロリズム」の源流を読み込む議論が取り上げるのは、彼を肯定的に評価する議論ではタブー視されてきた要素、すなわち1937年以降委任統治政府によってパレスチナを追放されたハージ・アミーンが、ナチスと協力体制を作ったという事実である。シオニストの政治プロパガンダには、この事実をもってパレスチナ人の政治運動全体を悪魔化する議論も長らく存在した。このようにハージ・アミーンをめぐる歴史記述は長らく党派的なものとなってきたが、近年ではフィリップ・マタルやイラン・パペらのバランスのとれた研究書も現れている。これらの研究動向をふまえ、臼杵は「委任統治領パレスチナにおける「名望家政治」を踏襲した政治指導者としてのハージ・アミーンと亡命後の枢軸側をも政治的に「利用」しようとする扇動的な政治指導者としてのハージ・アミーンは明確に区別して議論する必要がある」と述べている（臼杵 2012：117）。

　このように、ハージ・アミーン評価、ひいては委任統治下のパレスチナ・ナショナリズム評価をめぐっては検討すべき課題があるものの、帝国主義下での「上から」のナショナリズム（民族主義）と「下から」のナショナリズム

(民衆運動) の対立という観点からこれらの両義的性格に接近できるのではないか。つまり、英委任統治体制が移植した民族カテゴリーの序列化を前に、宗教的領域という限定性のなかで、帝国主義と一方で協調しつつも他方では対抗するという舵取りを行ったパレスチナ民衆運動／民族主義の指導者ハージ・アミーンの姿を描けるのではないか。また、このハージ・アミーンの政治的振る舞いを、帝国主義体制下の差別構造のなかでいかに評価するのかは、パレスチナに生まれた民衆運動との関係のなかで整理されるべき課題にもなろう。

4　中東「諸国体制」からオスロ和平プロセスへ

顕在化するパレスチナ・ナショナリズムと中東「諸国体制」

　ナクバの傷を引きずるなか、1950年代には離散パレスチナ人の間で祖国解放を求める革命の動きが現れた。その筆頭がヤーセル・アラファート率いるファタハ (正式名称「パレスチナ祖国解放運動」) である。アラファートはカイロでの学生運動の後、1950年代後半にファタハを立ち上げた。それまではもっぱら支援の受け手だった難民キャンプから若者たちが立ち上がり、パレスチナ革命の担い手としてこれに加わっていったのである。

　離散パレスチナ人の解放運動は、最初はこれを懐柔しようとするアラブ諸国の思惑にさらされた。1964年のPLOの設立は、そもそもはパレスチナ革命を舵取りしようとしたアラブ連盟の策だった。しかし第3次中東戦争でアラブ諸国が大敗したことから、アラファート率いるファタハらパレスチナ人ゲリラ組織がPLOの最大組織となり、パレスチナ人民解放戦線 (PFLP)、パレスチナ解放民主戦線 (DFLP)、パレスチナ共産党などがこれに加わった。

　前述の通り、委任統治下パレスチナでは「ユダヤ人」と「非ユダヤ人」のカテゴリー操作が行われたが、同様のカテゴリー操作は中東地域全般でも見られた。実際、「パレスチナの大義」は時に「アラブの大義」と読み替えられた。「アラブ・イスラエル紛争」という題目のもとでは、アラブ諸国のイスラエルに対する姿勢は一枚岩のものと受け取られかねないが、第1次世界大戦後の中東地域では英仏帝国主義の個別的な思惑のもとで境界が埋め込まれており、中東「諸国体制」と呼ばれる体制が築かれたのである (板垣 1992：357-359)。この「諸国体制」のもと、アラブ各国はパレスチナの大義についても個別的利害

に添って行動し，帝国主義体制を支えたのである。実際，アラブ諸国のなかからもシオニストと秘密裏に協調してパレスチナ難民の発生に加担する動きもあった。1940 年代，当時のヨルダン国王アブドゥッラーはシオニスト指導部と密約を交わし，パレスチナの一部をヨルダン領とする代わりとしてイスラエル建国を認めていたのだった（Shlaim 1988）。

　アブドゥッラー国王は，アラブ諸国の間でもとりわけパレスチナ統治に強い野心を燃やした。1948 年にはガザで「全パレスチナ政府」の樹立を宣言したハージ・アミーン・アル・フサイニーに対抗する形で，ジェリコでパレスチナ人「代表」からなる会議を開き，パレスチナ人はヨルダンの西岸併合を望むという手続き的決議を経て，50 年 4 月に西岸を正式併合した。

　このように英国が先鞭をつけたパレスチナ・アラブ人の政治的主体性の否定は，イスラエルのみならずアラブ諸国の一翼であるヨルダンにも引き継がれ，両者は時に明確な協調関係を結んだ。建国後のイスラエルでも，とりわけ 1967 年以降の西岸・ガザ住民の処遇をめぐって，その管理パートナーとしての「ヨルダン・オプション」がたえず浮上した。また，ヨルダンは国内で対イスラエル闘争を展開する PLO への弾圧でも容赦なく，1970 年 9 月の「ヨルダン内戦」ではヨルダン国軍によって PLO 軍事組織が大弾圧された。

　他方，1970 年代はアラブ連盟や国連ではパレスチナ人の民族自決権を掲げた PLO の存在感が増した時期でもあった。理由は，大義を掲げた PLO の粘り強いゲリラ戦術に注目が集まったことに加え，占領地住民たちが PLO を強く支持したためである。結果，1974 年のラバトで開かれたアラブ首脳会議では，PLO が「パレスチナ人の唯一正当な代表」だと認められ，その 1 カ月後にはアラファートが国連総会にて演説し，PLO は国連総会でのオブザーバー組織の地位を得た。

　しかし，占領地での影響力をめぐる PLO とアラブ諸国間のライバル関係は，1978 年にエジプトとイスラエル間で結ばれたキャンプ・デービッド合意によってより錯綜したものになった。同合意は中東和平（パレスチナの占領地問題）に関する枠組みとエジプト・イスラエル間の和平交渉に関する枠組みの 2 つから成っていたが，前者に関しては「パレスチナ人の唯一正当な代表」であるはずの PLO の頭越しでの合意であった。また，同合意では占領地住民に与えられる政治的権限は自治に限ると述べられており，イスラエルのみならずエジプ

第6章 「パレスチナ問題」をめぐる語りの変容

トもパレスチナ独立国家を否定する形となった。

　エジプト・イスラエル間の和平合意のインパクトは大きかった。それは1950年代のナーセルによる革命以降，「帝国主義の手先」としてシオニズム批判を展開してアラブ民族主義を牽引していたエジプトが，ナーセル死後のサーダート体制下ではイスラエルとの単独和平に踏み切ったためである。パレスチナ人歴史家ラシード・ハーリディーは，オスロ合意までに至る米国・イスラエルの対パレスチナ政策の下敷きは，このキャンプ・デービッド合意でのパレスチナ自治構想にあったと分析している（Khalidi 2013）。この見解をふまえれば，帝国主義以降の差別の重層化の流れのなかで中東「諸国体制」の一機能を担っていてエジプトが，徐々にその構造のなかで積極的アクターとして振る舞い始め，それが今日の中東和平を作り出したと言える。この観点からすれば，オスロ合意とは，帝国主義から中東「諸国体制」へという差別を拡大再生産して固定化する構造に，パレスチナ人の代表としてPLOを引き入れたという点で歴史的転換をもたらしたのだと言える。

インティファーダと和平の罠

　1982年，レバノン戦争で敗れたPLO指導部がチュニジアに逃れると，イスラエル占領下のパレスチナ民衆は占領当局と直接対峙せざるを得なくなった。こうしたなか，1987年に起こったパレスチナ人のインティファーダ（民衆蜂起）は大変な注目を集めた。戦車や銃で武装するイスラエル軍に子供や女性も含めたパレスチナ民衆が石を投げて抵抗する姿がメディアに流れたのである。インティファーダは「非暴力の抵抗」と評価され，国家主体と非国家主体という不均衡な紛争構造を表面化させた。

　こうしたなか，1988年，ヨルダンは西岸の領有権放棄を宣言した。このヨルダンの決定の背景には，インティファーダへの注目によって占領地内でのPLOの地位が絶対的なものになった点，ヨルダンのパレスチナへの領土的野心が露呈することへの懸念，これらの流れがパレスチナ人を多く抱えるヨルダンの国家統合を危機にさらすことへの警戒などが指摘される（立山 1990：134-136）。インティファーダへの国際的注目，そしてヨルダンの領有権放棄宣言を自らの政治的パフォーマンスにとっての好機と見たPLOは，1988年11月，アルジェでのパレスチナ民族評議会でパレスチナ独立国家樹立宣言を採択

した。そこでは1947年の国連パレスチナ分割決議を法的根拠としてイスラエル国家の生存権を承認し，ミニ・パレスチナ国家を事実上承認した。

そして湾岸戦争（1991年）を機にイスラエル・PLO関係は新たな段階に移る。理由は，両者がこの時期に揃って不利な立場に陥ったからである。イスラエルにはインティファーダによって国際的な批判が集中し，PLOは湾岸戦争でイラクのクウェート侵攻を支持したことからアラブ諸国からの支援が停止し，双方とも窮地に陥った。これを契機として，PLOとイスラエルはオスロ合意の調印へと舵を切った。

オスロ合意は一般に，ミニ・パレスチナ国家を推進する「二国家解決案」と見なされる。当初，占領地住民の多くはこの合意を歓迎したが，インティファーダ期に現れた新政治勢力ハマースや周辺アラブ諸国の難民たちは，これを祖国解放という大義への裏切りと見なし，強く反発した。

だが，二国家解決に期待したパレスチナ人にとってさえ，和平プロセスの実態は期待とはかけ離れていた。PLOはこれをイスラエル側の合意不履行の問題だとして，オスロ合意を結んだ自分たちの判断には誤りはないという態度を取ってきたが，占領地住民の批判の矛先は徐々にオスロ合意そのものが抱える問題に向けられた。これらの批判は，過去から続いてきたイスラエルによる追放・占領の延長線上でパレスチナ独立国家の樹立を妨げるプログラムとしてオスロ合意を理解したのだった。

こうした批判はそれが重きを置く点に従い2つの立場に分かれる。第1は，オスロ合意を二国家解決と理解してこれに反対する立場である。故エドワード・サイードを筆頭とするこの立場では，オスロ合意は1967年以降の占領地問題を扱うに過ぎず，1948年の問題，すなわちヨーロッパ的背景から生まれた植民地主義の一形態であるシオニズム運動による先住者の追放という問題を扱えないと訴えた。この主張はまた，ユダヤ人・アラブ人にかかわらずパレスチナの全住民の平等な権利を求める一国家解決案の主張とも呼応していた。

第2の批判は，オスロ合意は二国家解決案としてさえ不十分だとする批判である。1994年，パレスチナ自治政府が設立され暫定自治が始まったが，前述のとおり占領地の約60％以上はイスラエル占領下のままであり，パレスチナ自治区も軍事検問所やユダヤ人入植地，ユダヤ人専用バイパスによって飛び地状態となった。現在では，西岸の北部と中部（エルサレム）で都市型巨大入植

地が建設され、西岸全体が3ブロックに分割されようとしている。

　このため近年、オスロ合意は二国家解決案であるよりも、PLO に権限を集中させたうえで限定的自治に甘んじるよう迫る欺瞞の枠組みだとの見方が強まっている。つまり、オスロ和平プロセスとは、PLO 主導の自治政府だけが「正当な」交渉相手とされ、ハマースら他勢力は排除される一方、傀儡政府化した PLO に限定的自治の権限を与え、これを「パレスチナ国家」と呼ばせることで問題解決を図ろうとする枠組みだと解されているである。

　この立場はサイード逝去後に米コロンビア大学エドワード・サイード教授職に着任したパレスチナ人歴史家ラシード・ハーリディーに代表される。前述の通り、ハーリディーはオスロ合意の下敷きをキャンプ・デービッド合意におけるパレスチナ自治構想に求め、たとえオスロ合意のなかに「パレスチナ民族」の存在や PLO の正統性を承認するといった美辞麗句が散りばめられていたとしても、パレスチナ人に与えられるのは実質的には限定的な自治以上のものではないと論じたのである (Khalidi 2013)。

　ハーリディーの論を突き詰めれば、オスロ合意はパレスチナ国家設立を否認する「反・二国家解決案」だということになる。つまり、オスロ和平プロセスではパレスチナ人に与えられる「民族自決権」・「主権」・「国家」などの言葉に様々な限定条件を付けてこれらを換骨奪胎し、これにより本来的に反・二国家解決である和平の枠組みを「二国家解決」として表象しているのである。このような言語の腐敗状況において現実と言説が乖離していくなか、あくまでイスラエルを相手とした和平交渉の道筋を手放さない自治政府の態度に民衆の憤りは高まっている。

オスロ和平プロセスからの脱却を目指して——ハマースの台頭

　オスロ合意以降、PLO 上層部には国際支援が集中する一方、占領が続く地域は取り残された。PLO の腐敗に対する民衆の不満は膨らみ、2006 年の立法評議会選挙ではハマースが勝利した。ハマースは、第1次インティファーダ勃発直後、ムスリム同胞団を母体として占領地で設立されたイスラーム主義組織である。ハマースはオスロ合意に反対して 1996 年の第1回立法評議会選挙には参加しなかったが、2006 年の第2回立法評議会選挙では方針転換してこれに参加し、PLO 主流派ファタハを抑えて第1党となった。

2006年選挙は「中東で最も民主的」と評された選挙だったが、そこで第1党となったハマースに対してイスラエルと国際社会は制裁を課した。イスラエルはオスロ合意以降行っていた代理徴収関税の自治政府への引き渡しを差し止め、米国もハマース政権への支援停止を決定した。国際社会がハマースに求めたのは、これまでPLOに対して求めてきたものと同じ3条件、すなわち(1)イスラエルの承認、(2)暴力的手段の放棄、(3)過去の国際合意の遵守だった。ハマースはその憲章ではこれら3条件を受け入れない内容を明記していたが、これまでも指摘されてきた通り、その後のハマースの指導者たちはこの憲章の理念を離れてプラグマティックな政策にシフトしつつあった。

イスラエルとの関係においても、錦田（2014）の指摘にあるように、イスラーム法に登場する「停戦（フドナ）」という概念を持ち出し、一時的解決をつみあげる形で事実上その存在を認めようとするなど、柔軟な姿勢を見せている。だが、注意すべきは、このような柔軟さをオスロ合意以降の和平交渉への参加と直結させて捉えて結論づけるのもまた性急な議論となるということである。イスラエルの存在を実質的に認めることと、オスロ合意に規定された不完全な自治を受け入れることは同じではないからである。つまり、ハーマスの目指すのは、イスラエルの存在を前提としつつも、パレスチナ人の主権を否定するオスロ・プロセスにはよらずに、パレスチナ国家の完全な独立を目指すという戦略である。このハマースの試みはPLOがオスロ合意によってパレスチナ革命をネガティヴな形で終焉させてしまった歴史の歩みに、別の道筋を創ろうとするものだったとも言える。

だがハマースの試みは、現状では帝国主義・中東「諸国体制」・オスロ和平プロセスという歴史の荒波の中で周縁化されている。アラファートの没後PLO議長となったマフムード・アッバースは、ハマースの選挙勝利後、国際社会やイスラエルの後押しを背景に大統領権限を拡大した。2007年3月にようやくハマース・ファタハ連立内閣が樹立されたが、その3カ月後にハマース軍事部門とファタハ率いる治安警察が衝突すると、ハマースはガザのファタハ・メンバーを殺害・弾圧し、ガザを制圧した。その後、ガザの境界はイスラエルによって完全にコントロールされ、ほぼ封鎖状態となった。このようなパレスチナ政治機構の二分化、その下で明らかになる自治政府とイスラエル占領当局との協力体制の強化により、民衆からのオスロ合意の破棄・自治政府解散

を求める声もたびたび高まっている。この民衆の不満に対処すべく，2014年6月にはハマース・ファタハ間で「民族和解」の合意が結ばれたが，直後の7月にイスラエルが開始したガザ大規模侵攻によって実質的な動きは生まれなかった。むしろ，侵攻後になされた停戦協議でもハマースがボイコットされ，PLOの存在感が強化されることになった。

他方，PLOが国連での地位向上を求めた外交キャンペーンには多くの注目が集まっている。1974年以来，PLOの国連総会での地位はオブザーバー組織だったが，2012年にこれがオブザーバー国家に格上げされ，2015年4月には国際刑事裁判所（ICC）加盟が認められた。国連での地位が上昇したことで，PLOはガザ侵攻のようなイスラエルの暴力行為を戦争犯罪としてICCに提訴できるようになった。

この動きを，従来の和平プロセスから脱却してパレスチナ国家の主権獲得を目指すPLOの真の努力と見るのか，あくまでも従来型の和平プロセスのもとでの立場強化をねらったPLOの交渉カードと見るのかは，今後の動きにかかっている。オスロ合意も含め，イスラエルとの間の過去の合意には縛られないというアッバース議長の国連総会での発言もあるが，この事態は民衆の不満が募るなかで，国際社会で存在感をアピールすることでパレスチナ人の代表の座を守り，ハマースとの権力闘争に打ち勝とうとするPLOの政治的パフォーマンスと捉えることもできよう。

帝国主義，中東「諸国体制」の確立，その延長線上に位置づくオスロ和平プロセスという一連の流れからの脱却は，ハマースを含め民衆の幅広い層の支持を受けた諸組織の和解と協力体制のもとでこそ，その第一歩が始まる。

参考文献
板垣雄三『歴史の現在と地域学――現代中東への視角』岩波書店，1992年。
臼杵陽「パレスチナ／イスラエル地域研究への序章――イスラエル政治社会研究における＜他者＞の表象の諸問題」『地域研究論集』第1巻第1号，国立民族学博物館地域研究企画交流センター，1997年。
臼杵陽「パレスチナにおけるナショナリズムの起源と展開」酒井啓子・臼杵陽編『イスラーム地域の国家とナショナリズム』東京大学出版会，2005年。
臼杵陽「第二次世界大戦期ドイツにおけるパレスチナ人指導者――ハーッジ・アミーン・アル・フサイニーとナチスの関係をめぐる最近の研究動向」『経済志林』法政

大学出版局,79(4), 2012年。
金城美幸「反・二国家解決としてのオスロ・プロセスと新たな和平言説の誕生」今野泰三・鶴見太郎・武田祥英編『オスロ合意から20年――パレスチナ／イスラエルの変容と課題』NIHUイスラーム地域研究TIAS中東研究シリーズ第9巻, 2015年a。
金城美幸「イスラエル建国以前の労働シオニズムにおける「民族共生論」の役割」『アジア・アフリカ研究』第55巻第2号, 2015年b。
酒井啓子「イスラーム世界におけるナショナリズム概観」酒井啓子・臼杵陽編『イスラーム地域の国家とナショナリズム』東京大学出版会, 2005年。
シュロモー・サンド（高橋武智監訳）『ユダヤ人の起源――歴史はどのように創作されたのか』ランダムハウスジャパン, 2010年。
立山良司「西岸・ガザとPLO, ヨルダン」池田明史編『中東和平と西岸・ガザ――占領地問題の行方』アジア経済研究所, 1990年。
錦田愛子「ハマースの政権掌握と外交政策」国際政治学会編『国際政治』2014年。
森まり子『社会主義シオニズムとアラブ問題――ベングリオンの軌跡 1905-1939』岩波書店, 2002年。
Rashid Khalidi, *The Iron Cage: The Story of the Palestinian Struggle for Statehood*, Boston: Bacon Press, 2006.
Rashid Khalidi, *Brokers of Deceit: How the US Has Undermined Peace in the Middle East*, Boston: Beacon Press Books, 2013.
Benny Morris, *The Birth of the Palestinian Refugee Problem*, Cambridge: Cambridge University Press, 1987.
Ilan Pappe, *The Ethnic Cleansing of Palestine*, Oxford: Oneworld Publications Limited, 2006.
Ilan Pappe and Jamil Hilal (eds.), *Across the Wall: Narratives of Israeli-Palestinian History*, London and New York: I.B. Tauris, 2010.
Avi Shlaim, *Collusion across the Jordan: King Abdullah, the Zionist Movement, and the Partition of Palestine*, New York: Columbia University Press, 1988.
Oren Yiftachel, *Ethnocracy: Land And Identity Politics in Israel/Palestine*, Pennsylvania: University of Pennsylvania Press, 2006.

第7章　中東地域の女性と難民
――紛争による周縁化の現実――

円城由美子

1　中東の政治変動と難民の発生

中東の難民女性の姿とは

　9.11後の中東地域では，これまでにない規模の大規模な難民が発生している。とりわけ2003年の「イラク戦争」によるイラクの体制転換，そして，2011年の「アラブの春」と呼ばれる各国での一連の政治変動によって，大規模な人の移動が引き起こされた。2014年の国連難民高等弁務官事務所(UNHCR)の報告によれば，今や中東は難民の出身地としても移動先としても世界トップの地域に位置している。中東情勢は依然として流動的であり，政治状況によって左右される人の移動の傾向もまた流動的である。

　中東地域では大きな政治変動が起こるたびに，無数の難民が発生し，またそのたびに難民たちの姿がメディアで流されてきた。どの時代の，中東諸国のどの国の難民も，その姿はたいして代わり映えせず，子供たちの手を引き，着の身着のままヴェールをまとい悲嘆にくれる女性の姿が映し出され続けている。「サウス的」女性はこれまで暴力や差別の「被害者」と位置づけられてきたが，なかでも中東の女性は家父長制やイスラームの教えに基づく様々な規範のなかで，「抑圧の対象」として象徴的に描かれることが少なくない。とりわけ難民となった女性は，最も周縁化された被抑圧者の典型的な姿として描かれる。

　このように抑圧された中東女性のイメージを「分かりやすく」体現しているように見える中東の難民女性だが，東西冷戦の終結とグローバル化の進展を経てもなお，彼女たちの置かれている状況，そして彼女らのあり方に変化は見られないのだろうか。本章では，上で述べたような難民女性の姿の中からグローバル化の影響を見出し，今日的な中東の難民女性のあり方を浮き彫りにしてみたい。

紛争と難民

　まず，難民の歴史および現在の規模などを概観しておこう。難民が急増し，国際的な関心を集めるようになったのは，20世紀前半の2つの世界大戦以降である。第1次大戦終結は，ハプスブルク帝国とオスマン帝国の崩壊をもたらし，それに伴って民族と国境が必ずしも一致しない新国家を中欧，東欧，南欧から現在の中東にわたる広大な地域に誕生させた。民族的に均質的な人口構成を目指した新興国家が強制移住を行ったことが，難民を発生させる引き金となったのである（ウェイナー 1999：51）。また，ロシア革命およびそれに続く内戦，1930年代のヒトラー台頭およびナチスのヨーロッパにおける拡大も難民発生の要因となった（ウェイナー 1999：52）。近代化に伴う戦争の大規模化および，それに起因する民間人に対する無差別な暴力や破壊も，難民が急増した原因の1つであった。

　ヨーロッパを中心に発生していた国外への大規模な人口流出は，その後，50年代以降は，アジア・アフリカ地域での植民地独立闘争，共産主義政権樹立に伴う政治的混乱，独立後の権力闘争によって非ヨーロッパ地域でも見られるようになった。70年代にはインドシナ半島での共産主義政権の樹立に伴う混乱により大規模な難民流出が続き，アジア・アフリカ地域の難民数がヨーロッパを上回った（中山 2014：3-5）。

　その後，東西冷戦の緊張が高まり，各地で代理戦争が勃発すると，難民の数はさらに増加した。1975年に280万人であった難民数は80年には1500万人近くまで達した。こうして難民発生の中心地はヨーロッパからアジア・アフリカ地域へと移行した。さらに，冷戦の終結に伴い，アジア・アフリカ地域では民族対立や反政府勢力の蜂起などで内戦が激化し，近隣諸国への難民の流出を招くことになった。同時に，紛争を逃れて居住地を離れたものの国境を越えることができず，国境内で避難生活を送る国内避難民が急増し，難民支援の対象となっていることも近年の特徴である。

　近代化の進展に伴い，世界的な難民の発生は，大規模な大戦の終結，冷戦に関わる紛争，さらに民族対立や国内の権力闘争へと，難民発生の中心地だけでなく，その原因も変容を遂げてきた。また，その数は急速に増加している。

揺らぐ「難民」の定義

「難民」という言葉の示す範囲は、1951年の難民条約によって、「人種、宗教、政治的意見やまたは特定の社会集団に属するなどの理由で、自国にいると迫害を受ける恐れがあるために他国に逃れた」人々と定義されている。しかし、UNHCRはホームページ（2016年現在）で、「今日、難民とは、政治的な迫害のほか、武力紛争や人権侵害などを逃れるために国境を越えて他国に庇護を求めた人々を指すようになっている」とも説明している。また、国境を越えていない、という点以外は難民と同様の状況下に置かれ、現在では難民の数を上回っている国内避難民を、難民と区別して分類することの問題も、UNHCRをはじめとする難民支援に関わる機関を中心に議論されている（中山 2014：15-18）。

難民とは誰のことを指すのか、という議論で最も問題になるのは、移動が強制的か自発的か、という点と、原因が政治的か経済的かという点である。現代における人の移動は様々な動機に基づいており、現実には異なる「強制」の度合いを持った人々が移動している（小泉 2009：4）。ほとんどの移動者に強制的要素と自発的要素が混在している。さらに、先に触れたとおり、国境を越えない移動者である国内避難民も急増している（図7-1）。

このように「難民」の意味する範囲を示す明確な線引きが困難であることを考慮すれば、国際法上の難民のみでなく、低賃金労働移民や国内避難民を含めたより幅広い「"難民然"の人々」（小泉 2009：4）の移動との関わりも射程に入れることが、難民の実態により近づく上では必要だろう。そのため、本章では、特に断りのない限りは基本的には上述のUNHCRの難民規定に基づいて難民を捉えながら、同時に、国内避難民を含む幅広い「"難民然"の人々」にも触れながら、中東地域の女性と難民をめぐる今日的な環境を考察してみたい。

紛争で激増する中東の難民

先に述べた通り、中東地域では、紛争の度に大規模な人の移動が発生し、紛争の継続とともに現在も、難民の数は増え続けている。歴史的に見て、中東における難民の象徴とされてきたのはパレスチナ人であろう。イスラエルの建国宣言によって始まった1948年の第1次中東戦争では、祖国を失った大量のパレスチナ人が難民となった。パレスチナ人の実に75万人が近隣諸国へと移動を余儀なくされ、現在でも中東地域だけで400万人以上が難民生活を送ってい

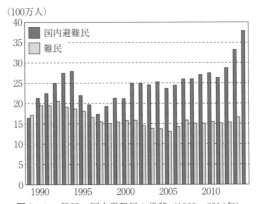

図7-1　難民・国内避難民の推移（1989〜2014年）
出所：Internal Displacement Monitoring Centre "Global Overview 2015".

る。

　現在の中東地域は，難民発生国としても，滞在先国としても突出している。また現在も大規模な難民の移動が主にヨーロッパをはじめとする先進国へと急速に広がり，その動向および影響は世界規模へと広がっている。絶え間なくヨーロッパへ流入する難民への対応は，まさにEUはじめ各国の喫緊の課題となっており国際社会全体にとっても深刻な問題である。しかし，そのことを十分認識した上で，本章では中東地域内における移動に限定して取り上げたい。現在起きている中東からヨーロッパへと向かう移動は確かに大規模である。しかし現在の難民のなかで最大のシリア難民のうちヨーロッパへと移動しているのは2015年9月の現時点で2割に満たない。シリア人だけに限らず圧倒的多数の中東難民は主要な第1次避難国である中東諸国にとどまっている。この2点を考慮し，考察の中心を現在中東に滞在している難民女性に据え，他の点については別稿に譲りたい。

イラク戦争とシリア紛争による爆発的な人の移動

　2003年の米英によるイラク攻撃から，シリア国内での紛争までの約10年間に，イラクでは約200万人が難民になり，また，それをはるかに上回る数の国内避難民が発生した。シリア紛争による難民が発生するまで，イラク難民はパレスチナ難民の発生以来，中東地域で最大規模の難民発生であった。ただし，

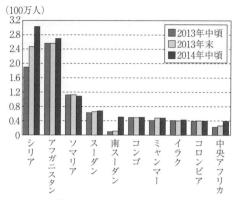

図7-2　難民の主な出身国
＊難民状況に置かれている人も含む。
出所：UNHCR Mid-Year Trends 2014.

　実際の難民発生はイラク攻撃直後より，むしろそれ以降の米国占領統治下で起こっている。とりわけ，国内で治安が悪化した2007年からの2年半の間にはフセイン政権崩壊後で最も多くの難民および国内避難民が，首都バグダードを中心に発生している。2011年以降は，イラク難民最大の滞在先であったシリアでの紛争が激化したことにより，多くのイラク難民がシリアからイラク北部へと帰国，国内避難民が急増した。さらに，2014年からは北部を中心に過激派組織「イスラーム国（以下IS）」をはじめとするイスラーム系武装勢力とイラク政府との戦いにより国内避難民が北部を中心に発生した。現在のイラク人難民はUNHCRによれば，ヨルダンなど周辺国に約40万人，国内避難民は北部クルド地区を中心に700万人と推定されている。

　シリアでは，2011年の「アラブの春」以降の国内情勢の悪化に伴い，UNHCRが「未曾有の規模」と位置づける数の難民・国内避難民が発生している（図7-2）。2015年現在で中東地域の周辺国への難民が400万人を超え，さらに国内避難民は約760万人と推定されている（図7-3）。国民の約半数が国内外で避難生活を送っていることになる。2015年7月のUNHCRによる報告では，最大の受入先はトルコで，中東周辺に滞在しているシリア難民の約45％，約181万人が避難している。レバノンに117万人（29.0％），ヨルダンに63万人（15.7％），イラクに25万人（6.2％），エジプトに13万人（3.2％），北アフリカに2万4055人（0.6％）が避難しており，近隣5カ国でシリア難民の

第Ⅰ部　中東世界の変容

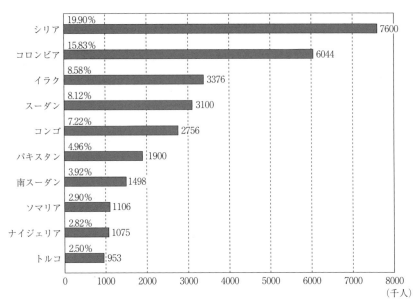

図7-3　国内避難民を抱える主要10カ国
出所：Internal Displacement Monitoring Centre "Global Overview 2015"をもとに筆者作成。

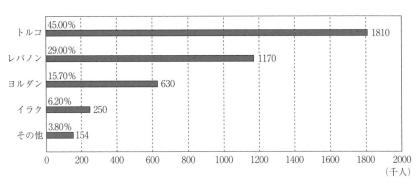

図7-4　シリア難民の主な滞在先
出所：UNHCR "The Total number of Syrian refugee exceeds four million for first time"をもとに，筆者作成。

約95％を引き受けている（図7-4）。

2 脆弱な難民女性

中東の女性を見る視角とは

具体的に中東の難民女性の現状を見ていく前に,「中東」や「中東女性」を捉える視角に関する議論を瞥見しておきたい。誰が誰に対して何をどう表象するのかは,サイードがオリエンタリズムで提起した問題である。メディアで流布され続ける難民女性の姿とは,西側諸国による「ジェンダーのオリエンタリズム」との見方もある。他者からの視点は常に文化的フィルターがかかり,いわゆるオリエンタリズムから抜け出すことは不可能なのではないか,という議論は常につきまとう。それゆえ少なくとも,西洋的,植民地主義的な視点について自覚的になることは最低限必要だろう。

イスラーム社会のジェンダー研究者ライラ・アハメドは著書『イスラームにおける女性とジェンダー』で,西洋中心の言説を無批判に継承することについて以下のように指摘している。

> ムスリム女性が解放されているかどうかを計る尺度は,彼女たちがヴェールをしているかどうか,あるいは,ある特定の社会が,「進歩し」西洋化したか,それともいまだにアラブやイスラームの様式に固執することが主張され続けているのかを調べれば分かる,というパラダイムの中でしか語られていない。 （アハメド 2000：356）

その上で彼女は,近代性と「進歩」と西洋化を文句なしに善であり,個人主義の持つ諸価値が疑いなく常に有益であることを前提にアラブ女性に関する著作が発表されることを批判している（アハメド 2000：358）。

以下,中東の女性の現状について詳述していく中でも,とりわけイラクの事例で,「中東＝後進性」「西洋化＝進歩」の単純な図式に則った政策や政治決定がどのような環境を作りだしているのかを具体的に見ていくことになるが,西洋中心の言説を無自覚に継承していないかどうか常に問い続けておくことは,中東を見る上で必要不可欠な視角の1つと言えるだろう。

重い「男性不在」の意味

　大量に発生する中東難民のなかで，女性はどのような境遇に置かれているのだろうか。「サウス的」女性の象徴のような中東の難民女性のなかでも，より深刻な状況にあると考えられる女性家長の境遇を見てみよう。女性家長とは，男性家長を失い難民生活を送りながら家族を率いて家長とならざるを得なくなった女性たちである。難民のなかで女性家長の占める割合は複数の国際機関の間でばらつきがあるものの，イラク難民，シリア難民に関しては，全難民世帯の約4分の1と推定されている。

　UNHCRが2014年に実施した難民の女性家長に対して行った調査では，経済面・治安面・精神面において，男性という保護者の不在がいかに大きな意味を持つのか，また，なぜ難民のなかで女性家長が多くなるのかが明らかにされている。

　調査は2014年の2〜4月，エジプト（48人），ヨルダン（48人），レバノン（39人）のシリア難民の女性家長135人に対して行われた。調査の対象となった女性家長とは，ここでは，「避難先の生活での家族の世話，家計，決定において責任を担っている女性」のことを指す。成人男性を含む家族でも，インタビューを受けた女性自身が上述の責任を果たし，自らを家長と認めているケースも含まれる。調査は上述の3カ国の都市部・地方部，およびヨルダンのザータリキャンプにおいてインタビュー形式で実施された。

　また，調査は，統計的データによる全体像の把握を目的とはしておらず，難民生活における女性家長の置かれた困難な状況の根幹を探ることに主眼が置かれている。家長としてインタビューを受けたのは17〜85歳の女性で，うち26〜59歳が大半を占めている。

　その結果を見てみると，まず，出国の決め手については，男性家長の不在を多くの女性が理由として挙げている。避難するまでは，家計や家族の保護を男性に頼っていた女性がほとんどで，シリアでは親戚や知人が近くに住むコミュニティに居住し，男性に付き添われず1人で外出した経験のない女性も少なくなかった。男性家長を——多くは紛争によって——失い，その状態で紛争地に居残り続けることに不安を感じて出国を決断したケースが大半であった。一方，男性家長がシリアに残っているケースも複数報告されている。家財を守るためや，シリアに残る高齢者や負傷者を含む家族や親戚の世話をするため，も

しくは，彼女らの出国の手伝いをするため，というのがその理由である。インタビューを受けた女性の3分の2が出国後，少なくとも1度は居住先を変えている。住居環境の悪さ（インフラの未整備），治安の悪さ，家賃支払い能力の欠如などを理由としている。

避難先社会からの孤立

経済的な問題は，様々な形で現れている。UNHCRの別の調査によればシリア難民の女性家長が率いる世帯の平均家族数は5.6人であるが，このインタビューでは従兄弟や義理の両親を含めた最大23人の家族を経済的に支えなければならない女性もいた。インタビューを受けた女性の8割近くで労働収入がなく，64％が支援機関からの何らかの金銭援助に経済的に完全に依存している。調査対象となった3カ国すべてで難民には就労許可が与えられていない。このため労働収入を得ている場合は法定最低賃金の対象とはならないインフォーマルセクターで就労している。主な就労分野は保育，縫製，手工芸，農業である。

就労できない女性は，小さな子供の世話，家族の世話，就労先が見つけられないことを理由に挙げている。彼女たちは，食糧が不足すれば装飾品の金を売り，家賃や日用品が不足すれば食糧を含む支援物資を売って賄っている。

また，調査対象の中の約3分の1の女性が，家主から家賃無料や金銭の提供と引き換えに性的要求に応じるよう強要されるなどの嫌がらせを受けたと報告している。性的嫌がらせは，「男性不在」の不利益を女性家長にとりわけ強く意識させている。「息子をできるだけバルコニーに立たせ，男性の存在を外に知らせる」との報告もある。性的嫌がらせ以外にも，性的暴力や搾取対象とされた女性たちは「保護者である男性家長がいない」ことをその理由と受け止めている。そのため転々と移動を続けるケースが少なくなく，ホスト国のコミュニティに根付いた関係が構築できず，そのため必要な情報も入手できずにコミュニティで孤立している様子がうかがえる。3人に1人が，コミュニティに不慣れなことや，安全ではないと感じることを理由に日頃の難民生活で外には極力出かけないと答えている。

周縁化のスパイラル

この調査は，インタビューに基づいた質的調査であり，「難民女性全体の状

況を反映しているものではない」ことは先に述べたとおりである。しかし，最も危機的な状況にある女性家長が状況を深刻化させている要因とは，難民女性たちが一般的に，それぞれのレベルで抱えている要因がより深刻な形で発現したケースと捉えることができるだろう。中東の難民女性のなかでも，男性家長を欠き，家長の役割を担いながら，不自由な住環境で母親として子供たちの食事の世話や健康管理も担う女性家長とは，少なくとも以下の2点で，最も深刻な状況を抱えている集団と言える。

　第1に，家父長制が根強く残る中東諸国では，女性は，難民になる前の生活で男性とりわけ家長である男性への依存性が比較的高い。その依存度が高いからこそ，男性の不在が出国の決め手となり，また依存度が高かったからこそ，男性を欠いた生活での困難も大きい。女性家長が難民に占める割合が高い理由は，難民前の社会における男性への依存度の高さを示しているとも言える。

　第2に，女性家長は保護される存在から，保護する存在へと立場上は突然の変化を強いられながら，実際には収入を得るのは男性家長の場合よりさらに困難であり，また，自身は男性家長不在という理由で性的搾取や暴力の対象によりなりやすいというジレンマを抱える。自身の身の危険を感じることが多いにもかかわらず，新たに課せられた家族を守るという責任を果たさなければならず，結果的に，居場所を転々とすることによって危険を逃れようとする動機が男性家長の場合より強い。そのためコミュニティとの繋がりを築くことがさらに難しくなり，日頃生活する活動範囲は限られ孤独な生活を強いられている。

　難民女性のなかでもとりわけ厳しい環境に置かれている女性家長の直面している問題とは，男性中心の中東社会のなかで伝統的に見られる女性が抱える問題が先鋭的に現れたものとも言えるだろう。その意味では，難民女性家長は，難民女性の状況さらには中東女性の伝統的な位置づけや役割を断片的ながら具現化していると見ることが出来るだろう。

3　シリア難民の大規模流入による労働市場への影響

ヨルダンの多様な労働者——棲み分けと競合

　前節では，中東地域における伝統的な難民女性の象徴とも言える姿を見てきた。シリア難民の女性家長は叔父・叔母や甥・姪を含む伝統的な拡大家族を率

い，避難先でも攻撃や嫌がらせの対象となっていた。

　しかし，シリア難民の中の女性難民のあり方は必ずしも一様ではない。グローバル化や近代化，政治変動に応じて，彼女たちの生存戦略は刻一刻と変わっており，単なる「抑圧された」存在としてのみでは捉えることのできない難民女性の置かれた状況やあり方が存在する。以下では，シリア人難民女性の労働市場への参入状況や労働市場への影響を見ながら，シリア難民女性の置かれている状況を考察してみよう。

　アラブ地域は女性の雇用率が12%程度と最も低い地域である。また，インフォーマルセクターでの農業従事者が男女ともに多く，エジプトやモロッコ，スーダン，イエメンでは雇用全体の3分の1を占めるほどである。他方この地域には，多国籍企業の進出も進み，それに伴い近隣諸国やアジアからの労働移民の流入も多くみられる。なかでもヨルダンは，シリア難民を含む難民の人口比率が高く，彼ら彼女らの労働市場への影響が懸念されている。そこで，ヨルダンへのシリア難民女性の流入が労働市場へどのような影響を与えているのか，2014年に国際労働機関（ILO）が行った労働市場調査の結果を中心に，グローバル化およびジェンダーの視点を交えながら考えてみよう。

　人口約600万人のヨルダンは，イラク難民約9万人，シリア難民約63万人を抱え，国家規模に比べて難民の占める割合がきわめて高い国である。国民100人あたりの難民の数はレバノンについで2番目に多いとされる。また，ヨルダンをはじめとする中東諸国の多くは難民条約に加盟しておらず，正式には「一時的ゲスト」と呼んでおり，国際法上の具体的な権利を有する「難民」という言葉は用いていない。難民は基本的には就労許可を得られず正規の就労の機会は実質的には非常に限られている。そのため仕事はほぼすべてインフォーマルセクターで得ているのが実情である。ヨルダンには北部に難民キャンプが存在するものの，シリア難民は雇用機会を求めるなどの理由から76%は首都アンマンを中心とした都市部およびその周辺に居住している。

インフォーマルセクターに現れる難民の影響

　シリア危機以前より，構造的な高失業率や，低賃金が問題となっていたヨルダンでは，大量のシリア難民の流入で，投資や消費による経済活性化に期待する声もある一方，物価の高騰や労働市場──とりわけ非熟練若年層および女

性への影響が懸念されてきた。このような状況を受けて ILO は 2014 年，ヨルダンの労働市場についての調査を行った。その結果，実際には，男性の失業率の低下は公的部門を中心とするフォーマルなセクターでは大幅には起きていないことが分かった。ヨルダンでは雇用者全体の推定 44% がインフォーマルセクターで仕事をしていると見られており，移民労働者は主に，インフォーマルセクターで仕事を請け負っている。賃金低下は，このインフォーマルセクターで約 2% 起きていた。女性に関しては，シリア難民の労働参加率が少ないため労働市場全体への影響は非常に限定的とした上で，「家内工業の縫製など」偏ったセクターで，貧困層のヨルダン女性と競合していることが指摘されている。ここでは，シリア難民女性の労働参加がなぜ少ないのか，また，なぜ縫製業でヨルダンの貧困層の女性と競合するのか，その影響は何かを考えることで，シリア難民女性の置かれている状況の一面を浮き彫りにしたい。

ヨルダン労働省の 2013 年推計によれば，移民労働者約 45 万 8000 人（うち就労許可を持っているのは約 23 万人）のうち 71% がエジプト人で，他のアラブ諸国からが数%，またアジアを中心とした他の地域からが約 25% を占めている。エジプト人男性は主に農業・建設業・清掃など，伝統的にヨルダン人が好まない部門で働いており，一般的にはヨルダン人男性は，移民労働者とは競合していない。より条件の悪い低賃金で働く移民労働者がこれらのセクターを独占しているのである。労働許可を持たないほとんどのシリア難民男性が参入するのがこれらのインフォーマルセクターであり，エジプト人をはじめとする低賃金の移民労働者との間で仕事を取り合っていることになる。

先にも述べたように，インフォーマル労働市場は法定最低賃金の対象とならない。このため，より低待遇での労働を請け負う存在が現れれば，賃金は低下傾向を辿る。つまり，インフォーマルセクターへのシリア難民の流入は，条件の悪い低賃金労働セクターへのさらなる賃金低下圧力を生み出している。

繊維産業におけるシリア難民女性の影響

女性の労働市場は，男性とは異なる様相を見せている。ILO の報告で，シリア難民女性の流入は，ヨルダン女性の労働市場全体には大きな影響はないものの，国内ですでに経済的に周縁化されているヨルダン人の貧困層女性——とりわけ家長となって家計を支えるヨルダン女性——への影響が大きいこと

が指摘されている。なぜだろうか。

　賃金低下圧力が最も顕著に現れる分野の1つとされるのが，縫製を中心とした繊維に関係する家庭内での手仕事である。ヨルダンにおける繊維産業は，今日のグローバル化という観点から，非常に特徴的な産業の1つである。ヨルダンは貿易自由化の流れのなかで，周辺諸国や米国・EUなどの先進国との貿易協定の締結に積極的に取り組んできたが，1996年に米国と輸出協定（Qualified Industrial Zone：QIZ）を締結し，繊維産業を飛躍的に発展させた。米国にとっての中東政策の一環として締結されたこの協定は，米国への輸出優遇措置を中心とする貿易協定である。

　協定締結から5年のうちに，ヨルダンでは衣料・繊維関係が輸出総額に占める割合が締結前の数％から30％以上へと拡大した。当時米国への繊維関係の輸出には，30％関税などの障壁があったが，QIZに認定された財は免税・割り当て量なしの措置がとられたため経済特区には，繊維業界への投資を望む主にアジアの企業が進出した。ヨルダン労働省によれば2008年までに特区に進出した71企業のうち42企業は一部もしくは完全にアジア資本であり，うち23企業を中国・香港・台湾が占めている。

　海外からの企業進出に伴い，アジアからの外国人労働者の数は急増した。外国人労働者の主な出身国はスリランカ，バングラデシュ，インドであり，特区での雇用の74％を占める。大半は女性で，工場に附設された寮で生活する。残りの労働力は，若い地元のヨルダンの女性で占められている。また，特区の企業は法定最低賃金の対象とならなかったため，2010年には労働条件をめぐってアジア出身の労働者や，ヨルダン衣料繊維組合がストライキを起こした。これによってヨルダン人には法定最低賃金が適用されることになったが，移民労働者には適用されないままである。

　QIZによる外国企業の進出は，ヨルダン女性にとって大規模な雇用の創出にはならなかった。機会を得たのは，ヨルダン女性のなかでも，終日働くことが可能な未婚の若い女性たちだけである。家族の世話をする必要がある既婚女性たちは参入が難しく，法定賃金の対象にならないインフォーマルセクターで多くが働いている。その中心は縫製産業の出来高制による家内での下請け賃労働である。シリア難民女性もまた，同じ職種で働くしかない。結果的にヨルダン女性のなかでもより低条件での労働を受け入れざるを得ない女性家長をはじ

めとする貧困家庭の女性と，法的に不安定なシリア難民女性が競合する結果を招いている。

高まる就労の必要性と文化的障害

シリア難民女性が出国前と比べて経済的により困窮している状況に置かれていることは，失業率の変化から見て取れる。2011年以前のシリアにおける女性の失業率が28％だったのに対し，2014年でのヨルダンでのシリア人難民女性の失業率は88％である。積極的に仕事を求めている人の割合が，難民女性の間では格段に多いことを示している。

労働の必要性が高い理由の1つはシリア難民の世帯規模の大きさである。先の女性家長のケースでも触れたが，シリア難民は1世帯あたりの家族数が比較的大きいのが特徴とされる。ヨルダンの都市部在住のシリア難民ではその特徴が顕著であり，シリア難民家族の4世帯に1世帯が10人以上で暮らしている。1人当たりの労働収入への依存度も高い。それにもかかわらず，ヨルダン内のシリア難民では，1世帯当たりの就労者がゼロという世帯が70％以上にものぼっており，就業の必要性が高まっていることは容易に理解できる。

では，なぜヨルダン労働市場への影響は限定的なのだろうか。シリアでは，女性の労働参加率が7％とアラブ諸国で最も低い。つまりシリア人女性たちの多くは，難民になるまで仕事をしていなかった，もしくは，する必要がなかった。このため女性の労働を一般的に「困窮の指標」と見る傾向や，「遠方へ出かけて働くことに対する否定的な周囲の目」が労働参加への障害の1つとしてシリア難民女性自身から挙げられている。また，不便な難民生活のなかで家事の負担が大きいことも仕事を探す上での問題としている。結果的に，仕事は必要で探しているものの，労働する場合は居住している付近もしくは自宅で出来る非熟練の仕事が最も参加しやすい業種となる。ILOの調査でシリア女性の多くが家庭内での縫製労働を行っているのは，このような要因によると考えられる。また，上述のような生活環境および労働観のために実際の労働参加率は低い。このためヨルダンの労働市場全体に見れば影響が限定的なのである。

賃金低下の圧力が最も顕著に現れている分野の1つとしてILOが指摘しているのが，縫製やアクセサリー作りなどの家内手仕事である。ヨルダン人の既婚女性が最も低賃金で従事しているとされる分野である。つまり，繊維・衣料

産業というグローバル資本が積極的に進出し，国際労働市場と化している業種で，ヨルダン人既婚女性はフォーマルな市場からは閉め出され，インフォーマルセクターで，シリア難民女性と低賃金の縫製の仕事を取り合っているのである。賃金低下が発生し，両集団が，ともにより厳しい状況に追いやられ，困窮を深刻化させているのである。

多層化する労働者市場——「難民」の「女性」という階級

　経済のグローバル化に伴い，雇用者が世界市場との競争を迫られるなか，労働者もまた厳しい低賃金競争にさらされていること，また，競争では人種，ジェンダー，階級，その他の複数要素の組み合わせで労働者の序列が決まることが，複数の移民女性研究で示されている（カースルズとミラー　2011：305）。ヨルダンの女性の労働市場では，経済特区内ではアジア系の女性移民労働者が海外の繊維・衣料企業の工場内で，法定賃金以下で働く一方，ヨルダンの若い女性は同じ工場で法定最低賃金を確保している。工場の外では，既婚ヨルダン女性のなかでも工場労働が難しい，とりわけ経済的必要に迫られた貧困層の女性が，インフォーマルセクターの労働市場の中でも低賃金の縫製手工業で働いている。そこに，シリア難民女性が流入し，労働市場の下層レベルにおける多層化を進めた。

　カースルズは，モロクワシチによる女性の移民に関する研究を参照し，多くの女性移民労働者たちが，最も手に入れやすく解雇しやすく，一番不安定な地位のまま据え置かれ——競争力維持のための最も便利な低賃金労働者として，雇われ続けていることを指摘している（カースルズとミラー　2011：305）。また，ジェンダーとエスニシティの労働条件への影響をまとめたシュローヴァーたちの研究を踏まえ，女性労働者が男性より不利な地位に置かれる理由について，たとえば，女性は家族の主要な稼ぎ手ではない，家事があるのでパートタイムでしか労働できない，という「男性中心にジェンダー化されたネットワーク」の存在がその1要因とみなされていることを紹介している（カースルズとミラー　2011：305）。シリア難民女性は，家庭内の家父長制と，移動先社会の「男性中心にジェンダー化されたネットワーク」という二重の家父長制の中にいる。そのなかで「難民」という法的に不利な立場で，グローバル労働市場の中，低賃金労働移民とは別の次元で，ヨルダン女性との低賃金競争にさらされている。

シリア難民女性の労働参加はヨルダンの経済および労働市場全体にとってはほとんど影響がないものの、「難民」の「女性」という不利な要因を兼備しているために下層労働市場に新たな下層階級を作り、賃金下降圧力を生み出しているのである。

4　社会進出と伝統の狭間で——イラクの人身取引

紛争後イラクの女性

　前節で取り上げたシリア難民のケースは、出身国での労働参加率の低さ、および、それと関連した「就労は貧しさの指標」という文化的価値観が、新たにヨルダンで就労する際に1つの障害となっていた。では、社会進出が進んでいるとされたイラクの女性たちはどうだろうか。社会主義政策による就労機会の向上で社会進出を実現させてきた女性たちは、伝統的価値観から脱却し、「抑圧された」女性から——西洋近代的に見たときの——解放された女性へと転身を遂げたのだろうか。イラクでは、2003年のサッダーム・フセイン政権崩壊後、女性の人身取引が多数報告され、難民女性との密接な関係が指摘されている。

　本節では、フセイン政権時代に社会進出を遂げた女性たちと、難民女性、人身取引との結び付きを、欧米の軍事介入および占領統治による「民主化」政策との関連から考えてみよう。

社会進出・民主化・人身取引

　イラクは、フセイン政権下での社会主義政策によって女性の識字率および女性の社会進出が中東一進んだ国として知られていた。また、2003年の米英国の介入による政権転覆後、少なくとも占領統治時代には選挙も行われ「民主化」政策が進められた国である。しかし同時に、イラク戦争をはじめその後の反米紛争や宗派勢力同士の内戦、武装勢力と政府軍との戦いという継続的な治安不安により、大規模な難民・国内避難民がイラク戦争から現在までに発生している。

　イラク人女性たちが「サウス的」女性から部分的であれ脱し、フセイン政権下に一時的であれ——少なくとも西洋近代的な意味で——社会進出したとさ

れていたならば,「かわいそうな女性たち」という伝統的な「サウス的」女性の難民と同様の映像で流れる彼女たちの姿の中に, 何がしかのグローバル化や新たな時代性を見出すことが可能だろうか。彼女たちが, 家を追われ, 難民となる過程で人身取引に巻き込まれている背景に何があるのだろうか。

　人身取引とは,「主に, 女性や子供の性的搾取, 強制労働, 臓器の摘出などの搾取を目的として暴力や脅迫を用いたり, 相手の弱みにつけこんで騙したりして, 人身取引の対象となる人を移動させて誰かに引き渡すこと」と, 国連の「国際組織犯罪防止条約」に付帯する人身取引禁止議定書で定義されている（第3条 a 項目）。

　難民および国内避難民と人身取引とは, 密接に関係しているケースが少なくない。両者の関係は主に2つに大別される。1つは, 難民になることを目指して国外に脱出する過程で人身取引の被害に遭う場合。もう1つは, 人身取引の被害に遭ったために難民となる場合である。前者は, 国外脱出を求めて第三者の助けを利用したところ, その第三者が実は人身取引の加害者の場合。後者は, 人身取引の対象となった結果, 母国もしくは元の居住地に居場所がなくなり, 難民となる場合である（橋本 2014：250）。女性は人身取引, しかも性的搾取に関わる人身取引の対象となりやすい。国連の人身取引に関する調査によると, 人身取引の被害者の70％が女性であり, そのうち87％を性的搾取が占めている（カースルズとミラー 2011：263）。

　フセイン政権崩壊後のイラクでも, 大規模な難民・国内避難民発生に伴う人身取引の増加が報告されている。同政権崩壊後の10年間においては, 宗派や民族を軸にした対立や政治の腐敗などの問題を抱えつつも制度面では, 政治の民主化や経済の自由化が一定程度は進んだ。しかし社会生活面から見ると, 2006～07年には宗派対立を軸とする内戦状態をはじめ, その後の全般的な治安の問題やインフラ復旧の遅れや福祉サービスの質の低下など, 住環境の整備は必ずしも順調に進んでいない。さらに近年の IS のイラク国内での占領地域の拡大により主に中・北部での治安の悪化および社会生活の混乱が進んでいる。さらに2011年からは, イラク難民の主な避難先であったシリアでの紛争により多くが帰国し, 現在約400万人が国内避難民となっている。

紛争地域における性的虐待と人身取引

　一般的に人身取引は紛争後地域において頻繁に発生しており，ガバナンスの不在と生活の困窮に乗じた人身取引ビジネスの拡大やグローバル化に伴う越境型犯罪組織の拡大の組み合わせが，その要因とされている。人身取引の対象となった場合，故郷に帰国すると現地社会から追放，差別，処罰，排除されるケースや，加害者から逃亡した後に警察や検察と協力したとして加害者側からの復讐，脅迫などを受けるケースなどがある。なかでも女性の人身取引に見られる特徴は，「海外に連れて行かれて人身取引の被害者になった者」が帰国後に「特定の社会集団」の一員と見なされ，家族や地元社会から追放，差別，処罰されるというケースが多いことである（橋本 2014：252）。つまり，女性の人身取引では，被害者とみなされる対象者が地元社会から排斥される現象が広く報告されているのである。

　2014年米国務省発表の人身取引に関する報告書によると，イラクは女性および子供に対する性的搾取を目的とした取引の主要な発生地であり売られ先でもあり，人身取引の「温床」となっている。イラク人女性の売られ先は，主にイエメン，シリア，ヨルダン，湾岸諸国などの近隣諸国である。これらの諸国では，人身取引は違法とされておらず，売春行為に関与する組織および個人は摘発を恐れる必要はない。摘発を恐れるのは取引されている女性である。偽装パスポートを含む書類の偽装や不法滞在などの摘発，さらに売買組織のメンバーによる報復の恐れから，女性たちが公的機関に助けを求めることは極端に少ない（橋本 2014：254）。

　イラクの人身取引はイラク攻撃後，拡大し続けていると複数のNGOや国際機関から報告されており，その多数を女性，子供が占めている。米国の『タイム』誌は2009年時点で人身取引された女性は1万人としている。とりわけ，ISによる占領地域の拡大に伴い，近年さらに急増し，ロイターは，2014年1月からの1年余りの期間に少なくとも約3000人のイラク人女性および少女が人身取引の対象とされたと報告している。

　米国務省の人身取引に関する2003年の報告書は，紛争後地域と人身取引の関係についてガバナンスの欠如などをまとめた上で在留外国人の存在を以下のように指摘している。

一般的に，紛争後地域の多くで，法の支配が崩壊もしくは弱体化した状況にあり，女性や子供が誘拐などにより人身取引の標的にされている。このような地域では，被害者に対するシェルターや医療サービスの提供など基本的なインフラが欠如し，被害者が名乗り出るのを躊躇させる。また，軍事介入後の紛争後の状況下では，軍の駐留に伴い，軍人，各方面の専門家，国際組織のスタッフなど，比較的自由に使える資金を所持した人々が滞在する。紛争後の地域で，彼等の存在はしばしば，売春の需要拡大へと繋がっている。

(US Department of State 2003)

　フセイン政権崩壊後の在イラク外国人民間人は米国企業と契約していた米国人・外国人合わせて2009年時点で推定18万人である。また，イラク攻撃後の国境管理が十分ではなかったこの時期には，国際的な犯罪組織などが多数流入したとされる。紛争に伴う誘拐やレイプの要因となり得る人員だけでなく，性産業に関する需要の拡大の要因および国内外のネットワークを繋ぐ介在者となり得る人員が，ガバナンスの不在の下で滞在していたことになる。

　さらにそのような状況下で2004年，連合国暫定統治機構（Coalition Provisional Authority：CPA）のポール・ブレマー（文民行政官）代表が，多国籍軍，CPAのすべての人員，外国人コンサルタント，外国人業者が，イラクの法的プロセスからの対象外となる免除条項を発令したことで，在イラク米国人はイラクの法律では違法とされる行為を行っても，イラクの法律で裁かれることがなくなった。

　このような大規模な人の流入による人身取引の構造的な変化について少なくとも以下の2点が挙げられる。第1に，新興富裕層の出現と性産業の拡大である。上述のように2012年末で米軍は撤退したが，イラクにはそれまで約10年間にわたって多くの民間の外国人が存在していた。比較的経済的に裕福な外国人集団が，少なくとも一定期間はイラクに存在したことで，結果的に，彼らの支払いを受け取るイラク人の側に一部の富裕層——もしくは少なくとも経済的に余裕のある層——を作り出した。

　イラク攻撃時のイラクはどのような経済状態だったのだろうか。イラクでは湾岸戦争による出費および経済制裁によって，90年代以来貧困化が進んでいた。また，性産業に関しては比較的抑制されていた。これは，世俗主義であっ

たフセイン政権が90年代に国内のイスラーム勢力を取り込む目的で再イスラーム化を進めたことが影響している。結果的にイラク攻撃は，国外から人を呼び込み，性産業需要を生み出し，紛争関連で富を得た新興富裕層を国内に出現させ，性産業のローカルな需要を急速に高めたことになる。イラク出身で，女性支援団体ウィメン・フォア・ウィメンの代表ザイナブ・サルビオフは，その様子を「フセインの時代には禁止され，少なくとも表面的には衰退していた性産業は，米軍占領統治開始から3週間で一気に拡大し成長を遂げた」と2003年に米国の雑誌『オフ・アワ・バックス』で説明している。

　第2に，占領統治直後の国境の開放およびその後の新自由主義政策での国境管理の緩和による犯罪組織の流入が挙げられる。1990年代以降のイラクは国際社会から経済制裁を受け，ほぼ「鎖国」状態であった。このため，フセイン政権崩壊後の国境開放は，イラク進出を狙っていた多様な集団が国内に入り込む絶好の契機となった。また，近隣諸国で性産業市場がすでに確立されていたため，国境開放による人身取引介在者の流入で，イラク国内の拡大した市場と近隣諸国の確立された市場がリンクし，イラク人女性の人身取引市場はグローバル化した。その結果，イラク人女性の「需要」は急速に拡大したのである。

逃避する女性たち

　拡大した需要に対して，なぜ女性たちが供給され続けるのだろうか。彼女たちはなぜ誰からも救ってもらえないのだろうか。人身取引へと繋がる誘拐やレイプや，その結果として発生する人身取引の被害者が保護されない「イラク的」な理由は，公的機関の人身取引に対する認識の低さ，伝統的な話し合いによる解決の慣習，売春女性従事者に対する有罪の処遇，家族や部族の問題に対する当局の不介入の姿勢などが挙げられる。

　なかでもアムネスティ・インターナショナルやヒューマン・ライツ・ウォッチなどから報告されているのが部族的な習慣に基づく強制結婚や性的虐待，極端な女性差別や宗教的に保守的な価値観の復活，および女性を被害者とする犯罪に対する処罰の実質的な不在である。

　一般的にイラクでは，性的な暴行や女性の誘拐などは，伝統的に家族間の話し合いによって処理される。女性の「性」に関係することは，一族の「恥」と「名誉」に関する事項であることが，その主な理由の1つである。たとえば，

レイプ加害者は，被害者女性と結婚すれば「罪を矯正」でき，被害者家族は「少女と家族の名誉を守るために」，レイプ加害者およびその家族から結婚に同意するよう圧力をかけられることが少なくない。相手が特定できない場合，一族の「恥」は女性に対する「名誉殺人」によって「汚名を払拭」出来るとされる。

人道支援団体オーガニゼーション・オブ・ウィメンズ・フリードムなどの調査によれば，イラク攻撃直後の2003年4月から8月にレイプ被害にあった400人の女性のうち，約半分が家族や親族による名誉殺人の対象となって殺害の危機にさらされている。このような伝統的な習慣に基づく暴力からの逃避が人身取引への契機の1つとなっていることがイラク女性の人身取引の特徴である。

イラクでは2012年までは人身取引という名目で加害者を罰する規定はなく，人身取引は「売春」もしくはその他の「公衆道徳違反」などのカテゴリーで処理されてきた。そうなれば，人身取引被害者のはずの女性は犯罪者とされる。そのような状況のなかで，誘拐やレイプを契機として市場に取り込まれ，家族や部族から排斥された女性に対して，占領統治の主体であるCPAは「保護しない，対応をしない」という不介入姿勢をとった。

このような状況のなかで，誘拐やレイプ被害に遭った女性たちの多くが，家族から「不名誉な存在」として取り扱われ，逃避した結果，難民保護のNGOを名乗る人身取引ブローカーに「保護」され，市場へと「供給」されている。つまり，市場をめぐる紛争的な要因と伝統的な要因の重層的な組み合わせが，紛争後イラクで女性の人身取引の発生を助長する環境を作り上げてしまったのである。

民主化と伝統の狭間で攻撃される女性たち

習慣と女性たちとの逃避との関係を見てきたが，次に女性の社会進出や民主化との関係を見てみよう。女性の社会進出を推進させたフセイン政権の統治から見てみよう。

フセイン政権下のイラクでは，国軍や治安部隊などの暴力装置とバアス党組織を用いた監視網が強化されていた。フセイン大統領は伝統的な部族や宗派によるつながりを寸断し，社会を「原子化」して国民を支配していたのである

（山尾 2013：76）。同時に，近代化を掲げた80年代には社会主義政策を進め，個人に対する社会サービスや教育の権利などのセーフティーネットを提供し，女性にも一定の法的権利，社会サービス・教育・育児・子供への教育，労働市場における権利を割り当てた。女性の社会進出が進み，識字率が向上したのはこのためである。フセイン政権は家父長的な権利を，父親・夫・兄弟・息子・叔父などの伝統的な紐帯から国家へと移行させ，国家が保護者の役割を担うことで統治していたのである。

フセイン政権後のイラクでは米国が「民主化」を提唱したが，米国による占領統治下では，反米・反西洋を掲げるイスラーム勢力や，占領統治に反感を抱いて，それに同調する住民によって「西洋的」「米国的」と見なされる言動が攻撃されるようになった。女性の権利擁護を唱える活動家，政治家，専門家，教師，医師，研究者，弁護士など公的な役割を帯びていた女性たちや，通訳など直接，米軍と関わりを持つ仕事についた女性，さらに英語を話す者が，「アメリカへ身を売った者」として攻撃された（アル＝アリー 2012：253）。

フセイン政権が崩壊し，女性を含む個々人は国家の管理からは自由になった。しかし同時に治安・経済面で保護者の役割を果たしていた国家が機能を停止し，個人はフセイン政権時代には重要度の低かった宗派・部族という伝統的紐帯へと保護を求めざるを得なくなっていった。社会主義政策の「恩恵」を受け社会進出を手にしていた女性たちが，反米感情を持つ人々や，政治的な宗派対立によりイスラーム規範を強化しようとする宗派勢力によって標的にされたのである。

社会進出が進んでいたぶん，攻撃対象となった女性もまた比較的多かった。一般的に，敗戦国や，植民地支配を経て独立したポストコロニアル国家では，男女平等の民主主義は，欧米の先進国によって押し付けられた，外国のものである，という批判が生まれやすく，西洋的と見なされる女性は，家父長制的な秩序を取り戻そうとする勢力から攻撃を受けやすい（竹中 2010：21）。フセイン政権下では，女性の社会参加が推進され専門職についている女性の割合は，少なくとも80年代はアラブ諸国のなかで最も高かった。女性解放のスローガンが初めて導入される地域とは異なり，フセイン政権崩壊時でも，特に首都バグダードでは家庭の外で働いている女性が少なくなかった。そのぶん，フセイン政権後の反米感情の矛先として，社会進出を果たした多くの女性が——性

的暴力を含む——攻撃の的となった。
　紛争に乗じてレイプや誘拐が頻発し，名誉殺人が多数報告された時期とは，イラク社会内で急速に，人々が部族や宗派に基づく伝統的ネットワークへの依存を高めていった時期でもある。伝統的価値観の重視を互いに確かめ合うかのように名誉殺人が実行されていったと見ることができるだろう。
　これまで見たように，イラクでの人身取引の発生は，伝統的習慣およびフセイン政権から継続しているイラク社会の状況というイラク特有の歴史構造的要因と，米国の「女性解放」政策をはじめとする統治方法の接合に起因している。家庭から逃避せざるを得ない状況に追い込まれた女性が，国外への脱出を図る過程で，人身取引へと取り込まれている。人身取引のルートにいったん入れられ「名誉を汚した者」となってしまえば，彼女たちに行き場はない。家族は名誉殺人を求め，支援団体に保護を求めれば，保護を求めた先が攻撃され，警察に保護を求めれば，家族の引渡し要求に警察が応じるか，刑務所に入れられるか，である。女性にとっては，家族からの排斥が一族，コミュニティからの排斥であり，イラク社会全体からの排斥に直結している。排斥された女性の中には，新たにブローカーに転身することで新たな女性たちの取り込みを行い続けている者も少なくない。このように，フセイン政権後のイラクでの人身取引ネットワークは，生み出され続ける排斥者の受け皿として機能し続け，また存続し続けている。

5　中東の「女性」の「難民」が内包している複雑さと普遍性

浮かび上がる母国の政策やホスト国の事情との関係
　以上見た2つの事例では，伝統的な家父長制やイスラームの規範によって「虐げられる女性」という直線的な構図では見えてこない，今日の中東における難民女性が内包する複雑な状況に焦点を当てた。
　ヨルダンにおけるシリア難民女性の例では，すでにジェンダー・人種・階級によって棲み分けが進んでいるヨルダンのグローバル雇用市場において，法的に脆弱な「難民」と「女性」という地位によってシリア難民女性の流入が，労働市場に新たな下層階級を生み出していることを見た。それは単に，シリア女性難民が周縁化された最下層として存在することを意味するだけでなく，ヨル

ダンの雇用市場ですでに最下層に類する仕事をしていたヨルダンの貧困層の既婚女性との競合を生み出し，賃金低下を含む労働条件の悪化圧力を生み出していることをも意味する。シリア難民女性は，単純に「虐げられている」者というだけではなく，さらなる競争を生み出す主体ともなっている。

　また，イラクにおける人身取引の例では，近代化の下，社会主義政策の恩恵を受けて社会進出を果たした女性たちが攻撃される状況を見た。米英主導のイラク攻撃では，「民主化」「女性解放」が謳われたが，米国の占領統治下でガバナンスが崩壊すると，占領統治に反対する勢力や，イスラーム諸宗派の政治闘争で，西洋的なものに対する攻撃が強まり，西洋的に見た「成功例」と言える女性たちが標的となったのである。社会進出と伝統的価値観の狭間で，彼女たちは追い詰められ，逃避せざるを得なくなった。彼女たちが人身取引ネットワークに結果的に取り込まれた理由とは，単に紛争や中東の「後進性」だけでなく，西洋近代的な「進歩性」の体現者ゆえなのである。

　両事例と本章との関わりで少なくとも2点を指摘できる。第1に，イラクの事例で見たように，難民発生の原因には，単なる治安の悪化という紛争以外の要因が密接に関係している。イラクではフセイン政権下での政策および米国占領統治下での民主化政策が少なくともこれにあたる。第2に，ヨルダンの例で見たように，難民のホスト国への影響とは，すでにホスト国において周縁化されている集団に偏って現れる。ヨルダンでの女性労働者の階層化が進む中，労働市場から閉め出され，インフォーマルセクターでシリア難民女性と競合する立場に立たされたヨルダンの貧困層の既婚女性が影響を受けている集団にあたる。

　いずれの事例についても言えることは，難民発生の物理的な場所や時間を見ただけでは，実態は見えてこないということだろう。むしろ，出身国において現在の難民女性たちが伝統的に，かつ政策的にどのように扱われてきたのか，また彼女たちが滞在先としているホスト国は，どのような社会・経済事情にあるのかという歴史的経緯や社会情勢に目を向けなければ，「周縁化された中東の難民女性」の内にある複雑な事情は浮かび上がってこないのである。

グローバル化に伴う移動の拡大と孤立による生活空間の閉塞

　ここで，難民女性に共通に見られる今日的な移動パターンにも目を向けたい。

第7章　中東地域の女性と難民

地元のコミュニティ・社会，さらには家族からいったん切り離されてしまった人たちは，グローバル化により，より遠くへと移動することが，もしくは移動させられることが可能になった。イラクの人身取引で見たように，国境を越えた犯罪組織などによりローカルな市場からグローバルな市場へと容易に運ばれる。しかし同時に難民女性は，滞在先での様々な恐怖や暴力，出身地からの排斥など，物理的にも社会的にも孤立している。とりわけ男性成人という保護者を失った女性たちは，経済的に持続不可能な状態で滞在先の狭い生活空間に留まり続けている。

昨今のEUへと向かう中東からの難民の波にも見られるようにマクロ的に見れば難民の移動速度は早まり，範囲は拡大している。しかし同時に，ミクロ的に日々の個々人の生活圏を見れば，より狭い閉鎖された空間へと閉じ込められる傾向が——とりわけ家長の難民女性には——見られるのである。

中東女性の輪郭の揺らぎ

本章では中東の難民女性が内包している複雑さを検討してきた。今日的な状況として少なくとも以下の2点が言えるだろう。第1に，ヨルダンのケースで見たように，「サウス的」とされる重要な側面である家父長制に基づいた女性を取り巻く環境は，グローバル化を経験したグローバル・サウスにおいては，女性の周縁化の解消には結び付かず，単にグローバルな周縁化へと向かってしまったということ。第2に，西洋的価値観を導入することによって民主化をもたらすはずであったイラク戦争は，近代化された女性を保守派勢力からの攻撃対象としてしまい，さらには彼女たちをグローバルな人身取引へと取り込むきっかけとして機能してしまったということである。

さらに，主体的関与者という視点から見れば，避難先で現地の貧困層女性と就労機会を取り合うヨルダンでのシリア難民女性の存在や，性的被害者となった女性たちによる「名誉殺人」という伝統から「逃避」を選択する——多数の社会進出の経験者を含む——イラク女性たちの姿など，被害者以外の一面も見て取れる。難民女性の中には，グローバル化された資本や人の移動の環境のなかで，家父長制をはじめとする伝統的価値観と，女性の就労や解放という西洋的価値観との複雑な関係の間に身を置きながら，それぞれの立場から社会に関与している者もいるのである。伝統的な難民女性の象徴のような脆弱な存

在である女性家長でさえも、視点を変えれば、男性家長の不在によって「強いられた自立」を引き受け、持続可能な生活を模索し続けていると見ることも出来るだろう。

このように、今日の中東の難民女性の姿とは、反植民地化・反西洋化、社会主義政策による社会進出、政治闘争の道具としての原理主義的な揺り戻しなどの経験を経て、複雑化し、イメージとして映し出される難民女性のように「サウス的」女性として1つの姿には収斂させ難くなっているのである。

画一的な「難民」のイメージの根源にあるものを問い続ける

最後に、これまで見たような複雑さを内包している彼女たちが、なぜ「難民」という枠組みのなかでは単一のイメージで描かれ続けるのかを、改めて考えてみたい。

1つ言えることは、「難民」という環境が、暴力によって人間性を奪い、人々がそれぞれもっている経験や立場の違い、また社会やコミュニティとの繋がりを奪ってしまうからではないだろうか。奪われ失った人々という意味ではグローバル化の前も後も「難民」は同じ存在である。暴力によって住み慣れた土地から強制的に移動させられた人々であり、暴力によって生活基盤──コミュニティや仕事や友人──を奪われた人々である。時代が変わり、国際秩序に変化が起きても、難民はみな本質的には「奪われた」という揺るがない体験を共有している。

自身ユダヤ人難民であったアーレントは『暴力について』で暴力の持つ収奪性に目を向け、いかに人がモノ化されるかを説明した。難民もまた、物理的心理的暴力によって生活を奪われ画一化されてしまった人々とも言える。難民女性が画一的に捉えられる1つの理由は、彼女たちに対する暴力的な環境が実態として彼女たちを「奪われたモノ」という画一的な存在にしているからと言えるのかもしれない。

このことを踏まえて考えると、中東の難民女性を見るべき1つの眼差しとは、「奪われたモノ」とされてしまった彼女たちの置かれている暴力的な環境の根源を見出そうとする姿勢ではないだろうか。彼女たちから何が奪われたのか、そして、より重要なことはなぜ奪われてしまったのか、という点である。難民発生以前の歴史的経緯も含めた現在までの彼女たちを取り巻く政治・社会・経

済的環境を読み解き，彼女たちが内包している人間としての主体性や置かれている状況の複雑さを見出そうとする視点こそが，中東の難民女性を捉える上では必要なのではないだろうか。

参考文献

ライラ・アハメド（林正雄他訳）『イスラームにおける女性とジェンダー——近代論争の歴史的根源』法政大学出版局，2000年。

ナーディア・アル＝アリー「イラク人女性とジェンダー関係——差異の再定義」ザヒア・スマイール・サルヒー編（鷹木恵子ほか訳）『中東・北アフリカにおけるジェンダー——イスラーム社会のダイナミズムと多様性』明石書店，2012年。

マイロン・ウェイナー（内藤嘉昭訳）『移民と難民の国際政治学』明石書店，1999年。

ステファン・カースルズ，M・J・ミラー（関根政美・関根薫訳）『国際移民の時代 第4版』名古屋大学出版会，2011年。

エドワード・サイード（今沢紀子訳）『オリエンタリズム』平凡社，1987年。

小泉康一『グローバリゼーションと国際共生移動』勁草書房，2009年。

竹中千春「国際政治のジェンダー・ダイナミクス——戦争・民主化・女性解放」『国際政治』161号，2010年。

中山裕美『難民問題のグローバル・ガバナンス』東信堂，2014年。

橋本直子「混在移動——人身取引と庇護の関連性」墓田桂ほか編『難民・強制移動研究のフロンティア』現代人文社，2014年。

山尾大『紛争と国家建設——戦後イラクの再建をめぐるポリティクス』明石書店，2013年。

Haghighy-Sorodellini, Ehlum, *Women in the Middle East and North Africa*, New York: Palgrave Macmillan, 2010.

ILO, "Impact of Syrian refugees on the Jordan Labour market," 2014.

Lattouf, Mirn, *Women, Education, and Socialization in Modern Lebanon*, New York: University Press of America, 2004.

Off Our Backs, 2003, pp. 8-11.

United States Department of State "Trafficking in Persons Report, Bureau of Public Affairs, 2003.

コラム3　アラブにおけるジェンダーと教育

　女性教育の量的・質的向上が女性の識字率を高め，情報へのアクセスと社会・政治参加を促すことでジェンダー平等に積極的な影響を与えることは今や自明の理として認識されている。実際，2011年のチュニジア，エジプト等におけるアラブ革命への大量の女性参加はアラブ地域における女性の高い政治意識とパワフルな行動力を世界に示し，保守的なアラブ王国のジェンダー運動にも大きな影響を与え始めた。それゆえにこそ，それらへの反動としての女性教育敵視の動きがとりわけイスラーム地域のペリフェリーで暴力的な形で現れている。1990年代のターリバーンによる女性教育・就労禁止に始まり，2012年の「パキスタンのターリバーン運動」(TTP)によるマララさん襲撃事件，14年の「ボコ・ハラム」による女生徒誘拐拉致事件等である。「イスラーム国」(IS)のジェンダー観もそれらと似通っている。

　アラブ革命における女性たちの活躍が，民族独立の時代以来約半世紀にわたり福祉志向の開発主義政権が推進してきた小学校から大学に至るまでの男女ともの無償の公教育政策の成果であることを再確認したい。もちろん世界レベルでみれば，中等教育以上の教育を受けた女性の割合はアラブ地域では33%（サハラ以南アフリカは22%，南アジアは27%）にとどまり，世界平均の41%には及ばない（加藤博・岩崎えり奈『現代アラブ社会』東洋経済新報社，2013）。国連による女性差別撤廃条約（1979年）の各国政府への批准勧告も法制上のジェンダー平等化へ向けての一定の影響力を行使した（もっとも，各国はイスラーム家族法に抵触する条項への留保権を行使しているので，その効果は限られてはいる）。教育の普及は一定程度進んだとはいえ，ジェンダー平等化の流れは70年代半ば以後のイスラーム復興・イスラーム主義台頭で減速させられた。エジプトでは雇用の逼迫に伴い，「女性よ家庭にもどれ」キャンペーンが吹き荒れた。これに対し，女たちは新しいタイプのヴェールに回帰することで職場にとどまるという方策を選んだ。

　ところで，アラブ最大のイスラーム主義組織「ムスリム同胞団」は女性の教育と就労については肯定的である。しかし同胞団のジェンダー観の譲れない原則は，母としての役割を女性本来の最も重要な役割と考えている点にあり，それを全女性の法的義務とすら位置づけている。実際，ムルスィー政権下で制定された2012年エジプト憲法には，「国家は無償の母子サービスを提供し，家族と職業という女性の2つの義務の間のバランスをとる」と明記されていた（第10条）。

（平井文子）

第Ⅱ部

中東諸国の課題

アラブ首長国連邦(UAE)のドバイ(2014年2月)
(hemis.fr/時事通信フォト)

第8章　トルコ
――新自由主義・親イスラーム政党・秩序安定化外交――

今 井 宏 平

1　第3共和制下のトルコ

　トルコは1923年に建国され，2023年に建国100周年を迎える国家である。トルコは，オスマン帝国の後継国家を自負する一方で，建国の父と呼ばれるムスタファ・ケマル（アタテュルク）が主導した西洋化政策によって，宗教，特にイスラームを政治に持ち込まない政教分離を貫いてきた。トルコは1923年の建国後，1960年と1980年に2度軍部によるクーデタを経験し，それに伴い1923年から1960年までを第1共和制，1960年から1980年までを第2共和制，1980年以降を第3共和制と時期区分されている（1971年と1997年には軍部の「書簡によるクーデタ」も経験している）。

　本章で扱うのは，1980年以降の第3共和制時代のトルコである。その中で最も注目すべきは，2002年11月の総選挙で単独与党の座を射止め，その後2015年6月の総選挙で単独与党の座を失うまで（ただし，第1党の座は維持。その後2015年11月の再選挙で単独与党に返り咲く），約13年間政権を運営してきた公正発展党の時代である。この第3共和制のトルコを考察するうえで欠かせない事象が，新自由主義の受容，イスラームに親和的な政党（親イスラーム政党）の躍進，そして地域秩序の安定化を目指す外交である。本章では，この3つの切り口から第3共和制期のトルコを考察していきたい。くわえて，最後にトルコと「グローバル・サウス」の関係についても検討したい。

　トルコの政治・経済・社会の基本的な指標についても確認しておこう。トルコの大国民議会は一院制で，定数550議席，任期は4年である。つまり，各政党は276議席を確保できれば，過半数を占め，単独与党となることができる。選挙は拘束名簿式比例代表制を採用している。トルコの選挙で特徴的なのは，得票率10％に満たない政党は議席を確保できない，10％阻止条項である。こ

れは大国民議会で多数の政党が乱立することを防ぐ措置である。

経済に関しては、たとえば世界銀行の指標によると、トルコは2014年において、GDPが約7995億ドルで世界第18位となっている。これは、中東地域ではトップの数値である。一方で、1人当たりのGDPは1万529ドルであり、世界第62位、中東地域で第9位の数値である。

人口は7941万人で、平均年齢は30.1歳、人口増加率は1.26％である。人口の99％はムスリム（イスラーム教徒）で、スンナ派が多数を占める。国家の民族構成は、70％前後がトルコ人、クルド人が20％弱、その他の少数民族が10％前後となっている。

2　トルコにおける新自由主義の受容

国家資本主義から新自由主義への転換

トルコ共和国の経済政策の柱は、建国以来、基本的に国家資本主義〔エタティズム〕であった。国家資本主義は、ムスタファ・ケマルが提示した、ケマリズムと呼ばれる6原則（人民主義・共和主義・民族主義・世俗主義・国家資本主義・革命主義）の1つで、国営企業を軸とした工業化を目指し、資本主義を原則とするものの、場合によっては国家が介入し、資本主義を管理する経済政策のことである。トルコの国家資本主義は1950年代に自由主義政策に転換されたものの、債務の拡大と外貨危機を招いたため、1960年代から再び採用された。しかし、1973年の第1次石油危機以降、経済状況は悪化し、70年代後半には赤字と外貨不足が深刻化した。経済状況悪化の根本的な原因は、国営企業の優遇と輸入代替工業であった。輸入代替工業とは、関税あるいは輸入数量制限などによって、輸入競争から自国市場を保護することで、国内の工業生産を促進し、工業化を達成する政策だが、その反面、国内産業の国際的競争力を弱めるという欠点があった。

国家資本主義が経済政策としてもはや限界であると悟ったトルコの政策決定者たちは、新自由主義へと舵を切ることになる。新自由主義とは、デヴィッド・ハーヴェイによると、「強力な私的所有権、自由市場、自由貿易を特徴とする制度的枠組みの範囲内で個々人の企業活動の自由とその能力とが無制約に発揮されることによって人類の富と福利が最も増大する、と主張する政治経済

的実践の理論である」と定義される（ハーヴェイ 2007：10）。トルコが新自由主義を初めて受容したのは，1980年のいわゆる「1・24決定」であった。この「1・24決定」は，トルコが国際通貨基金（IMF）の融資を受ける代わりに構造改革計画を受け入れること（コンディショナリティー）を明確にした。トルコはIMFの要請を受ける形で，組織改革，価格政策，為替・貿易政策，貸し出し金利の引き上げ，外国投資の奨励という5つの分野における経済改革によって，海外からの投資と対外輸出を促進して経済を回復させることを目指した。この改革を主導したのが，当時首相の特別顧問を務めていたトゥルグット・オザルであった。

オザル主導の新自由主義

1970年代後半のトルコは，経済状況が悪化しただけでなく，極左と極右によるテロが頻発し，きわめて治安が悪化していた。また，内政も不安定で単独与党は存在せず，常に連立政権という状況であった。こうした状況を改善するため，1980年9月12日に当時のケナン・エヴレン統合参謀総長が中心となって，クーデタが敢行された。多くの政治家が拘束され，要職を失う中，オザルは「1・24決定」が軍部からも評価されていたため，拘束を免れた。3年間の軍政後の1983年11月に実施された総選挙で，オザル率いる祖国党が単独与党となり，新自由主義が本格的に政策として展開されることになる。具体的には，規制緩和の促進，民営化の促進，変動相場制への移行，大量の外資の導入が試みられた。新自由主義を採用する国家は，「小さな政府」であることが自明と考えられているが，これは（グローバル経済，国内経済ともに）市場への関与を最小限に保ち自由競争を尊重するという点に関してのみ該当する。実際，新自由主義を採用する国家は，市場を創出，維持するための措置を積極的に展開する（ハーヴェイ 2007：10-11）。オザルも，新自由主義を軌道に乗せるために，自動車道，橋，ダムの建設といった公共事業を積極的に展開した。日本と関係の深いところでは，日本のODAと企業が関わった第2ボスポラス大橋もオザル政権期の1988年に完成した。

オザルの新自由主義は大企業，中小企業のどちらからも歓迎された。コチ・ホールディングス，サバンジュ・ホールディングスなど，イスタンブルを拠点とする大企業を中心とするトルコ産業家・企業家協会（TÜSİAD）は，新自由

主義がトルコ経済を安定させ，輸出を促進させる最良の手段と捉えていた。一方，オザルは，コンヤ県，ヨズガト県，デニズリ県，チョルム県，アクサライ県，ガジアンテプ県といったアナトリア地域の保守的でイスラームに敬虔な中産階級の若手企業家の育成を促した。彼らは「アナトリアの虎」と呼ばれ，企業家としての実践とスキルを磨き，新しい市場を開拓するためにイスラームと地域のネットワークに基づくコミュニティを活用した。また，イスラームを信奉する彼らはムスリムが多数を占める中東地域を重視しており，積極的に中東地域に投資を行った。「アナトリアの虎」はTÜSİADに対抗するため，1990年に自主独立産業家・企業家協会（MÜSİAD）を設立した。

　オザルの政策は成果を上げ，1980年代半ばに貿易額が1970年代末から約5倍に伸びた。ただし，新自由主義は負の側面も持っており，1980年代から1990年代にかけて，インフレ率も急激に上昇した。また，経済的弱者にセーフティーネットが張られておらず，新自由主義経済は貧富の差を拡大させた。貧富の差の拡大は，地方から都市部への労働者の移動を促進した（Öniş 1997：752）。さらに政治家や官僚の汚職や税金逃れも見受けられるようになるなど，早くも新自由主義の弊害は噴出していた。

双子の経済危機

　トルコは1995年にEUの関税同盟に加盟し，1999年12月のEU議会で加盟候補国に選出された。また同月，トルコはIMFのインフレ抑制プログラムを受諾した。しかし，新自由主義による歪みは1990年代に増幅した。IMFは時折トルコ経済に介入し，経済の安定化に努めたが，トルコ政治は連立政権で不安定であり，経済は短期資金が流入し，負債が増加した。そしてこの経済状態の悪化が，2000年11月と2001年2月の「双子の危機」と呼ばれる金融危機をもたらすことになる。当時，連立政権で首相を務めていた民主左派党のビュレント・エジェビトは，世界銀行で働いていたケマル・デルヴィシュを国家経済大臣に指名し，経済の立て直しを図った。デルヴィシュは，IMFと世界銀行と密接な協力を行うことを前提とした「強い経済に向けたプログラム」を打ち出した。その後，デルヴィシュは2002年11月の選挙で連立政権が崩壊したために政界を去ったが，「強い経済に向けたプログラム」は公正発展党に引き継がれた。「強い経済に向けたプログラム」はさらなる民営化や規制緩和の

実施,銀行の再編を促した。その中でも特に重要だったのは,中央銀行が法的に独立したことであった。これにより中央銀行は政府からある程度独立して経済政策を作成することが可能となった。また,トルコは2004年に正式にEU加盟交渉国となり,EUの政策がトルコ経済に影響を及ぼすようになった。「強い経済に向けたプログラム」の成功により,トルコのGDPと1人当たりのGDPは,リーマン・ショックの影響を受けるまで着実に増加し,2011年から再び増加に転じている(図8-1)。また,トルコへの海外直接投資の流入は2008年まで非常に活発であり,トルコの海外直接投資も2008年まで順調に増加していた。結果的に「双子の危機」はトルコにおけるEU懐疑論を払拭するとともに,IMFの改革の加速化を促した(Öniş 2006:218)。

「強い経済プログラム」に基づくトルコのIMFからの借款は約4億2000万ドルに及んだものの,経済は強靭さを取り戻した。トルコは2008年にIMFからの融資を更新しないことを決定し,2013年5月に債務をIMFに完済したことを発表した。

公正発展党のセーフティーネット

2002年の総選挙で勝利し,単独与党となった公正発展党は,「双子の危機」の落とし子であり,どのように経済政策を運営していくかが1つの焦点となった。福祉党を支持していたMÜSİADは,福祉党から派生した公正発展党を選挙中から支えた。選挙前は親イスラーム政党としての公正発展党に警戒感を抱いていたTÜSİADに属する大企業も,公正発展党がデルヴィシュの政策を継続するとともに,EU加盟交渉にも前向きな姿勢を見せたことから,公正発展党の政策を後押しするようになった(Öniş 2006:221-222)。公正発展党は,イスラームの尊重,トルコ人の歴史の重視といった保守的なイデオロギーを有する一方で,経済に関してはグローバリゼーションと新自由主義を活用したため,「保守的なグローバリスト」(Öniş 2007:247-261)と呼ばれた。

グローバリゼーションに伴う変化をどのように評価するのかという点に関して,デイヴィッド・ヘルド等は,ハイパーグローバリスト,懐疑主義者,変容主義者(あるいは転換主義者)という3つの分類を提示する(ヘルドほか 2006:3-17)。まず,ハイパーグローバリストは,グローバリゼーションが経済領域を中心に地球を一体化し,それに伴い主権国家が意味をなさなくなるという見

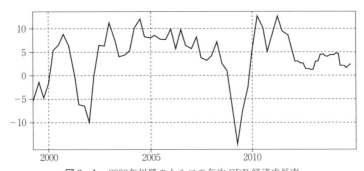

図 8-1　2000年以降のトルコの年次GDP経済成長率
出所：https://www.quandl.com/collections/turkey/turkey-economy-data

解を持つ。グローバリゼーションを肯定的に捉えるとともに，新自由主義もその一端として歓迎する。懐疑主義者は，冷戦後の時代よりも19世紀のパクスブリタニカの時代の方が地球規模の相互依存はより深化していたとして，グローバリゼーションという現象に疑問を呈している。変容主義者に関しては，グローバリゼーションによる変容をチャンスと捉え，活用しようとする変容肯定派と，その変容を快く思わず，変容に対抗する変容否定派にさらに区分することができよう。変容主義者は，懐疑主義者とは反対に，冷戦後のインターネット革命に端を発するグローバリゼーションはかつてない「濃密な」相互依存を誘発していると考える人々を指す。一方で，ハイパーグローバリストのようにグローバリゼーションを肯定的に捉えるとは限らず，肯定的に捉える場合でも，主権国家が衰退するのではなく，むしろ主権国家がグローバリゼーションを活用すると考える。

　それでは，トルコはグローバリゼーションをどのように捉えてきたのだろうか。新自由主義を採用したオザルは変容主義者のグローバリゼーション肯定派だったのに対し，福祉党は明らかに変容主義者の中の否定派であった。公正発展党は「保守的なグローバリスト」と呼ばれるように，グローバリゼーションを肯定する変容主義者だが，オザルの時代と異なるのは，新自由主義を採用しつつも，社会的弱者に手厚い保護を設けていることである。

　公正発展党政権期，トルコのGDPは2倍以上の伸び率を示している（図8-1）。しかし，公正発展党の政策は単にGDPを増加させたり，インフレ率を低下させたりしただけではない（図8-2）。新自由主義に適応しながらも国家規

図8-2　1970年代から2010年代にかけてとトルコのインフレ率
出所：https://www.quandl.com/collections/turkey/turkey-economy-data

表8-1　GDPにおける軍事費・教育費・保険費の割合

	2002	2003	2004	2005	2006	2007	2008	2009	2010	2011
軍事費	3.89	3.39	2.78	2.5	2.18	2.04	2.04	2.3	2.08	2.10
教育費	3.18	3.18	3.3	3.2	3.1	3.2	3.4	4.9	3.7	4.0
保健費	3.72	3.8	3.93	3.9	3.87	4.05	4.33	5.02	4.43	4.28

出所：Kamu Harcamalarını İzleme Platformu を参照し，筆者作成。

制を行い，教育費や保険費といった中間層や貧困層に対する公共サービスの支出を増やしたことが公正発展党の広範な支持に繋がっている（表8-1）。公正発展党の弱者救済の代表的な政策は，総合住宅管理庁（TOKİ）による住居改革である。多くの労働者が流入したため，2000年代前半まで，都市部にはゲジェコンドゥと呼ばれる掘っ立て小屋に多くの貧しい人々が暮らしていた。公正発展党は，都市部の景観を損ねていたゲジェコンドゥを撤去するとともに，そこに新しいマンションを建設し，貧しい市民に安価な値段で提供した。

　間は，公正発展党政権下のトルコ経済を，総選挙に基づいて3つの時期に分け，分析している（間 2015：20-31）。2002年から2007年までの第1期は，年平均7％の経済成長率を実現するなど，経済の立て直しに成功した。しかし，2007年から2011年までの第2期は，リーマン・ショックの影響もあり，成長率は鈍化した。とはいえ，2001年の経済危機後に「強い経済に向けたプログラム」によって構造改革に着手していたため，リーマン・ショックの影響を他国ほど受けなかった。ただし，間が指摘しているように，IMFの改革を実行した後でも，トルコの経済体制は，短期資本流入に過度に依存しており，対外

債務が増えやすい脆弱なものであった。また，この時期から公正発展党は経済よりも軍部の権限縮小やクルド問題の解決など政治問題に注力したことも経済の減速を促した。2011 年から 2015 年の第 3 期にかけては，レジェップ・タイイップ・エルドアン首相が中央銀行に低金利を要求し，直接的に介入するなど，「経済政策の政治化」（間 2015：27-28）が深まり，経済成長が鈍化するとともに，トルコ・リラに下落の兆候が見られる。

3　公正発展党の台頭

1990 年代における親イスラーム政党の躍進

　1990 年代に新自由主義に伴う貧富の格差を是正する政策を打ち出し，民衆からの支持を獲得したのが親イスラーム政党と見なされた福祉党であった。トルコの親イスラーム政党は，1970 年にネジメッティン・エルバカンを中心に国民秩序党（1970〜71 年）が設立され，その後，国民救済党（1972〜80 年），福祉党という系譜を辿ってきた。エルバカンが党のイデオロギーとして 1970 年から掲げたのが，ムスリム間の共同体意識を重視する「国民の視座」であった（「国民の視座」に関しては，澤江 2005：69-94）。「国民の視座」を掲げる親イスラーム政党は，世俗主義を国家原理の 1 つとするトルコでは異端視され，1970 年代から 80 年代にかけては，アナトリア地方に住むイスラームへの信仰心の厚い人々からの支持に留まった。エルバカンは国家秩序党設立以前に，トルコ商工会議所連合（TOBB）の会頭を務めたこともあり，経済に関しては中小企業の支援と，輸入に頼らない自前の工業化の促進を強調した（澤江 2005：73）。

　1980 年代には前述したオザル率いる祖国党がアナトリア地方の中小企業の取り込みを図ったことで，福祉党の経済政策はその長所が削がれた。しかし，新自由主義の採用によって貧富の差が拡大したこと，福祉党がそれまでの「国民の視座」に代わり，新自由主義による歪みを解決するための再配分と社会保障の充実などを盛り込んだ「公正な体制」を強調したこと（「公正な体制」に関しては，澤江 2005：132-133），それまで労働者，農民，低所得官僚の受け皿となっていた社会民主主義政党が，共産主義陣営の崩壊と新自由主義への迎合により貧困層の受け皿となり得なくなったこと（Öniş 1997：745-747）で，福祉党は 90 年代前半に得票率を大きく伸ばした。MÜSİAD もイスラームを尊重し，中

小企業を重視する福祉党を後押しした。

　1980年代の政治とイスラームの関係に果たしたオザルの役割にも若干触れておこう。オザルは元々、イスラームの教えを重視する保守的なマラトゥヤ県出身であった。くわえて、オザルの弟、コルクット・オザルはトルコの有力な神秘主義教団であるナクシュバンディー教団に傾倒しており、1970年代に国民救済党から出馬し、国会議員となっていた。オザル自身も最初は国民救済党から出馬した経験があり（結果は落選）、イスラームへの理解は高かった。オザルは後述するギュレン運動と協力関係を確立し、「導師・説教師養成学校」の卒業生の神学部以外への進学も許可した。ただ、オザルはバランス感覚に優れた人物であり、保守的なマラトゥヤ県出身ながら大学進学でイスタンブルの世俗主義に触れ、その後、米国に国費留学してその自由な雰囲気と経済政策に感化されていた。そのため、オザルの政権運営にとってイスラームは重要な要因でありながらも、世俗主義、西洋化と両立されるべきものであった。

　福祉党は1991年の総選挙で3党の連立ながら16.9％の得票率で62議席、1994年の地方選挙では単独で19.1％の得票率を獲得した。1994年の地方選挙において、福祉党は第3番目の得票率ながらイスタンブル（エルドアン）とアンカラ（メリヒ・ギョクチェク）という主要都市で勝利したことで大きなインパクトを残した。これは前述した、地方から都市部への労働者流入の結果でもあった。エルドアンは現在（2016年2月）、大統領であり、ギョクチェクは1994年から現在まで20年以上アンカラ市長の座に就いている。1995年の総選挙で福祉党は遂に第1党となり、連立政権ながらエルバカンが1996年6月から1997年6月まで首相を務めた。

「2月28日キャンペーン」と公正発展党の誕生

　公正発展党が台頭する遠因の1つが、1997年2月28日から始まった「2月28日キャンペーン」である。澤江によると、「2月28日キャンペーン」とは、「1997年2月28日に行われた国家安全保障会議で福祉党を『反動勢力』と断定したこと、そしてこの会議以降に軍部、大学当局、検察・司法当局によって進められたイスラーム復興勢力に対する一連の弾圧」のことを指す（澤江2005：172）。「2月28日キャンペーン」は、エルバカンのイスラーム主義的政策の限界を露呈した事件であり、福祉党に所属していた議員、特に若手に世俗

表 8-2　2002年以降の総選挙における各政党の得票率と議席数

政党	2002年総選挙	2007年総選挙	2011年総選挙	2015年総選挙	2015年再選挙
公正発展党	34.28％（367）	46.6％（341）	49.92％（326）	40.9％（258）	49.5％（317）
共和人民党	19.4％（178）	20.9％（112）	25.96％（135）	25.0％（132）	25.3％（134）
民族主義行動党	8.34％	14.29％（71）	13.00％（53）	16.3％（80）	11.9％（40）
クルド系政党	6.23％	5.2％（26）	6.63％（36）	13.1％（80）	10.8％（59）
至福党	2.48％	2.3％	1.24％	2.1％	0.7％

出所：トルコ主要紙を参照し，筆者作成。括弧の中は獲得議席数。

主義への一定の妥協を決断させた事件でもあった。

「2月28日キャンペーン」によって，エルバカンは1997年6月に首相職を退き，福祉党は1998年1月に解党となった。くわえて，福祉党だけではなく，たとえば，福祉党と近いMÜSİADの企業活動なども制限された。その後，後継政党である美徳党も2001年6月に解党となると，親イスラーム政党は若手主体の公正発展党と古参幹部が率いる至福党に分裂した。EU加盟交渉による民主化，新自由主義の受容，社会保障の充実を打ち出した前者が2002年11月の総選挙で34.2％の得票率で367議席を獲得し，単独与党となった（表8-2）。一方，至福党は2000年代の総選挙で常に2％，もしくは1％台と低迷している。

ギュレン運動の活動

福祉党の躍進とともに，1990年代以降，トルコの政治とイスラームの関係を再検討するうえで考慮すべきなのがギュレン運動の躍進である。ムスタファ・ケマルによる政教分離，さらにイスラームを後進性の象徴として遠ざけた一連の改革以降，イスラームへの信仰の厚い人々の受け皿となったのが，サイド・ヌルスィーを開祖とするヌルジュ運動に代表される草の根の宗教活動であった。特に90年代以降，その影響力の高まりがトルコの国内外で指摘されたのが，フェトフッラー・ギュレン率いる宗教集団，いわゆる「フェトフッラージュ（フェトフッラー信奉者）」の活動（ギュレン運動）である（ヌルスィーとギュレンの運動に関しては，たとえば，粕谷 2003：63-83）。

ギュレン運動の特徴として挙げられるのは，教育，メディアの活用，トルコ国外での布教活動である（新井 2013：202-208）。ギュレンは教育の重要性を説き，クルアーン学習塾の開設やサマーキャンプの実施，学生寮の運営，さらに

は1996年に大学（ファーティヒ大学）を設立するなどしている。ギュレン運動の2つ目の特徴は，新聞，ラジオ，テレビ，そしてインターネットといったメディアを有効に活用している点である。そして，ギュレン運動の3つ目の特徴は，トルコ国内だけではなく，中央アジア，バルカン半島，さらにはアフリカ諸国など，世界100カ国以上に自身の学校を設立した点である。こうした学校の卒業生は，その後，トルコの大学に留学したり，トルコとのビジネスで中心的な役割を担ったりするなど，トルコの外交や貿易においても重要な人材を輩出している。

　ギュレン運動は，公正発展党の台頭を後押ししたと言われている。ギュレンおよびその支持者は，選挙戦で必ずしも親イスラーム政党を支持してきたわけではない。しかし，公正発展党を設立したエルドアンやアブドゥッラー・ギュルと同様に，ギュレンは「2月28日キャンペーン」を重く受け止め，民主化の必要性を強く認識したという点で，利害が一致していた。

　公正発展党とギュレン運動の協力関係は10年以上続いたが，2013年末に起きた警察による公正発展党幹部に対する汚職捜査で対立が表面化し，2016年2月現在，両者の関係は修復不可能なレベルまで悪化している（詳細は，幸加木 2014：80-93）。

4　トルコの「西洋化」と「中東化」

国家目標としての「西洋化」と「ヨーロッパ化」

　トルコは1923年の建国以来，「西洋化（Westernization）」を国家目標として掲げてきた。この背景には，「建国の父」であるムスタファ・ケマルの志向が見てとれる。まずケマルは，トルコ共和国の前身であるオスマン帝国が西洋列強の領土的干渉，いわゆる「東方問題」によって弱体化，崩壊したと考え，列強に対抗するためにはトルコも西洋の一国となる必要があると主張した。さらにケマルは，オスマン帝国が弱体化，崩壊した主要な原因をイスラームの後進性に求め，トルコ共和国は近代化を伴う西洋化を進めるべきだと考えた。くわえて，ケマルは第1次世界大戦時にアラブの指導者たちが列強と手を結び，オスマン帝国の崩壊を企てたことが「裏切り」であると感じていた。こうした背景を伴うトルコの西洋化は，裏を返せばイスラームを信奉するアラブ諸国を中

心とする中東の軽視であった。西洋化は国家指針の1つとなり、ケマルの死後も軍部や世俗的な政治エリートを中心に進められた。西洋化は、第2次世界大戦後に米ソを中心とする冷戦が勃発し、トルコが西側諸国に組み込まれたことで加速した。1952年のトルコの北大西洋条約機構（NATO）への加盟は、安全保障分野に限定されるものの、トルコの悲願の達成であった。このように、トルコ政府にとって、西洋化は国家の思想的な目標であるとともに具体的な政策目標でもあった。

1980年代後半になると、米ソ冷戦が終焉に向かい始め、安全保障上の脅威が低下したこと、そしてヨーロッパ共同体（EC）への加盟を本格化したことで、次第にトルコの西洋化はヨーロッパの一国となるための「ヨーロッパ化（Europeanization）」の様相を見せ始めた。トルコは1959年9月に欧州経済共同体の準加盟国となり、1963年9月にはアンカラ協定に調印した。しかし、63年以降、オザルが87年4月にECの正式加盟に申請するまで、トルコ政府はEC加盟交渉をほとんど進めなかった。結局、87年に提出した加盟申請はEC側に却下されることになるものの、前述したように95年にEU関税同盟に加盟、99年12月にはEU加盟候補国となった。

エルバカンが率いてきた親イスラーム政党は、ヨーロッパ化を含めた西洋化に反対の立場をとってきた。しかし、「2月28日キャンペーン」による福祉党の解党以降、エルドアン、ギュル、ビュレント・アルンチといった若手が繰り返される親イスラーム政党の解党を防ぐためにEU加盟交渉による民主化の促進を主張するようになる。この動きは福祉党の後継政党である美徳党の時代に顕在化し、美徳党解党を機に公正発展党と至福党に分裂してからは公正発展党がEU加盟交渉に取り組むことを明示した。

「EU化」による正当性の確立

「西洋化」もしくはヨーロッパの一国を目指す「ヨーロッパ化」は、トルコのアイデンティティの変化も視野に入れた変化であった。これに対し、公正発展党は、EU加盟交渉を推進するものの、アイデンティティの変化ではなく、あくまで政治と法のシステムをEU加盟のためのコペンハーゲン基準に則して技術的かつ構造的に変容させる「EU化（EU-ization）」を模索した（詳細は、八谷編2007）。公正発展党がEU加盟交渉に熱心だったのが、2002年11月から

2005年10月にEU加盟交渉を開始するまでの時期で、この時期はトルコのEU加盟交渉に関する「黄金時代」と呼ばれている。トルコは1999年12月に加盟候補国になると、「加盟のためのパートナーシップ（Accession Partnership）」に基づき、憲法と法の改正に着手した。結果として、2度の憲法改正（2001年と2004年）と8回にわたるEU調和法パッケージによる法改正が実施された。

しかし、トルコのEU加盟交渉は、EU加盟国のキプロス共和国やフランスがトルコに対して交渉項目の凍結措置をとるなど、順調に進まず、2016年2月現在、35項目中14項目のみ交渉が行われており、完了した項目は1つだけである。同じく2005年から交渉を開始したクロアチアが2013年7月に全ての項目で交渉を完了させ、EUに加盟したのと比較すると、いかにトルコのEU加盟交渉が停滞しているかが理解できるだろう。

とはいえ、公正発展党はこれまで決してEU加盟交渉を放棄することはなかった。公正発展党にとって、EU加盟という目標はいわば「建前」であり、「本音」はEU加盟交渉という手段によって自身の正当性と影響力を国内外で高めることであった。EU加盟交渉による民主化でその影響力が大きく削がれた組織が軍部であった。ケマルの意向を引き継ぎ、西洋化を志向してきた軍部にとって、EU加盟は悲願であり、公正発展党のEU加盟交渉を好意的に捉えてきた。しかし、軍部にとって誤算だったのは、自身が改革の対象となり、それまで有してきた特権的な地位を失ったことである。その象徴的な事件が2007年の大統領選挙であった。軍部は公正発展党が推薦した、当時外務大臣であったギュルの選出を拒むため、ウェブサイト上で警告を発した（通称「Eクーデタ」）。しかし、事実上、ギュル大統領の信任を国民に直接問うた前倒しの総選挙で公正発展党が大勝したことで、ギュルが正式に大統領に選出された。この事件は、トルコの政軍関係が政府有利に変化したことを内外に示した。

2009年以降、軍部の中で一部の人々が公正発展党政権の転覆計画を企てていたことが明るみになり、多くの軍人が逮捕された。エルゲネコン事件、インターネット・メモ事件、バルヨズ計画と呼ばれたこれらの事件によって、軍部は有力な人材の多くを失うとともに、国民からの信頼も失った。前述のように、トルコにおいて、軍部は2度のクーデタと2度の書簡によるクーデタを実行してきた。一般的に民主化論の観点からは、もちろん軍部の政治への介入は批判

の対象となる。とはいえ，トルコでは軍部が政治の混乱した時期に「民主主義の守護者」としての役割を演じてきたことも事実であり，国民からも軍部への政治への介入は一般的に好意的に捉えられてきた。しかし，「Eクーデタ」の失敗と転覆計画は，軍部が民主主義の障害であることを自ら印象づける結果となった。

外交における中東の位置づけ

トルコの中東に対する見方は複雑である。中東はトルコ共和国の前身とも言えるオスマン帝国時代の領域でもあり，一般のトルコ国民にとっては，イスラエルを除く各国でムスリム人口が多いため，親近感を覚える地域である。その一方で，トルコは第1次世界大戦期にアラブ諸国が西洋列強と手を結び，独立を果たしたことから，中東の核を成すアラブ諸国に「裏切られた」という意識を特に共和国建国に尽力したエリート層が強く持っていた。この意識が，トルコの西洋重視の外交姿勢を後押しした一要因であった。

とはいえ，共和国建国後，トルコが中東地域にまったく関与してこなかったわけではない。たとえば，1955年にトルコとイラクが中心となり，主に中東の北層の安全保障を担保するバグダード条約機構（加盟国はトルコ，イラク，パキスタン，イラン，英国）が設立された。また，1963年の第1次キプロス紛争以降，米国との関係が冷え込んだトルコはアラブ諸国との関係を強化し，1969年のイスラーム諸国会議機構（OIC）の原加盟国にも名を連ねている。トルコがアラブ諸国に接近した理由は，国連総会において，キプロス問題に関する支持を得るためであった。しかし，冷戦期において，トルコ外交の中心はソ連の脅威の封じ込めであり，それを可能にするための西側，特に米国との同盟であった。中東への関与は二次的であり，バグダード条約機構のように西側の安全保障に資する場合か，もしくは米ソ・デタントに伴い，ソ連の脅威が一時的に低下した1960年代から70年代に限られていた。トルコが中東に本格的に関与するようになるのは，1990年から91年にかけての湾岸危機以降であり，公正発展党の登場によって，中東は西洋と並ぶ外交の柱となった。

2003年1月から2009年5月まで首相の外交アドヴァイザー，2009年5月から2014年8月まで外務大臣として，事実上公正発展党の外交政策を取り仕切ってきたアフメット・ダーヴトオール現首相（2016年2月現在）は，主著であ

る『戦略の深層』において,「トルコは中東を含むアジアにどのように弓を引くかで,ヨーロッパや米国に対して放つ矢の長さが決定するのである。その逆も然りである」と表現し,中東と西洋への関与はどちらか一方を選択するというものではなく,トルコ外交の両輪であると主張している。また,著名なトルコ外交の研究者であるオックスフォード大学のフィリップ・ロビンスも,「(公正発展党期の)トルコ外交は,地政学のレベルではEUと中東という『2つの引力』によって規定されている」と考察している。

公正発展党政権期の中東外交

それでは,公正発展党期の中東外交は一体どのような特徴を持っているのだろうか。「アラブの春」以前のトルコの中東外交は,端的に表現すれば,地域の秩序に貢献するものであった(今井 2015:第Ⅲ部参照)。たとえば,トルコは2006年7月から8月にかけて起きた第2次レバノン紛争の解決に尽力し,レバノンに滞在していた外国人を帰国させるためにトルコの空港や港の使用を許可したり,国連レバノン暫定駐留軍(UNIFIL)Ⅱに261名を派兵したりした。また,トルコは2000年以降,交渉が途絶えていたイスラエルとシリアの仲介(間接協議)や,ブラジルとともに国際的な問題となっていたイランの核開発問題の仲介を行った。

トルコは経済に基づく協調政策にも力を入れた。TOBBと連携し,パレスチナとイスラエルの関係改善の一助となるべく,トルコ国内で成功した工業団地計画(BIS計画)をエレツやトゥールカルムで実施する計画(アンカラ・フォーラム)を進めたり,2010年12月にはトルコが主導するかたちで,トルコ,シリア,レバノン,ヨルダンによる地域経済協力の枠組みである「レバント・カルテット」を立ち上げたりした。

この地域秩序への貢献を理論的に支えたのが,ダーヴトオールが打ち出した外交ドクトリンであった。ダーヴトオールの外交ドクトリンは,ダーヴトオールが元々国際関係論の教員だったこともあり,トルコ外務省傘下の戦略研究所(通称:SAM)から「公正発展党期におけるトルコ外交の辞書:認知地図」というペーパーが出されるほど,数多くの独自の概念を提起している。その中でも,「アラブの春」以前の地域秩序安定化に努める際に重要視されたのが,「近隣諸国とのゼロ・プロブレム」と「多様な側面かつ多様なトラックによる外

交」であった。近隣諸国とのゼロ・プロブレムとは，できるだけ全ての近隣諸国と関係を良好に保つことを目指す外交のことを指す。多様な側面かつ多様なトラックによる外交とは，冷戦期に安全保障だけを重視し，外交ルートも政府間交渉に限られていたトルコの外交姿勢を反省し，経済や文化など多様なイシューを扱い，官僚機構，経済組織，NGO など多様なトラックを外交カードとして使用することを目指すものである。

「アラブの春」がトルコの中東外交に及ぼした影響は，一言で言えば，「価値」を重視するようになったことである。「アラブの春」以前はシリアのアサド政権のような権威主義国家であっても，地域秩序の安定化という利害が一致していれば「ゼロ・プロブレム」外交に見られたように友好な関係を取り結んできた。しかし，公正発展党は「アラブの春」に際し，反政府運動を展開した政治家や民衆からイスラームと民主主義両立の「モデル」と見なされ，「モデル」として中東，そして国際社会にソフトパワー（人々を魅了する力）を行使できると考え，民衆蜂起を受けた権威主義国家を地域秩序の安定化を阻害するとしてその打倒を主張するようになった。トルコは，国境の変更には反対であったが，エジプト，リビア，シリアで政権交代を主張したという点で，それまでの現状維持の政策から現状打破の政策に転換した。

しかし，トルコの現状打破の政策はこれまでのところ，必ずしもうまくいっていない。それには大きく3つの理由が考えられる。第1に，トルコは公正発展党という親イスラーム政党が与党であっても，世俗主義という国是を前提としている点である。言い換えれば，政教分離の原則は徹底されているのである。そのため，ムスリム同胞団やナフダ党のように必ずしも政教分離を前提としていない組織のモデルとはなりにくかった。第2に，トルコはシリア内戦に際して，アサド政権に対抗する反政府勢力を後押ししてきた。ところが，反政府勢力の一部にはその後，「イスラーム国」に合流する勢力が出るなど，反政府勢力が必ずしも地域秩序を安定化させるアクターとはなっていない点である。第3に，トルコも「イスラーム国」に渡る外国人戦闘員に，シリア渡航のための主要な交通路（「ジハード主義者ハイウェイ」）として使用されるなど，シリア内戦の混乱に拍車をかけてしまっている点である。

5 「グローバル・サウス」とトルコの関係

トルコは「グローバル・サウス」なのか

　トルコは「グローバル・サウス」の範疇に含まれるのか。この問いの答えは明らかに「ノー」である。ブレイブボーイ=ワグナーによると，「グローバル・サウス」という用語は冷戦期の「第三世界」を引き継ぐものとされる（Braveboy-Wagner 2009：1-3)。「第三世界」は1952年に人口学者のソーヴィが低開発諸国を指す言葉として初めて使用したとされる（藤田・松下編 2012：v)。ここでの「第一世界」は西側諸国とも形容される米国を中心とする資本主義陣営，他方，「第二世界」は東側諸国とも形容されるソ連を中心とした社会主義陣営を指す。相対的に地球の北側に位置する「第一世界」と「第二世界」は「第三世界」から富を搾取しており，それによって「第三世界」に属する諸国は低開発を余儀なくされていると説明され，この見方から国際関係論の理論の1つである「従属論」が発展した。「第三世界」の国々に関して，具体的には，1955年にインドネシアのバンドンで開催された「アジア・アフリカ会議」（通称：バンドン会議）に出席した諸国が該当する。トルコも当時のファティン・ルシュトゥゥ・ゾルル外相がバンドン会議に出席した。しかし，トルコは冷戦期においては，ソ連と陸続きで国境を接するという地政学的特徴から，ソ連と共産圏に対する「防波堤」の役割を果たす国家として1952年にNATOに加盟するなど，明らかに「第一世界」に該当，もしくは近い立ち位置であった。さらに前述したように1980年代にオザルが中心となり，他国に比して早くから新自由主義の構造改革に着手した。また，公正発展党は，「保守的なグローバリスト」と形容されるように，党のアイデンティティに関してはイスラームとトルコの歴史を重視する保守主義でありながら，経済に関しては，新自由主義を含むグローバリゼーションを最大限活用するというスタンスを採った。

　このように，冷戦期から現在に至るトルコの位置づけ，姿勢は明らかに「グローバル・サウス」の国家のそれではない。しかし，トルコが完全に西側，「グローバル・ノース」，先進国に当たる国家であったかというとそうではない。逆説的であるが，トルコはそれらのカテゴリーの中では最も「グローバル・サウス」，途上国に近い国家と見なされてきた。他方，トルコは2000年代に入り，

BRICs（ブラジル，ロシア，インド，中国）に続く新興国として VISTA（ヴェトナム，インドネシア，南アフリカ，トルコ，アルゼンチン）や NEXT11 に名を連ねている。

TİKA による援助

トルコ，特に公正発展党は経済力が高まるにつれ，「グローバル・サウス」に位置する国々への援助政策を積極的に展開するようになった。その中心となっている組織が，トルコ国際協力機構（TİKA）である。TİKA は日本国際協力機構（JICA）をモデルに 1992 年に設立された機関で，主に 5 つの役割と業務を行っている。それらは，(1)途上国の発展を支援することを目的としたプロジェクトによる経済・金融・技術・社会・文化・教育の分野における協力の提供，(2)発展の目的と途上国の要求を考慮した支援分野の定義，必要なプロジェクトの進展，または民間セクターによるプロジェクトの発展の請負，(3)発展途上国における政府機関の設立，法律の作成，民間公務員の設置，自由市場経済への移行期における銀行業務・保険業務・国際貿易・金融・税制の分野への必要な支援の提供，援助を行う途上国に関する専門家の配置，発展途上国からの被雇用者に対する労働経験と教育の提供，発展途上国からの被雇用者に対する助成金の配分に関して必要な調整の実施，(4)教育と文化の分野において海外協力プログラムを必要とする組織に対するトルコ文化センターとの協力と調整の実施，(5) TİKA の主要な役割と業務に沿った他の非政府組織への協力を実施する，というものであった（今井 2015：232-233）。

当初はトルコと地理的に近い中央アジアやバルカン半島の新興独立諸国に対する援助が主であった。しかし，公正発展党政権下では，中央アジアやバルカン半島よりも，アフリカや中東への援助を増大させている。2016 年 2 月現在，最も新しい 2013 年度の TİKA の活動報告書において，地域別の援助の内訳は，アフリカが 33.7％，中央アジア・南コーカサス・南アジアが 21.8％，中東が 21.7％，バルカン半島と東欧が 21.4％となっている。アフリカには 7 つの TİKA の事務所が開設されており，37 カ国で活動を展開している。図 8-3 のように TİKA のアフリカと中東に対する援助の割合は年々増加している。

アフリカの中で，トルコが援助に力を入れたのがソマリアである。2010 年から 2011 年にかけてソマリアでは干ばつが深刻となり，それに伴って大飢饉

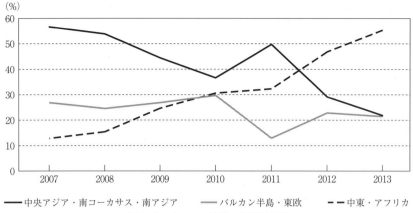

図8-3 トルコの援助の地域別内訳
出所：TİKA活動報告書（2007～13年）を基に筆者作成。

が発生した。エルドアン首相（当時）は2011年8月にソマリアを訪問し，ソマリアに対する援助キャンペーンをトルコで実施し，結果的に約3億ドルを援助した。TİKAの2013年の活動においてもソマリアは援助全体の10.4％を占めており，これは援助対象国の中で3番目に多い割合である（トップはパレスチナの20.2％，2番目はチュニジアの12.2％）。

第4回 LDC 会議

トルコは2011年5月9日から13日までの日程でイスタンブルにおいて第4回国連後発開発途上国（LDC）会議を主催した。LDCとは1971年の第7回国連経済社会理事会開発計画委員会で定義された概念で，(1) 1人当たりのGDPが900ドル以下，(2) 人的資源開発の程度を示すAPQLI（平均余命，カロリー摂取量，就学率，識字率の複合指数）とEVI（農業生産や輸出の不安定性，製造近代部門の比率，輸出商品の特価，経済規模のハンディの複合指数）のどちらかが一定以下，(3) 人口が7500万人以下，の国々が該当する（多賀 2003：210-211）。LDC会議はLDC，LDCに援助を行うドナー国，国際機関の関係者が参加し，10年に1回開催され，10年間の行動計画を策定する会議である。これまで第1回（1981年）と第2回（1990年）はパリで，第3回（2001年）はベルギーのブリュッセルで開催された。トルコでの開催は初めて非ヨーロッパ諸国での開催となった。エルドアン首相（当時）は会議の冒頭，「先進諸国や裕福な国家がこの重要な

会議に十分な関心を寄せていない」として，より多くの先進諸国が LDC 会議に関心を示すよう訴えた。

　本章では，新自由主義の受容，親イスラーム政党の躍進，そして地域秩序の安定化を目指す外交，という 3 つの切り口から第 3 共和制下のトルコについて概観し，さらにトルコと「グローバル・サウス」との関係についても検討した。粕谷は，トルコ共和国建国時にムスタファ・ケマルが西洋化を推し進めた思想的背景を，生存を確保するための「社会的ダーウィニズム」に求めている（粕谷 2003：64）。この「社会的ダーウィニズム」の視点は，現在でも国際社会，そして隣接地域に対するトルコの政策に見て取れる。トルコの新自由主義の受容と外交政策の変容は，国際社会と隣接地域での生存を確保し，その影響力を拡大する術であった。そして，トルコ国内に目を移すと，親イスラーム政党の発展，特に「2 月 28 日キャンペーン」以降の EU 加盟交渉に対するスタンスの変化は，まさに「社会的ダーウィニズム」に基づくものであった。

　その一方で，公正発展党政権下のトルコが新興国と称されるほどに経済力を拡大し，ソフトパワーや価値を重視する外交を展開していることもまた事実である。「グローバル・サウス」へのトルコの関与の増大は，「グローバル・サウス」に位置する国々から歓迎されるだけでなく，トルコのソフトパワーを国際社会にアピールする結果ともなっている。

参考文献

新井政美『イスラムと近代化――共和国トルコの苦闘』講談社，2013 年。
今井宏平『中東秩序をめぐる現代トルコ外交――平和と安定の模索』ミネルヴァ書房，
　　2015 年。
粕谷元「トルコのイスラーム潮流――ヌルスィーとギュレン」小松久男・小杉泰編
　　『イスラーム地域研究叢書 2　現代イスラーム思想と政治運動』東京大学出版会，
　　2003 年。
間寧「AKP 政権下のトルコ経済」『中東研究』第 524 号，2015 年。
幸加木文「公正発展党との非対称な対立にみるギュレン運動の変動――2010 年代のト
　　ルコの政治情勢の一考察」『中東研究』第 521 号，2014 年。
澤江史子『現代トルコの民主政治とイスラーム』ナカニシヤ出版，2005 年。
多賀秀敏「後発発展途上国」川田侃・大畠英樹編『国際政治経済辞典　改訂版』東京書

籍,2003年。

デヴィッド・ハーヴェイ(渡辺治監訳)『新自由主義——その歴史的展開と現在』作品社,2007年。

藤田和子・松下冽編著『新自由主義に揺れるグローバル・サウス——いま世界をどう見るか』ミネルヴァ書房,2012年。

デイヴィッド・ヘルドほか(古城利明ほか訳)『グローバル・トランスフォーメーションズ——政治・経済・文化』中央大学出版部,2006年。

八谷まち子編『EU 拡大のフロンティア——トルコとの対話』信山社,2007年。

Ziya Öniş, "The political economy of Islamic resurgence in Turkey: The rise of the Welfare Party in perspective," *Third World Quarterly*, Vol. 18, No. 4, 1997.

Ziya Öniş, "The Political Economy of Turkey's Justice and Development Party" in Hakan Yavuz (ed.), *The Emergence of A New Turkey : Democracy and the AK Parti*, Salt Lake City : The University of Utah Press, 2006.

Ziya Öniş, "Conservative globalists versus defensive nationalists : political parties and paradoxes of Europeanization in Turkey," *Journal of Southern Europe and the Balkans*, Vol. 9, No. 3, 2007.

Jacqeline Anne Braveboy-Wagner, *Institutions of the Global South*, Routledge, 2009.

コラム4　アタテュルクの「子孫」たち

　トルコは，いまだ様々な問題を抱えているにせよ，中東の数少ない「民主国家」の1つであると考えられている。複数政党制や選挙が機能し，少なくとも典型的な独裁や権威主義体制の状態にはないからだ。

　ではなぜ，トルコは「民主化」したのか，あるいは独裁や権威主義体制にならなかったのか。このような問いに対し，研究者は社会経済的要因や外的要因などあれこれ論じるのが常であるし，実際，私もそうしてきた。しかし同時に，ちょっとした歴史の偶然が実は重要なのかも知れない，と考えることがある。

　トルコ共和国の初代大統領であり国父とされるムスタファ・ケマル・アタテュルクには実子がおらず，彼の死後は，右腕であったイスメト・イニョニュが第2代大統領に就任し，アタテュルクの改革を引き継いだ。このイニョニュが複数政党制を導入し，トルコは「民主国家」への道を歩むこととなるのだが，これがもし，アタテュルクに実子がいたならばどうなっただろうか。間違いなく，実子を担ぐ人間を巻き込んで後継者争いが起こっていただろうし，もしかしたらアタテュルク自身が後継者に指名してトルコの「王朝化」が起こっていたかも知れない。そうなると「王朝」の神格化は避けられず，「民主国家」への道はきわめて遠く険しくなっただろう。つまり，トルコは今のような統治体制にはなっていなかったかも知れないのだ。現代トルコにおけるアタテュルクや近代化理念である「アタテュルク主義」の位置づけを考えると，こうした推測もあながち的外れではないように思われる。

　政治の重大局面においても，こういった偶然の領域に属するものの影響が，実は大きいのかも知れない。それは「もし」である以上まったく計ることのできないものであるし，確たる証拠をもって100％立証できるものでもない。しかしそれでも，この「もし」の可能性をまったく捨て去ることもできないのだ。それは，われわれ一人ひとりの人生が，いかに偶然や気まぐれに左右されているかを身にしみて知っているからであろう。そして，その人生の断片が織り成すものが政治であるならば，そこに偶然が入り込まない可能性は著しく低い。

　重大局面の背後，政治的岐路の向こう側にこうした偶然が潜んでいること，そしてその偶然の子孫たちが今を形づくっていることを，頭の片隅にとどめて世界を見る必要があるのではないだろうか。

（岩坂将充）

第9章　アラビア半島諸国
　　　——中東地域秩序における台頭——

村 上 拓 哉

1　台頭するアラビア半島諸国

　アラビア半島に位置する6カ国——サウディアラビア，クウェート，バハレーン，カタル，アラブ首長国連邦（United Arab Emirates：UAE），オマーンは，湾岸諸国，湾岸アラブ諸国，湾岸産油国，アラビア半島諸国など複数の呼称が存在するものの，政治的，経済的，文化的に同質性が高く，国家の形成過程において共通の歴史を有することから，一括りに論じられることが多い。国土の大半が砂漠を占めるこの地域では，歴史的に部族社会が形成されており，現在も一部の部族が政治権力を握る君主制が各国で敷かれている。20世紀に入ると，この砂漠の大地の下には莫大な石油資源が眠っていることが判明したが，その石油資源から得られる収入を国家の財源の基盤としているのも6カ国に共通の特徴だ。

　選挙を経ない指導者が政治の全権を担う絶対君主制を採る，石油資源に過度に依存するモノカルチャー経済であるという「サウス」的な特徴を抱えているアラビア半島諸国であるが，その外交政策は，冷戦期においても一貫して親西側諸国の姿勢を示し続けるなど，多くの「サウス」諸国とは異なるものであった。むしろ，アラブ民族主義を唱え第三世界を牽引したエジプトのナーセル大統領と，サウディアラビアに代表される中東の君主制国家は地域秩序をめぐって対立関係にあった（この対立関係は「アラブの冷戦」と呼ばれた）。

　米ソの東西冷戦終了後，イラクによるクウェート侵攻という災厄がアラビア半島諸国に降りかかったが，ここ数年でアラビア半島諸国は大きく台頭し，中東地域秩序に大きく影響力を行使しうるプレイヤーとなった。アラビア半島諸国の筆頭国であるサウディアラビアは1999年からG20のメンバーであり，GDPの規模も7462億4900万ドルと世界第19位の位置を占める（世界銀行

2014年)。2011年の「アラブの春」によって周辺の中東諸国が混乱に陥るなか，アラビア半島諸国の君主体制はいずれも安定性を示し，その存在感を高めた。そして，これまで紛争への直接介入や武力行使には慎重な対応をしてきたアラビア半島諸国であるが，2011年以降は，リビア，シリアへの空爆を外交的に主導し，イエメン紛争に軍事介入するなど，中東の地域秩序を形成するプレイヤーとして行動している。

興味深いことに，アラビア半島諸国のこうした近年の台頭は，欧米諸国にとって既存の秩序への挑戦とは見なされておらず，地域秩序の安定要因としておおむね歓迎されている。欧米諸国とアラビア半島諸国の利害は共通する部分が大きく，アラビア半島諸国は欧米諸国と共同して秩序の維持を担う側の国として位置づけられていると言えるだろう。すなわち，アラビア半島諸国は地域大国として秩序形成に能動的に影響力を行使しうる「グローバル・サウス」的な国家群ではあるものの，彼らが構築を目指す地域秩序は「北」側である欧米諸国との対立の中から生じてきたものではなく，むしろ欧米諸国との協調から形成されている。

本章では，中東地域秩序におけるアラビア半島諸国の台頭の要因を明らかにすることを目指す。まず，台頭を支える源泉となっている政治体制としての君主制の安定性，そしてその君主制を護持するための同盟である湾岸協力理事会(Gulf Cooperation Council：GCC)の役割について検討する。そのうえで，秩序の変遷に繋がりうる複数の軍事行動を行いながら欧米諸国の支持をとりつけることに成功しているアラビア半島諸国の外交政策について分析する。なお，アラビア半島諸国の石油依存型の経済については第3章で詳細に論じられているので，ここでは割愛したい。

2　君主制国家群としてのアラビア半島諸国

王朝君主制

　アラビア半島諸国はいずれも政治体制として君主制を採用している（表9-1）。国によって君主制の形態は異なるが，アラビア半島諸国の君主制に共通しているのは，君主が行政・立法・司法のいずれの分野においても大きな権限を有する統治者として君臨する絶対君主制を採っていることである。アラビア

表9-1　アラビア半島諸国の君主制

	バハレーン	クウェート	オマーン	カタル	サウディアラビア	UAE
支配家系	ハリーファ家	サバーフ家	ブーサイード家	サーニー家	サウード家	7首長家
王朝の成立	1783年	1756年	1744年	1868年	1902年	18世紀
独立	1971年8月15日	1961年6月19日	1970年7月23日（非公式）	1971年9月1日	1932年（国号変更）	1971年12月2日

出所：筆者作成。

　半島諸国では憲法に相当する基本法が制定されており，君主の権限も同法によって規定されている。しかしながら，君主は法律を超越する勅令を発出することができ，選挙の結果とは無関係に内閣を組閣する権限を有するなど，事実上の絶対君主として振る舞っている。

　アラビア半島諸国の君主制に特有の特徴は，君主が1人で権限を占有するのではなく，支配家系のなかで権限を分配しているところにある。たとえばサウディアラビアでは，初代国王のアブドゥルアジーズの死後，彼の息子たちの間で権限の分有が図られた。王位は兄弟間で継承されるとともに，外相，国防相，内相，国家警備隊司令官といった要職は王族によって占められた。政治学者のマイケル・ハーブは，こうしたアラビア半島諸国の君主制を「王朝君主制」と呼んだ（Herb 1999）。

　王朝君主制では，支配家系内で権限が分有されることにより，王族内部の王位をめぐる争いの発生を抑制することが期待される。また，権限が複数の王族に分散されることにより，外部からのクーデタの脅威に対して支配家系が一致して対抗する動機が生まれる。ハーブは，こうした特徴の有無が，今日までに崩壊した君主制国家（エジプト，イラン，イラク，リビア，アフガニスタン）と，現在も存続する君主制国家（アラビア半島諸国，ヨルダン，モロッコ）の違いだと説明した。

　アラビア半島諸国の安定性を説明する要因として，この王朝君主制が採用されていることは現在でもしばしば指摘されるところである。政治，経済，軍事とあらゆる分野に王族が浸透しているアラビア半島諸国では，非王族の有力者が台頭することを難しくしており，現在の王家に代わって支配者となりうるような人物はこれまで出現してこなかった。アラビア半島諸国のなかでも議会の

権限が強いクウェートとバハレーンでは，議会内に有力な野党が存在し，政府に対しても一定の政治力を持つ人物や団体がいるが，その他の国ではそもそも政治団体の結社の自由が認められていない。「アラブの春」では，アラビア半島諸国でも大なり小なり抗議活動が発生したが，民衆によるデモを指導し，政府との対決姿勢を表明する政治勢力が存在しなかった点が他の中東諸国とは大きく異なった。その点，アラビア半島諸国の中では有力な反政府団体が存在したバハレーンでデモが最も盛り上がったのは，必然といえよう。

王位継承と権力争い

王朝君主制に支配家系内での権力争いを抑制する機能があるとはいえ，実際にはたびたび権力争いは発生してきた。近年の事例で最も大きな動きは，サウディアラビアでムクリン皇太子が廃位に追い込まれたことである。2015年1月，アブドゥッラー国王が90歳で逝去すると，皇太子であったサルマーンが国王に就任し，同時に，副皇太子であったムクリンは皇太子に就任することになった。サウディアラビアでは皇太子の次の序列である第2副首相に任命されることは次期皇太子になることが慣習上確定的な事項となっていた。アブドゥッラー国王は2013年2月に第2副首相にムクリンを任命したが，さらに，2014年3月には副皇太子というポストを新設し，副皇太子兼第2副首相にムクリンを任じた。この際，勅令には「いかなる方法・形式によっても，また，どのような人物であっても，この任命を変更・修正してはならない」と規定し，制度上もムクリンへの王位継承ラインを確定させた。しかしながら，2015年4月，サルマーン新国王はムクリン皇太子が「本人の希望」により辞任すると唐突に発表した。その結果，先に指名していたムハンマド・ビン・ナーイフ副皇太子が皇太子に就任することになり，副皇太子にはサルマーンの息子であるムハンマド・ビン・サルマーン国防相が任命された。

これまでサウディアラビアでは，第2世代と呼ばれる初代国王の息子たちによって，兄弟間で王位を継承してきた。そのため，王位も王族内での権力バランスの結果調整されるのが常であり，国王の息子であるからといって，おいそれと王位継承ラインに乗せたり，閣内の要職を任せるということはできなかった。サルマーンの行動はこれまでのサウディ王家の慣習に明らかに反しており，実績もほとんどなく実力も未知数の自分の息子を王位継承ラインに乗せるため，

前の国王が任命した人物を皇太子から追い落とすということに踏み切っている。現皇太子のムハンマド・ビン・ナーイフは，サルマーンの同母兄であるナーイフ元皇太子の息子であり，王族の中でも縁戚関係が近い。サルマーン周辺の縁戚に権力が集中することは，支配家系内で権力を分有するという王朝君主制の特徴を形骸化させるものであろう。弱冠30歳の副皇太子の誕生を王家内の若返りとして歓迎する風潮もあるが，支配家系内で権限の配分の調整が適切に行われているのかは不透明であり，今後，王族内での対立が高まれば，体制の安定性にも影響してこよう。

　他方，サウディアラビアとは対照的に，王位継承争いがほとんど表面化してこなかったのがオマーンである。1970年に父親のサイード国王を宮廷クーデタで追放したカーブースは，政治的な権限を一手に掌握してきた。ハーブの議論においても，アラビア半島諸国のなかでもオマーンは君主に権限が集中していることから，王朝君主制には分類されていない。外相，国防相，財相といった閣内の有力なポストは国王が兼任しており，また，事実上の担当大臣も王位継承権のない王族ないし非王族にポストが与えられている。また，オマーンでは皇太子のポストが伝統的に存在しておらず，カーブースには兄弟も子供もいないため，後継者が誰になるかも判然としていない。カーブースによる統治手法は絶対君主のそれに近いが，国家近代化の父としてカリスマ的な人気を誇るカーブースの下，オマーンの内政は45年以上安定してきた。オマーンの問題は，王位が継承された後である。現在の後継候補は，いずれも儀礼的には序列は高いものの，要職の経験はなく，カーブースに比べるとカリスマ性も劣るため，カーブースのような統治手法を次の国王が踏襲したときに，国民の不満を抑え込むことができるのかは疑問視されている。今後，オマーンの政治体制の安定性のためには，王族内での権力の分有を図る王朝君主制に進むか，あるいは，国王が政治から手を引き象徴的な存在となる立憲君主制に進むかを選択する必要性に迫られよう。

3　GCC——アラビア半島諸国間の王政護持同盟

GCCの設立

　湾岸協力理事会（GCC）とは，サウディアラビア，クウェート，バハレーン，

カタル，アラブ首長国連邦，オマーンの6カ国によって1981年5月に設立された地域機構である。組織の正式名称は「湾岸アラブ諸国協力理事会（Cooperation Council for the Arab States of the Gulf）」であるが，一般的な呼称としてはGCCという略称が用いられている。各加盟国の首脳によって構成される最高理事会を頂点とし，外相や内相，財相など閣僚レベルによる理事会が開かれている。事務局はリヤードに所在しており，各種会合の調整を行っている。

　GCCが設立された目的は，当時アラビア半島諸国が共通して直面していた脅威を共同して防ぐためであった。1979年にイランで革命が発生し，新たに誕生したイラン・イスラーム共和国が「革命の輸出」を唱えたことは，対岸のアラビア半島諸国にとって体制転換に繋がりかねない直接的な脅威となった。また，同じく1979年に，ソ連がアフガニスタン侵攻を開始したことは，親西側で共産圏の拡大を恐れるアラビア半島諸国の警戒感を増大させた。さらに，新たな革命イランを敵視したイラクが1980年にイランへの軍事侵攻を開始したことは，イラン，イラクという湾岸の二大国間の戦争がアラビア半島諸国へも波及する恐れが生じたことを意味しており，これに巻き込まれないよう共同して対処することでも，各国の利害は一致した。

　しかしながら，アラビア半島の6カ国で地域機構を設立することで合意は得られたものの，機構の具体的な役割をめぐって議論は激しく対立した。1960年代後半から1970年代前半にかけて，隣国の南イエメンから支援を受けた共産主義勢力との内戦を経験したオマーンは，ソ連のアフガン侵攻に対処するべく，GCC合同軍の設立などGCCの軍事的性格を前面に出すことを主張した。他方，クウェートは，当時アラビア半島諸国のなかで唯一ソ連と国交を有しており，GCCが反共産主義連合と見なされることを警戒した。また，イラク，イランと隣接するクウェートは，両国を排除した同盟を形成することで両国を刺激することを恐れ，GCCに軍事的な機能を付与することに強く反対した。実際，イランもイラクもGCCの結成に強く反対を表明し，クウェートの懸念は的を射ていたといえよう。その結果，オマーンとクウェートの折衷案となるサウディ案が採用されることになり，GCCはあくまで国内治安を改善するための協力を推進する機構となった。これにより，GCC設立の目的は安全保障が主な理由であったにもかかわらず，設立時に制定されたGCC憲章には安全保障協力に関する言及が全くない，奇妙な地域安全保障機構が誕生することに

なる。

安全保障協力の進展

　発足の経緯において GCC の安全保障協力に制限は課されたものの，その後の事態の緊迫化にあわせて GCC の安全保障機能は整備されていく。80 年代には，バハレーン，クウェート，サウディアラビア東部でイランからの支援を受けた組織によるテロ，デモなどが頻発した。特に，1981 年 12 月にイランの支援を受けていた武装集団バハレーン解放イスラーム戦線（IFLB）によるクーデタ未遂がバハレーンで起きたことは，アラビア半島諸国の指導層に大きな衝撃を与えた。この事件をきっかけに，1982 年 2 月には第 1 回目の GCC 内相会合が開催され，安全保障協力の原則と目的の枠組み合意を締結した。同会合後に発出された宣言では，「GCC の安全保障は不可分である。GCC に加盟する国家への攻撃は，全ての GCC 加盟国への攻撃と見なす。攻撃へ対処する責任は集団的なものである」と謳われた。これによって，アラビア半島諸国は，集団的自衛権が行使可能な同盟関係に至ったといえよう。1984 年には，2 旅団から構成され，1 万人規模の兵力を持つ合同軍「半島の盾」軍の創設が決定された。

　もっとも，1982 年の会合が国防相ではなく内相による会合であったことに象徴されるように，ここで想定されている脅威とは，敵対国の正規軍による軍事侵攻のようなものではなく，敵対国の支援を受けた国内勢力による体制転換であった。1952 年にエジプトで君主制が打倒されたのを皮切りに，1957 年にチュニジア，1958 年にイラク，1962 年にイエメン，1969 年にリビアと，中東各地で体制転換が発生し，君主制は崩壊していった。そして，1979 年にイランで革命が成立したことは，親米国家で豊富な石油資源を持つ国であっても，君主制崩壊のドミノから逃れられないことを意味していた。イラン革命の成立により，中東に現存する君主制国家はアラビア半島の 6 カ国とヨルダン，モロッコのみとなった。ここに来て，アラビア半島諸国は王政を護持するために共同して防衛する動機が生まれたことになる。

　GCC の枠組みにおける協力の進展としては，共通市場の創出といった経済面での成果が目立つが，これらの経済統合においても，安全保障に資することが意識されている。GCC はホームページ上で安全保障面での協力において達

成されたものとして17項目を掲げているが，第1の「包括的安全保障戦略」，第2の「安全保障協定」に続き，第3番目に「物流の円滑化」が挙げられている（http://www.gcc-sg.org/indexffff.html?action=Sec-Show&ID=347）。これは，GCC加盟国間でのヒトの移動の自由化，輸出入するモノの規格の統一などにより共通市場を創出することで，加盟国の市民間での社会的紐帯を強化することを目的としたものである。

　当然のことながら，テロ対策，薬物対策，犯罪捜査，国境警備隊・沿岸警備隊間協力といった安全保障分野での協力もGCCの枠内で進められていき，情報の交換や合同訓練などが行われてきた。GCCの安全保障機能を分析した国際政治学者のマッテオ・レグレンツィは，GCCは外からの脅威に対しては象徴的な協力の形式を抜け出すことができなかったものの，内からの脅威の分野での安全保障協力は実質的なものとして発展してきたと評価している。こうして，GCCは主に，加盟国であるアラビア半島諸国の統治体制を強化するための制度として機能することとなった。

内部分裂？

　GCCの設立により，アラビア半島諸国間には一種の同盟が形成されたことになるが，それは加盟国の間の紛争が全て解決したことを意味するわけではない。GCCが設立した段階では，カタル・バハレーン間，サウディアラビア・オマーン間など，加盟国の間でも国境が画定していないところが複数存在していた。また，外交政策をめぐっても，国内のシーア派住民を煽動していると見られるイランを激しく敵視するバハレーンに対し，ホルムズ海峡を挟んで伝統的にイランと友好関係を築いてきたオマーンでは，立場が大きく異なる。そのため，協力の進展についても日進月歩であり，安全保障面での協力において達成された17項目の第2項目である安全保障協定は，全加盟国による締結に至ったのは1982年の提案から30年後の2012年のことである。これは，クウェート国内において議会が同協定の締結に反対したことで，合意が阻まれた。その後，1994年に1982年の協定の修正案が提案されたものの，クウェートはまたしても協定に参加することはなかった。2012年に再度修正されたことで，ついにクウェート政府も協定に署名をしたが，議会の反対派によって協定の承認は阻まれている状況である。

また、GCCの核となる原則をめぐっても加盟国間で複数の対立が発生している。そのうち最も深刻なレベルで表出したのが、サウディアラビア、バハレーン、UAEの3カ国と、カタルとの間の対立である。2014年3月に、この3カ国はそれぞれ自国の駐カタル大使を召還したという声明を突如として発出し、カタルがGCCの内政不干渉の原則を十分に履行していないことを批判して、大使召還を決定したと発表した。これは、カタルが、サウディアラビアやUAEが自国の安定にとって脅威と見なすムスリム同胞団を支援してきたことと関連づけられた措置であった。3カ国側にとっては、カタル政府が自国の安全保障を脅かす恐れのある団体に精神的・資金的な支援を与え、カタル国内で彼らを匿うことは、看過しがたい問題であった。他方、カタル側は、ムスリム同胞団への支援は自国の外交プレゼンスを高めるための措置であり、GCC諸国の安全保障を脅かすことを意図したものではないとして、3カ国側が主張する内政干渉には当たらないと主張した。この問題はクウェートが仲介に入り、カタルがムスリム同胞団の幹部7人を国外に出国させるなどの譲歩を示したことで、2014年11月に8カ月ぶりに3カ国の大使がカタルに帰還することが決定された。

　この他、近年におけるGCCの内部対立を象徴する出来事として目立ったものは、オマーンがGCC「連合」構想案に対して公式に反対を表明したことである。GCC「連合」構想案は、2011年12月のGCC首脳会議で、アブドゥッラー・サウディアラビア国王によって提案されたもので、GCCは「協力（Cooperation）」から「連合（Union）」に移行する段階に来たとするものであった。もっとも、「連合」が意味するところは何なのか、具体的なことは明らかにされず、詳細は小委員会による検討作業によって決められることになった。これに対し、2013年12月、公開の国際会合の場において、マダニー・サウディアラビア外務担当国務相が、地域の脅威に対しGCCが「連合」に向けて一致することを呼びかける演説を行った際、会場にいたオマーンのユースフ・ビン・アラウィー外務担当相が自ら発言を求め、「オマーンは連合の発足を止めることはないが、我々はそのメンバーになることはない」と述べた。これまで、GCC加盟国間で対立が発生していたとしても、それについて直接言及することは稀なことであり、公開の場でこうした見解の相違が表明されたことは異例なことであった。オマーンが同構想に反対するのは、サウディアラビアとイラ

ンとの緊張が高まるなか，GCC の連携の強化がイランに対抗するものとなることを懸念しているからであろう。サウディアラビア資本の汎アラブ紙であるハヤート紙はオマーンの行動を強く非難し，「イランとオマーンが協力してGCC を崩壊させようとしている」とまで述べた。

　もっとも，これらの内部分裂と見られる問題は，GCC という枠組みがアラビア半島諸国にとって形骸化していることを意味するわけではない。地域機構としての GCC の目的は，各国で体制転換が起きることを防ぐことであり，この面での原則が守られている限り，協力の具体的な内容をめぐる路線対立は大きな問題にはならないだろう。その意味で，カタルのムスリム同胞団支援は国内の安定性に直結する問題であっただけに，サウディアラビアや UAE は敏感に反応したといえるが，既にエジプトでムスリム同胞団政権が軍事クーデタにより打倒されていたことを考慮すると，危機の切迫感はそれほど高くなかったと見ることもできる。「アラブの春」においてもデモを経験せず，体制転換の脅威から最も遠いカタルとの間で脅威認識のずれがあったことが問題の本質であるとするならば，アラビア半島諸国間での協力関係を進展させていくという各国の意向は，大枠において合意がとれているといえよう。そして，それは2011 年以降，GCC 加盟国間で急速に安全保障協力が進んだことが証明している。

再強化される GCC

　2011 年に「アラブの春」が発生し，周辺の共和制国家において体制転換が相次いだことは，現代においても体制転換の脅威に対処する必要性があることをアラビア半島諸国の政治指導部に改めて思い知らせた。アラビア半島諸国の中ではバハレーンとオマーンで大規模な抗議活動が発生したが，アラビア半島諸国はこれに一致して対処することを決断した。2011 年 3 月の GCC 外相会合において，GCC 諸国は，バハレーンとオマーンの各国に対し，今後 10 年間で総額 100 億ドルの支援を行うことを発表した。これは，抗議活動での要求が体制転換などの政治的要求に発展する前に，国民の生活水準の向上を実現するための施策を各国政府が発表することで，デモの鎮静化を狙うものであった。バハレーンとオマーンはアラビア半島諸国のなかでは石油資源に乏しく，1 人当たり GDP も他の 4 カ国と比べると低い水準にあったため，国民を慰撫するた

めの「ばらまき」の原資を配ることが，当面の対処として行われたのである。

　GCC としてより重要な動きは，合同軍である「半島の盾」軍がバハレーンでの抗議活動を鎮静化するために派遣されたことである。これは「半島の盾」軍にとって，創設以来初めてとなる単独任務であった。合同軍の派遣は加盟国の総意によるものであったが，部隊の中心になったのはサウディアラビア軍であり，UAE からは警察，クウェートからは巡視艇が派遣された。また，その主な任務は石油施設など郊外の重要施設の警備や海上での武器密輸の阻止であり，デモ隊と直接対峙することはなかったという。デモ隊の鎮圧にあたったのはバハレーンの軍と警察であり，それを支援することが合同軍の主な役割であった。軍隊の派遣の規模としてはそれほど大きくなかったこととあわせて考慮すると，合同軍の派遣の意図は，バハレーンで体制転換を阻止する意思を内外に示すという政治的な思惑に基づく面が大きかったのであろう。とはいえ，これは加盟国の体制転換を阻止するためには軍事力の行使も辞さないという方針を初めて具体的な行動で示したことを意味しており，GCC の安全保障協力が「紙の上」だけのものではないことが実証されたという点で，きわめて大きな意義があった。

　先に言及した GCC「連合」構想，安全保障協定の締結の動きは，いずれも実現に至っていないものの，このような体制転換に対する脅威認識に基づく発想から進められたものであった。また，モロッコとヨルダンを GCC に加盟させるという案が 2011 年 9 月の外相会合で提案されたことも，君主制国家間での連帯を強めることで体制転換への耐性を高めようとする試みの 1 つであった。もっとも，ペルシャ湾に全く面していないモロッコとヨルダンを加盟させようとしたことは，GCC（Gulf〔湾岸〕Cooperation Council）ではなく MCC（Monarchy〔君主制〕Cooperation Council）ではないかとメディアにも揶揄され，早々に頓挫することになり，ヨルダンとモロッコに対しては中長期的なパートナーシップを結ぶ方向に流れた。

　これに対して，GCC 加盟国間では統一軍事司令部，合同警察，合同海軍の設置で相次いで合意が成立し，GCC の安全保障機能は強化の一途を辿っている。合同警察の本部は UAE に設置される予定であり，国際刑事警察機構（インターポール）の GCC 版を創設するとの意気込みが政府高官から語られている。また，合同海軍の本部はバハレーンに設置される予定であるが，バハレーンに

は米第5艦隊の基地が置かれ，さらに2014年12月には英国海軍の恒久基地が建設されることも決定している。ペルシャ湾内の友邦国の海軍能力がバハレーンに集積することを意味しており，これまで以上に作戦の遂行や調整が容易になることが期待されている。統一軍事司令部の設置については，現段階のアラビア半島諸国の軍事技術レベルで可能なのかという疑問もあるが，司令部の設置それ自体がGCC諸国の脅威認識を反映した軍事的な成果であると評価されている。

外交政策においては足並みの乱れが目立つアラビア半島諸国であるが，設立から30年以上が経過したGCCという枠組みは，複合的な協力関係の構築に成功しており，一時的な感情のもつれで解体してしまうほど脆い構造にはなっていない。そして，協力のあり方をめぐり対立が生じることはあっても，それはアラビア半島諸国間関係の一面を映しているに過ぎず，別の面では実務的な協力が進展しているということもある。連合「構想」をめぐるオープンな論争や，カタルからの大使召還問題はGCCの歴史の中でも大きな危機の1つに数え上げられるが，同時に，2011年からの数年間はGCCの歴史の中で最も安全保障協力が進展した時期であったということも見逃してはならない事実である。アラビア半島諸国にとって，自国の体制を護持するためにGCC以上に信頼できる安全保障枠組みが存在しないことが，この同盟関係を維持する最大の誘因になっている。

4　安全保障政策の軍事化と欧米諸国との連携

アラビア半島諸国の独立と安全保障の追求

アラビア半島諸国は伝統的に親西側の立場であったが，これは多くの「サウス」諸国と異なり，欧米諸国からの独立戦争を経ていないことも関係してこよう。建国から独立を保ち続けたサウディアラビアを除くアラビア半島諸国はいずれも英国の保護国であり，支配家系は英国からの支援を受けて政権を維持していた。18世紀後半から20世紀前半にかけて，ペルシャ湾岸沿岸に点在するアラビア半島の小領主にとって最大の脅威は，半島の中央部に出現したサウード王国（第1次サウード王国 1744～1818年，第2次サウード王国 1824～91年，第3次サウード王国〔現・サウディアラビア〕1902年～現在）に他ならなかった。英国

は，サウード王国による領土的野心からこれらの小領主を守るべく，ときには軍隊を派遣し，ときには国境画定作業を仲介し，自らの保護国の防衛に執心した。そのため，英国が1971年にスエズ以東からの撤退を実行に移した後，平和裏に独立を果たしたアラビア半島諸国は，自国の防衛のために新たな庇護者を求めることになった。

　しかし，英国の庇護を失ったアラビア半島諸国にとって，東側であるソ連は選択肢に挙がらなかった。先に独立したクウェートとは1963年に外交関係を樹立していたソ連は，英国撤退後の湾岸地域への浸透を図るべく，1971年に新たに独立するカタル，バハレーン，UAEをすぐに国家承認し，外交関係の樹立を要請した。しかし，この要請に応えたのは，UAEのみであった。そもそも，ソ連は当初これらの英国の保護国の主権を否定し，過去には南イエメンを通じてオマーンとバハレーンで活動していた共産主義組織「占領下アラブ湾岸開放人民戦線（Popular Front for the Liberation of the Occupied Arabian Gulf：PFLOAG）」を支援していた。既存の君主体制を打倒することに一定の正当性を見出していた国家から，体制の安全保障を担保してもらうことを期待する政治指導者はいないだろう。また，ソ連はサウディアラビアに対しても外交関係樹立の要請を出していたが，サウディアラビア，特にファイサル第3代国王（在位1964〜75年）は，共産主義のイデオロギーはイスラームに反するものであると強く敵視しており，これを退けている。

　西側にとってもベトナム戦争で疲弊していた米国には湾岸地域に新規参入する余力はなかった。そのため，米国は親米国であるサウディアラビアとイランの2カ国に地域の秩序維持を任せるという「二柱政策」をとり，自国の関与については遠方から間接的に行うしかなかった。しかし，英国が撤退した「力の真空」を埋めるにはサウディ・イランの両国では不十分であり，1970年代はアラビア半島諸国にとって不安定な時代となる。UAEが英国から独立する前夜の1971年11月30日，イランはペルシャ湾に浮かぶ大トンブ島，小トンブ島，アブー・ムーサー島の3島を軍事占拠した。この3島は英国の保護国に組み込まれており，UAEを構成するシャルジャ首長国の領土になるとされていたが，イランの実力行使に対抗する手段をUAEは持っていなかった。この3島は今日までイランの実効支配下に置かれたままである。また1973年3月20日には，イラクが装甲部隊を派遣してクウェートの国境監視所を占拠し，クウ

ェートの領有するワルバ島，ブービヤーン島の割譲を要求した。これに対しては，サウディアラビアがイラク国境に1万5000人規模の部隊を集結させてイラクを牽制するとともに，アラブ連盟内でイラクの行動を非難する論調が高まったため，イラクは4月に軍を撤退させている。

米国との関係強化

このような1970年代の不安定期を経て，1979年にイランでの革命，ソ連のアフガン侵攻，そして1980年にイラン・イラク戦争が勃発したことで，1981年にGCCが設立されたことは先述の通りである。しかし，イラン・イラク戦争が泥沼化していき，1984年以降ペルシャ湾を航行する石油タンカーも攻撃の標的にされるようになると，イランは，イラクを支援していたアラビア半島諸国のタンカーも同じく攻撃の対象とした。アラビア半島諸国は自国のみではこうした戦争の波及に抗するほどの力がないことを改めて認識し，1986年にクウェートは米ソの両国に自国のタンカーの庇護を要請した。米ソともにこの要請に応えたが，米国はソ連の影響力を抑制するため，中東艦隊を増強することを決定する。もっとも，この段階では，クウェートは国内の反米勢力からの批判を避けるため米軍艦の自国への寄港を認めず，領海内に設置した浮遊基地において補給を行うというレベルの協力にとどまった。

しかし，1990年にイラクによるクウェート侵攻が発生したことで，アラビア半島諸国は外交政策を根底から変化させる必要性に直面した。英国のスエズ以東撤退以降，超大国の直接的な軍事プレゼンスを排除してきたアラビア半島諸国であるが，国家消滅という未曾有の危機に対し，アラビア半島諸国民の間でも米軍の駐留を許容する世論が形成された。湾岸戦争後には，アラビア半島諸国とエジプト，シリアの8カ国によるアラブ平和維持軍の創設や10万人規模のGCC統合軍の発足といった新たな安全保障体制も模索されたが，いずれも実現には至らず，米国との同盟関係を構築することで自国の安全を担保することになった。クウェート解放にあたり既に50万人を超える米軍がアラビア半島諸国に駐留しており，この米軍の駐留とアラビア半島諸国との協力を制度化することが，最も信頼に資する安全保障体制と目されたためである。米軍が国内に駐留を開始したことにより，アラビア半島諸国の防衛体制も米軍との協力を前提にして構築されていった。その結果，米国からの武器の調達も大幅に

増加し,急速な勢いでアラビア半島諸国軍の近代化が進められていくとともに,アラビア半島諸国と米国との結び付きは確固たる関係に変容していった。

軍事力の積極的な行使

ここまでの歴史を振り返ると,アラビア半島諸国は,かつては英国の保護下にあり,独立後は周辺諸国から領土を脅かされ,米国との関係を強化することでようやく安定した安全保障環境を確保した国家群に見える。こうしたことから,これまでアラビア半島諸国では石油政策や石油から得られる資金を元にした援助外交が中心的な外交手段であり,軍事力を直接行使することは稀であった。

しかし,2011年以降の4年間でアラビア半島諸国は軍事的な手段を4度——バハレーンでの騒乱に対する軍事介入,NATO主導のリビア空爆への参加,米国主導のシリア空爆への参加,そしてイエメン紛争への軍事介入——も行使している。いずれの事例においても,イラン・イラク戦争や湾岸危機のときのように戦争に巻き込まれたというより,アラビア半島諸国が主体的に軍事行動を推進する立場にあったといえる。こうした外交政策の変化は,いかなる背景をもとにして決定されたのか,また,各々の軍事行動ではどのような手段が行使されてきたのか。以下では,先述したバハレーンへの軍事介入を除く3つの事例について見ていこう。

2011年3月19日にNATO主導のリビア空爆が開始されたのは,カッザーフィー政権からリビア市民を保護するという名目によるものであった。軍事作戦の遂行はNATOが主体となったが,非NATO国からもスウェーデン,ヨルダン,そしてアラビア半島諸国からUAEとカタルが参加した。もっとも,軍事作戦の規模からすると,主力は米英仏などであり,戦闘機を数機派遣したUAEとカタルの役割はそれほど大きくなかった。作戦の正当性を担保するという観点からはアラブ諸国であるUAEとカタルが参加したことは重要であるが,UAEとカタルの参加が軍事作戦上どれだけのインパクトを有していたのかは定かではない。しかし,国連安保理において飛行禁止空域を設定する決議が承認されたのは,同決議成立の5日前にアラブ連盟が国連安保理に同決議を要請する決議が採択されたからである。このときにアラブ連盟内で対リビア空爆を声高に主張したのはアラビア半島諸国に他ならなかった。

2014年6月に「イスラーム国」がイラク国内で急速に勢力を伸ばしたことを受け，米国はこれを排除するため軍事手段に踏み切ることを決断した。8月8日にはまずイラク北部で限定的に空爆が開始され，9月22日にはシリア国内も作戦の対象とするようになった。イラクでの作戦が米国主導の下，英仏豪加など欧米諸国を中心に行われているのに対し，シリアでは，米国の他はサウディアラビア，UAE，バハレーン，カタル，ヨルダンと中東諸国が参加することで開始された。もっとも，空爆作戦の主軸は米国にあり，アラビア半島諸国の直接的な軍事貢献はそれほど大きくない。米国防総省の発表によると，2014年8月の空爆開始から2015年11月19日までの間にシリアで2857回の空爆を行っているが，そのうち2703回が米軍によるものであり，その他の連合軍参加国によるものはわずか154回である（U. S. Department of Defence, *Operation Inherent Resolve : Targeted Operations against ISIL Terrorists*, http://www.defense.gov/News/Special-Reports/0814_Inherent-Resolve）。

イエメンでは，「アラブの春」の影響により，34年間大統領を務めたサーリフが退陣することになり，GCC主導の下，ハーディー副大統領による暫定政権が誕生していた。しかし，ハーディー政権の進める国民和解案に不満を持つイエメン北部の部族勢力フーシー派は，2015年1月に首都サナアを武力で制圧し，南部のアデンに逃亡したハーディー大統領を追って進軍を開始した。これを受け，アラビア半島諸国は「正統政府」であるハーディー政権を保護するため，イエメン紛争への介入に踏み切る。3月26日に開始された空爆作戦には，サウディアラビア軍を主軸とし，オマーンを除くアラビア半島諸国，モロッコ，ヨルダン，スーダンから戦闘機が派遣された他，エジプトおよびパキスタンからは軍艦の派遣と航空・海上支援，米国からは兵站・インテリジェンスの支援を受けているとされた。当初は，空爆による重火器・弾道ミサイルの破壊，海上封鎖による武器流入の阻止，サウディ・イエメン国境の防衛が主な作戦内容だったが，7月頃からは徐々にイエメン国内にも地上部隊が展開されるようになった。南部のアデンや北部のマアリブにてサウディアラビア軍，UAE軍などが地上戦を行っており，アラビア半島諸国側にも相当の被害が出ている。

第9章 アラビア半島諸国

軍事行動に見られるアラビア半島諸国の国益

　これらのアラビア半島諸国による軍事行動から何が見えてくるだろうか。第1に，アラビア半島諸国にとっての国益が何かが明確に浮かび上がってくる。バハレーンとイエメンへの軍事介入は，アラビア半島諸国が主導したものであり，犠牲を伴う可能性が高い地上部隊も展開されていることから，優先順位が高い問題であったことが分かる。リビア，シリアの事例では，外交的には空爆の開始を主導しておきながら軍事行動での関与が限定的であったのは，バハレーン，イエメンの事例に比べるとアラビア半島諸国にとっての脅威が切迫していなかったといえる。GCCの加盟国であるバハレーンで体制転換が発生することは，自国にも体制転換の動きが波及する恐れがある以上，アラビア半島諸国にとって許容しがたい。また，イエメンの事例では，サウディアラビアにとって自国の南に親イラン国家が誕生することを看過できなかったことが理由だろう。かつて北イエメン内戦に介入したのと同様，サウディアラビアにとってイエメンの政治体制の帰趨はレッドラインとなっている。

　第2に，これらの軍事行動を行いながらも，アラビア半島諸国は国際社会から孤立しているわけではなく，欧米諸国を中心に政治的な支持を得ることに成功していることが分かる。NATOが主導したリビア空爆，米国が主導するシリア空爆については，アラビア半島諸国が欧米諸国による軍事行動を外交的に支援している形になっている。サウディアラビア主導で始まったイエメンへの軍事介入にしても，米国は後方支援として作戦に深く関与しているし，英仏も早々にサウディアラビア支持を表明した。ロシア，中国も懸念を表明するにとどまり，明確に反対をしたのは，イラン，シリア，イラクくらいである。なお，アラビア半島諸国による軍事行動の中で欧米諸国の支持が唯一得られなかったのはバハレーンへの軍事介入である。欧米諸国にとっては，「アラブの春」のような民衆運動を武力で鎮圧することは自由・民主主義といった理念に反する行為である。しかし，アラビア半島諸国にとってバハレーンでの騒乱は体制転換に繋がりかねない深刻な問題であり，対外的な正当性の確保よりも事態の鎮静化が優先された。

欧米諸国との連携の強化

　アラビア半島諸国による安全保障政策の軍事化，そして，それに対して欧米

諸国が支持を表明していることは何を意味するだろうか。この背景には，1991年以降，アラビア半島諸国の庇護国であった米国の中東への関与が低下していることがある。アラビア半島諸国による軍事行動を促しているのは米国のアジアへのリバランス政策である。すなわち，アラビア半島諸国は米国が負えなくなった地域秩序の維持にかかる負担を，部分的に分担しようとしているのであり，米国が裏からアラビア半島諸国を支援するという形式の協力関係に変化しているともいえる。たとえば，イエメン紛争への軍事介入では，空爆でも地上戦でもサウディアラビアが主体となって前面に出ていたが，兵站・インテリジェンス分野での協力という軍事作戦の基幹部分は米国が請け負っていた。イエメンでの移行プロセスをハーディー政権が進めることは，GCCのみならず国際社会が承認したことであり，これを武力で覆そうとしたフーシー派に対処することは，国際社会にとっての責務でもある。アラビア半島諸国は，自らの軍事行動を，こうした国際社会が希求する秩序を実現するためのものと位置づけることで，正当化しようとしている。

　したがって，アラビア半島諸国の軍事行動が実際に欧米諸国から秩序維持に資すると評価されているのは，欧米諸国が望む地域秩序と，アラビア半島諸国が望む地域秩序が一致しているからに他ならない。2014年12月にバハレーンと英国が，バハレーンに英国海軍の恒久基地を設置することで合意したことも，同じ文脈で理解できよう。これは英国にとって，1971年のスエズ以東撤退以来約40年ぶりの中東の恒久基地である。同基地はこれまでペルシャ湾内に展開していた掃海艇の母港となるほか，英国が湾岸地域に影響力を行使する際の足場となることが期待されている。武器移転や能力構築，情報共有といった安全保障協力に加え，制度的な安全保障協力を構築しようとするということは，英国がアラビア半島諸国と長期的なパートナーシップを形成することに大きな支障がないと見ていることを意味しよう。

　当然ながら，欧米諸国は，アラビア半島諸国内部の問題にある程度目をつぶることとなる。GCC合同軍によるバハレーン軍事介入のような，民衆運動による体制転換の脅威については，今後も両者の認識は一致しないだろう。しかし，当時，バハレーンへの対応をめぐって米・アラビア半島諸国関係は冷却化し，米国は人権状況の悪化を理由にバハレーンに対する武器禁輸措置をとったが，2015年6月，バハレーンの人権状況が改善したため武器の禁輸は解除す

ると米国務省は発表した。また，2014年12月にバハレーンで英国海軍基地設置の合意が発表された際，ハモンド英外相が一週間前にバハレーンで実施された議会選を評し，正しい方向への進展だと述べている。これは，英国がバハレーンの現在の政治情勢および人権状況を肯定したのと同義であり，「国民対話」に進展がないことを非難して選挙をボイコットしたバハレーン国内の反政府派にとっては大きな打撃となった。そして，改めて述べるまでもないが，これはバハレーン政府にとっては，自国の体制の存続を欧米諸国が認めたことになり，政治的な勝利なのである。

5　中東地域秩序におけるアラビア半島諸国の役割の展望

　以上，本章では，中東地域秩序におけるアラビア半島諸国の台頭を支える安定性の源泉と，それを基にアラビア半島諸国が展開している外交政策について見てきた。君主制という一見古めかしい政治制度は，国内の反体制派の創出を防ぎ，王族内の権力争いを抑制する王朝君主制という制度が採られることで，現代においても一定の安定性を創出している。この政治制度は，GCCという安全保障機構によって相互に防衛されることが担保されており，また，欧米諸国と外交政策を連携させることで，国内政治上の諸問題に対する欧米諸国からの非難を回避するという構造になっている。これらの要因が，アラビア半島諸国の「グローバル・サウス」化——「サウス」的な統治構造を維持しながら地域秩序を形成する側の主体への変遷を可能にしたといえよう。

　こうしたアラビア半島諸国の地域秩序における台頭を支えた構造は今後も維持されていくだろうか。もっとも流動性が高いのは，欧米諸国との関係であろう。アラビア半島諸国では，自由化・民主化という価値観の解釈は欧米諸国と大きく異なる。議会の権限が小さく，内閣の組閣にあたって疑似的な選挙すら必要としないアラビア半島諸国の政治体制は，本質的には欧米諸国の理念とは相いれないものであるかもしれない。

　しかし，政治体制それ自体が頑健性を有し，域内において同体制を維持する構造が存在する以上，これをむやみに変化させることは，中東の地域秩序をさらなる混乱に陥れる恐れがある。欧米諸国と伝統的に友好関係を築いてきたアラビア半島諸国は地域秩序を維持するためのパートナーとして欧米諸国から見

なされているが，そこでは両者の理念の相違は問題視されてこず，もっぱら安全保障の問題に議論は集中してきた。紛争による混乱が地域全体に波及している中東地域では，秩序そのものが溶解していく危険性すらあり，まずは秩序を維持することが欧米諸国にとっても優先事項となっている。アラビア半島諸国が地域秩序の形成に一役を買うようになったのは，アラビア半島諸国が相対的に安定しているからに過ぎないが，そうであるからこそ，アラビア半島諸国の地域秩序における台頭は一過性のものではなく長期的なトレンドとなりうるだろう。

参考文献

中村覚「湾岸産油国における安全保障と国際関係」佐島隆他編『国際学入門――言語・文化・地域から考える』法律文化社，2015年。

細井長「湾岸協力会議（GCC）の形成と発展」『立命館経営学』第40巻第3号，2001年9月。

松尾昌樹『湾岸産油国――レンティア国家のゆくえ』講談社，2009年。

村上拓哉「湾岸地域における新たな安全保障秩序の模索――GCC諸国の安全保障政策の軍事化と機能的協力の進展」『国際安全保障』第43巻第3号，2015年12月。

Michael Herb, *All in the family: absolutism, revolution, and democracy in Middle Eastern monarchies*, SUNY Press, 1999.

コラム5　湾岸アラブ諸国の移民労働者

外国人比率が世界一の地域

　湾岸アラブ諸国（バハレーン，クウェート，オマーン，カタル，サウディアラビア，アラブ首長国連邦〔UAE〕）は，総人口に占める外国人比率が世界のどこよりも高い地域である。それは6カ国の平均で5割に達する。最も高いのはUAEで，外国人比率は8割に及ぶ（本書第3章を参照）。外国人人口が急増したのは1973年のオイルブーム以降で，図1にあるように，1970～2010年の40年間で15倍となった。これら外国人のほとんどは，就労目的で来た移民労働者である。

　湾岸アラブ諸国の経済成長は石油がもたらす富に支えられていたが，石油以外に経済を多様化させる努力もなされてきた。よく知られる例が，金融，観光，流通の中心地として知られるUAEのドバイである。今やUAEの移民労働者の働く場は，建設労働や家事労働などのいわゆる底辺労働に限らず，経営，医療，法律，教育，工学などの専門職から店員，工員，一般事務といった熟練・半熟練労働とほぼ全分野にわたる。

　これらの労働者はアジア，アフリカ，ヨーロッパを中心に世界中から集まってくる。リクルート業者を通じて渡航する人もいれば，個人的な知り合いを伝って来る人もいる。出身地域のなかでも南アジア，特にインド出身者の存在感は大きい。世界銀行の統計によれば，域内には1500万人の外国人がいるが，そのうちの500万人がインド出身者である。

　このような多国籍人口が社会を織りなす湾岸アラブ諸国では，国語はアラビア語だが，公共の場では英語が共通語として使われている。さらに，南アジア地域の言語は似ているため，南アジア出身者は，英語を使わずとも自国の言葉を使ってでも生活できるという。反対に国民は，公共の場では国語のアラビア語ではなく英語を話さないとショッピングモール等で買い物や外食をするのに困る，という状況が発生している。

一時滞在しか認められない労働者

　数の上では国民に匹敵する存在となった移民労働者だが，彼らの境遇が良いかといえば，必ずしもそうとは言えない。理由はいくつかある。第1に，移民労働者は，どれだけ長く滞在しようと，国民男性との結婚などいくつかの例外的ケースを除き，市民権や永住権を得ることはできず，一時滞在者の身分である。彼らは2年の労働契約期間のみ滞在が許可され，契約が切れたら，あるいは雇用者に更新を拒否されたら出国しないとならない。

　第2に，国籍によって経済的・社会的な大きな格差がある。湾岸アラブ諸国は分割労働市場の原則を用いて，移民労働者の賃金レベルなどは出身国の物価水準を基準に決め

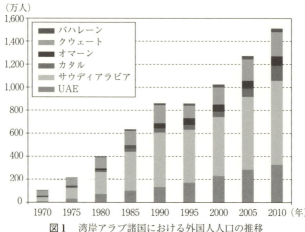

図1　湾岸アラブ諸国における外国人人口の推移
出所：松尾昌樹作成。細田編著（2014：21）。

ている。そのため，同じ仕事でも国籍が違えば賃金も異なり，同業者同士で団結心が発生しにくい。また，出身地域による社会的ヒエラルキーも存在する。概してその頂点に立つのは各国の国民で，その下が欧米人や国民以外の湾岸アラブ諸国出身者，次が他のアラブ諸国出身者，アジアやアフリカの出身者は一番下に位置づけられる。

第3に，湾岸アラブ諸国では一般に結社の自由がなく，公共の場ではイスラームを除く宗教行為は禁止ないしは制限されている。したがって，移民労働者が自由に集える場は監視の目が届かない自宅の中などに限られている。

同国人団体が移民ネットワークの要

このように移民労働者たちの自由は何重にも制限・監視されているのだが，移民労働者には社会生活はないのだろうか。階層別にみると，底辺労働者の場合，外出する自由や交通手段，あるいは金銭的余裕がないために，寝る場所と職場以外まったくどこにも行かないで過ごすことが多い。外部との連絡手段もなく，閉じ込められた状態で虐待などの被害に遭うこともしばしば起こっている。ある程度の移動の自由がある熟練・半熟練労働者は，休日に友人たちと街をぶらついたり，友人の部屋でくつろいだりできる。経済的に余裕のある専門職の人たちの間では，休日に家族や友人とレジャーを楽しんだり，パーティに参加したりして楽しむ姿がみられる。

バハレーンやUAEなど国によっては，イスラーム以外の宗教や同国人同士の親睦会などの活動がある程度認められている。そのような場合，移民労働者やその呼び寄せ家族は団体の中で社交を楽しむことができる。UAE在住のフィリピン人の場合，フィリ

ピン政府認可の親睦団体は 100 以上存在する。また大小様々な宗教団体も存在する。そのため，UAE に長期滞在することになったフィリピン人で移動の自由がある人は，こうした団体の活動に参加して現地で友情をはぐくみ，孤独感を癒す。

　団体は親睦のみならず，移民のセーフティネットにもなっている。社会統合政策を取らない湾岸アラブ諸国において，多くの移民労働者はホスト国の援助機関を身近に感じることはない。一方，出身国の大使館が，大勢いる自国民一人ひとりの問題に十分に対処しているとは言い難い。したがって，問題を抱えた移民労働者のほとんどが頼れるのは結局，周囲にいる同国人だけになることが多い。そうした状況において同国人団体（ときには個人）が同胞の互助網の要として否が応でも重要な役目を果たしているのが，湾岸アラブ諸国の現状といえよう。

参考文献
細田尚美編著『湾岸アラブ諸国の移民労働者』明石書店，2014 年。

(細田尚美)

第10章　イラン
—— イスラーム統治体制の現状 ——

坂梨　祥

1　イスラーム共和国体制とは

　1979年のイラン革命は，イスラーム主義の台頭を世界に印象づけるものとなった。広範な国民参加により実現したこの革命は，ホメイニー師という宗教指導者に導かれていた。また，この革命ではイスラームという宗教のシンボルが多用され，「独立」および「自由」と並び，「イスラーム政府」もそのスローガンに含まれていた。そして革命が達成されると，イラン国民は投票により，イスラーム共和国という新たな国名を選んだ。

　革命によって樹立されたイラン・イスラーム共和国が積み重ねてきた経験は，イスラーム主義とは何か，またイスラーム主義に基づく政治運営はどのようなものであり得るかという問いへの回答に，重要な示唆を与えてくれる。たとえばイラン・イスラーム共和国は，国内外で発生する新たな事態に自らを適応させることにより，その「イスラーム統治」の枠組みを維持してきたが，その過程では，時にイスラームという宗教よりも，イランという国家の利益を優先させる局面も見られた。

　本章においてはイランのイスラーム統治体制が革命以降どのような変遷を遂げ，今日ではどのような状況にあるかということを，イランの政治体制と対外政策に焦点をあてつつ明らかにする。また，イスラーム共和国の樹立により明らかになったイランにおけるイスラーム主義のあり方とその帰結に関しても，合わせ見ていくことにしたい。そしてそのうえで，イラン・イスラーム共和国体制の今後についても考えてみたい。

イラン革命とイスラーム

　イラン革命において繰り広げられた反国王のデモにおいては，イスラーム政

府，あるいはイスラーム共和国というスローガンが，たしかに掲げられていた。しかし革命直後にイスラーム共和国という新たな国名が選ばれた時，その具体的なあり方は，まだ明らかになっていなかった。「新たな国名をイスラーム共和国とすることに賛成か反対か」を問う国民投票の用紙には，「イスラーム共和国の憲法は後日国民投票に付される」とのみ記されていた。すなわち，イスラーム共和国という国名を支持した国民は，イスラームは自らの宗教であり，したがって何か「よいもの」である，という漠然とした意識を共有していたにすぎなかった。

　イスラームの様々なシンボルのもとに国民が結集し，革命が達成された理由はまさにそこにある。イスラームという宗教に誰もが異なる願いを託し，そうでありながら革命の時点では，そのことは明確な形では意識されていなかったのである。革命前のイランでは，「イスラームへの回帰」ということが，幅広く呼びかけられていた。革命により追放された国王は，反対派を許容しない専制のもと，西洋の模倣にも等しいとみなされた野心的な近代化政策を推進しており，自らのルーツをかえりみずにひたすら西洋化を目指す姿勢は，「西洋かぶれ」と呼ばれ，非難されていた。

　西洋はたしかに，科学技術の面でも経済面においてもイランを圧倒していた。しかし，革命のイデオローグの1人に数えられるアリー・シャリーアティーは，重要なのは「西洋の支配」からの解放であり，イラン人は固有の宗教であるイスラームに回帰することにより，尊厳を取り戻し，自らに拠って立つ発展を実現することが可能となると訴えた。西洋の人間中心主義を受け入れつつイスラームを肯定するシャリーアティーの「イスラーム・イデオロギー」は，1970年代のイランの若者や知識人層に，幅広く受け入れられることになった。

　他方，革命の担い手には，国王の近代化政策のあおりを受けて都市に流入した農村出身の人々も含まれていた。都市の周辺部に住み着いたこれらの人々のよりどころとなったのは，自らが慣れ親しむ伝統的価値観としてのイスラームであり，イスラームのシンボルを多用する革命の呼び掛けは，これらの人々にスムーズに受け入れられた。そして反対派は厳しく弾圧した国王も，モスクを取り締まることまではできず，それによって各地に点在するモスクが，革命の動員の拠点となっていった。

　このように，イラン革命がイスラームという宗教の装いをまとった理由は複

数存在する。国王の専制と「西洋化」的近代化政策に対する反発，イスラームという固有の宗教への回帰の呼びかけ，シャリーアティーの「イスラーム・イデオロギー」の広がり，そして動員の拠点を提供したモスクなどはみな，「イスラーム革命」の実現に欠かせない要素となった。革命の機運は1970年代後半の経済の失速を受けて一気に高まり，全国的な抗議行動の拡大を前に，国王の体制はなすすべもなく瓦解した。

　革命に参加したのは，秘密裏に様々な反体制組織を結成し，水面下で反国王運動に参加していた人々だけではなかった。イスラーム法学者や知識人，農村出身の都市部貧困層，都市居住の中間層，そして最終的には公務員や石油産業に従事する労働者までが革命に加わり，皆が反国王という点で一致団結することで，革命は達成されたのである。

法学者の統治

　イラン革命に身を投じた人々の願いは，反国王という点以外では，実に多種多様であった。イスラームという宗教を共有し，イスラーム的なスローガンを掲げた人々が具体的に望んだものは，専制からの自由，外国の支配からの解放と独立の達成による尊厳の回復，民主化，経済状況の改善，女性の権利の拡大，「無階級社会」の実現など多岐にわたっており，これらの望みの実現は漠然と，（国王のような「西洋の模倣」を排する）「イスラームに基づく統治」に託されていた。

　しかし革命に参加した勢力の中で，「イスラームに基づく統治」の具体的な青写真を有していたのは，ホメイニー師というカリスマ的なイスラーム法学者に付き従う人々のみであった。1960年代から一貫して強烈な国王批判を繰り広げていたホメイニー師は，亡命先のナジャフにおいて，『法学者の統治（ヴェラーヤテ・ファギーフ）論』と呼ばれるイスラーム統治理論を確立していた。この理論の中心となるのは，「お隠れイマームが不在の間は，イスラーム法学者がその代理として共同体を統治する」という考え方であった。

　ホメイニー師はたしかに革命が達成された時点において，革命の指導者としての地位を不動のものとしていた。とはいえその時点において，同師の法学者の統治論を知る者はいまだ非常に限られていた。しかし，イランにおけるイスラーム統治体制の確立を目的に結成されたイスラーム共和党（IRP）は，79年

8月に実施された憲法制定専門家会議選挙で圧勝し、これにより法学者の統治論は、難なく新憲法に盛り込まれることになった。

12イマーム・シーア派は共同体の正統な統治権を、神に選ばれた特別な存在であるイマームにのみ付与されるものと考える。したがって第12代イマームが9世紀にお隠れに入って以降は、正統な統治者が不在の状況が長く続いた。しかしその後18世紀末には、理性に基づく法判断を重視するオスーリー学派が支配的になり、法解釈を行うイスラーム法学者の権限が強まった。また、各法学者の判断が重視され始めたことを受けて、マルジャエ・タクリード（模倣の源泉）と呼ばれる法学者の最高権威が誕生した。ホメイニー師のイスラーム統治論は、この流れに位置づけられるものである。

ホメイニー師のこの理論は、王権への介入はむしろ控えるシーア派宗教界の伝統的なあり方を、大きく踏み越えるものであった。しかしその『法学者の統治論』からは、「帝国主義の手先」である国王が専制により国民を圧迫し、近代化という名のもとに社会の脱イスラーム化を進めていることに対する強い怒りを読み取ることができる。「法学者の統治」の確立こそがムスリムの義務である、とするこの理論を生んだのは、ホメイニー師が当時の状況に対し抱いていた、強い憤りでもあった。

イスラーム共和国における選挙

法学者の統治論を基本理念とするイスラーム共和国憲法は、「イスラーム統治体制」の最高指導者に、数々の任命権を含む幅広い権限を与えた。統帥権および軍と司法、また国営メディアのトップの任命権は、最高指導者に与えられた。最高指導者はまた、国会で可決される法案がイスラームの諸原則に反しないかを審議し、国政選挙への立候補希望者の資格審査を行う監督者評議会の評議員も、直接・間接に任命するとされた。最高指導者にはさらに、国民が直接選挙で選ぶ大統領を、所定の手続きにのっとり罷免する権限も与えられた。

その最高指導者は、専門家会議という機関によって選出される。監督者評議会が承認した立候補者のなかから専門家会議の評議員を選出するのは国民であり、つまりその形式だけに着目すれば、最高指導者は国民の間接選挙によって選出されるようにも見える。

しかし最高指導者の選出方法に対しては、「イスラーム統治体制」に独特の

説明が与えられている。その考え方によれば,「無謬のイマーム」がまさにそうであるように,神は共同体の統治者,この場合で言えばイスラーム共和国の最高指導者となるにふさわしい資質および能力を,いずれかの人物にすでに付与している。専門家会議の評議員はその学識に基づいて,「指導者の資質を神に与えられた人物」を,特定するとされているのである。

これに対して,大統領と国会議員,および地方評議会議員は,直接選挙で選ばれる国民の代表である。ただし,これらの選挙はいずれも,監督者評議会が認めた範囲内で行われている。イランでは革命以降,これらの選挙が定期的に実施されてきたが(地方評議会選挙は1999年に導入),有権者は,あくまでも監督者評議会が許容する範囲の中において,「自由な選択」を行うことになっている。

イスラーム共和国において,選挙権は18歳以上の男女全てに与えられている。イラン・イスラーム共和国においては,国民による政治参加は正統性の柱の1つと位置づけられており,体制は選挙の投票率を非常に重視している。

2　外交政策

革命初期の対外政策

革命直後のイランの対外政策は,革命の指導者ホメイニー師の世界観に大きく影響を受けるものとなった。ホメイニー師はイスラーム革命をイラン1国でもムスリムのためでもなく,「人類のためのもの」と位置づけており,「西でもなく,東でもない」イランのイスラーム統治体制が掲げた「革命の輸出」なるスローガンは,まさにそのような価値観を反映していた。

イラン革命はまた,大国の支配からの解放をうたう第三世界主義にも強い影響を受けていた。革命勢力にとって国王は米国の傀儡であり,イラン国民は帝国主義の支配下に置かれる被抑圧者であった。イランの革命勢力が有していたそのような世界観は,「独立の堅持,覇権への対抗,被抑圧者の支援,非同盟諸国との関係強化」等の公式な外交方針として,新憲法に盛り込まれることになった。

つまりイスラーム共和国の樹立直後のイランにとって,その対外政策はイスラーム主義的であると同時に外国の支配からの独立を目指す国民主義的なもの

であり、いずれの要素をどの程度重視するかということは、各政策の担い手により異なっていた。ホメイニー派の内部には、大きく分けて右派と左派と呼ばれる2つの傾向が存在したが、左派勢力は全般的に、急進的でイデオロギー的な政策を追求する傾向が強かった。他方、右派の中でも中道右派と呼ばれる勢力は「現実派」とも呼ばれ、イランという国の国益のために、イデオロギー的な主張を棚上げにする場合もあった。

　1986年に発覚したイラン・コントラ事件と呼ばれるイランと米国の秘密取引は、革命体制の内部に存在する現実主義を、如実に示す例である。両国は1979年11月の在イラン米国大使館占拠事件を受けて断交し、革命体制は米国を「大悪魔」と呼ぶようになっていた。しかし1980年9月にイランを侵攻したイラクとの戦争が続く中、武器や部品の補充を必要としたイランは、1980年代半ばに米国との秘密交渉に踏み切る。冷戦のさなかでイランのソ連への接近を警戒した米国も、イランとの交渉を望んだ。

　この交渉は実を結び、イランは米国から武器を入手し、米国はイランの協力を得て、レバノンにおける人質解放を実現した。しかしこの秘密交渉はイランの急進派勢力によって暴露され、レーガン政権は大きな痛手を負う。ところがイランの側においては、処罰されたのは「大悪魔」米国との交渉に臨んだ現実派のラフサンジャーニー師（当時は国会議長）ではなく、これを暴露した急進派勢力の方であった。

　後に大統領に就任するラフサンジャーニー師は、1980年代半ばから、善隣友好外交を重視し始めたとされている。「革命の防波堤」を自認するイラクは、サウディアラビアを筆頭とするペルシャ湾岸諸国および1984年以降は米国の支援も受けつつ、化学兵器すら用いて戦いを有利に進めた。そしてそのような状況のなか、イランの現実派勢力は、国際社会での孤立は体制の存続自体を危うくしかねないことを、切実に認識したのである。

　しかしホメイニー師は右派と左派の双方を自らの庇護下に置いており、ホメイニー師の存命中は、イランでは急進派も一定の勢力を維持し続けた。そして87年の時点でも、サウディアラビアのメッカでは革命を宣伝するイラン人巡礼客とサウディ治安部隊が衝突して大惨事が発生するなど、イランと近隣諸国との関係改善は遅々として進まなかった。

第Ⅱ部　中東諸国の課題

湾岸戦争以降の動き

　対イラク戦争の終結（88年），ホメイニー師の死去（89年），イラクのクウェート侵攻（90年），そして湾岸戦争（91年）と，これら一連の動きと時を同じくする東西冷戦の終結は，イランの対外政策をめぐる国際環境を一変させた。当時戦後復興を最優先課題としていたイランは，湾岸戦争に際しては中立を維持し，クウェート侵攻によりイラクが地域の新たな脅威として浮上した状況を，対外関係の正常化に生かそうとした。

　しかし，完全に取り下げられてはいなかった革命的なイデオロギーは，時にその妨げとなった。たとえばイランは革命の輸出のほぼ唯一の成功例とも呼べるレバノンの反イスラエル抵抗組織ヒズブッラーとの関係を，シリアを通じて維持していた。そしてイスラエルの存在自体を認めない立場を維持していたイランは，冷戦終結後の中東和平プロセスの枠組みを決めるマドリード会議への参加を認められなかった。そのようなイランに対して米国のイスラエル・ロビーは二重封じ込め政策を提言し，米国を通じたイランへの圧力強化を試みた（詳しくは第1章を参照されたい）。

　1989年に発足したラフサンジャーニー政権は，対米関係の改善も目指し，たとえば95年には，革命以降初めて外資に開放された油田開発の権益を，米国企業に付与すると発表した。しかし明確にイスラエル寄りの中東政策をとっていた米国のクリントン大統領はこれを却下し，のみならず対イラン全面禁輸を決定した。翌96年には米国議会が，イランの石油・天然ガス部門を対象とするイラン・リビア制裁法（ILSA）を可決し，イラン側が歩み寄りを目指した90年代中盤に，米国の対イラン制裁はむしろ強化されることになった。

　その後1997年の，「改革」を掲げるハータミー大統領の誕生は，イランと米国の関係改善の好機と見なされた。ハータミー大統領は米国メディアに対し，「米国民への尊敬」を語り，「文明の対話」の呼びかけも行った。そのようなハータミー政権の下では，まずサウディアラビアとの関係改善が進み，97年12月にはアブドゥッラー皇太子（後の国王）のイラン訪問も実現した。その後イランとサウディアラビアの間では，治安協定も締結された。

　しかし，2001年9月11日に米国で発生した同時多発テロ事件は，イランを取り巻く国際環境を，再度大きく変容させた。9.11事件後の米国は，イランを明確に「敵方」と位置づけたからである。ハータミー大統領は9.11事件の

発生直後に米国政府と国民に対し弔意を伝え、米国のアフガニスタン攻撃に際しても、情報提供などを通じた協力を行った。しかし2002年1月に、ブッシュ大統領はイランをイラクおよび北朝鮮とならぶ「悪の枢軸」と呼び、イランは米国にとって潜在的なレジーム・チェンジ（軍事攻撃による体制転覆）の対象国であることを宣言した。

「対テロ戦争」とイラン

米国はその「対テロ戦争」において、大量破壊兵器開発を口実に、イラクのサッダーム・フセイン政権を瞬く間に打倒した。そしてこれと並行し、米国はイランに対しても、同じく大量破壊兵器開発を口実に、圧力をかける態勢を整えつつあった。2002年8月にはイランの在外反体制組織（モジャーヘディーネ・ハルク〔MKO〕の政治部門）が、「イランにおける秘密裏の核施設」の存在を暴露していたからである。

今日の核不拡散体制（NPT体制）においては、国連安全保障理事会の常任理事国を務める5カ国のみが正当な核兵器保有国と認められ、NPT加盟国のうち非核兵器国は、核兵器製造を放棄する見返りに、核の平和利用の権利を与えられている。そして核の平和利用に際しては、国際原子力エネルギー機関（IAEA）に申告のうえ、これを行うこととされている。イランはIAEAに申告せずに核技術開発を行っていたことから、核兵器製造の意図を疑われることになった。

「イラン核開発問題」の焦点となったのは、原子力発電などの核の平和利用にも、核兵器製造という軍事目的のためにも等しく用いられる、ウラン濃縮という技術であった。イランはもともと核（原子力）開発を、米国の助言に基づき国王の時代（1950年代）に開始していたが、革命により反米国家となったイランへの原子力協力を、米国は拒否した。イランが米国以外の国に支援を求めると、米国はそれらの国々に圧力をかけ、協力を逐一断念させた。つまりイランには秘密裏に核技術開発を進める以外の選択肢はなかった、というのがイランの主張であった。

しかし米国はイランの言い分を却下し、当時のブッシュ政権は、「核兵器製造を企んだ」懲罰として、ウラン濃縮を放棄するようイランに迫った。しかし、イランにとって一方的なウラン濃縮の放棄要求は、「傲慢な大国による不当な

要求」以外の何物でもなかった。イランがこの要求を聞き入れないとして，制裁は次々と強化された。しかしイランはこの要求の不当さをむしろ強調し，非同盟（NAM）諸国の支持を得て，その数の力を背景に，「大国の圧力」に抵抗することを試みた。イランが核兵器開発を行っていた証拠は実際のところ見つかっておらず，NAM諸国は，イランによる核の平和利用を（NPTに加盟する非核兵器国に「不可分の権利」として）支持する声明を発表し続けた。

そして米国の対テロ戦争が長期化し，自称「イスラーム国」の台頭とそれへの対処を含む新たな局面を迎えるなか，2015年7月に，イラン核開発問題はついに交渉による決着をみた。核合意の成立に向けて，イランと米国は2年近くにわたり直接交渉を続けた。両国の距離がこのように大きく近づいたことは，中東地域のパワーバランスの，さらなる変容を予期させるものであった。

3　イスラーム統治体制の現状

改革派の登場と退場

第1節において見たように，イラン・イスラーム共和国においては，監督者評議会が体制の枠組みを支持しない立候補希望者は排除することで，体制の枠組みを守る役割を果たしている。しかしイスラーム共和国の歴史では，そのような制約に対する挑戦も，繰り返し行われてきた。1997年にハータミー政権の誕生により注目を集めた「改革派」勢力も，そのような挑戦の主体の一つであった。改革派勢力とは1980年代には左派，あるいは急進派と呼ばれ，戦後復興が目指された1990年代前半には，正常化の障害として周縁化されていた勢力である。左派勢力を排除したのは，現実派のラフサンジャーニー大統領，およびホメイニー師のあとを継ぎ最高指導者に就任したハーメネイー師を筆頭とする右派勢力であり，排除に重要な役割を果たしたのは，監督者評議会による立候補資格審査であった。

しかし1990年代の後半，左派勢力は新たに改革派と名乗り，イスラーム共和国における「言論の自由」，「市民社会」，および「法の支配」などを，そのスローガンに掲げ始めた。イスラーム共和国体制定着の過程で，体制の枠組み自体に疑義をはさむ諸勢力——リベラル派，MKOなどのイスラーム左派，および共産党など——は，1980年代前半には全て排除，あるいは周縁化されて

いた。残されたのはともにホメイニー派の右派勢力と左派勢力のみであったが，より理想主義的な左派勢力は，80年代後半から，反対派をことごとく排除する体制のあり方を非難し始めていた。のちに「改革派」となる左派勢力は，「体制の枠組みを守る」ためにはむしろ言論の自由を認め，より多くの批判を許容すべきだと訴えたのである。

1997年の第7期大統領選挙においては，現実派も改革派の側に立ち，改革派のハータミー候補が，大方の予想を裏切って当選した。ハータミー政権下では言論の自由が花開き，改革派系の新聞数も増加したが，それにより体制批判も拡大し，体制の政治エリートたちの危機感をあおった。その結果，体制のあり方に批判的な知識人が，突如失踪するような事件も発生した。知識人の「封じ込め」への体制の関与を報じた新聞は発禁処分となり，これに抗議した学生たちは，圧力団体あるいは私服警察官と呼ばれる人々に，厳しく鎮圧されることになった（松永 2012）。

ハータミー政権期に選出された第6期国会（2000～04年）も，改革派がその多数を占めた。しかし，国会で可決される改革法案は，ことごとく監督者評議会に却下された。ハータミー大統領も国民の代表である大統領の権限拡大を試みるが，実質的な改革は，結局実現しなかった。2004年の第7期国会選挙では，「改革」を訴え続けた現職の改革派議員が大量に失格処分とされ，2005年にハータミー政権の任期も終了すると，「旧左派」の改革派勢力は，再度力を失っていった。

「総保守」時代の到来

1980年代に右派と呼ばれた勢力は，ハータミー改革派政権期には改革に抵抗する保守派と呼ばれ始めていた。この保守派勢力は改革派を排除する形で行われた2004年の第7期国会選挙で大勝し，その翌年に「強硬保守」と形容されたアフマディーネジャード大統領が誕生すると，司法，立法，行政の三権の長のポストは全て，保守派が掌握することになった。

これに対して改革派勢力は，2009年の第11期大統領選挙に際し，再度復活をねらう。改革派（旧左派）の有力者たちは，その強硬姿勢により国際社会では孤立を深め，国内では原油価格の上昇により急増した石油輸出収入の「ばらまき」により急速なインフレをもたらしていたアフマディーネジャード大統領

の，再選阻止を目指した。この時に出馬を決めたのは，旧左派の代表格であるムーサヴィー元首相と，改革派主導の第6期国会で議長を務めたキャッルービー師であった。

このうちムーサヴィー陣営の選挙戦はかなりの盛り上がりを見せ，「緑運動」を名乗るその支持者たちは，97年のハータミー師当選時のドラマの再現を期待した。しかし政府の公式発表によれば，アフマディーネジャード大統領が大差で再選を果たしており，自らの票が「数えられていない」ことを直感した緑運動の支持者たちは，大規模な抗議行動を開始した。しかし抗議行動は治安部隊によって鎮圧され，ムーサヴィーおよびキャッルービー両陣営の参謀を務めた改革派の有力者たちは，一斉に逮捕されることになった。

この時の抗議行動は「フェトネ（反乱）」と呼ばれ，フェトネに際してどのような立場を取ったかが，これ以降体制の「身内」と「よそ者」を隔てる境界となった。前述のように局面によっては改革派と協力することもあった現実派のラフサンジャーニー師は，フェトネに際しては緑運動に同情的な発言を行い，それにより体制の要職から外されることになった。

しかし，その次に体制に挑戦を突き付けたのは，本来体制の「身内」であったはずの，アフマディーネジャード大統領であった。2005年の大統領選挙に際し，アフマディーネジャードは自らを「バスィージの教師」と名乗っていた。ペルシャ語で動員を意味する「バスィージ」とは，革命直後に創設され，イラン・イラク戦争への参加を経て今日では政治動員組織として全国各地で体制の基盤を担う組織である（佐藤 2008）。アフマディーネジャード大統領は，体制支持の見返りとしてより大きな恩賞を求める革命第2世代の利益を代弁しており，1期目においてはその一部が既得権益層と化した革命第1世代，なかでもラフサンジャーニー師とその一派を「石油マフィア」と呼び攻撃した。一連の攻撃によるラフサンジャーニー師の弱体化は，同師を潜在的なライバルと見なす最高指導者にとっても悪いことではなかった。

しかし2期目に入ると，アフマディーネジャード大統領は2009年の選挙後の混乱によってその正統性が大きく傷ついた最高指導者の意向に，あからさまに逆らい始める。その際に拠りどころとされたのは，他でもない「国民の支持」であった。第10期大統領選挙の公式結果によれば，アフマディーネジャードは2400万以上の得票で再選を果たしていた。アフマディーネジャードは

まさにこの「票の力」を背景に、イスラーム共和国の最高指導者として君臨するハーメネイー師と対決したのである。

イスラーム共和国体制の変容

最高指導者への挑戦は「お隠れイマームの代理」への挑戦であり、つまり法学者の統治論を基本理念とするイスラーム共和国体制そのものへの挑戦にも等しい（と見なされる）。そこでアフマディーネジャード大統領の挑戦は、それ以前の様々な挑戦と同様に、徐々に封じ込められていくことになった。

しかしその一方、イラン・イスラーム共和国体制は樹立以降、数々の困難や挑戦を乗り越えるなかで、様々な変容も遂げてきた。たとえば、イスラーム共和国体制下では、多種多様な立場を取る全ての者が、自らの立場を「イスラーム」によって正当化できるという事実が明らかになった。その顕著な例は、国会と監督者評議会の対立の中に表れた。国会で可決された法案の「イスラーム性」を疑問視して却下する監督者評議会の判断を国会が受け入れず、法案の帰趨が宙に浮くという事態が続出したのである。

これを受けてホメイニー師は、1988年1月に、イスラーム共和国体制においては「イスラーム法の規定よりも体制の利益が優先される」との法見解（ファトワー）を発出する。そしてその翌月、88年2月には、そのような「体制の利益」を識別するための、体制利益判別評議会の設置を命じた。この評議会の評議員および議長は、最高指導者が任命するとされた。

つまりホメイニー師は、イスラーム共和国体制の利益のためにはイスラーム法すら部分的に停止し、イスラーム法に抵触する法を制定することも可能であるということを、宣言したことになる（富田 2014）。ホメイニー師のこの見解を支えたのは、「法学者の統治」論に基づくイスラーム共和国体制こそが正しいイスラーム統治のあり方であり、その存続こそがムスリムの義務である、とする、ホメイニー師自身の信念であった。

しかし法学者の統治論の絶対性は、ホメイニー師が死去し、宗教的権威の面でもカリスマの面でもホメイニー師に及ばないハーメネイー師が最高指導者に就任すると、徐々に揺らぎ始める。自らがイマームの代理であることを人々に受け入れさせる圧倒的な力を、ハーメネイー師は持たなかったからである。そのような状況を受けて、宗教知識人と呼ばれる人々は、法学者の統治論の相対

化を試み始めた。

　相対化の鍵となったのは，宗教の認識が本質的に持つ多様性であった。宗教の真理は当然のことながら唯一不変である。しかしその真理を解釈し，理解するのは人間であり，それぞれの人間の認識や価値観により，唯一の真理である宗教の解釈は，如何様にも変わり得る。宗教知識人はこのように論じることにより，イスラームの解釈は多様かつ多元的であると同時に，特定の時代的背景に拘束される限定的なものでしかあり得ず，ホメイニー師の法学者の統治論も，唯一絶対のものではないことを論証しようとした。

　一方で，イスラーム共和国においては，イスラームという宗教よりも，むしろ人々のイランという国への愛着にアピールする言説も，徐々に増加した。たとえばアフマディーネジャードの「イスラームよりもイラン」という言説は明らかに人気を博し，それを見てとったハーメネイー最高指導者は，2013年の第11期大統領選挙に際し，異例の演説を行う。2009年の選挙後の混乱もあり，人々が投票自体を躊躇する可能性も指摘されていたなかで，ハーメネイー師は「イスラーム体制を何らかの理由で支持しない人々」も，「イランのために」投票を行うよう，国民に呼びかけたのである。

　この呼びかけの効果のほどは不明だが，第11期大統領選挙の投票率は7割を超え，経済回復のための核交渉の打開を訴えたロウハーニー師が当選を果たした。ロウハーニー大統領は革命以来体制の中枢で安全保障に関わってきた人物であり，広義でいえば保守派に属する。しかしロウハーニー政権にはラフサンジャーニー政権期の閣僚経験者が数多く登用されていることからも明らかな通り，ロウハーニー師も（状況に応じて保守派とも改革派とも協力関係を結んできた）現実派と呼ぶことができる。そして2013年に現実派の大統領の誕生をもたらしたのは，まさにこの時期のイラン・イスラーム共和国を取り巻く，国内外の情勢であった。

4　イランの覇権とシーア派脅威論

「イランの覇権」

　イランはペルシャ人が過半数を占める国であり，すなわちアラブではなく，しかも国民の大半は，イスラーム世界全体ではマイノリティのシーア派が占め

ている。そしてそのイランは，革命により追放された国王モハンマド・レザー・シャーが1971年の「イラン建国2500年祭」で誇ったように，これまでアケメネス朝やサーサーン朝といった広大な版図を持つ帝国を運営してきた歴史を有するという自負を持つ国でもある。

　そのようなイランが「覇権の確立をねらっている」とする言説は，決して新しいものではない。モハンマド・レザー・シャーはその野心を隠そうともしておらず，国王にとっては米国のペルシャ湾政策における「憲兵」としての役割も，地域における影響力確立の手段の1つであった。革命後の混乱さなかのイランに侵攻したイラクのサッダーム・フセインも，「イランの覇権への対抗とアラブの土地の防衛」を，侵攻の理由に挙げていた。

　ホメイニー師はイラクとの戦争を，「イランではなくイスラーム共同体（ウンマ）のためのもの」と位置づけていたと言われる。しかし同じイスラーム共同体を構成するはずのイラクによるイラン攻撃は，「祖国イランの防衛」という言説を，むしろ広めることになった。戦後復興を目指したラフサンジャーニー政権も，革命後に亡命を選んだ在外イラン人に対し，「イランのために」国に戻り，イランの発展に尽くすようにと呼びかけ，その呼びかけは一定程度，功を奏した。

　イランにおけるナショナリズムの興隆は，イランの周辺諸国からはつねに，「覇権への野心」への懐疑とともに受け止められ，警戒の対象となった。しかし，1979年の革命以降で「イランの覇権」の現実味が飛躍的に高まったのは，米国の対テロ戦争の文脈においてであったと言える。米国の対テロ戦争は，確かに当初，イランを潜在的な攻撃対象と位置づけていた。しかし米国がまず打倒したアフガニスタンのターリバーン政権とイラクのサッダーム・フセイン政権は，ともにイランの宿敵であった。つまり米国によるこれらの攻撃は，イランの重石となっていた2つの体制を，あっさりと取り除くものでもあったのである。

　イランにとって2003年のイラク戦争は，ペルシャ湾のバハレーンに第5艦隊の司令部を置く米軍が，アフガニスタンのみならずイラクにも駐留し，軍事的にイランを包囲するという重大な事態であった。しかしイランの周辺諸国にとって，イラク戦争はまた異なる意味を有した。戦後民主化プロセスを通じ，イラクではサッダーム・フセイン政権期にその迫害を逃れ，イランに亡命して

いた人々を含むシーア派勢力が，政権の座についたからである。

　イラクにおける，イランと繋がりを持つシーア派政権の誕生は，特にサウディアラビアなどのイランの周辺諸国にとって，1979年の革命直後にイランが掲げた「革命の輸出」スローガンの脅威をよみがえらせるものであった。9.11同時多発テロ事件の実行犯の多くがサウディ人であったことから米国との同盟関係が動揺し始めていたサウディアラビアの目には，イランによる「秘密裏の核兵器開発」とイラクにおけるシーア派政権の誕生は，実際以上に大きな脅威と映ることになった。

シーア派脅威論

　シーア派の人々は歴史を通じ，中東各地に点在して居住してきた。しかし各地のシーア派共同体は，シーア派諸学の中心地であるイラクのナジャフなどを通じた交流を続け，その繋がりは今日に至るまで維持されている。戦後イラクにおけるシーア派政権の誕生は，このシーア派ネットワークの存在と，それが「イランの覇権への野心」において利用される可能性への警戒を，改めて浮き上がらせることになった。

　米国にとってシーア派は，革命以降反米的なスローガンを掲げてきたイランに象徴される宗派であった。そこで米国は，戦後イラクにおけるシーア派政権の誕生が，イラクでのイランの影響力を高め，イラクが反米化する可能性を恐れた。米国はまた，スンナ派政権下に置かれてきたバハレーン等ペルシャ湾岸諸国のシーア派による権利要求運動が活性化することも懸念し，「シーア派脅威論」を展開し始めた（桜井 2006）。

　折しも2004年には，アラビア半島南端のイエメンで，シーア派のフーシーと呼ばれる勢力が蜂起していた。また，2006年のイスラエルとヒズブッラーの「戦争」（第2次レバノン戦争）においては，イランが支援するシーア派武装組織ヒズブッラーが善戦し，アラブ諸国の民衆の間で人気を博した。レバノン南部からイラク南部を経てバハレーンからサウディ東部州を通りイエメンに至る「シーア派三日月地帯」の存在感は，日に日に増すばかりであった。

　シーア派脅威論の背後には，シーア派大国イラン（の脅威）をあくまでも封じ込めた形での地域秩序の維持を目指そうとする思惑も見え隠れした。ウィキリークスではサウディアラビアのアブドゥッラー国王が，イランを「蛇の首」

に喩えたと報じられたが，イランを各地の抵抗勢力を利用して地域の不安定化を目論む脅威と位置づける認識は，サッダーム・フセイン政権の崩壊を契機に地域秩序が動揺し，同時に「シーア派ネットワーク」が顕在化する流れのなかで，なおいっそう強まったと言える。

そして2010年末以降，北アフリカのチュニジアから始まった「アラブの春」は，サウディアラビアのイランに対する態度をさらに硬化させた。「シーア派の脅威」が目に見えて高まる中で発生した一連の抗議行動は，中東各地の権威主義体制にその矛先を向けた。しかしサウディアラビアにとって，バハレーンやサウディ東部州で発生したシーア派住民による抗議行動は，「イランの差し金」でしかあり得なかった。サウディアラビアの目前まで迫った「アラブの春」は，イランによる「革命の輸出」が何十年もの時を経て，ついに実現したものであるかのようにも見えたのである。

前述の通り，この時期のイランにとって最大の懸念は，対テロ戦争およびイラン核開発問題の発生により，米国による対イラン軍事攻撃の可能性がかつてないほど高まっていたことにあった。米国に対イラン攻撃を断念させるべく，イランの革命防衛隊はイラクのシーア派勢力とのつながりも利用して，イラク駐留米軍を様々な形で牽制した。イランはまたイスラエルの北と南に隣接して拠点を構えるヒズブッラーやハマースとの関係を維持し，イスラエルによる対イラン攻撃を抑止しようと試みた。

イラン・イスラーム共和国の行方

革命により樹立されたイスラーム共和国体制は，今日に至るまで様々な困難や挑戦を乗り越えてきた。8年に及んだイラン・イラク戦争は，イラン社会に大きな犠牲を強いるものであったが，戦時総動員体制などを通じ，イスラーム共和国体制を定着させることに繋がった。また，革命の指導者ホメイニー師の死去は，最高指導者の権威を否応なく揺るがすものとなったが，イスラーム共和国体制の存続によってこそ利益を得る諸機関——最高指導者がトップを任命する一連の機関や政治動員組織バスィージなどを含む——は，最高指導者の権威に対する挑戦を，封じ込めることに成功してきた。

イスラーム共和国が国内外から突き付けられる数々の挑戦に対処するにあたっては，イランという国が持つ歴史や文化を含む，あらゆる資源が幅広く動員

された。イスラーム共和国体制自体は12イマーム・シーア派的な価値観を取り込むものである一方、イランという国に対する国民の愛着も、体制枠組みの維持に最大限活用されてきた。イランはまた、核開発問題をめぐる米国との直接交渉では「いずれかの言い分を一方的に相手に押し付ける」のではなく、「双方が勝者となる」合意の成立に関わり、交渉相手にその力を認めさせた。さらに、イランへの軍事攻撃の脅威に対しては、各地の抵抗勢力との繋がりを抑止に用いるだけでなく、地域秩序の流動化をも利用して、たとえば米軍が進める「イスラーム国」掃討作戦には加わることで、その存在感を示した。

しかしそうであるからといって、イランのイスラーム共和国体制が盤石であるということにはならない。2005年に就任したアフマディーネジャード大統領は保守強硬派と呼ばれたが、それは「革命の原理（革命体制を支持するものへの『公正な再分配』）」を掲げて当選したアフマディーネジャードが、様々な局面で、革命直後を彷彿とさせる非妥協的な姿勢を貫いたことによる。つまりイスラーム共和国体制の内部では、非妥協的な勢力と現実派とが、依然並立しているのであり、あくまでも体制の維持を目指す「保守強硬派」勢力の存在意義が、近い将来失われるとも思われない。

革命のスローガンであった「イスラーム共和国」体制はすでに現実のものとなり、大国の言いなりにならず自らに拠って立つ「独立」も、幾多の代償の上にではあれ、ある程度達成されたと言えるだろう。そして革命のスローガンでありながら未だその完全な実現には至っていないのが、「自由」であると言うことができる。振り返ればイランにおいて、専制的な権力への抵抗と自由への希求は、20世紀初頭の立憲革命期以降、繰り返し掲げられては頓挫してきたものである。そして今日のイスラーム共和国体制においては、監督者評議会の存在にも象徴されるとおり、自由には依然として、一定の制約が課されている。

イスラーム共和国体制の経験を通じ、イスラーム主義が目指す「イスラーム統治」のあるべき姿をめぐる考えは、各主体が置かれた状況により異なるものとなり得ることは、すでに共有されている。そして今日のイスラーム共和国では、体制内で許容される言論はすべてイスラーム的であるということなのか、自らの立場をイスラームによって正当化する言説は、むしろ目立たなくなっている。そのようななか、今日も抱き続けられていると思われるイランの人々の自由への希求は、今後どのような形で模索され、表現されていくであろうか。

すでに選挙制度は確立し，体制の枠組みに抵触しない限りでの自由は許容されているイスラーム共和国における自由のさらなる拡大は，イランにおける「民主化」を，間違いなくもう一歩，前進させるものとなろう。

参考文献

坂梨祥「イランの『イスラーム新思考』――『政教一元論』への新たな視角」『現代の中東』第37号，アジア経済研究所，2004年。

桜井啓子『シーア派――台頭するイスラーム少数派』中公新書，2006年。

佐藤秀信「イランにおける社会変容と中央政治システム――バスィージの役割」福田安志編『湾岸，アラビア地域における社会変容と政治システム――GCC諸国，イラン，イエメン』アジア経済研究所，2008年。

富田健次『ホメイニー――イラン革命の祖』山川出版社，2014年。

松永泰行「イランにおける抗議運動」酒井啓子編『中東政治学』有斐閣，2012年。

吉村慎太郎『イラン・イスラーム体制とは何か――革命・戦争・改革の歴史から』書肆心水，2005年。

R・M・ホメイニー（富田健次編訳）『イスラーム統治論・大ジハード論』平凡社，2003年。

第11章　イラク
―― 統治体制をめぐる迷路 ――

吉　岡　明　子

1　イラクの成り立ち

国家の誕生からイラク戦争まで

　イラクの国境には直線が多い。これは，20世紀初頭のオスマン帝国の解体を受けて，英国とフランスがそれぞれの勢力圏を地図上に線引きして国境を画定させたことに由来している。2014年央にイラクとシリアにまたがる形で支配地域を形成した武装組織「イスラーム国」が，西洋諸国の侵略の象徴であるサイクス・ピコ体制を打倒すると喧伝して一躍有名になった秘密協定「サイクス・ピコ協定」は，その代表的な例だ（ただし，1916年に結ばれた同協定はあくまで国境線の原案のようなもので，これに一致する形で現在に残る国境線は，イラク・シリア間の一部に限られる）。

　オスマン帝国のバスラ州，バグダード州，モスル州を束ねる形で英国がイラク国家を形成し，1920年には戦勝国の連合国が開いたサン・レモ会議で，英国の委任統治が承認された。だが，イラクで吹き荒れた反英暴動に手を焼いた英国は，翌年，親英だったメッカの太守ハーシム家からファイサルを担いでイラクの初代国王に即位させて，間接統治に切り替えた。そして1932年には，イラクは正式に英国の委任統治を離れて独立国家となった。

　とはいえ，独立後も，石油の利権は英国が握り，英軍も駐留を続けるなど，イラクは英国の強い影響下に置かれた。イラクが英国から本当の意味で独立したのは，1958年の青年将校による共和制革命によってだった。その後の10年間，イラクでは，アラブ世界を席巻していた民族主義者や社会公正を重視する共産党などを主要勢力とする権力闘争が続き，クーデタが繰り返された。不安定な時代を制して1968年に支配を確立したのが，アラブ民族主義を掲げるバアス党だった。同党の若手幹部として1970年代から頭角を現したサッダー

ム・フセインは，1979年から2003年までおよそ四半世紀の間，大統領としてイラクを統治した。

バアス党政権の初期，1970年代には石油産業が国有化され，オイルショックによる油価高騰の恩恵も受けて，インフラ整備や経済開発が進んだ。識字率の向上や教育水準の引き上げが行われたのもこの頃だ。だが，1979年に隣国イランでイスラーム革命が起こると，イラクのシーア派宗教界や知識人が呼応してイラクでも同様の革命が起こることを恐れた政権は，1980年にイランを攻撃する。これが8年に及ぶイラン・イラク戦争の始まりだった。イラクは，アラブ各国や国際社会からの支持を取り付けることはできたものの，士気に勝るイランを相手に苦戦し，1980年代の油価暴落とも相まってイラクの経済的な困窮は増した。

さらに，イラン・イラク戦争の停戦からわずか2年後の1990年，イラクは，石油価格引き上げのための協調減産に協力しない隣国クウェートに侵攻した（湾岸危機）。イラクの庭先のような小さな首長国を占領したところで，アラブ世界の内輪揉めに国際社会が反応することはない，とフセイン大統領は考えていたのかもしれない。だが，主権国家を武力で併合するというあからさまな侵略行為が見過ごされるはずはなかった。折しも世界は冷戦終結を迎えて，それまで超大国間のライバル争いで機能していなかった国連安保理が，イラクへの経済制裁，武力行使を次々と決定していった。そして，1991年に多国籍軍の攻撃を受けてイラク軍はクウェートから敗退する（湾岸戦争）。その後も，国際社会にとっての脅威と見なされたイラクに対しては，大量破壊兵器の査察問題などをめぐって経済制裁が科され続けた。

国際社会，とりわけ米国は，この制裁によってイラクの経済的困窮が増し，市民の不満が高まることを背景に，フセイン政権が瓦解することを期待していた。しかし，フセイン大統領個人とその取り巻きが絶大な権力を掌握する個人独裁体制のもと，秘密警察が市民を監視する「恐怖の共和国」は，内部からのクーデタや反乱の試みをことごとく鎮圧した。結局，イラクに科された経済制裁は10年以上に及んだが，政権そのものよりも市井の人々の暮らしを直撃したのだった。

ただ，フセイン政権は戦争や制裁で政権基盤が疲弊した状況に鑑みて，1991年に北部から兵を撤退させた。北部はクルド人が長年にわたって自治を求める

武装闘争を続けており，中央政府側が軍事力では凌駕していたものの，鎮圧コストは小さいものではなかった。そこで，湾岸戦争後は経済封鎖と引き替えにクルド人が集住する北部一帯の統治を諦め，事実上の自治区が生まれることなった。その後，今に至るまでイラク政府が北部の完全な支配を取り戻すことはなく，クルディスタン地域は今では「事実上の国家」と呼ばれるまでに自立性を持つようになっている。

　湾岸戦争後の膠着したイラク情勢の転機となったのは，2001年の9.11テロ事件だった。米国はこの事件でイラクの脅威を再認識し，対イラク軍事攻撃へ急速に傾いていく。そして，2003年3月に始まった対イラク戦争の結果，フセイン政権は崩壊した。

豊かな石油と困難な経済

　イラクは世界有数の石油埋蔵量を誇る。イラク建国と相前後して開発が始まった巨大油田は，当初は外国企業が支配していた。しかし，世界的な資源ナショナリズムの影響を受け，1970年代にすべての油田と石油関連施設が国有化され，それ以来石油はイラクの経済を支える屋台骨になってきた。だが，石油に依存する経済は脆い。1980年代以降は，イラン・イラク戦争や湾岸戦争，国連経済制裁の影響で石油輸出量が大きく変動し，油価の変動とも相俟って，イラク経済を翻弄してきた。

　2003年にフセイン政権が崩壊したことで，13年間に及んだ国連経済制裁が解除された。イラクはようやく石油輸出や対外的な貿易が自由にできるようになり，公務員にもまっとうな額の給与が支払われるようになった。携帯電話やインターネットも爆発的に市民の間に普及した。経済制裁という鎖国時代が長く続いていたため，復興需要は莫大であり，国際社会から寄せられた援助や石油輸出収入をもとに，経済開発が急ピッチで進むことが期待された。だが，その道のりは険しいのが実情だ。

　2003年以降，石油の生産量そのものは増加傾向にある。かつての国営化から方針を転換し，イラク政府は資金力や技術力のある外国資本の石油会社をイラクの油田開発に参入させるようになっている。その結果，今では石油の輸出量は日量300万バーレルを超え，OPEC（石油輸出国機構）の中でサウディアラビアに次ぐ第2位の石油輸出国になっている（図11-1参照）。

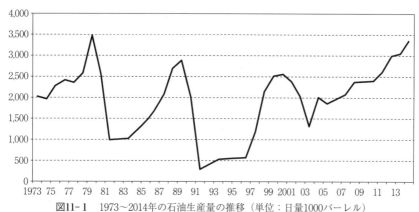

図11-1　1973～2014年の石油生産量の推移（単位：日量1000バーレル）
出所：米国エネルギー省エネルギー情報局。

　だが，問題はこうした石油による収入を，経済発展にいかに繋げていくのかという点だ。2014年央まで，石油価格は乱高下しつつも比較的高い時代が続いた。そのため，イラク政府が手にした収入は決して少なくなかった。しかし，治安状況が悪い地域については，ある程度安定しなければ経済復興に手をつけることは難しい。

　また，長年の経済制裁で，高度技術にアクセスすることはおろか，高等教育や人材育成もままならなかったことで，現在のイラクには，莫大な予算を組み立て，歳入を管理し，それを適切に執行することができる人材が不足している。社会主義国家であったがゆえに官僚的手続きが煩雑であったり，汚職対策をめぐる混乱でプロジェクトが遅れたりする例も少なくない。その間にも，人口は増え続け，整備すべきインフラは拡大する。

　その結果の1つが，電力危機だ。増加する一方の需要に発電所整備が追いつかないこと，送電や配電，燃料調達など複数の部門の連携が十分でないこと，漏電が多いことなどが主な理由で，イラク戦争から10年以上が経っても24時間給電が実現していない。市民は，停電時は割高な自家発電に頼らざるを得ないが，それでも使用できる電力は限られる。気温が50度を超える夏にエアコンが使えない不満は大きく，毎年夏には政府への抗議デモがあちこちで発生する事態になっている。

　そして，政治や治安の安定が確保できないことが，足下の経済復興事業に影

響していることは言うに及ばず、より長期的な経済戦略を描くことができないという問題も生んでいる。長期的な経済戦略よりも、日々の治安問題や政治危機の対応の方が政権の優先事項とならざるを得ないからだ。イラクと同様の石油依存型の経済構造を持つ近隣の湾岸産油国は、収入の安定化を図るべく、これまで様々な方法で経済の多角化を目指してきた。代表的な例は、石油だけではなく天然ガスの輸出も拡大させる、さらにそれを原料として石油化学製品を製造する、といった路線だ。だが、こうした石油関連産業を超えた多角化はなかなか難しい。ドバイは貿易・観光・金融立国として成功しているが、人口がきわめて少ないゆえにそれが可能という側面がある。イラクでは、まだ天然ガス産業も石油化学産業も手をつけ始めたばかりで、輸出収入の95％以上を石油に頼っているという脆弱な構造から抜け出せていない。歳入の多元化や雇用の創出などの面から、経済の多角化は長期的にきわめて大きな経済課題なのだが、未だそうした課題に政府を挙げて取り組めるだけの政治的安定に至っていないことが、イラクの大きな問題と言える。

複雑な人口構成

イラクの人口は3500万人程度とみられている。中東地域には比較的人口の少ない国が多いため、8000万人前後の人口を抱えるエジプト、イラン、トルコを除くと、イラクはそれなりの人口大国ということになる。都市化の影響で、全人口のおよそ4分の1が首都のバグダードに集中している。また、国土には土漠などほとんど人が住んでいないエリアも少なくない。

イラクには、様々な民族に属する人々、様々な宗教・宗派を信じる人々が暮らしている（図11-2）。特にイラク戦争後は、この民族・宗派別人口がそのまま政治権力に結び付く傾向が強くなっていることから、それぞれの人口割合の数字が頻繁に取り沙汰されるようになっている。しかしながら、政治的に機微な問題であるがゆえに、イラクで最後に民族別・宗派別の人口統計がとられたのは半世紀以上前の王政時代のことで、現在参照できる公式な数字があるわけではない。したがって、以下の数字もあくまでおおざっぱな推計ということになる。

まず、民族の観点から見ると、最も多いのはアラビア語を母語とするアラブ人だ。おおよそ8割弱を占める。イラクはアラブ連盟発足時からの加盟国であ

第11章　イラク

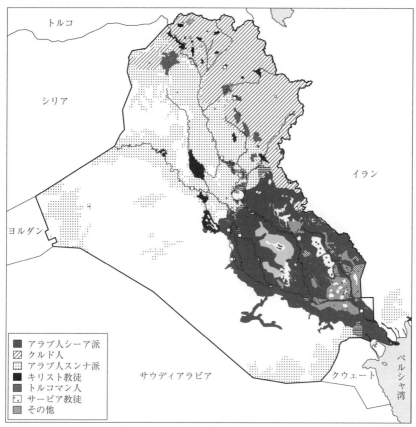

図11-2　イラクの民族・宗派別人口分布
出所：http://gulf2000.columbia.edu/images/maps/Iraq Ethnic lg.png

るし，バアス党政権の党是の1つがアラブ民族主義だったように，アラブ世界の中心的な国の1つとして存在してきた。次に多いのが，北部のクルド人だ。クルド人はクルド語を話し，現在ではアラビア語とクルド語の両方がイラクの公用語となっている。人口規模では2割弱と見られ，そのほとんどが北部のクルド人の自治区であるクルディスタン地域や，その周辺に住む。首都バグダードのクルド人人口は，イラク戦争後の治安悪化の影響でかなり減ったと見られている。その他，トルコマン語を母語とするトルコマン人が同様に北部に多いが，人口規模では全体の数％とみられる。民族的バックグラウンドを同じくする隣国トルコは，イラク国内のトルコマン人と関係が深い。

宗教の観点からみると、ムスリムが圧倒的に多い。特徴的なことは、世界的には主流派のスンナ派ムスリムがイラクでは約4割と少なく、シーア派ムスリムが約6割と過半数を占めているとみられることだ。これを上記の民族別構成と重ね合わせると、スンナ派ムスリムの約半分がクルド人であるので、アラブ人スンナ派が人口の2割程度、アラブ人シーア派が人口の6割程度ということになる（フェイリー・クルドと呼ばれるシーア派のクルド人もイラン国境付近やバグダードなどに暮らしているが、人口規模は不明）。地理的な分布としては、アラブ人シーア派の多くがイラクの中部から南部にかけて、アラブ人スンナ派は主として中部に、クルド人が北部に暮らす（図11-2参照）。そして、この「アラブ人シーア派6割、アラブ人スンナ派2割、クルド人2割」という人口構成が、イラク戦争後の政治プロセスにおいては、きわめて重要な意味を持つようになっている。

また、少数だがキリスト教徒も存在する。彼らの民族的バックグラウンドは、アラブ人やクルド人にとどまらず、アッシリア人やアルメニア人など多様だ。また、北部にはゾロアスター教や土着信仰が混合したヤズィーディ教の信徒もいて、彼らはクルド人であることが多い。なお、こうした少数派の声を政治に反映させるため、イラクの県議会選挙や国会選挙では、トルコマン人、キリスト教徒、ヤズィーディ教徒、フェイリー・クルドなどに、少数派枠として一定の議席を割り当てる制度がある。

民族や宗教・宗派とは別に、部族という要因もある。部族とは父方を基本とする血縁集団で、その規模は様々だが、大きな部族は100万人を超え、国境を越えて広がっていることもある。とりわけ前近代までは、部族単位で遊牧や農業など経済活動に従事し、部族長の権威のもとで一定の秩序をもった自立した社会の構成体を形成してきた。ちなみに、同じ部族の中にシーア派もスンナ派も混在していることは珍しいことではない。近代以降は、都市化や定住化の影響で部族の影響力は低下しているが、それでも、中央政府の統治が弛緩した場合や、不安定な社会状況においては、部族単位で自警団が立ち上がるなどその紐帯は健在だ。

中東では、1人の個人の中に、たとえば、ムスリム、シーア派、アラブ人、イラク人といったように多層的なアイデンティティが存在することは一般的で、そうしたアイデンティティの中の何が最も重視されるかは、当然人によって異

なるし，1人の人の中でも，時と場合に応じて変わってくる。とりわけイラク戦争以降は，イラク国民全体を包摂するイラク国家の統合のシンボルを再構築できずにいることから，サブ・ナショナルなアイデンティティが強まる傾向にある。

2 　イラク戦争後の政治プロセスと分極化

新たな政治プロセスの始まり

　2003年3月に始まったイラク戦争は，わずか3週間程度で首都バグダードの陥落へと至り，フセイン政権はあっけなく崩壊した。政権幹部はほとんどが逃走し，停戦協定を結ぶ相手さえ欠いたまま，米軍を中心とした連合国暫定当局（CPA）による占領統治が始まった。だが，米国政府は占領のための準備を決定的に欠いていた。その結果，占領したイラクを，いつまで，どうやって統治するのか，手探りの状態で進むことになる。

　占領開始から数カ月経つと，反占領武装闘争が広がり始めた。米国人が行政官を務めるCPAにかわるイラク人の顔を選ぶべきとの判断から，2003年7月，イラク戦争に伴って帰国した亡命政治家らを中心にイラク統治評議会メンバー25名が，9月には首相を除く25名の暫定閣僚が選出された。だが，統治評議会がイラク国民を代表しているという認識は広まらず，占領への反発は続いた。結局，米国は2003年11月に，占領の早期終了を統治評議会との間で合意し，翌年3月に，移行プロセスのスケジュールを定めた暫定憲法が起草される。

　その後は，この暫定憲法のスケジュールに則り，2004年5月に形成された暫定政府に主権を移譲する形で，占領統治は同年6月をもって正式に終了した。ただし，当時の国内の治安は悪化する一方であり，米軍の駐留は続いた（2011年末に撤退）。その後は，2005年1月に制憲議会選挙が実施され，この選挙で選ばれた国会議員が恒久憲法の草案作りを担うと同時に，移行政府が組閣された。憲法草案は2005年10月に国民投票にかけられ，18県中2県では反対票が上回ったものの，全体では賛成票が上回ったことから，辛くも承認された。そして，新憲法に基づいて国民の代表を選出すべく，2005年12月に第1回目となる国民議会選挙が実施された。この選挙結果に基づき，2006年5月に第1次ヌーリ・マーリキ政権が組閣される。これをもって，戦後の政治移行プロ

セス自体は終了した。

その後は、4年の任期を経て2010年3月に第2回国民議会選挙、同年12月に第2次マーリキ政権が発足、2014年4月に第3回国民議会選挙、同年9月にハイダル・アバーディ政権が発足するに至っている。

占領統治の失敗(1)――脱バアス党政策と旧軍解体

このように、民主的な選挙で選ばれた政党の指導者が4年の任期の政権を率いるという、イラク戦後に構築された政治プロセスはイラクに定着し、今も継続している。しかし、2014年央にイラクの中部の多くの町が過激派組織「イスラーム国」に奪われたことからも明らかなように、この政治プロセスはイラクに安定をもたらさなかった。イラクの治安状況は戦後12年間に、比較的良好な時期もきわめて悪い時期も様々であったが、それでも、たとえば外国人がバグダードに観光旅行に出かけられるほどに平穏になったことは一度もないのが実情だ。

その一因が、占領統治期の2003年にとられたバアス党の解体および党員幹部の公職追放（脱バアス党政策）と、旧イラク軍の解体だった。脱バアス党政策は、米国にとっては、イラク戦争に協力した亡命イラク人らに対して、旧政権を復活させることはない、すなわち、彼らを見捨てることはないという意思表示を意味していた。1991年の湾岸戦争後、当時の米国政府はフセイン政権の崩壊を狙ってイラク国民に蜂起を呼びかけたが、米軍を派遣する意図があったわけではなかった。そのため、実際に蜂起した国民がフセイン政権に弾圧されると、それを見殺しにしたと批判された。そうした経緯があったゆえに、占領統治体制の開始と同時に、バアス党政権幹部を公職から追放するという明確な意思表示がなされた。

同時にこれは、統治評議会メンバーなど、CPAのカウンターパートとなるイラク人からも強く支持された。彼らの多くがフセイン政権時代に反体制活動に身を置き、政権から迫害されていた過去を持っていたこととも無関係ではない。結果的に、この脱バアス党政策は、単に党幹部の追放に留まらず、党のランクの低いテクノクラートを含めたバアス党員を公職から一掃することになった。一党独裁体制が長く続いた結果、出世のために名目だけ党に加入していた人も少なくなく、この政策は行政に多大な混乱をもたらした。占領当局はその

失敗に気付いて，一年後には脱バアス党政策を緩和する方向に舵を切ったが，流れを変えることはできなかった。そして後述するように，この脱バアス党政策は，事実上の「脱スンナ派政策」の色合いを濃くし，スンナ派の周辺化の一因となっていく。

　旧軍の解体については，旧政権の軍隊が国民を弾圧したとの認識のもとで，諜報機関を含むあらゆる軍事組織が解体された。解体以前に，米軍の攻撃を前に旧軍の兵士が軍服を脱ぎ捨てて逃走した例も多く，占領が始まった頃には軍隊の実態がなかったことも事実だが，CPA は，彼らを再雇用したり組織の形態を維持したりして再建する政策はとらず，全てを正式に解体してしまった。だが，当時イラクに駐留していた米軍の数は，イラク全土の治安を維持できる規模ではなかった。そのうえ，年金もないまま解雇された旧軍の兵士らが，新たな占領体制や政治プロセスに大きな不満を募らせたことは想像に難くない。彼らの一部が，その後イラクで長く続くことになる反占領・反米・反政府を掲げる武装勢力の一角を構成していく（ただし，北部の自治区のクルディスタン地域には，1990年代から独自の治安機構が存在していたため，脱バアス党政策や旧軍解体に伴う混乱や治安の悪化は起こらなかった）。

　脱バアス党政策も旧軍解体も，その弊害が明らかになってからは，主権移譲後のイラク政府によって，旧バアス党員の復職要件緩和や旧軍人の再雇用等，何度となく方針転換が試みられてきた。しかしながら，その方針転換は，あくまで既存の政治秩序を脅かさない範囲に限られてきた。理由の1つは，政府に不満を持つ層を取り込むことは，政府への支持を広げる可能性がある一方で，政府を内部から掘り崩し，クーデタに繋がりかねないという懸念が存在するためだ。客観的に見れば旧体制の復活というシナリオの現実味はきわめて薄い。サッダーム・フセインは2003年12月に捕らえられて2006年12月に死刑が執行されており，後継者とみられていた2人の息子も2003年7月時点ですでに米軍によって殺害されている。反政府武装勢力の一部に旧バアス党の復権を掲げる勢力が存在することは事実だが，彼らの支持基盤がそれほど大きいとも思えないからだ。だが，現在のイラクの政界の中枢を担う政治家たちの多く，とりわけシーア派やクルドの政治家は，旧政権時代に長く反体制活動を担っており，その脅威認識は強い。別の理由としては，旧体制への宥和政策は，現在のイラクは独裁政権を放逐して民主主義国家に生まれ変わったのだという，政治

秩序の正統性を脅かすものとして捉えられていることだろう。かくして，たとえば，拘留されている旧軍幹部の再登用や，脱バアス党政策の完全撤廃といったドラスティックな政策転換が行われるには至っていない。

占領統治の失敗(2)——民族・宗派の亀裂の表出化

さらに，占領統治の失敗は，社会的な民族・宗派間の亀裂を政治的な亀裂として表出させ固定化させたことに求められる。2003年7月に統治評議会が形成された時，そこで最も留意されたことは，人口構成をできるだけ忠実に政治体制に反映させることだった。25人の統治評議会は，アラブ人シーア派13名，アラブ人スンナ派5名，クルド人5名，トルコマン人1名，キリスト教徒1名というメンバーで構成された。CPAが意図したことは民族・宗派間の平等性だった。だが，そこでは新たなイラク国家のナショナル・アイデンティティの構築や，バアス党に代わる政治的受け皿の模索といった試みは置き去りにされ，民族や宗派といったサブ・ナショナルなアイデンティティが，政治権力闘争の最も重要なイシューとしてあからさまに取り上げられた。

これはイラクの歴史においてかつてなかったことだった。そもそも，イラクにおけるシーア派やスンナ派の人々が，必ずしも相手を異なる政治集団に属する人間だとみていたわけではない。社会的な亀裂が存在しなかったわけではないが，旧政権時代には宗派を越えた結婚も行われていたし，同じイラク人や同じアラブ人という意識も多くの人々がもっていた。それが，イラク戦争後に急速に宗派集団がゆるやかながら1つの政治集団として構築されていき，その間の亀裂の存在がきわめて明らかな形でさらされるようになった要因の1つは，この占領統治時代の政策に求められる。

そしてこの傾向は，その後のイラク政治を担った政治家たちによっても補強され，その後の政治プロセスの行方を方向付けた。2005年には制憲議会選挙と第1回国民議会選挙が行われたが，そこに出馬した無数の政党のうち，組織力をテコに集票力を発揮したのは，旧政権時代に主に国外で反体制活動を行い，イラク戦争と同時に帰国した旧亡命政党だった。彼らの多くがシーア派の宗教政党やクルドの民族政党であった。一県を一選挙区とする比例代表制で争われた2005年12月の第1回国民議会選挙では，シーア派住民の多い南部の9県においては，シーア派宗教政党連合が各県で8割前後の票を固めた。クルド人の

第11章 イラク

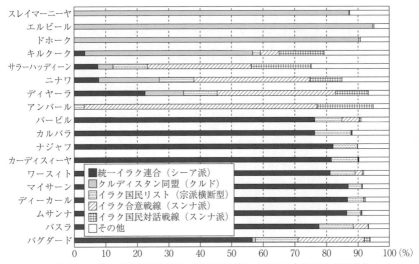

図11-3 第1回国民議会選挙（2015年12月）における各党の県別得票率
出所：選挙管理委員会資料より筆者作成。

自治区である北部3県では，クルド政党の連合が9割前後を得票している。中部の4県ではやや票はばらけたが，スンナ派の政党連合の2つが大きく得票した（図11-3参照）。このように，選挙は有権者の人口構成を反映する結果となった。

　こうした傾向を導いた別の要因として，治安悪化の影響も指摘できる。イラク戦争後は国境管理が不十分であったことから，過激なイスラーム主義者が国外から流入し，2004年後半頃からイラクで活動を活発化させ始めていた。彼らの標的は，イスラームの地を占領する異教徒である米軍と同時に，占領の協力者とみなしたシーア派でもあった。シーア派をイスラームの異端を見なす過激なイスラーム主義者にとっては，シーア派であるというそれだけで殺害の理由となりえる。そして，これに対抗する形で，数々のシーア派民兵が報復攻撃を実施し，宗派を理由にした暴力が拡大していく過程の中で，宗派という軸に沿った集団がより実体化，固定化され，政治化されていったという側面がある。

　選挙における民族・宗派のラインに沿った分極化の傾向は，2010年，2014年の選挙においても，基本的に変化していない。後述するように，2010年の選挙では脱宗派主義を訴える世俗・宗派横断的な政党連合がイラク国内で幅広

く得票して第1党となったものの，その後の連立交渉に失敗して首相ポストを逃したことで，影響力を失った。

民族意識が強く，将来は独立国家を持ちたいと考えるクルドの場合，政党はあくまでクルド人の代表という意識が強い。だが，シーア派政党やスンナ派政党は，いずれも自分たちをあくまでイラク全土を代表する政党と位置づけているし，2005年の選挙では，主要政党は全国に候補者を擁立していた。だが，2014年に至ると，イラクを代表する政党であるという建前を変えてはいないものの，いずれの政党も得票が期待できる県にだけ，すなわちシーア派政党ならばシーア派住民が居住している県にだけ，候補者を立てるようになっており，分極化がより固定化する傾向が見られている。

多極共存型民主主義

こうした分極的な社会では，往々にして選挙結果が固定化され，政策の違いによって与党と野党が入れ替わることがきわめて少なくなるという問題が発生する。それゆえに，イラクにおける民主主義は，議会で51％以上の議席を有する政党が与党となるという形式ではなく，合意によって民主主義を運営する「多極共存型民主主義」が志向された。その基本要素は，大連合，比例代表原理，少数派の権利，連邦制の4つだ。

大連合については，選挙で選ばれた主要政党が連立を組んで政府を形成するというもので，イラクではこうした挙国一致内閣の形成が常に実施されてきた。憲法の規定上，正式政権第1期目までの時限措置として，組閣には議会の3分の2の賛成が必要とされたため，挙国一致政権でなければ事実上組閣できない仕組みだった。現在は，議会の過半数の賛成で組閣できるが，慣例的に挙国一致内閣が続いている。

また，比例代表原理は，資源や人事の配分について各勢力間で比例配分するという原則であり，閣僚ポストの配分は議会の議席割合を反映している。その他にも，たとえば公務員人事や軍の司令官ポストなどは，人口比に対して大きく偏りがないようにすべきということが共通理解とされている。

少数派の権利保護については，暫定憲法で大統領評議会という仕組みが作られた。大統領1名，副大統領2名で形成され，議会で可決された法案を差し戻す権限が付与された。すなわち，シーア派とスンナ派とクルドがそれぞれ拒否

権を得る形となったわけである．ただし，これは憲法起草後の正式政権第1期目までの時限措置であり，2010年以降は，大統領も副大統領も実権の乏しい名誉職という扱いになっている．

　連邦制は，クルドの強い要望によって憲法に盛り込まれ，北部の3県はクルディスタン地域という自治区として承認された．それ以外に，首都を例外として各県は住民投票で自治区を形成することが可能となった．自治区には憲法上強い権限が与えられており，その権限を縮小するには当該自治区の住民の過半数の賛成が必要と規定されたことは，少数派の拒否権の一例と言える．

　こうした制度設計は，しかし，必ずしもイラクに安定的な民主主義をもたらさなかった．そもそも，イラクという国家を統治するために，民族や宗派に沿った社会的な亀裂の存在を所与のものとして扱うことへの忌避感があり，そうした制度設計自体が，亀裂をより増幅させ，国民統合を阻むという考え方がある．とりわけ，スンナ派政党や世俗的な政党およびその支持者の間でその傾向が強い．そもそもイラクにおいて，オスマン帝国時代からエリート層を構成し，建国以来，国家建設の中心的役割を担ってきたのはスンナ派が多かった．彼らの多くにとって，自らの主たるアイデンティティはイラク人やアラブ人というものであり，自分たちがスンナ派という，イラクにおけるマイノリティ集団であるという自覚をもつ経験は，イラク戦争まで皆無であった．これは，マイノリティであるという自覚のもとにその権利保護を重視し，北部の自治区の維持と権限強化に全力を傾けたクルドとは対照的と言える．スンナ派は，自らをマイノリティと規定するこうした制度的枠組みのあり方や，シーア派が主導するイラクという新たな政治的展開に対して，総じて否定的だった．

　なお，2010年代に入ってくると，スンナ派の間から少数派として権利確保を求める動きも出始め，一例として，連邦制に基づく自治区の形成が模索されたこともある．しかし，後述するように当時のマーリキ首相は，政権がコントロールできなくなる可能性がある自治区の形成を望まず，住民投票を実施しなかったため，その後モメンタムは失われた．スンナ派においては，こうした多極共存型の政治システムそのものを拒否するのか，マイノリティという認識を持った上で権利の拡大を求めるのか，意見は集約されていない．

　比例代表原理に関して，民族・宗派ごとに割り当てられた人事は，能力本位の人材登用を妨げ，ネポティズムや汚職の温床にもなっているという批判も強

い。2015年夏に電力不足に端を発した市民の政府批判デモに際して、アバーディ首相が提示した改革案にも、こうした民族・宗派に基づく人事の廃止が含まれていた。

多極共存型民主主義は、こうした様々な問題を抱えているものの、分極化傾向が明らかな選挙結果をふまえて政権を形成しようとすれば、大連合や比例代表原理をある程度採用せざるを得ず、難しいジレンマに直面している。

3 収まらない混乱

内戦とその収束

2003年4月に米軍がバグダードを陥落した後、5月にはブッシュ米大統領が大規模戦闘終結宣言を行った。事実上の戦争終結宣言である。しかし、イラクの治安はその後もじわじわと悪化し続けた。

理由の1つは、米軍の圧倒的な軍事力の前に雲散霧消した旧政権や旧軍の幹部が、地下に潜ってゲリラ闘争に転じたことだ。

さらに、多くの国民がフセイン体制の崩壊を歓迎したが、それが米軍による占領を受け入れることに直接繋がったわけではなかった。この点は、第2次世界大戦において長期の総力戦の末に敗れ、好むと好まざるにかかわらず、国民が広く敗戦と占領を受け入れた日本のケースとは異なる。イラク戦争の場合は、多くの国民にとっては自らの戦争というよりも、米軍とフセイン政権の間の戦争であり、その帰結として米軍の占領統治を受け入れることへの合意はなかった。

とりわけ、旧政権崩壊直後の権力の真空が生じた際に多くの略奪行為が発生したが、米軍がこれを制御することなく放置したことや、イラク人囚人の虐待事件が明るみに出たことなども占領に対する軍事的抵抗活動に一定の正当性を与えることになった。そして、そうした占領統治のもとで始まった政治プロセスへの反感や反発は、選挙妨害や、政治家や候補者の暗殺という形で顕在化するようになっていった。

もともと、イラクでは武器は登録制になっているものの、自動小銃程度は多くの家庭が所持している。フセイン政権時代に反体制活動を行っていた政党はほとんどが民兵を保持していたし、イラク戦争後に国内に根を張った政治組織

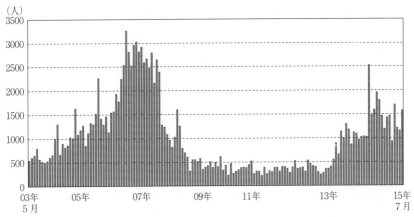

図11-4　民間人死者数の推移（2003年5月〜2015年7月）
出所：Iraq Body Count（https://www.iraqbodycount.org/）より筆者作成。

として台頭してきたグループも，自警団的な形で武装化する例が多く見られた。解体された軍の再建はすぐには進まず，国家が暴力装置を独占できない状況下で，占領の主体であった米軍もその数は10万〜15万程度と，イラク全土の治安維持を行うことのできる規模ではなかった。新憲法の制定や議会選挙など，一連の民主化プロセスの進展と並行して，暴力の拡大が止まらない状況が続いた。

さらに，上述したように国外から過激なイスラーム主義者が流入し，イラクに根を張っていった。「イスラーム国」の前身組織が2006年2月に中部サーマッラーにあるシーア派聖廟を爆破した事件は，シーア派民兵による報復攻撃を招き，イラク国内の宗派間対立に火をつけた格好となった。この頃，一カ月の民間人の死者が3000人にも達し，シリアやヨルダンなど近隣国に向けて，多数の市民が難民として国を後にした（図11-4参照）。

2007年以降になると，シーア派民兵間で停戦の動きが出てきたこと，過激なイスラーム主義集団に反旗を翻す地元のスンナ派部族勢力が出始めたことで，状況が変わり始めた。部族勢力については，米軍への攻撃のために大勢のイラク人の巻き添えを厭わず，斬首などの残虐な手法を多用する過激派に対する嫌悪や，密輸ルートの権益争いも背景にあった模様だ。そして，米軍の対応も，敵を倒すという点を重視していた従来の方針から，ペトレイアス中央軍司令官

のもとで住民を守るというゲリラ戦の手法が採用され，そうしたスンナ派地元勢力を取り込むことに成功した。

イラクの治安状況は2007年後半頃から改善し始め，2008年後半以降は，1カ月の死者数は200〜500人程度へと減少した。それでも安全とは言いがたいが，そこで暮らす町の人々にとっては，仕事や学校，買い物などに普通に出かけられるレベルの治安状況になりつつあった。2008年には米軍の撤退スケジュールを定めた地位協定がイラク政府と米国政府の間で結ばれ，2011年末には完全撤退に至った。

しかし，一度は落ち着きをみせつつあったイラクの治安状況であったが，2013年春頃から再び悪化し始めることになる。

マーリキ首相の強権統治

内戦が収束しつつあった頃に行われた2009年の県議会選挙，2010年の国民議会選挙においては，中央集権やイラクの統一を訴える政党が躍進する傾向が見られた。その1つが，2004年の暫定政府で首相を務めたイヤード・アッラーウィが率いた政党連合イラーキーヤだった。シーア派政党連合が2つに分かれて出馬したこともあり，事前の予想を覆して第1党となった。イラーキーヤは，スンナ派の諸政党を糾合したこともあって，主たる支持基盤はスンナ派住民が多い県にあったが，南部のシーア派住民の多い各県でも6〜18％程度票を集めた（ただし，クルド人の多い北部3県には出馬していない）。仮にアッラーウィが首相となり，イラーキーヤが政権を率いていれば，宗派間の亀裂を所与のものとしてポストを分配する戦後政治のあり方を変えるきっかけになったかもしれない。だが現実には，2つに分かれて出馬していたシーア派政党連合が，選挙後に統一議会会派を形成したことで，第1党の座を奪い返し，9カ月に及ぶ長い連立交渉の末に，2006年から2010年まで首相を務めたマーリキが続投を決めた。

そのマーリキ政権下では，徐々に強権的な統治手法が目立つようになってきていた。たとえば，2010年の議会選挙の際，脱バアス党政策を理由に数百名が立候補資格を剥奪されたが，その多くはライバルのイラーキーヤの所属だった。脱バアス党政策がしばしば政治的に利用される中で，同政策はスンナ派を集中的に排除の対象とする「脱スンナ派政策」と受け止められるようになって

いった。

　2010年の組閣交渉では，マーリキが首相に就くかわりに，イラーキーヤのアッラーウィに対して，首相と同格の新設ポストをあてがう政治合意が結ばれたものの，現実にはポストは作られず合意は反故にされた。その後，もともと多数の政党の寄り集めであったイラーキーヤは求心力を失い，分裂していった。

　そして，マーリキ首相は第1次政権（2006～10年）から第2次政権（2010～14年）にかけて，治安機関を再編して首相の直轄下に置くことで，治安機関に対するフリーハンドを拡大していった。同時に司法機関に影響力を強め，首相に有利な司法判断を次々と引き出すようになった。たとえば，2011年秋には，脱バアス党政策を理由に600名以上の大学教員らが逮捕された事件を受けて，スンナ派住民の多い県の県議会で自治区形成を求める決議が可決された。しかし，クルディスタン地域との間で帰属が未確定になっている土地を含んでいるという理由で，首相が住民投票の実施を拒否すると，司法もそれを追認する判断を下した。他にも，中央銀行や選挙管理員会などの独立機関を政府の監督下に置く判決（2011年初）や，議員立法を正式な法律を見なさない判決（2010年7月），首相三選禁止法案に対する違憲判決（2013年8月）など，いずれも政権の意向に添った判断が下されている。

　また，米軍が反過激派のために組織化したスンナ派の部族勢力についても，治安機関に統合することが想定されていたものの，首相は彼らに対して十分な職や給与を保障しなかった。それもまた，地元の不満の種となっていった。

　米軍撤退をほぼ時を同じくして，2011年末にハーシミ副大統領にテロ容疑で逮捕状が出され，副大統領は国外に逃亡した。2012年末には，汚職容疑でイーサーウィ財務相のボディガードが多数拘束され，翌年3月には財務相自身にも逮捕状が出された。2013年末には，アルワーン国会議員もテロ容疑で治安部隊と銃撃戦の末に逮捕された。こうしたマーリキ首相との対立の末にその座を追われた政治家はいずれもスンナ派政党の所属だった。逮捕状を発行する司法機関，そしてそれを執行する治安機関の双方に首相は強い権限を有することで，強権的な統治を拡大していった。

広がる反政府デモと拡大する過激派

　そうしたマーリキ首相の強権手法に対して，2012年末からとりわけスンナ

派住民の間で反政府デモが繰り返されるようになっていく。デモ隊の要求は，拘留者の釈放，恩赦法の制定，脱バアス党政策の凍結，司法の独立などだった。過激派組織が拠点としている場所はイラクの中部に多く，彼らへの取り締まりの一環で，スンナ派住民が大勢，政権の治安部隊に逮捕されていたという背景がある。そして，政権に不満を抱く地元住民のデモが拡大するにつれ，イスラーム過激派や武装勢力がそうした不満につけいり，政治的不安定性を利用して，徐々に自分たちの勢力や活動範囲を拡大させていった。それゆえに政権は，デモ隊はテロ組織そのものに他ならないと見なす傾向が強かった。

　2013年4月にはデモ隊と治安部隊の間で武力衝突が発生し，50名を超える死者が出た。これ以降もデモはやむことなく続き，同時に，これ以降爆弾テロなどの治安事件も顕著に増加傾向を示していった。マーリキ首相は2013年末にアンバール県でデモ隊の徹底排除に乗り出したが，地元の反対に遭い，混乱の末に同県の中心都市であるラマーディとファッルージャから治安組織を撤退させざるを得なかった。その後，デモ隊が比較的穏健な立場を示していたラマーディについては政権が支配を取り戻したものの，武装勢力がデモ隊に浸透し，過激化していたファッルージャを奪還することはできなかった。その後，イラク政府が支配を失ったファッルージャの統治は，当初は複数の武装勢力が評議会を形成して行っていたが，やがて「イスラーム国」（当時の名称は「イラク・イスラーム国」）がその中でも中心勢力となっていく。

　このように，2013年以降，特にスンナ派住民が多い地区で治安が悪化していった背景には，イラク政府の統治の失敗がある。ただし，要因はそれだけではない。2008年に米国とイラクとの間で地位協定が結ばれると，米軍が拘束していた数千人の拘留者が徐々にイラク側に引き渡されていったが，その際，多くが訴追できるだけの十分な法的根拠がないとして釈放されたという。米国政府とイラク政府は，同盟国という位置づけでありながら，米国政府はシーア派民兵による反米武装活動の取り締まり不足や，国内を不安定化させている強権的なマーリキ首相の統治に不満を抱いており，他方，イラク政府は米国が内政に干渉してくることを嫌うなど，ぎくしゃくした関係にあった。米軍撤退スケジュールについても，イラク軍の訓練のために一定の兵力を残そうとした米国に対して，イラク政府は完全な主権の回復を強く求め，結局，米軍は2011年末に完全撤退を余儀なくされるなど，両国の間で必ずしもスムーズな治安協

第11章　イラク

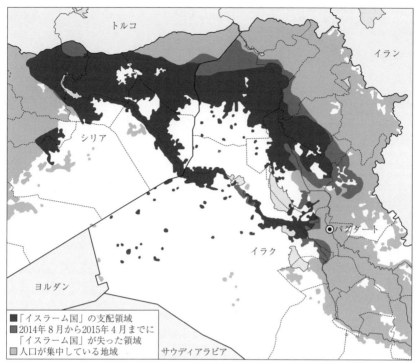

図11-5　「イスラーム国」の支配領域（2015年4月時点）
出所：米国防総省（http://www.defense.gov/news/newsarticle.aspx?id=128576）

力が行われたわけではなかった。

　そして，別の大きな要因としては隣国シリアの内戦がある。2011年初の「アラブの春」の影響で，シリアにも民主化を求めるデモが拡大したが，同年秋頃には民主化運動は反体制武装闘争の色彩が濃くなり，2012年夏頃から，過激なイスラーム主義組織がシリア内戦における重要なアクターとして浮上してきた。もともとイラクで活動していた「イスラーム国」の分派がシリアという新たな活動の場を得て，シリア内外から資金や戦闘員を得て勢力を拡張させていった。シリアとイラクは長い国境を接しているが，シリアのアサド政権が政権存続のために西部の主要都市の支配を優先させていったことで，イラク国境の管理をほぼ放棄した格好となっていた。過激派は，スンナ派住民が多いイラク中西部と，国境をまたいだシリア東部を行き来してその勢力を拡大させる機会を得た。

こうした要素が重なり合って，2014年6月，モスルをはじめとする複数の町を「イスラーム国」が次々と陥落させ，イラク西部に支配拠点を築くに至った（図11-5参照）。当初はバグダードを目指してモスルから南進していたが，8月には北方に向けて攻撃を開始し，さらに領土を広げた。しかし，相前後して米軍が空爆に乗り出したこともあり，「イスラーム国」の支配領域はその後，バグダード南部のバービル県，東部のディヤーラ県，あるいはクルド兵が展開する北部などでは縮小しつつある。しかしながら，モスルを解放し，イラク全土から「イスラーム国」の脅威をとり除くには至っていない。

「イスラーム国」後のイラク

イラク国土の広い範囲をイスラーム過激派が支配するという危機的な状況に見舞われたことは，イラク政界にも大きな動揺をもたらした。モスル陥落は，折しも2014年4月に行われた第3回国民議会選挙後の連立交渉が行われていたタイミングだった。選挙では2期8年にわたってイラクを率いたマーリキ首相率いる政党が第1党となり，個人としても最高記録となる70万票以上を得票したマーリキが，首相として三選を果たすのかが焦点だった。

だが，この過激派の伸張の背景にマーリキの失政があったことは間違いない。連立交渉において，マーリキの三選に反対する声がスンナ派やクルドの政党のみならず，マーリキのお膝元であるシーア派の政党内部からも上がり始めた。そして7月には，シーア派宗教界からも暗にマーリキの退陣を求める意向が表明され，シーア派の政党連合内部では，マーリキと同じ政党に属するアバーディを首相候補とすることで合意に至った。こうしてマーリキ三選の道は断たれた。

その後，2014年9月に発足したアバーディ政権は，これまでと同様の挙国一致型の政府となっている。アバーディ首相はマーリキ前首相よりも穏健な改革派とみられており，民間人への被害が出る市街地の空爆禁止や，軍高官の更迭，ジャーナリストへの逮捕状取り下げなどの政策を次々と打ち出した。

だが，「イスラーム国」をどうやってイラクから駆逐し，解放した町を安定的に統治するのか，その道筋が描けているわけではない。スンナ派の政治的不満を解消し得なければ，仮に「イスラーム国」を軍事的に弱体化させたとしても，その後の安定的な統治に必ずしも繋がらない。しかし，従来通りの政治プ

ロセスの延長線上に発足したアバーディ政権にとって，たとえば脱バアス党政策の撤廃など，大胆な政策転換を実現できる余地は少ない。また，クルド勢力は自治区を形成して四半世紀近くになるが，領土や石油資源などをめぐるイラク政府との対立は解消されず，「イスラーム国」に伴う混乱の中，独立という悲願を表立って表明するようになっている。新政権は分極化したイラクをいかにして立て直していくのか，難しい課題に直面している。

参考文献

阿部重夫『イラク建国——「不可能な国家」の原点』中公新書，2004年。
勝又郁子『クルド・国なき民族のいま』新評論，2001年。
酒井啓子『フセイン・イラク政権の支配構造』岩波書店，2003年。
酒井啓子『イラクとアメリカ』岩波新書，2002年。
酒井啓子・吉岡明子・山尾大『現代イラクを知るための60章』明石書店，2013年。
チャールズ・トリップ（大野元裕訳）『イラクの歴史』明石書店，2004年。
トビー・ドッジ（山岡由美訳）『イラク戦争は民主主義をもたらしたのか』みすず書房，2014年。
ボブ・ウッドワード（伏見威蕃訳）『ブッシュのホワイトハウス』上・下，日本経済新聞出版社，2007年。
山尾大『紛争と国家建設——戦後イラクの再建をめぐるポリティクス』明石書店，2013年。
吉岡明子・山尾大『「イスラーム国」の脅威とイラク』岩波書店，2014年。

第12章　パレスチナ問題
―― イスラエルの国家安全保障と和平交渉 ――

江﨑 智絵

1　パレスチナ問題をめぐる紛争の構造とその変化

　パレスチナ問題は，西欧の列強による委任統治を通じて中東地域に国民国家システムが導入される過程で生まれたといっても過言ではないであろう。東アラブの国々の多くは，委任統治の開始による行政区分を国境として有している。そうしたなかでイスラエルの建国過程は，異質なものであった。そして，パレスチナ問題の発生は，このことと密接に関わっている。

　今日，パレスチナ問題には，3つの局面が存在している。イスラエル・パレスチナ紛争，アラブ・イスラエル紛争および中東和平プロセスである。これらの各局面は，イスラエルの国家安全保障と密接に絡み合ってきた。本章では，こうした観点からパレスチナ問題について論じてみたい。

コミュニティ対立の発生

　イスラエルとアラブ諸国との間には，1948年5月から1973年10月にかけて4度にわたる戦争が勃発した。これらの戦争の原因となったのがパレスチナ問題であった。

　パレスチナ問題とは，パレスチナという領域をめぐるユダヤ人とパレスチナ人との間の民族自決権をめぐる対立を意味する。民族自決とは，「それぞれの民族には自分たちの政治的運命を自ら決定する権利があるという主張」である（小笠原・栗栖・広瀬・宮坂・森川 2015：303）。国際政治においては，自決権の主体である民族の判別をめぐり，対立が発生する場合が多いという。実際にユダヤ人とパレスチナ人との間にも，そのような争いが生じてきた。いずれの民族であれ，自分たちがこの土地に対して正当な権利を有していると主張するためには，相手側が自決権を有する民族であるということを否定せざるをえないか

らである(池田 1994:7)。

　両者の間の相互否定は,長らく政治的解決の成立を困難なものとしてきた。相手方の民族としての存在を否定するのであれば,存在しないはずの相手との交渉が成立する余地はないからであった。

　イスラエル・パレスチナ紛争の発生は,欧州諸国でのユダヤ人迫害によって19世紀末にパレスチナへの移住を開始したユダヤ人と,その住民であったパレスチナ人とのコミュニティ対立を起源とする。パレスチナ人とは,パレスチナのアラブ人のことである。

　パレスチナに移住したユダヤ人は,アラブ人の地主から購入した土地で農業に従事しながら共同体を形成していった。それらの土地に対しては,「労働力のヘブライ化」が進められ,アラブ人地主の下で小作として働いていたアラブ人労働者たちは排除された。そのためアラブ人らは,生活の糧を奪われ,ユダヤ人のこうした動きに反発を強めていった。

　ユダヤ人が移住を開始した頃のパレスチナは,オスマン・トルコ帝国領であり,マシュリクと呼ばれる東アラブ地方の一部であった。東アラブ地方は,シリア州とメソポタミアから構成されていた。前者は,現在のイスラエル,ヨルダン川西岸地区およびガザ地区,ヨルダン,シリアおよびレバノンから,後者は現在のイラクから成っていた(臼杵 1993:322)。歴史上のパレスチナは,ヨルダン川の両岸にまたがる範囲にあり,このシリア州の一部を形成していたのであった(木村 1993:4)。

　しかし,第1次世界大戦の戦後処理を経て1922年から英国の委任統治領となったパレスチナは,北から北東にかけて仏国の委任統治領となったレバノンとシリアに接し,東はトランスヨルダンと境界を共有するようになった。エジプト領シナイ半島と接していた南の境界は,オスマン・トルコ帝国時代に既に決定していた(立山 1989:33)。

　旧オスマン・トルコ帝国領のパレスチナに住んでいたアラブ人は,英委任統治パレスチナの画定とユダヤ人移民との接触から,「パレスチナ人」という新たなアイデンティティを有するようになった。それまで彼らは,自分たちがダマスカスを中心とするシリア州に住むアラブ人であると漠然と意識していたにすぎなかった。しかし,彼らは,パレスチナがダマスカスから切り離された形で新たな政治単位となり,かつ自分たちとは異なるユダヤ人という存在を目の

当たりにするなかで、「パレスチナ人」としての意識を強くしたのであった（立山 1989：34）。

英委任統治下では、パレスチナ人によるユダヤ人に対する大規模な反乱が発生した。1929年にはエルサレムにあるユダヤ教の聖地「嘆きの壁」において、イスラーム教徒とユダヤ教徒が衝突し、パレスチナ全土に反乱が広がった。また、1933年にドイツにナチス政権が誕生し、パレスチナへのユダヤ人移民が急増すると、1936～39年にはアラブの大反乱が発生した。

国家間対立への吸収

ユダヤ人とパレスチナ人とのコミュニティ対立が激しさを増した結果、英国は、パレスチナの管轄権を国連へと譲渡した。これを受け、国連では、パレスチナ特別委員会（Special Committee for Palestine、略称 UNSCOP）が設立された。そして、1947年11月29日、国連総会では、UNSCOP報告書に基づき、パレスチナ分割決議案が総会決議181として採択された。これにより、パレスチナは、ユダヤ国家とアラブ国家に分割されるとともに、エルサレムは国際管理下に置かれることになった。

イスラエルは、パレスチナ分割決議に基づき、1948年5月14日、独立宣言を行った。その翌日、同決議に反対していたエジプト、シリア、レバノン、イラクおよびトランスヨルダンからなるアラブ諸国は、それぞれの軍隊をパレスチナに侵攻させ、イスラエルへの攻撃を開始した。パレスチナ人ゲリラおよびアラブ連盟が支援する「アラブ解放軍（Arab Liberation Army）」も参戦した。

イスラエルは、この1948年戦争によって、パレスチナ分割決議がユダヤ国家に分割した領域に加え、エルサレム新市街およびエルサレムへの回廊などを獲得した。アラブ側は、兵力でイスラエルを上回っていたが、事前の調整不足や相互不信によって一体感を保てず、イスラエルの独立を阻止することはできなかった。

イスラエルは、領土を拡張したことで国内に多数のパレスチナ人を抱えることになった。独立間もないイスラエルの優先課題は、ユダヤ人が多数派を占める国家の建設とその防衛であった。そのため、パレスチナ人の存在は、国是を揺さぶるものであり、国家安全保障上の脅威と認識された。そこでイスラエルは、パレスチナ分割決議でアラブ側の領土とされたガザ地区とヨルダン川西岸

地区について，エジプトが前者を実効支配し，ヨルダンが後者を支配することを両国との休戦協定において認めたのであった。

　他方パレスチナ人は，1948年戦争の勃発を受け，イスラエルに残留するか，もしくは難民としてアラブ諸国に逃れるか，という二者択一を迫られた。ここにパレスチナ難民問題の起源がある。難民問題については，責任の所在をめぐりアラブ側とイスラエルが真っ向から対立した。アラブ側は，イスラエルの建国によってパレスチナ人が難民になったとし，イスラエルの責任を追及した。これに対してイスラエルは，アラブ諸国によるイスラエルへの軍事侵攻の結果，難民が発生したと主張した。

　こうしてパレスチナ人は，自分たちの国家を手にすることなく，イスラエルおよび近隣のアラブ諸国に散らばって暮らすことになった。ユダヤ人とパレスチナ人とのコミュニティ対立として始まったイスラエル・パレスチナ紛争は，アラブ諸国とイスラエルとの国家間対立に吸収されることになった。

イスラエルの脅威認識

　イスラエルは，移民国家である。その基盤は，シオニズム（ユダヤ民族主義）に基づく「約束の地」パレスチナへのユダヤ人による移住によって築かれた。シオニズムは，パレスチナにユダヤ人国家を建設することで，ユダヤ人を離散状態から解放し，ヨーロッパでの迫害から救おうとした。

　ホロコーストの発生は，シオニズムに対する国際的な支持を高め，イスラエルの建国を後押しした。同時に，ユダヤ人がホロコーストの犠牲者になったという歴史的事実は，イスラエルに弱者としての自己イメージを持たせた。

　独立後のイスラエルは，アラブ諸国と自国との関係を，旧約聖書のサムエル記に登場する巨人「ゴリアテ」と「ダビデ」に投影させた。イスラエルとは，ゴリアテと果敢に戦うダビデに他ならなかったのであった。イスラエルにとって最大の脅威は，通常戦力によるアラブ諸国の奇襲を主たる源泉とするものであった。

　イスラエルの国土は，防衛戦略上必要な領土の奥行きを意味する戦略的縦深性を欠いていた。そこでイスラエルは，以下の点を含む軍事ドクトリンを形成し，敵による自国への攻撃を抑止しようとした。それらは，(1)国民皆兵，(2)本土での実戦回避，(3)短期決戦，(4)陸軍戦車部隊と空爆部隊の併用，(5)軍備の質

的優位性の確保，(6)迅速かつ大規模な報復の実施，(7)自助努力，(8)大国パトロンの模索，である（江﨑 2010：81）。

紛争の「再パレスチナ化」

1967年6月，イスラエルによるエジプトへの奇襲作戦を直接的な契機として，アラブ諸国とイスラエルとの間に再び戦争が勃発した。この1967年戦争は，国連安保理決議242に基づく停戦が戦争開始から6日目に両陣営に受け入れられ，終結した。イスラエルは，シナイ半島，ゴラン高原，東エルサレムを含むヨルダン川西岸およびガザ地区を占領し，支配領域を拡大させた。

1967年戦争は，イスラエルの国家安全保障にとって重要な意味をもった。第1に，占領地の獲得が戦略的縦深性を補強したからであった。1967年戦争が勃発する前のイスラエルは，地中海からヨルダン川西岸地区までの距離が最大でも約20キロ，最も狭い部分では約15キロしかなかった。そのため，イスラエル国土の奥行きは，西岸・ガザ地区から行われるアラブ側の攻撃に対してきわめて脆弱であった。ところが，西岸・ガザ地区は，それぞれ5500平方キロと360平方キロの広さを有しており，イスラエルは，両地域の併合によって領土的奥行きを最大で約40キロ拡張させることができた。また，平地であったイスラエルは，西岸地区の併合によって，防衛力の強化に不可欠な700〜1000メートルの高地を獲得することになった。

第2に，アラブ・イスラエル紛争の「再パレスチナ化」といわれる状況がもたらされたからであった（立山 1997：53）。これは，以下に示す変化を伴い，イスラエルとパレスチナ人が国家と非国家主体という非対称な係争主体として，再び直接対峙するようになったことを意味した。

まず，イスラエルにおける変化である。1967年戦争によって西岸・ガザ地区を併合したイスラエルは，さらなるパレスチナ人を抱え込むことになった。ユダヤ国家であるイスラエルにとってこれは，国是に関わる安全保障問題であった。そこでイスラエルの労働党政権は，西岸・ガザ地区にユダヤ人入植地を建設し，ユダヤ人の移民を受け入れようとした。このことはまた，ユダヤ人とパレスチナ人の間に日常的な接触の機会を増やすことになった。

次に，アラブ諸国の変化である。アラブの大義を掲げ，パレスチナ問題に関与してきたエジプト，シリアおよびヨルダンは，イスラエルによる自国領の占

領に直面し，イスラエルとの2国間関係で領土問題を解決せざるを得ない状況に立たされた。このことは，各国の政権にイスラエルとの戦争継続が自国の国益を損ねるとの認識を持たせるようになった。しかし，各国の政権は，自らの正統性を維持するために，イスラエル・パレスチナ紛争に関与するとともに，イスラエルに対する強固な姿勢を示し続ける必要があった。そのため，1967年9月には，スーダンのハルトゥームでアラブ首脳会談が開かれ，イスラエルとの「和平」，「交渉」，そしてイスラエルの「承認」を拒否する「3つのノー」を採択した。

　最後に，パレスチナ人の間に生じた変化である。それは，パレスチナ人によるアラブ諸国離れと言えるものであった。こうした傾向は，1958年にエジプトとシリアの間で結成されたアラブ連合共和国（UAR）がシリアの脱退によってわずか3年で崩壊したことを契機として生じ始めた。パレスチナ人の多くは，アラブの統一によるパレスチナの解放を支持していた。そのため，アラブの統一を体現するものと捉えられたUARの試みが失敗すると，パレスチナ人は，パレスチナの解放に対するアラブ諸国の能力に限界を感じるようになった。そしてパレスチナ人は，1962年にアルジェリアがフランスから独立を達成したことを受け，自分たちの手でパレスチナを解放することが実現可能であると認識するようになった。こうして，パレスチナ人の間には，イスラエルと直接対峙し，自らパレスチナを解放するという動きが加速していった。

2　2つの平和条約とパレスチナ問題

エジプト・イスラエル平和条約の締結

　アラブ諸国は，1967年戦争および1973年戦争によって，パレスチナ問題を軍事力で解決するという選択肢がもはや非現実的であることを実感した。各国は，イスラエルとの関係における国益を見直していった。

　イスラエルとの和平に真っ先に乗り出したのは，アラブの盟主と言われていたエジプトであった。1977年11月，サーダート大統領がエルサレムを訪問し，イスラエルのベギン首相と会談するとともに，国会（クネセト）で演説を行った。そのなかでサーダートは，イスラエルが1967年占領地から撤退し，パレスチナ問題を交渉で解決することと引き換えに，イスラエルと関係を正常化す

ることを提案した。これを受け，両首脳の間では，中東和平および2国間の平和条約締結のための協議開始が合意された。

　イスラエルにとってエジプトの提案は，自身の戦略に合致するものであった。イスラエルは，国境を接する個別の相手国との2国間交渉による問題の解決に固執していた。これは，イスラエルがパレスチナ問題をアラブ・イスラエル紛争から切り離し，アラブ諸国も各個に切り離すという意図を有していたからであった（池田 2010：4）。

　とはいえ，イスラエルとエジプトの協議は難航した。サーダートとベギンの考え方には，大きな相違があったからであった（立山 1989：77）。サーダートは，2国間の和平をパレスチナ問題の解決とリンクさせようとした。そのため，サーダートは，イスラエルがシナイ半島から撤退すると同時に1967年に占領した東エルサレムを含む西岸・ガザ地区からも撤退し，パレスチナ人による一定期間の自治を経て，彼らが自らの将来を決定すべきであるとの立場を明確にした。これに対してベギンは，シナイ半島の返還によるエジプトとの和平には同意を示したが，エルサレムの分割には強く反対した。また，西岸・ガザ地区の将来は，イスラエルを含む関係当事者の合意に拠るべきであると主張した。

　最終的に両国は，米国の仲介の下，1978年9月に「キャンプ・デービッド合意」を締結した。この合意は，「エジプト・イスラエル平和条約締結のための枠組」と「中東和平のための枠組」という2つの合意文書から構成されていた。前者では，イスラエルがシナイ半島から撤退し，両国間の国境を委任統治期パレスチナとエジプトのものとすることが規定された。また，スエズ運河，スエズ湾，ティラン海峡，アカバ湾におけるイスラエル船籍の自由航行も保障された。

　これに基づき，両国は，1979年3月に平和条約を締結した。その後，イスラエルは，1979年12月から段階的にシナイ半島からの撤退を開始し，1982年4月までに完了した。1980年1月からは，両国の外交関係が正常化し，2月には大使が交換されるなど2国間関係の進展がみられた。

　アラブ諸国にとって，エジプトがイスラエルと単独和平を締結したことは，対イスラエル戦線を率いてきたエジプトの裏切り行為であった。その代償としてアラブ連盟では，エジプトへの制裁措置の実施が決定された。エジプトは，アラブ連盟の加盟資格を停止されるとともに，経済援助を打ち切られるといっ

第12章　パレスチナ問題

た損害を被り，アラブ世界で完全に孤立することになった。

　イスラエルにとってエジプトとの平和条約の締結は，安全保障上の成果であった。イスラエル軍がシナイ半島から撤退することになったとはいえ，独立以来続いていたエジプトとの戦争に終止符を打ち，南方の脅威を消滅させたからである。平和条約では，シナイ半島において両国軍の兵力を引き離した後に国境周辺に非武装地帯を設置することが規定された。これは，先に述べたイスラエルの軍事ドクトリンを踏まえたものであった。

　次に，エジプトとの平和条約の締結は，アラブの盟主であったエジプトがイスラエルの存在を認めた点で，イスラエルにとって大きな収穫であった。イスラエルは，エジプトとの関係正常化により，周囲を敵に包囲されているとの認識を相対的に弱め，中東地域において孤立した「パーリア（のけもの）」から「普通の国」へと転換していく最初の一歩を踏み出した。

　同時に，エジプトが対イスラエル戦線を離脱したことは，アラブ諸国の結束をくじき，イスラエルの安全保障環境を変化させるものとも捉えられた。実際にエジプト・イスラエル平和条約の締結後，アラブ諸国の結束はますます弱まっていった。1979年7月，イラクにおけるクーデタ計画にシリアが関与していたという理由から，イラクとシリアが激しく対立し合うようになった。さらに，1980年9月にイラン・イラク戦争が勃発すると，アラブ諸国は，どちらの陣営を支援するかで分裂した。湾岸産油国およびヨルダンは，イラクを支援する立場をとった。シリアおよびリビアは，イランを支持する態度を明らかにした。このためイラクは，シリアおよびリビアと外交関係を断絶した。くわえて，ヨルダンとシリアは，ヨルダンがシリア国内のムスリム同胞団の反政府運動をそそのかしたという理由から対立したのであった。

　こうしてイスラエルが長らく想定してきたアラブ諸国との通常戦という脅威は，弱まっていった。代わって登場したのは，遠隔地イランからの大量破壊兵器による攻撃の可能性であり，パレスチナ解放機構（PLO）をはじめとする非国家主体による攻撃であった。イスラエル軍が1982年6月にPLO壊滅を目的として行ったベイルート侵攻は，アラブ・イスラエル紛争の「再パレスチナ化」以降初めて，PLOがイスラエル軍と直接対峙した事例であった。

パレスチナ問題への影響

　他方，キャンプ・デービッド合意は，「中東和平のための枠組」において，パレスチナ問題の解決にも取り組もうとした。それは，以下のような点を規定していた。まず，西岸・ガザ地区には5年を越えない過渡期間の措置として，住民に完全な自治を与えるために住民の選挙で自治政府が樹立されることになった。次に，自治政府の発足を過渡期間の開始として，その日から3年以内に西岸・ガザ地区の最終的地位を決定するための交渉（最終的地位交渉）が開始され，過渡期間終了時までにイスラエルとヨルダンとの平和条約締結交渉を開始することが規定された。さらに，パレスチナ問題をめぐる交渉は，イスラエルとヨルダンおよび東エルサレムを除く西岸・ガザ地区の住民との間で行われると規定していた。

　イスラエル・エジプトの2国間関係が着実に改善されたのとは対照的に，中東和平については，まったく進展がみられなかった。1979年5月，エジプト，イスラエルおよび米国は，西岸・ガザ地区の自治に関する交渉（自治交渉）を開始した。これは，自治政府をどのように発足させ，権限をどうするのかという点を協議するための交渉であった。しかし，ヨルダンおよび西岸・ガザの住民は，キャンプ・デービッド合意に反対し，上記の自治交渉をボイコットした。そのため，自治交渉は，当事者が不在のままイスラエルとエジプトが持論を主張する場に終始し，1980年代中頃を境に立ち消えとなってしまった。

　イスラエルのベギン政権は，自治交渉の間も西岸・ガザ地区にユダヤ人入植地の建設を進め，既成事実化を強引に推し進めた。イスラエルでは，1967年戦争の勝利と西岸地区の獲得がメシア思想と結び付き，同地区を含む全パレスチナにユダヤ国家を樹立すると主張する「大イスラエル主義」への支持が高まっていった。大イスラエル主義を唱え続けていたリクードのベギンに対する支持は，そうしたなかで増大していた。ベギンには，最初から西岸地区を手放す気はなかったのであった。

　イスラエルの歴代政権および国民の多くは，東エルサレムを含む西岸・ガザ地区でのパレスチナ国家の樹立に反対していた（江﨑 2013：35）。それは，まず，先に述べたように，それらの領域がイスラエルの安全保障にとって重要な資源だと認識されていたからであった。次に，西岸地区が宗教的な価値を有するからであった。東エルサレムと西岸地区は，神がユダヤ人に与えた約束の地

として旧約聖書に記されている「イスラエルの地」の中核地域であった。そして，西岸・ガザ地区の最終的な帰趨は，何らかの形でヨルダンと結び付くべきであるとの考え方が支配的であったからであった。

　パレスチナ問題に関するキャンプ・デービッド合意の最大の欠陥は，西岸およびガザ地区の自治以後の法的地位について，イスラエルからまったくコミットメントを取り付けなかったことであった。また，その法的地位に関する交渉を規制する明確なガイドラインなども何ら取り決められていなかった（木村 1993：132）。

　ただし，キャンプ・デービッド合意は，パレスチナ問題の焦点を西岸・ガザ地区の将来的帰趨に絞り，それ以降の和平合意の素案ともいえる内容を含んでいた。自治政府の樹立や最終的地位交渉の実施などは，その最たる例であろう。そうした背景には，PLO 自体がパレスチナ解放運動の対象領域を西岸・ガザ地区へと移行させたことがあった。

　1967 年戦争の結果を受け，アラブ諸国の能力に限界を感じたパレスチナ人は，アラブ諸国が 1964 年に設立した PLO の主導権を自らの手中に収め，イスラエルと直接対峙するようになっていた。しかし，PLO にも路線変更の動きがみられた。1974 年 2 月，PLO の最高意思決定機関であるパレスチナ民族評議会（略称：PNC）は，「ミニ・パレスチナ国家構想」を示唆する 10 項目の政治綱領を採択したのであった。これは，PLO が武力によってイスラエルを破壊し，全パレスチナにパレスチナ国家を樹立するという原則論から，パレスチナの一部である西岸・ガザ地区にパレスチナ国家を独立させるという現実路線へとシフトしたことを意味した。このことは，PLO がイスラエルに対する態度を軟化させ，イスラエルと交渉する可能性を国際社会に見出させるものであった。またそれは，PLO がイスラエルの存在を暗に認めたことに他ならなかった。PLO は，1974 年 10 月，ラバトで開催されたアラブ連盟首脳会議において，「パレスチナ人の唯一かつ正統な代表」として承認された。

　1977 年 3 月，PNC は，西岸・ガザ地区にパレスチナ国家を樹立することを決定した。その後，1988 年 7 月にヨルダンが西岸の主権を放棄する（後述）と，PLO 内部では，イスラエルが西岸を併合する前に PLO が国家建設を行い，同地区に生じた空白を埋めるべきだとの声が上がるようになった。同 11 月，アラファートは，PNC の会合において国家独立宣言を行った。同会合では，

PLO の新たな政治方針として，国連安保理決議 242 および 338 の受諾，イスラエルの生存権承認および暴力の放棄が決定された。翌 12 月，アラファートはこれら 3 項目をジュネーブの国連本部で発表した。

ヨルダンの位置づけ

キャンプ・デービッド合意では，西岸・ガザ地区の最終的地位を決めるに際し，ヨルダンの役割が重視されていた。1967 年戦争によってイスラエルが西岸・ガザ地区を占領して以降，ヨルダンのフサイン国王（当時）は，西岸地区およびイスラエルとの関係を外交政策の中心に据えてきた。フセイン国王は，再度エルサレムを掌握したいと願い，ヨルダンと西岸地区との連邦構想を抱いていたからである。これは，イスラエル国内で議論されていた，ヨルダンをパレスチナ人の「代替国家」とする案の実現を阻止するためであった。具体的には，ヨルダン川東岸地区と西岸地区をそれぞれ自治州（autonomous provinces）として，両岸の連邦制による統一アラブ王国（United Arab Kingdom）を樹立するというものであった。

ヨルダンは，1970 年 9 月に発生したヨルダンでの国軍と PLO 諸派との軍事衝突である「黒い 9 月」事件を契機として，西岸地区のパレスチナ人を反君主制主義者とみなし，彼らの動向を把握しておく必要性に直面した。そのためヨルダンは，極秘にイスラエルとの協力関係を深め，西岸地区のパレスチナ人に関する情報収集を行うようになった。ヨルダンとイスラエルとの間では，1974 年から 1977 年にかけて西岸地区の最終地位に関する秘密交渉が行われており，イスラエルは，こうした頃からすでに，ヨルダンのエルサレムにおける関与を認めていた。

しかし，アラブ諸国の間では，1967 年戦争以降，イスラエルが占領した西岸・ガザ地区にパレスチナ独立国家が樹立されるとの認識が共有されるようになっていった。そのためヨルダンは，アラブ域内政治の潮流に抵抗することができず，徐々に西岸地区への関与を減退させ始めた。1983 年には，西岸地区に住むパレスチナ人によるヨルダンへの入国を制限するようになった。そして 1988 年 7 月，ヨルダンは，西岸地区に対する法的支配の放棄を一方的に宣言した。このことは，イスラエルとヨルダンとの間に，言葉本来の意味での領土問題が消滅したことを意味したのであった。

その後もヨルダンは，西岸地区との政治および軍事的関係をできる限り希薄化させようとしてきた。ヨルダンが西岸地区との関係を維持し続けることで，パレスチナ独立国家のあり方に巻き込まれる事態を回避するためであった。これはまさしく，ヨルダンの国家安全保障観を示しているといえよう。ヨルダンは，パレスチナ難民の受入れ国として，また，西岸地区に隣接する国として多くのパレスチナ系住民が国内に存在するとの立場から，パレスチナ独立国家の樹立をイスラエル・パレスチナ紛争の解決に向けた重要な柱としてきたのであった。

　他方，ヨルダンは，1994年10月にイスラエルとの間で平和条約を締結した。ヨルダンには，エルサレム問題およびパレスチナ難民問題において，イスラエルとパレスチナとの和平交渉に関与する余地が残されることになった。ヨルダンは，パレスチナ問題の解決に関与する姿勢を示すとともに，自国の国益を損ねることのないような手を打ったのであった。

3　パレスチナ問題の包括的解決の試み

「2つの戦後」

　パレスチナ問題の包括的解決は，冷戦の終焉と湾岸危機・戦争の終結という「2つの戦後」においてその土壌が整えられた。それは，以下のような変化を中東域内政治にもたらすことになった。

　まず，冷戦の終焉は，米国にとってのイスラエルの戦略的重要性を低下させた。米国は，中東地域へのソ連の影響力拡大を懸念していた。その米国にとってイスラエルへの支援は，ソ連の動きに対する防衛線であるイスラエルの安全を確保するためであった。しかし，冷戦の終焉は，ソ連によるアラブ諸国およびPLOへの援助が打ち切られるとともに，「東側」という概念が消滅することを意味した。同時に，中東における米国の戦略的パートナーであったイスラエルは，その価値が相対化されるという事態に直面した（木村 1994：36-50）。

　次に，1990年8月に発生した湾岸危機とその後の湾岸戦争は，アラブ諸国と米国との関係を改善させた。イラクという共通の敵の出現は，冷戦時代には敵対していたシリアと米国をも接近させた。アラブ諸国は，米国と良好な関係を築くことが自身の国益に繋がることを再認識するようになった（池田 1994：

10)。結果として「2つの戦後」は，中東域内の同盟関係に変化をもたらすことになった。

さらに，「2つの戦後」は，PLO の立場を弱めた。PLO は，冷戦の終焉によって政治・経済的な後ろ盾であったソ連からの支援を失うとともに，湾岸危機・戦争においてイラクを支持したことで，湾岸諸国による支援も止められてしまった。アラブ諸国と米国との同盟関係が再編されるなか，PLO は孤立し，中東地域のみならず国際社会におけるその立場を弱体化させた。

こうして「2つの戦後」において，中東和平プロセスの当事者および関係国には，交渉の実施を受け入れる土壌が整ったと言えるであろう。特に，イスラエルおよび PLO は，国際構造および域内同盟関係の変化に伴う各々の事情により，ともに損失を被ったとの意識を有していた。そのため，両者は，現状を打破する必要性に直面していた。

こうしたなかで米国は，包括的な中東和平プロセスの実施に注力していった。米国は，「2つの戦後」をアラブ・イスラエル紛争の解決に向けた好機と捉えたのであった。米国の中東和平への取組みを支える要因として，米国内で議論されたのは，以下のような点であった。まず，中東和平プロセスの再開によって，冷却化しているイスラエルとエジプトとの和平が活性化されることへの期待であった。次に，湾岸危機・戦争において，イラクからイスラエルへ弾道ミサイルが発射されたことを受け，新たなアラブ・イスラエル紛争の勃発を回避すべきとの声が高まっていたことと関係していた。また，イスラエルがイラクへの報復を米国の要請によって踏み止まったことなどを契機として悪化した米・イスラエル関係を，和平の実現という共通目標の追求によって改善する必要があるとも捉えられた（江﨑 2015：3）。

これらの要因に加え，湾岸危機・戦争においてイラクのフセイン大統領が唱えたアラブ・イスラエル紛争との「リンケージ」の影響があった。フセインは，国連がイラクにクウェートからの撤退を求めると，それは，イスラエルによる占領地からの撤退と同時になされるべきだとの持論を展開し，国際社会の二重基準を批判した。米国は，こうした動きから，パレスチナ問題をめぐるイスラエルとパレスチナ人との対立こそがアラブ・イスラエル紛争の核心であることを強く認識したのであった。

マドリード・プロセスの開始と限界

　米国は，1991年10月末，ソ連と共同議長国となり，マドリード中東和平国際会議を開催した。この会議を出発点とするその後の一連の和平プロセスは，マドリード・プロセスといわれる。その特徴は，2国間交渉と多国間交渉によって構成されたことであった。前者は，イスラエルとシリア，レバノンおよびヨルダン・パレスチナ合同代表団との間でそれぞれ実施された。後者には，前記の当事者に加え，米国，ロシア，日本，ヨーロッパ連合，カナダおよびその他の域内外諸国・機関が参加した。これらの参加者の間で，環境，難民，軍備管理，経済発展および水資源という5つの運営グループが形成された。こうした多国間の枠組が設定されたのは，より実務的なレベルの協議や交渉が可能な分野に関する定期的な話し合いの場を設け，それによって2国間交渉の展開を下支えするためであった（立山 1997：64）。

　2国間交渉と多国間交渉を併用するマドリード・プロセスの交渉様式は，従前からのイスラエルの戦略とはかけ離れたものであった。しかし，イスラエルは，その見直しを迫られた。米国が「2つの戦後」において，国際会議方式による包括的な中東和平の実現を求め，イスラエルに圧力をかけ始めたからであった。

　むろん，米国にとって中東和平の包括的解決には，イスラエルの参加が不可避であった。しかし，イスラエルのシャミール率いるリクード政権は，2国間交渉の土台であった国連安保理決議242と338に基づく「土地と平和の交換」原則の受け入れを保留にしており，米国として何らかの手を打つ必要があった。この文脈において，多国間交渉とは，米国による対イスラエル懐柔手段に他ならないと指摘されている。それは，2国間交渉とは別に，アラブ諸国とイスラエルに協議の場を提供することで，2国間交渉での妥協を待たずにイスラエルがその存在に対するアラブ側の認知を受けることを示唆していたからであった（池田 1999：9）。

　マドリード・プロセスにおける2国間交渉は，2日間にわたるマドリード中東和平国際会議の終了後，ワシントンに場所を移して行われていった。しかし，いずれも成果は捗々しくなかった。パレスチナ・トラックも例外ではなかった。その背景には，パレスチナ人がヨルダンと合同で代表団を結成することでしかイスラエルに参加を認められなかったことが関係していた。

マドリード・プロセスにパレスチナ代表団として参加したのは，PLO指導部ではなく，東エルサレムを除く西岸・ガザ地区の住民の代表であった。ただしPLOは，パレスチナ代表団がイスラエルとの交渉において独自の意思決定を行うことを認めていなかった。そのため，交渉のテーブルにおけるパレスチナ側の立場は，パレスチナ代表団と密接に連絡を取り合っていたPLO指導者の主張を体現したものであった。そしてPLOは，イスラエルが提示した合意案を断固として受け入れようとしなかった。

マドリード・プロセスにおいてイスラエルのシャミール政権は，PLOの存在を除外することには成功した。しかし，交渉におけるその影響力を排除することはできなかったのであった。

パレスチナ自治政府の発足

マドリード・プロセスが停滞するなか，最終的にイスラエルの労働党政権とPLOは，1993年1月よりノルウェーの仲介の下，直接交渉を開始した。この交渉は，秘密交渉であった。その存在を知るのは，一部の人々のみであった。紆余曲折を経て同年8月，両者は合意に達し，翌9月には「暫定自治政府原則の宣言（略称：オスロ合意）」の調印式が米国で行われた。秘密交渉において，イスラエル，PLOおよびノルウェーの三者は，中東和平交渉における米国の重要性を認識し，当初から，PLOおよびイスラエルが合意に至った場合，米国がそれを支持することと引き換えに，米国がその署名式を主催することを了解していた。このため，同年8月にPLOとイスラエルが合意に至ると，ノルウェーの役割は，米国へと引き継がれた。

オスロ合意は，キャンプ・デービッド合意の「中東和平のための枠組み」に規定された内容を踏襲していた。イスラエルの安全保障の観点から重要であったのは，パレスチナ自治政府の発足であった。

オスロ合意の1つの柱は，パレスチナ人が最長5年の暫定自治を実施すると規定し，そのタイムテーブルを設定したことであった。当初の予定より半年遅れの1994年5月，「ガザ地区とエリコ地区に関する合意（略称：カイロ合意）」が締結されると，パレスチナ自治政府が発足し，自治が開始された。同年7月には，アラファートがガザ地区に帰還した。

その後，1995年9月，「ヨルダン川西岸地区およびガザ地区に関するイスラ

エル・パレスチナ暫定合意（略称：オスロ合意Ⅱ）」が締結され，自治が拡大された。オスロ合意Ⅱでは，パレスチナ自治政府の立法府にあたる立法評議会の選挙についても規定され，1996年1月にその第1回選挙が実施された。その際，自治政府の大統領選挙も実施され，アラファートが初代大統領に就任した。

　カイロ合意には，PLO が自治政府のために各国と外交関係を維持し，国際的な合意に調印する，と規定されている（6条1項）。つまり，自治政府には，独立した政治主体として外交関係を締結する権限が認められていない。あくまで自治政府は，自治区に限定された統治主体であると同時に，和平合意の履行者として創設された。このため PLO と自治政府との間には，交渉主体としての PLO が西岸・ガザ地区に居住するパレスチナ人の統治主体である自治政府を監督する，という関係を読み取ることができる。

　イスラエルにとって自治政府の役割が重要であったのは，イスラエル軍が撤退し，民政および治安権限をパレスチナ側に移管した領域において，イスラエルを敵視している武装勢力の取締りが自治政府に求められているからであった。自治政府には，暴力を管理するために必要な治安組織の創設とそれら組織が必要とする最低限の装備の保有が認められていた。しかし，軍事力は備わっていなかった。

　イスラエルは，オスロ合意およびその後の諸合意に基づき西岸・ガザ地区の一部からイスラエル軍を撤退させ，パレスチナ側に領土を分割してきた。イスラエルにおいてそれに反対する人々は，自国の軍隊が撤退した領土でパレスチナ人が軍隊を創設し，他国に軍事的支援を求めるようになることが脅威になると指摘した。イスラエルは，同国軍が撤退した領土が非武装化されるべきであり，パレスチナ自治区には内部の治安維持のみを任務とする治安組織が設置されるという方針を固辞していた。こうしてイスラエルの立場は，パレスチナ自治政府が軍事的に自分たちを脅かすほどに強力であってはならないが，自治区においては暴力を一元的に管理しうる強制力を備えていなければならないというものであった。

　しかし，自治政府が暴力を管理し，自治区に統治を確立していくには，パレスチナの内部は分断され過ぎていた。パレスチナ解放運動は，PLO 傘下の諸派がイデオロギーなどの違いを抱える一方，PLO という1つの組織として横の繋がりを維持しながら動いていた。占領地では，学生運動を基盤として

PLO諸派の「支部」が形成された。ところがオスロ合意の締結に始まるイスラエル・パレスチナ和平プロセス（オスロ・プロセス）では，自治政府に民政および治安に関する権限が集中し，その権限を享受できる者とできない者とが明確に区分された。こうしてパレスチナ諸勢力の間には，支配＝被支配関係が生じることになったのであった。

　イスラエルとの和平交渉に反対するパレスチナ諸勢力は，当然のことながら，自治政府の正統性を受け入れず，また，その支配にも反発した。代表的な組織は，1987年12月の創設以来，イスラエルを標的とするテロ活動を行ってきたイスラーム抵抗運動（ハマース）であった。イスラエルにとってハマースなどによるテロ活動の発生は，自治政府が武装勢力の取締りという合意内容を履行していないことを意味した。そのため，オスロ・プロセスにおいてイスラエルは，自治政府の合意違反を理由に和平交渉の実施を遅らせるのみならず，最終的には交渉相手のPLOを切り捨て，自治区に軍事進攻し，自国の安全を守ろうとした。

オスロ・プロセスとイスラエルの社会

　オスロ・プロセスの進捗は，イスラエル国内の和平反対勢力によっても妨害されてきた。イスラエルにおけるその最たる例は，1995年11月に発生したラビン首相の暗殺事件であった。実行犯は，西岸地区の宗教的価値を重んじ，パレスチナ人との和平に反対するイスラエルのユダヤ人青年であった。

　パレスチナ人およびアラブ諸国に対する和平政策のあり方は，マドリード・プロセスの開始以降，イスラエルのクネセト総選挙の主要な争点となってきた。ラビンの暗殺後，初めて実施されたクネセト総選挙では，わずか1％の得票率の差で，和平に反対していたリクードが与党となった。

　先に述べたように，イスラエルは，伝統的に国民皆兵制，短期決戦や質的優位性の確保といった軍事ドクトリンを有してきた。1967年戦争は，こうした要素を実践したものであった。イスラエルは，アラブ諸国に大勝した後も国家の存亡を安全保障上の最優先課題に掲げていた。しかし，1990年代の軍事改革（RMA）の進展やテロの発生は，伝統的な軍事ドクトリンの有効性を希薄なものとした。同時に中東和平プロセスの開始は，アラブ諸国との関係を変容させ始め，従来の軍事競争を消滅させようとしていた。イスラエルの対外政策に

第12章　パレスチナ問題

おける新たな課題は，パレスチナ人およびアラブ諸国と正常な関係を構築し，経済的な繁栄を手に入れるのか，それとも国家の軍事的安全保障を最優先し，紛争状況の再燃も辞さないのか，という選択を有権者に迫るものであった。

　オスロ・プロセスの進捗と並行して実施された1996年，1999年および2001年のクネセト総選挙では，中東和平プロセスに対して有権者の判断が必ずしも固定化されていない様相を示した。各選挙の結果は，ラビン率いる労働党政権に代わるネタニヤフ率いるリクード政権の誕生，それに次ぐバラク率いる労働党政権の発足とシャロン率いるリクード政権の返り咲き，というものであったからである。各政権下での和平政策は，必然的に米国などとの関係にも影響を及ぼすものであり，有権者はそれらを総合的に判断したのであった。なお，シャロン政権の発足後，イスラエルでは，パレスチナ人との和平を推進してきた労働党が与党の座を奪還することがなくなった。イスラエル社会は，右傾化したといわれるようになったのであった。

　こうしたなかでイスラエルの対パレスチナ政策には，以下のような変化がみられた。まず，シャロン・リクード政権下では，PLOとの和平交渉の実施からパレスチナ自治区への軍事侵攻へと方向が転換された。その背景には，2000年7月に米国の仲介で実施されたイスラエルとPLOとの最終的地位交渉であったキャンプ・デービッド交渉の決裂および同9月末からのアル＝アクサー・インティファーダの発生がある。キャンプ・デービッド交渉の結末は，依然として両者の立場に大きな隔たりがあることを明らかにした。その直後にイスラエルとパレスチナ人との衝突が発生したことは，オスロ・プロセスの見通しをより一層暗いものとすることになった。さらに，アル＝アクサー・インティファーダにハマースなどの武装勢力のみならず，パレスチナ自治政府の治安組織要員が参加したことは，イスラエルにとってパレスチナ側の和平合意違反であった。そのためシャロン政権は，2001年12月，アラファートPLO議長を今後一切和平のパートナーと認めないとの決定を下した。そのうえで同政権は，2002年以降，ハマースなどのみならず自治政府の治安組織をも対象として，パレスチナ自治区への軍事侵攻を開始した。こうしてオスロ・プロセスの枠組は崩壊することになった。

　次に，シャロン政権は，一方的な措置を講じていった。これは，西岸地区における分離壁の設置やパレスチナ側要人の暗殺など，イスラエルが安全保障上

必要と認めるあらゆる措置を含むものであった。そのなかで最も注目されたのは，2005年8月半ばから実施されたガザ地区からのイスラエル軍およびユダヤ人入植地の一方的撤収であった。この背景には，アル=アクサー・インティファーダの長期化と，それに伴うパレスチナ情勢の悪化を受け，米国がイスラエルおよび自治政府に対して2003年3月に提示した「ロードマップ」が係っていた。ロードマップには，イスラエルに平和裡に隣接するパレスチナ独立国家の樹立に向けた両者の責務がタイム・テーブルとともに明示されている。自治政府には，首相職の設置，治安組織の改編およびイスラエルに対する暴力行為の取締りなどが要請された。しかし，ハマースなどによるイスラエル国内でのテロは，止む気配を見せなかった。そこでシャロンは，2003年12月，自治政府がロードマップにある責務を果たしておらず，また和平のパートナーも不在であるため，イスラエルには一方的な行動をとる以外に対抗手段がないとの立場を表明したのであった。イスラエル軍は，2005年9月までにガザ地区にあったすべての入植地を撤去し，自らも撤退を完了した。

　続くシャロン政権以降のイスラエルによる対パレスチナ政策は，イスラエル軍のガザ撤退以降に高まったハマースの脅威への対処に特徴付けられる。イスラエルは，ガザ地区へのヒト・モノの出入りを徹底的に管理していった。他方ハマースは，オスロ・プロセスの停滞とは対照的に，自身の対イスラエル「抵抗運動」が同国軍によるガザ撤退に繋がったとの立場から，イスラエルに対するミサイル攻撃などを拡大していった。同時に，ハマースは，政治への積極的な関与を示すようになり，まず，2005年の地方選挙で大躍進をみせた。続いてハマースは，2006年1月の第2回パレスチナ立法評議会（PLC）選挙において，初参戦ながらもPLO主流派の一組織として自治政府の要職を占めていたパレスチナ民族解放運動（ファタハ）を凌ぐ議席を獲得し，同3月に単独内閣を発足させた。イスラエルはこれを認めず，ガザ地区を陸海二正面から封鎖していった。

　ハマースの勢いはその後も留まることなく，2007年6月には，ファタハとの抗争の末，ガザ地区への実効支配を確立するに至った。イスラエルに対するミサイル攻撃は一層増加し，イスラエルは，ハマースに対する抑止力を回復しようと，ハマースへの軍事攻撃を選択した。それが3度（2008年12月～2009年1月，2012年11～12月および2014年7～8月）のガザ戦争である。それでもイス

ラエルは，自身に対するミサイル攻撃を完全には止めることができずにいた。

　このようにオスロ・プロセスの停滞は，イスラエルにおいて政府に安全保障問題での強硬な姿勢を求める社会を出現させるに至った。その後の経緯が示唆するのは，イスラエルとハマースとの関係からも明らかなように，軍事的手段のみで目的を実現することの限界ではないであろうか。3度のガザ戦争は，いずれもエジプトの仲介によるイスラエルとハマースらとの停戦協議を伴ってきた。イスラエルは，ハマースを相手とする政治的な問題の解決も視野に入れてきている。

参考文献

池田明史「現代イスラエル国家の位相——総論にかえて」池田明史編『イスラエル国家の諸問題』アジア経済研究所，1994年。

池田明史「中東和平プロセスの現在——二国間交渉の課題と多国間協議の評価」『現代の中東』27号，1999年。

池田明史「『現代の中東』と中東和平プロセス——特集にあたって」『現代の中東』48号，2010年。

臼杵陽「アラブ・イスラエル紛争」森利一編『現代アジアの戦争——その原因と特質』啓文社，1993年。

江﨑智絵「イスラエル・パレスチナ和平交渉における安全保障問題」『中東研究』509号，2010年。

江﨑智絵『イスラエル・パレスチナ和平交渉の政治過程——オスロ・プロセスの展開と挫折』ミネルヴァ書房，2013年。

江﨑智絵「オスロ・プロセスにおける国際社会の役割とその蹉跌——国際政治学から見たオスロ合意」今野泰三・鶴見太郎・武田祥英編『オスロ合意から20年——パレスチナ／イスラエルの変容と課題』NIHUイスラーム地域研究東京大学拠点中東パレスチナ研究班，2015年。

小笠原高雪・栗栖薫子・広瀬佳一・宮坂直史・森川幸一編『国際関係・安全保障用語辞典』ミネルヴァ書房，2015年。

木村修三『中東和平とイスラエル』有斐閣，1993年。

木村修三「「2つの戦後」とイスラエル」『現代の中東』16号，1994年。

立山良司『イスラエルとパレスチナ』中公新書，1989年。

立山良司「アラブ・イスラエル関係の変容とその諸側面」清水学編『中東新秩序の模索——ソ連崩壊と和平プロセス』アジア経済研究所，1997年。

立山良司「イスラエルとパレスチナ——関係の非対称性と和平プロセスの崩壊」『国際政治』141号，2005年。

第13章　ヨルダン
　　　——紛争との共生——

吉川　卓郎

1　混沌の海を泳ぐ

　この章では，人工国家，パレスチナ問題，民族主義との対立という近代アラブの政治問題を全て抱え，しかも非産油国というハンディを負ったヨルダンが，様々な難問と共生してきた過程を紹介する。そこには，石油レントへの依存でもなく，反西洋的な民族主義にも与しない，非サウス的な中東国家という興味深い事例を見出すことができる。

　不躾な言い方が許されるなら，ヨルダンは実に「目立たない国」である。ヨルダンには湾岸アラブ諸国のような天然資源が乏しく，エジプトやイスラエルほどの観光資源もない。また淡水資源が乏しく海へのアクセスも南部のアカバ港以外は不可能であるため，大々的な開発は望めない。外国資本にとって，お世辞にも魅力的な投資先とは言い難い国である。

　そんなヨルダンも，世界屈指の難民受け入れ大国という別の顔を持つ。人口約650万人の小国でありながら，ヨルダンは世界最大のパレスチナ難民人口（約240万人。2013年UNRWA調べ）を擁する国家である。さらに近年においては，イラク戦争（2003年）や「アラブの春」（2010年末〜）に伴うマシュリク（東アラブ世界）諸国での混乱を逃れた難民が続々とヨルダンに集まっている。いまや首都アンマーンの街中には，元イラク難民が経営するアパートが立ち並び，2011年以降ヨルダンに流入したシリア難民の数は第1次および第3次中東戦争で流入したパレスチナ難民の合計を凌駕しつつある。

　ここで生じる疑問は，決して豊かではないヨルダンが，人口に比して多すぎる，しかも多様な難民・避難民を抱えながら，どのように国家・社会の統一を維持できるのかという点である。また，周辺諸国が次々と不安定化する中で，ヨルダンはどのように秩序を維持しているのであろうか。実際，マシュリク域

第13章 ヨルダン

内において，ヨルダンはクーデタや革命による体制転換を経験していない唯一の国家でもある。つまりヨルダンが「目立たない」もう1つの理由は，メディア受けするドラマが少ないから，ともいえよう。こうしたヨルダンの「奇妙な安定感」について，政治学の立場からは，いくつかの優れた論考が提示されている。たとえばコルストは，イスラエルや周辺アラブ国家，パレスチナ解放勢力といったヨルダンへの脅威が国民全体に共有されることで統一が保たれるという「脅迫国家」という概念を提唱した。またルーカスは，ヨルダンの政治体制に備わった包括的な危機管理ネットワークによって国家安定が維持されるという「生存の政治」という視点を唱えている（吉川 2014a）。

イスラエルとアラブの双方からの攻勢にさらされた20世紀後半を通じて築かれたヨルダンの危機管理体制が，「アラブの春」の第一波を乗り切る原動力であったことは疑いない。しかし今日，わけても「アラブの春」以降のヨルダンを取り巻く変動の特徴は，以下の点で過去と異なるものである。

第1に，難民の規模拡大，そして多様化・多層化である。かつてのパレスチナ難民の大半は，ヨルダン国籍を取得した。今日では，同化を選ばなかったパレスチナ難民，2003年以降ヨルダンに逃れたイラク避難民（現在でも30万人以上），シリア難民（2014年初頭のUNRWA発表で約60万人。実数は100万人を超えるというのが，ヨルダンでの「定説」である），混沌の最中にある祖国への帰国を選ばなかったエジプト人を中心とする出稼ぎ労働者，その他「アラブの春」を逃れてヨルダンにやってきた人々を含めると，ヨルダンの総人口は1000万人を超えることになる。このように，余裕のない発展途上国でありながら，数百万単位の難民・避難民を受け入れてきたヨルダンは，難民出身者が人口の多数派を形成し共存する多文化社会という，世界的にも珍しい事例を提供している。

第2に，「アラブの春」以降のヨルダン内政における変化，具体的には制度改革と，社会運動の変化である。これまで革命がヨルダンで起きなかったとはいえ，ヨルダン国民が民主化に無関心であったわけではないし，政府も嵐が過ぎるのを静観していたわけではない。ヨルダンにおける政治改革は漸進的に実行されており，国際機関や主要国からの評価も決して低くはない。

第3に，経済自由化との関連である。ヨルダンは1989年のIMF構造調整を契機に，新自由主義的な経済改革に踏み切ったが，それ以降は何度も国家による経済介入への逆戻りを経験し，民営化も中途半端なままであった。中東経済

史を専門とするロジャー・オーウェンは，ヨルダンの民営化を阻む要因として，(1)既得権益層や官僚機構からの反発，(2)グローバル経済への参入強化の結果，逆説的に生じる国内企業保護の必要性，を挙げている（オーウェン 2014）。こうした背景もあり，今日ヨルダンで進められている経済自由化は，いまだ市場の自由に委ねるというより国家主導型である。しかし，国営企業から国家持ち株会社への移行は着実に進んでいるし，また自由貿易協定（FTA）の締結や経済特区設立に伴い，ヨルダン企業の国際競争力は上昇している。むしろここでは，貧しい国であるヨルダンにおいて，どのように経済改革が政治構造改革と一体化して進められているかに注目したい。

　こうした動向を踏まえて，本章では，ヨルダンの歴史を概観しつつ，「アラブの春」という新たな挑戦にヨルダンがどのように対応しているのかを検証する。具体的には，第1に，難民と承認をめぐる政治の動向を確認したい。難民大国であるヨルダンでは，これまでどのように社会が難民を受け入れ，共存してきたのか。ここでは，国際政治におけるヨルダンの位置づけの確認から始め，続いてヨルダン政府の難民政策，そして難民社会全体の動向まで紹介する。第2に，政治改革の方向性と現状の把握である。ここでは，「アラブの春」以降にヨルダン内政がどのように変化したのかを，社会運動（インプット）と制度改革（アウトプット）の双方を観察することで検証する。第3に，ヨルダンの経済改革の把握である。ここではヨルダン財政・経済の概要を紹介したうえで，これまで進められてきた経済改革を，ヨルダン社会の反応を含めて紹介してみたい。

2　承認をめぐる議論

　ウォルツァーが論じたように，多文化社会持続の鍵は，多数派と少数派をはじめ社会勢力間の相互承認である（ウォルツァー 2008）。そしてヨルダンにおいては，1946年の独立からかなり長い時期にわたって，承認はきわめて重要なテーマであった。この節では，承認の政治という観点から，ヨルダンの歴史を国際政治（国際社会におけるヨルダンという国家の承認），国内政治（ヨルダン国内における様々な難民の承認）へと，順を追って説明しよう。

第 **13** 章　ヨルダン

承認の国際政治

　ヨルダン建国の背景を簡潔に説明しよう。ヨルダン建国のきっかけを作ったのは，オスマン帝国領ヒジャーズ地方（アラビア半島西部）の太守にしてハーシム家の当主，フサイン（フサイン・ブン・アリー・アール・ハーシミー）である。ハーシム家はイスラームの預言者ムハンマドを輩出した一族であるが，フサインの時代にはサウード家（後のサウディアラビア王家）に圧倒されつつあった。1908 年にオスマン帝国がフサインをヒジャーズ地方マッカの太守に任じると，フサインは地元での勢力回復を目指した。当時は英仏露がオスマン帝国包囲網を構築しつつあり，英国は帝国南部のアラブ人を離反させるためにフサインに目をつけた。第 1 次世界大戦中の 1917 年，フサインを担いだ「アラブ大反乱」は成功し，英国はマシュリク一帯を掌握した。英国はシリアとレバノンをフランスに譲り，パレスチナとイラクを自国の委任統治領とした。ここで梯子を外されたのが，フサインの一族である。フサインの三男で，ダマスカスを拠点に「アラブの王」を目指していたファイサル（ファイサル・ブン・フサイン）は，一転して窮地に陥った。ファイサル救援のため，兄であるアブドゥッラー 1 世（アブドゥッラー・アウワル・ブン・フサイン）はヒジャーズ地方で挙兵し，ヨルダン川東岸（今日のヨルダン領）を北進した。東岸の有力者層の多くは，アブドゥッラー 1 世を王として迎え入れた（吉川 2014b）。

　英国が，突如割り込んできたアブドゥッラー 1 世を排除しなかったのはなぜか。その背景には，英国による杜撰な中東外交（俗に言う三枚舌外交）の処理があった。第 1 に，マシュリクにおける英仏の勢力圏の線引きを決めたサイクス・ピコ秘密協定である。また英国は，オスマン帝国で「帝国領シリアの南部」とされていたヨルダン川東岸の帰属が曖昧であった点に注目し，新たな英国委任統治領に東岸を含めて国際連盟に承認させた（国際連盟決議第 25 号）。第 2 に，アラブとの取引，フサイン・マクマホン協定である。当時の英国植民地相ウィンストン・チャーチルは，フランスによってシリアを追われたファイサルをイラクの国王に，イラクに接続する東岸（トランスヨルダン）の王にアブドゥッラー 1 世を据えた。最後の課題は，祖国建設を求めるシオニストとの取引，いわゆるバルフォア宣言への対応であったが，この時点では，パレスチナにおけるユダヤ人入植の是非についての結論は先送りにされた。

　英国が築いた新たな地域政治のルールは，辺境の地ヨルダンの運命を変えた。

ヨルダンの地政学的役割とは第1に地中海とペルシャ湾を繋ぐ回廊であり，第2にフランスの勢力圏（シリア・レバノン）とアラビア半島（後のサウディアラビア）の緩衝地帯としての役割，そして第3にマシュリクにおける反英運動の抑えとしての役割である。こうしてヨルダンは英国の中東戦略の重要な補完勢力となり，独立から今日まで，英国と強い関係を保ってきた。

だが，アブドゥッラー1世の即位からヨルダン独立までの統治期間がわずか20年あまりで，もと英国の傀儡政権という歴史的背景は，独立後も国家の正統性を大きく揺さぶった。ヨルダン王国1952年憲法に記載されたヨルダンの国家理念には，ヨルダンがアラブ国家であること，そしてハーシム家による統治が明記されている。しかし，ヨルダン独立から間もなく，まさにアラブとハーシム家の深刻な対立が発生した。アラブ統一を目指すアラブ民族主義が各地で流行したからである。ヨルダンに限らず，国家の正統性をめぐる問題は，多文化帝国であったオスマン・トルコのモザイク社会を継承し，さらに英仏植民地主義の都合で国境線が引かれた人工国家群のひしめくマシュリクにおいては，必然ともいえるものであった。アラブ民族主義は，こうしたアラブ諸国の抱える矛盾を厳しく糾弾したのである。こうしてマシュリクでは，アラブ民族主義やシオニズム等の修正主義と，そしてヨルダンを含む既存の国家がそれぞれの正統性を賭けて争う事態に陥った。

廣瀬によれば，未承認国家とは，主権国家としての独立宣言をしつつも，国際的な承認を得ていない国家を指す（廣瀬 2014）。1955年に国連に加盟したヨルダンは，れっきとした主権国家である。だが，域内における承認の問題を完全に克服したのは，1990年代の中東和平の頃であったと考えられる。たとえば，戦後のマシュリクを席巻したアラブ民族主義勢力はヨルダン王国を打倒すべき欧米の傀儡と見ていたし，1950年代から60年代にかけて，民族主義勢力に押された王国は何度も存亡の危機に立たされた。しかも国内ではパレスチナ解放勢力が伸長し，1970年にはヨルダンの支配をめぐって政府軍とパレスチナ・ゲリラが正面衝突した。このヨルダン内戦以降，ヨルダン王国とパレスチナ解放勢力は，それぞれ東岸と西岸での主権を認め合う形で和解が進み，1988年のヨルダン「西岸切り離し宣言（ヨルダンの，西岸での主権放棄）」によって二重国家状態に終止符が打たれた。さらに1991年の湾岸戦争でアラブ民族主義最後の冒険主義を掲げたイラクが敗退し，1994年にイスラエルとの平和条約

が成立したことで、ヨルダンの承認をめぐる問題は完全に解決した。

ヨルダンの承認問題は解決したが、イスラエルが西岸占領政策を続ける限り、亡霊のように付きまとう論争がある。イスラエルのユダヤ民族国家化を目指し、同時にヨルダンをパレスチナ人の代替国家と見なす「ヨルダン・オプション」問題である。イスラエルの右派政治家や米国の親イスラエル勢力が強く主張してきたヨルダン・オプションの可能性については、1988年に王国と西岸の法的・行政的関係がなくなったことで、ほぼ消滅した。そもそもヨルダンの西岸切り離しは、第1次インティファーダで表面化したパレスチナ独立機運への承認であり、イスラエルによる西岸支配の既成事実化への拒否宣言でもあった。実際、西岸切り離しによって、1950年から続いたヨルダンと西岸の繋がりも終わりを告げた。西岸の公務員にヨルダンから支払われていた給与は停止され、ヨルダン国会の西岸代表議席も消滅した（奈良本 2005）。しかし、こうした努力にもかかわらず、ヨルダン・オプションを支持する発言は繰り返され、その都度ヨルダン国王や政府高官が可能性を否定するという不毛な状況が続いている。

承認の国内政治——パレスチナ難民

　西岸併合政策を38年続けたこともあり、周辺国に比べヨルダンは最もパレスチナ人に対し寛容な受け入れ政策を続けてきたといえる。そもそも、ヨルダンでは誰がパレスチナ難民として承認されるのであろうか。国際的な難民保護の規範は、「難民の地位に関する条約」（1951年）および「難民の地位に関する議定書」（1967年）であり、「国連難民高等弁務官事務所（UNHCR）」が実務の中心を担っている。第1次中東戦争（1948年）によって約75万人のパレスチナ難民（第1次パレスチナ難民）が発生したことから、国連は1949年に「国連パレスチナ難民救済事業機関（UNRWA）」を設立し、保護・救済活動を開始した。厳密には、この第1次パレスチナ難民が公的なパレスチナ難民と見なされる。

　第3次中東戦争（1967年）で新たに発生した大規模な難民（第2次パレスチナ難民）について、UNRWAは難民と認定しないものの第1次パレスチナ難民と同様のサービスを提供している。ヨルダンは前出の難民条約の締約国ではないが、これまでUNHCRやUNRWAのパレスチナ難民保護活動を支援しており、

UNRWAが提供できないサービスについては、外務大臣直轄の「パレスチナ問題担当局（DPA）」が独自の支援を展開してきた。ヨルダンにおけるパレスチナ難民の大半は西岸出身者（ガザ出身者も存在する）である。ヨルダンではパレスチナ人のヨルダン国籍取得が容易なため、ほとんどのパレスチナ人がヨルダン人として生活していることも特徴的である（錦田 2010a／2010b）。

　複雑な歴史的経緯もあり、ヨルダンの社会集団の中でも、パレスチナ系市民の位置づけは複雑である。今もなおヨルダン内戦や西岸切り離し当時の混乱の記憶が残るなか、パレスチナ人の動向を警戒する東岸人も少なくないし、公務員採用で西岸出身者が不利という指摘もある。この状況をパレスチナ人差別と言うことも可能であるが、他のアラブ諸国に比べ、ヨルダンのパレスチナ人がかなりの好待遇を受けてきたのも事実である。

　そもそもこうした議論でしばしば無視されがちなのは、パレスチナ人の出身地や移住の経緯（建国以前からの住民、1948年難民、1967年難民、ガザ出身者）を一括りにできないという事実である。たとえば、建国当初から移住したパレスチナ人の多くは既にヨルダンの名士層であり、また経済を重視するアブドゥッラー2世（アブドゥッラー・サーニー・ブン・フサイン）の即位以降は、西岸系の若手実業家層が権力中枢に接近している（吉川 2014a）。その一方で、ヨルダン国内の難民キャンプでパレスチナ人アイデンティティを守り続ける者、ヨルダンに基盤を置きながら故地の解放運動を支援する者も多い。西岸に隣接するヨルダンでは、パレスチナ問題解決に向けた熱意は市民レベルでも強いが、その濃淡には個人差があると言うべきであろう。

21世紀の新難民

　パレスチナ難民が、当初は存在すら認知されない「持たざる人々」であったのに対し、21世紀に入ってからヨルダンに流入した難民は、かつて地域に覇を唱えた「持てる国々」からやってきた点で特徴的である。最初の波は、かつてヨルダンにとって最大のドナー国でもあったイラクからもたらされた。湾岸戦争以降、既にかなり多くのイラク人がヨルダンを含め国外に退避していたが、2003年のイラク戦争以降は急増し、2007年時点で45万～50万人のイラク人がヨルダンに避難していたとみられる（錦田 2009）。UNHCRはイラク難民の一時的な保護活動を開始したが、イラク人定住に伴う諸問題（財政圧迫、イラク

国内問題の波及，イラク新政権との外交問題）を避けたいヨルダン政府は，支援に消極的であった。その姿勢は，イラク難民を一貫して「ゲスト」として扱ったことに表れている（江﨑 2013）。

　より深刻なケースは，シリア難民問題である。2011年8月にシリアのアサド政権が民主化運動を弾圧したことをきっかけに，今もなおびただしい数のシリア人が国境を越えてヨルダンに逃れている。当初，ヨルダン政府は，イラク難民同様，シリア人難民を「ゲスト」として扱ったが，次第に彼らを難民として扱うようになった。この変化の背景について今井は，国際社会におけるアサド政権の正統性喪失に加えヨルダン政府がシリア問題に対処するうえで国際社会の支援を獲得する必要性があったことを指摘している（今井 2014）。

3　「アラブの春」と民主化

上からの改革

　第2の議論に入ろう。ヨルダンの政治体制は，他の君主制アラブ諸国同様，君主制権威主義体制（monarchical-authoritarian state）である。「アラブの春」以降，ヨルダンではある程度の民主化が進んだとはいえ，体制転換には至らなかった。まず，その理由から説明したい。前節で触れたように，ヨルダンは先住部族民と外来者（難民）が混在する社会であり，統治者たるハーシム家王室もまた，英国委任統治領パレスチナ時代にこの地に埋め込まれた外来者であった。こうした歴史的背景に加え，ヨルダン財政は国際社会の支援に強く依存している（次節参照）。

　ゆえに，ヨルダン王室は単なる支配者ではなく，国内の様々な勢力を何らかの形で表象し，かつ国際的にアピールする「触媒」としての存在意義があることを忘れるべきではない。たとえば，アブドゥッラー2世国王は，イスラームの預言者ムハンマドの一族出身で，かつ実母が英国人という異色の血筋を生かし，開かれたヨルダンのイメージを世界に発信する傍ら，国内部族のリーダーとして，地方行幸を欠かしていない。パレスチナ系のラーニア妃（ラーニヤー・アブドゥッラー）も，文化外交の推進や積極的な広報活動を通じ，ヨルダンの国際的イメージ向上に貢献している（吉川 2014a）。

　国王の権力は，体制の要である。ヨルダン1952年憲法によれば，行政権は

国王に属し，大臣らとともに行使される。国王は単独で首相を任命・罷免でき，首相は他の閣僚を指名し組閣を行う。また，国王直属の王宮府にも政治エリートが集められ，王宮府長官は，通常の内閣に準ずる「宮廷内閣」を構成している。さらに，立法府（上下院の2院制）のうち上院の議員は全て国王指名であり，事実上，テクノクラートや各界著名人が集う諮問議会となっている。ヨルダンのトップエリートにとって（一部の例外を除き）内閣，王宮府，上院を短いスパンで行き来することは珍しくない。ヨルダンの内閣はおおむね1～2年で辞職するため政局が不安定だと見られがちであるが，国家の優先目標の変化に応じて首相を交代させているだけであり，実際は「人事異動」に近い。良く言えば，国王自身がリスクを負わず，エリートの経歴にも傷がつかないシステムであるといえよう。

　一方，下院は唯一の民選議会である。建国以来最大の政治改革が実行された1989年以降（詳細は次節参照），ヨルダンは政府批判勢力の公的な政治空間への参加を排除しておらず，野党は大きな犠牲を払うことなしに下院で活動を続けてきた。しかし，その一方で，内政の行方に重大な懸念が発生した場合（たとえば，2000年のアル=アクサー・インティファーダや2003年のイラク戦争）には，政府は下院閉会時に限り内閣に立法機能を持たせる「暫定法」に基づいた法案を多数成立させてきた。特に2005年のアンマーン同時多発テロ事件以降は，治安維持を名目とした行政府による下院介入が相次いだため，次第に政府と野党，特にムスリム同胞団系の最大野党「イスラーム行動戦線党（IAF）」との対立が先鋭化した。

　この対立は2007年総選挙に持ち込まれ，票が伸び悩んだIAFは政府による大掛かりな投票操作があったと指摘し，政府もIAFを非難した。IAFは続く2010年総選挙をボイコットし，選挙後の下院議席の大半は政府寄りの名望家で独占された。こうしてヨルダン政治は若手テクノクラートのサミール・リファーイー率いる内閣と下院の蜜月時代を迎えたかに見えたが，皮肉にもこのタイミングでチュニジア革命が勃発した。チュニジア，エジプトの反体制運動に触発される形で，ヨルダンでも体制批判，民主化運動が始まった。こうして，チュニジア政変から僅かの間に，ヨルダン政府は改革に向けて動き出した。

　アブドゥッラー2世国王はリファーイー首相を更迭，「国民間の対話促進」が新政権の責務と明言した。さらに国王自ら上下院議員や主要社会勢力（同胞

団・IAF 指導部を含む）と相次いで会見し，改革への協力を訴えた。また，地方都市や村落への行幸，軍部隊への鼓舞も連日のように実施した。新たに国王から指名されたマアルーフ・バヒート首相は，下院での新内閣承認に向けた多数派工作を開始した。また，デモの一角を成す職能組合との対話を推進し，包括的な改革を進めるための「国民的な対話の組織（後の国民対話会議）」結成を決定した。バヒート首相は下院の内閣承認決議で，賛成 63・反対 47・棄権 7 という僅差でかろうじて承認され，公約の実行に移った（吉川 2014a）。

　「アラブの春」以降の改革の一例は，集会法改正である。従来，公共の場での集会には管轄自治体の長による事前認可が必要であったが，改正法案では，集会の実施 48 時間前までの内務省宛て申告のみで実施可能となった。政府と職能組合の関係も改善した。特に街頭運動の台風の目であった，非公認の「教員組合（niqāba al-muʻalimīn）」の認可に向けた対話のプロセスは興味深い。そもそもヨルダン政府は，教員組合の規模の大きさを警戒し，その団結権を認めてこなかった。ゆえに「アラブの春」がヨルダンに波及した当初は，教員組合も全国規模の抗議運動を展開した。しかし，政府が教員組合との対話および公認に向けた作業を本格化させると，抗議は収まった。2011 年夏には上下院における「教員組合法」が承認され，9 月にこれを支持する国王勅令が発出されるという異例のスピードで教員組合は公認された。同法によって，教員組合は教員の地位や養成・指導方針について教育省に一定の影響力を行使する他，同省の教育カリキュラム作成にも部分的に携われることになった。この取引の結果，政府は教員組合をある程度コントロール下に置くことに成功する一方，既にこれまで何度も大小のストライキに見舞われた（吉川 2014a）。

　政府にとっての難題は，選挙法改正であった。「アラブの春」以前から IAF を含めた政党の多くは 1989 年総選挙の投票制度への回帰ないしは比例代表制の導入，そして一票の格差是正（地方優遇の見直し）を訴えており，2011 年当時は，かつてない規模の圧力となっていた。他方，現行投票制度の最大の受益者である部族・地方名望家層にとって，都市部の議席数増加や政党との競争は好ましくなかったのも事実である。

　このため，政府は 52 名の識者から成る「国民対話委員会」を設立，選挙法改正を含む包括的な政治改革に向けた作業を本格化させた。国民対話委員会は 58 条から成る「2011 年下院選挙法」の草案をとりまとめ，いくつかの変更を

経て,2013年総選挙で実行に移された。ここでの大きな改革は全国的な選挙区の再編(個人候補の行政区リストで,123議席),比例代表制の導入(政党および団体で争う全国リストで,27議席),大行政区(アンマーン,ザルカー,イルビド)の区割り見直し,独立した選挙管理委員会の設立,政党結成要件の変更(必要な発起人の数を500から250に変更。発起人の10％以上は女性),等があった。ヨルダン史上初の比例代表制導入によって,政党の不利がある程度改善された。また,これまで政府の介入が疑われてきた選挙管理委員会の独立(従来は内務省管轄)や政党結成要件の緩和も,画期的な出来事であった。野党が強く求めていた複数投票制の導入は見送られた。

伸び悩む反対派

一方,政府との妥協を許さない勢力もあった。既に政府との関係が険悪化していたムスリム同胞団とIAFである。両者は2011年初頭から毎週のように大規模なデモを主催し,政府のあらゆる改革案に反対した。また民主化運動がピークに達した同年2月以降は,下院多数派が首相を選出する議院内閣制への移行を主張するようになった。同胞団とIAFが,ここまで踏み込んだ改革を要求するようになった背景はいまだ明らかではないが,急進的な改革を推し進めるには同調する勢力が少なすぎた。憲法第126条によれば憲法改正には上下院の3分の2以上の賛成が必要であるが(第126条第1項),上院議員は全て国王が任命した親王室エリートである。また,仮に下院の大多数が憲法改正を支持したとしても,改正のためには国王の承認が必要である(同第2項)。街頭行動に参加していた勢力でも,比較的同胞団・IAFに近い主張をしていた職能組合の多くは政府と妥協し,小規模野党の多くも政府の提案した改革案(部分的な比例代表制の導入)を支持した。

同胞団による社会的動員がそれほどうまくいかなかった背景には,暴力的な衝突が少なかったことも大きい。民主化運動の発生当初は,民主化支持派と体制支持派の衝突も見られたが,治安当局は過度の介入を控えつつ,デモのコントロールに努めた。より重要な点として,「アラブの春」においては「国家の暴力装置」であるヨルダン軍が動揺しなかったことにも注意する必要がある。反政府デモが暴力的な対立に発展した他のアラブ諸国(シリア,エジプト,イエメン,リビア)では,軍の立ち位置が反政府運動の帰趨を決める重要な決め手

となった。1950年代以降、ヨルダンでは国王自らが司令官として国軍を育てており、現在も軍の中心は忠誠心の高い東岸出身者で占められる。もと職業軍人のアブドゥッラー2世国王も、頻繁に部隊の訓練に参加し、軍を直接の指揮下に収めている（吉川 2014b）。

　2011年1月に始まった一連の民主化運動は、徐々に収束ないしは小規模化していった。その要因を整理してみよう。まず、政府が民主化勢力との対話を重視し、踏み込んだ改革案に着手したことが大きい。この結果、主要な民主化勢力の複数は国民対話委員会への参加を決め、金曜デモへの参加を控えるようになった。職能組合の多くも「政府の改革案は不十分である」と批判しながらも、対話の継続を歓迎した。また、大小のデモが一本化される動機がなかったことも大きい。既述のとおり街頭で叫ばれる「民主化」「改革」の内容には温度差があり、現体制の屋台骨といえる地方部族の主流は、これらに与していない（一部の若者はデモに参加したとみられる）。この点で、同胞団は各勢力の不満や怒りを吸収することに成功しておらず、同胞団主催のデモ参加者も、2011年当初から半年程度で激減した（吉川 2011）。

　一時期メディアで注目を集めたインターネットを駆使した民主化運動も、目立った成果を挙げられなかった。どの団体も、公式フェイスブックへ多数のアクセスを集めても、肝心のデモや集会で人を集められなかった。この落差については、そもそもヨルダンではインターネット上の言論の自由がある程度保証されており、議論に新味がなかったこと、またこれまで挙げたように社会的亀裂が複雑に折り重なり、学生運動ですら下位集団を意識するヨルダンでは、実態の分からないネット上の団体の呼び掛けに安易に乗る人間が多くなかったことはある意味当然であったといえよう。むしろ、ここで重要な点は、1980年代末から同胞団や職能組合が牽引してきたヨルダンの民主化運動において、それらとは無関係な若者による運動がインターネットを舞台に自然発生的に広がった事実であろう。これらの運動は、「自由と民主主義」「腐敗の撲滅」といったスローガンを共有する、普通の若者の集まりであった（吉川 2011）。

　「アラブの春」初期の民主化運動最大の弱点は、「民主化すればヨルダンはどう変わるのか」という展望を十分に提示できなかったことにある。同胞団をはじめとする民主化勢力は、真の社会問題（財政危機、雇用、パレスチナ、地域安全保障）における代替策や憲法改正後の王室の新たな役割を説明できなかった。

また、周辺諸国における「アラブの春」の負の側面が明らかになったことも、民主化運動にとってマイナスに作用した。民主化後のエジプトとチュニジアは迷走を繰り返していたし、ヨルダンに周辺国の難民が殺到する中で、大々的な改革の必要性を市民にアピールするのは至難の業であった。

4　経済自由化とヨルダン社会

対外依存の問題

　第3の論題に移ろう。ヨルダンの国土面積は日本の約4分の1と人口の割に広いが、全体に高温少雨の厳しい気候帯に属し、比較的地下水源に恵まれた北部と北西部に人口の大半が集中している。石油資源はほとんど産出しない。そのため、ヨルダンの3大都市（アンマーン、ザルカー、イルビド）は、人口過密化に伴うインフラの劣化、家賃の高騰、交通マヒ等に悩まされている。これに拍車をかけるのが、難民の流入である。

　開発に不利な条件を抱えたヨルダンは、外部依存型の経済・財政構造を余儀なくされてきた。第1に、財政面での対外援助依存度の高さである。たとえば2011年の国家収入54億1390万ヨルダン・ディナール（1ディナール=1.41米ドル前後で固定）のうち、約22％にあたる12億1500万ディナールが国際機関やドナー国による援助および借款であった（ヨルダン中央銀行2012年統計）。

　もともとヨルダンは東西を問わずドナーの獲得に熱心であったが、中東和平プロセスが始まると、アラブ・イスラエル・欧米等の紛争当事国や関係各国の仲介役として活路を見出そうとした。ヨルダンの姿勢は一定の評価を獲得し、ドナーの数と援助額は拡大した。西岸とガザ地区の実効支配がファタハとハマースに二分されている現在、ヨルダン政府は、親欧米路線をとる和平推進派のファタハを支援している。和平のまとめ役である米国にとって、ヨルダンはアラブ諸国・イスラエル間の緩衝地帯にして、エジプト、サウディアラビアと並ぶ安定したパートナーであることから、米国の対ヨルダン支援は、イスラエルとの和平以降急伸している。ヨルダンは米国・開発援助庁による被援助国トップテンの常連であり、分野も開発（保健、水資源、農業）から新型兵器供与、民主化支援にまで及んでいる。その他の主要ドナー国家は、金額でトップのUAEを筆頭にサウディアラビア、クウェート等の湾岸諸国、EU、日本等の先

進諸国が中心である。

　第2に，国家収入および雇用創出という点での，出稼ぎ労働の重要性である。ヨルダンでは湾岸産油国への出稼ぎ労働者による送金や先進国からの援助への依存度が特に高く，「半レンティア国家」と呼ばれることもある。建国直後の1950年代，ヨルダンの失業率は約40〜50％ときわめて高かったため，多くの労働者が海外に職を求めた（江﨑 2013）。経済的理由で海外に移住した人々の多くはパレスチナ系であり，湾岸産油国で成功して，富裕層としてヨルダンに帰国した者も多い。

経済・政治改革のジレンマ

　こうした事情から，ヨルダンは経済自由化を通じた国内産業の育成に努めてきたが，自由化が政治改革と同時並行で進められた点で特徴的であった。そもそも，自由化の嚆矢は1980年代の財政改革の行き詰まりと，IMFによる経済構造改革勧告であった。1989年4月，IMF勧告に基づき，政府はこれまで価格統制で廉価に押さえてきた国内消費物価を見直し，食料・燃料・日用品等の大幅値上げを容認した。この結果，短期間にインフレが進行し，南部の都市マアーンで暴動が発生した。政府決定への抗議行動は全国に拡大し，やがて首都近郊に及んだ（吉川 2007）。

　一連の抗議に対する政府の回答は，選挙法の大幅な改正（暫定法第23号）ならびに自由な総選挙の実施（西岸含まず）であった。第3次中東戦争とヨルダン内戦を経て凍結されてきた総選挙がこのタイミングで実施された背景については，国民の不満解消と秩序の回復という目的もあったが，より重要な点は，(1) 1988年に始まった西岸切り離しの事実上の完了宣言，(2)東岸のみの選挙実施によるパレスチナ独立支援（イスラエルのシャミール政権による対パレスチナ強硬策牽制）という，国内外に向けたアピールであった。1989年総選挙が，西岸切り離し直後の国民の統一機運醸成に役立ったことは間違いない。また，下院が多様な社会勢力を包含することになったことで，経済自由化・反自由化を巡る戦場は下院に移った。たとえば1996年，ヨルダン政府はパンを中心に食料価格の値上げを打ち出したが，下院で最大野党のイスラーム行動戦線党と激しく対立した。最終的に双方は妥協に至るが，下院会期終了と同時に，南部地方で値上げ反対暴動が発生した。

経済と政治のリンクは，市民の政治行動にも表れている。背景にあるものは，主に地域格差問題である。ヨルダンでは都市と地方の経済格差が急速に拡大しており，たとえば，2003年に発生したのマアーン暴動は，表向きイラク戦争開戦に伴う「反米」暴動であったが，真因は国内で最貧といわれる同地域の失業・貧困問題であったといわれる（北澤 2004）。ヨルダンでは1993年から単票制が導入されており（1989年選挙は，大選挙区複式投票制度が導入されていた），以降の総選挙では，地方で選挙区の地縁・血縁を基盤にした部族系や名望家等の個人候補が際立った強さを見せてきた。2003年の総選挙でも，就職斡旋や地元への事業誘致を期待した有権者が自分の親戚にあたる有力候補者等に投票した事例が相次いだ。

当然，有権者の要望は経済中心となる。定期的に行われるヨルダン大学戦略研究所の社会意識調査では，「ヨルダンが解決すべき問題」として，常に経済不安（特に，失業・貧困問題）に関連した回答がトップである。また2003年の上記調査においては，買収に代表される腐敗を指摘する声が全体の7割以上に上った。近年では，総合情報庁長官，元首相が相次いで汚職容疑で起訴されるスキャンダルが世間を騒がせた。

自由化と国家の関与

アブドゥッラー2世国王の即位（1999年）後，ヨルダンは自由貿易への取り組みを加速化した。新国王はFTAを推進し，国内に自由貿易特区を多数設立し企業誘致に努めている。この結果，主要輸出品目である繊維製品，カリ・燐鉱石，農産物，ジェネリック医薬品，肥料の輸出は順調な伸びを見せている。FTAについては，特に対米輸出の増加が著しい。2001年の対米自由貿易協定発効で対米輸出高は急上昇し，2003年以降は輸出先1位の座をイラクと争っている。また対イスラエル輸出も伸びており，同国との経済協力の裾野は着実に広がっている。ヨルダン市民に最も嫌われる国の双璧ともいえる米国とイスラエルとの経済関係強化は，ヨルダンにおける例外なき自由化の象徴であろう。

一方，輸入では，原油・石油製品を筆頭に，輸送機器，鉄鋼等が主要輸入品目となっている。このうち国民生活に最も大きな影響を与えるのは原油・石油製品である。たとえば2012年第1四半期の輸入内訳を見ると，原油・石油製品が輸入総額の約33％を占めており，前年度の割合（約25％）を大幅に上回

った。この原因は，「アラブの春」でエジプトの治安維持機能が麻痺した結果，シナイ半島にあるエジプトとヨルダンを結ぶガスパイプラインが過激派によって破壊されたことにある（ヨルダン銀行2012年統計）。パイプラインの損傷で，ヨルダンはベラルーシ，サウディアラビア，米国等からの緊急輸入に頼るほかなく，国内の燃料・電力調達コストは膨れ上がった。またマシュリク全体の政情不安の影響から，ヨルダンの貴重な外貨収入源である観光産業が停滞した他，海外からの直接投資も減少した。これらは全て，2012年にIMFが実施したヨルダン向けスタンドバイ融資（20億6000万米ドル）の根拠となった。

　アブドゥッラー2世国王流の経済改革，国営企業および国家持ち株会社中心の自由化の典型例としては，防衛産業改革が分かりやすい。アブドゥッラー2世国王即位から間もない1999年8月，国王勅令により，国営防衛企業「アブドゥッラー2世国王設計・開発局（King Abdullah II Design and Development Bureau: KADDB）」が設立された。KADDBはヨルダンの軍需を満たす一方，ビジネスの多角化と輸出先の確保を進めている。2009年には防衛・自動車産業に特化した広大な「KADDB工業団地（KADDB Industrial Park。KADDB単独保有）」が北東部マフラク近郊に完成し，経済特区扱いの優遇措置を受けながら研究・生産活動を拡大している。KADDBの主力製品である車両（中東仕様の軽装甲機動車等）は，既にサウディアラビアやUAE等，複数のアラブ諸国に販売されている。

　世界的な防衛産業のトレンドに漏れず，ヨルダンも諸外国との共同開発に熱心である。KADDBの場合はUAE，クウェート，米・英・EU諸国の防衛企業との製品共同開発やパートナーシップ拡大を続けている。ここで注目すべきは，兵器生産よりむしろ関連企業の裾野の広さである。KADDBでは，グループの商業部門である「KADDB投資グループ（KIG）」のもと，傘下に軍装品部門，改造・メンテナンス部門，総合病院，警備会社，給食会社等を構えており，また国内企業（化学・食品大手のManaseer等）との連携も広がりつつある。KADDBのネットワークは一層拡大しており，2014年には，有力職能組合である「ヨルダン・エンジニア協会」との間で協力協定が交わされるに至った。2011年の民主化運動で政府批判に加わったエンジニア協会とKADDBの協定は，複雑なヨルダンの国家一社会関係の象徴ともいえよう。

難民の国の先にあるもの

本章では，主に「アラブの春」以降のヨルダンにおける難民問題，政治改革，経済改革に的を絞り，その微妙な安定の土台が何であるのか検証してきた。まず，第1の論点である難民と承認の問題について。戦前の帝国主義の遺産であるヨルダンは，独立から間もなく地域における自国の承認問題に直面し，その克服に多大な時間と努力を必要とした。また，一時は併合したヨルダン川西岸から流入した難民を自国民として迎え入れ，21世紀に入ってからもイラク，シリアからの難民を受け入れ，その多くを承認してきた。これらの政策実施に際しては，国連（UNRWAとUNHCR），米国はじめ先進国（特に中東和平プロセス以降），そして湾岸アラブ諸国の強い支援が存在した。一方，シリアとイラクの秩序が動揺し，過激派集団「イスラーム国（IS）」が台頭したことで，ヨルダンの難民受入政策は新たな局面を迎えている。ISの実効支配地域はほぼ両国とヨルダンの国境地域に重なっており，ヨルダンは各国との反IS共同軍事行動を展開する一方，難民受け入れを継続する難しい舵取りを迫られている。

第2の論点である政治改革について。もともとヨルダン政府が追求していた政治改革とは，ハーシム王室の安定と，経済構造改革路線に抵触しないよう考慮された上からの改革であり，抜本的な民主化はその中に含まれていなかった。しかし「アラブの春」への期待が広がった2011年初頭においては，街頭からの改革要求をある程度呑まざるを得なくなった。政府は，街頭デモを巧妙に抑えながら，従来の政府批判勢力を国民対話委員会に取り込むことで対話機運を醸成した。様々な改革が実施された今日でもヨルダンがハーシム家を頂点とする権威主義体制であることに変わりはないが，集会法や選挙法といったヨルダン市民の政治活動を支える具体的な法的根拠が与えられた成果を過小評価すべきではない。少なくとも「アラブの春」による民主化ドミノの幻想が打ち砕かれた今日，国内で王制に挑戦し得る勢力は今のところ現れていない。

第3の論点である経済改革について。地理的に開発に不向きで天然資源にも恵まれないヨルダンは，対外援助や出稼ぎといった外部依存型の財政・経済構造を余儀なくされてきた。厳しい財政問題を解決するため過去に試みた国内市場の自由化や民営化といった経済構造改革は，その度に国民の強い反発に遭った。こうした背景もあって，アブドゥッラー2世国王は，FTAや経済特区の整備で輸出環境を強化しつつ，国営企業の体力強化を目指す現実的な経済改革

を進めつつある。「アラブの春」以降もサウディアラビアはじめ湾岸産油国はヨルダンへの財政支援を継続的に実施してきたが，湾岸の安定にも直結するIS問題を水際で抑止する必要性から，対ヨルダン支援を一層強化している。

　以上の3点を振り返ると，地道な改革の成果もさながら，ヨルダンに対する国際社会の手厚い支援は，注目に値する。「アラブの春」以後の一連のヨルダンの動きに対し，シリア難民に関連したUNHCRや各国からの支援はもとより，ヨルダン「民主化」への欧米諸国の支持，そして米軍の兵器供与に至るまで，国際社会はほとんど例外なくヨルダンを支持・支援してきた。ここで言う「国際社会」とは，国連システムと先進国，そして湾岸アラブ諸国を加えたパワーの集合体である。それに対しヨルダンは，国際人道主義や法の支配，経済自由化，そして「テロとの戦い」といったグローバルな規範（換言すれば，欧米の敷いた規範）を踏み外すことなく，むしろ率先して歩んでいる。特に，国際テロ包囲網への参加によって，その中核を担う米軍とヨルダン軍の紐帯はいっそう強力になった。周辺のアラブ地域大国が弱体化する一方，米国の支援を受けたヨルダンの防衛力強化は同国の自立性を高めようとするアブドゥッラー2世国王にとって望ましい流れといえる。

　とはいえ，現状は喜ばしい状況と言い難い。経済構造改革は道半ばで，外部依存型の財政構造に大きな変化はないし，また防衛力強化も，逆に装備・調達の面で米軍への依存が高まったと解釈することもできよう。国内に目を転じれば，難民受け入れは飽和状態にあり，急速な人口増加によってアンマーンの地価・賃貸料は跳ね上がり，労働市場の競争は激化している。かつてのパレスチナ難民受け入れ同様，ヨルダン政府は引くことも進むこともできない状態にある。難民受け入れとIS抑止という難題を処理しながら，周辺大国のパワーバランス再編の可能性に備えるという，百戦錬磨のヨルダンにとってさえ経験したことのない将来の可能性を，我々は見届けるかもしれないのである。

参考文献

今井静「ヨルダンにおけるシリア難民受入の展開」日本国際政治学会編『国際政治』第178号，2014年11月．

ウォルツァー，マイケル（大川正彦訳）『寛容について』みすず書房，2008年．

江﨑智絵『イスラエル・パレスチナ和平交渉の政治過程——オスロ・プロセスの展開

と挫折』ミネルヴァ書房，2013年。

オーウェン，ロジャー（山尾大・溝渕正季訳）『現代中東の国家・権力・政治』明石書店，2014年。

北澤義之「ヨルダン・ハーシム王国」松本弘編『中東・イスラーム諸国民主化ガイドブック』明石書店，2011年。

吉川卓郎『イスラーム政治と国民国家——エジプト・ヨルダンのムスリム同胞団の戦略』ナカニシヤ出版，2007年。

吉川卓郎「ヨルダン 民主化勢力が求めるのは国王退陣ではない」『季刊アラブ』第137号，日本アラブ協会，2011年。

吉川卓郎「『生存の政治』における政府—イスラーム運動関係— 2011年民主化運動とヨルダンのムスリム同胞団」『アジア経済』55−1，アジア経済研究所，2014年a。

吉川卓郎「ヨルダン 倒れない国」青山弘之編『アラブの心臓に何が起きているのか—現代中東の実像』岩波書店，2014年b。

奈良本英佑『パレスチナの歴史』明石書店，2005年。

錦田愛子「ヨルダン政府とイラク難民——イラク戦争後の難民の動態」『文教大学国際学部紀要』第19巻第2号，2009年1月。

錦田愛子『ディアスポラのパレスチナ人——「故郷」とナショナル・アイデンティティ』有信堂高文社，2010年a。

錦田愛子「ヨルダンにおけるガザ難民の法的地位——UNRWA登録，国籍取得と国民番号をめぐる諸問題」『イスラーム地域研究ジャーナル』vol.2，2010年b。

廣瀬陽子『未承認国家と覇権なき世界』NHK出版，2014年。

第14章　グローバル化時代の中東研究
　　　──板垣雄三氏の問題提起をめぐって──

岡野内　正

1　学問研究のタコツボ化

学問研究のタコツボ化

　芭蕉の句に「蛸壺やはかなき夢を夏の月」とある（『猿蓑集』巻の二）。タコは，漁師が投げ入れた居心地の良い壺に入り込むと安心してしまい，捕らえられるまで外界の変化に気がつかないという。この習性を利用したのがタコツボ漁だ。学問研究のタコツボ化とは，研究者が学界の専門グループ内だけの討論に安住してしまいがちな傾向をいう。この言葉は，政治学者の丸山眞男が累計で100万部以上売れたとされる岩波新書『日本の思想』（1961年）の中で用いて，広く使われるようになった。

　第2次世界大戦で敗北した大日本帝国を継承し，日本列島を支配する「独立国」として成立した日本国は，1951年に日米安全保障条約を結び，米軍基地の存続と米国の軍事支配を受け入れる。60年安保闘争は，この条約の形を変えた存続に反対する大規模な社会運動であった。1940年から東京帝国大学法学部助教授として日本思想史を講義していた丸山は，召集されて大日本帝国陸軍兵として朝鮮半島に送られ，広島で原爆被爆して敗戦を迎えた。戦後は大学教員に復職し，民主化運動に参加して広く論陣を張るとともに，60年安保闘争に参加した。そして，運動の敗北をかみしめながら『日本の思想』を書き，翌年，世に送ったのである。つまり学問研究のタコツボ化とは，外界の変化を捉えきれずに自らを滅ぼすような戦前の学問研究のあり方に対する批判であるとともに，平和な世界を実現する世論を動かす力となるような戦後の学問を求めて，ついに及ばなかった丸山自身の「タコ」体験を踏まえた痛切な自己批判でもあった。

グローバル化時代の学問のタコツボ化

さて，21世紀の学問研究は，どれだけ壺を離れて夢を語り合えているか。外界の変化はすさまじい。グローバル化といわれる事態がそれだ。それは，丸山が壺に入ったタコの無力さを痛感しながら直面した，第2次世界大戦とその後の米ソ冷戦に匹敵する事態だといっていい。

グローバル化時代に突入した21世紀，もはや強大なファシズム国家やブロック経済，スターリニズム国家やコメコンに対するIMF・GATT体制の対立もない。国境を越えるグローバル企業の自由な活動を推進するWTO（世界貿易機関）がほぼ全世界を覆い，グローバル企業と各国政界のトップからなるグローバル・エリートは毎年のダボス会議（世界経済フォーラム）で顔を合わせる。IT部門を中心に加速する技術革新と莫大な投資や浪費にもかかわらず，全人類約70億人のうちほぼ10億人が失業による貧困から栄養不足状態にある。全世界に拡散した核兵器と原子力発電所の建設ブームによって，想定外の事故や天災やテロ攻撃が確実にグローバルな被害をもたらす放射性物質の量は，地球上で確実に増えつつある。グローバル企業の自由な活動の波及効果によって全世界の労働市場は拡大したが，失業と不安定雇用はますます深刻な問題となりつつある。あらゆる国で，グローバル・エリートと貧困者との間の格差が拡大している。グローバル・エリートは「テロとの戦い」で一致しているが，様々なテロ・グループの活動が衰える兆しはない。

つまり，21世紀初頭のグローバル化時代とは，もはや諸国家群の対立の時代ではない。グローバルな資本主義体制を守ろうとする少数のグローバル・エリートと，その体制が生み出す雇用不安したがって生活不安の中で翻弄される全人類の大多数約70億人との間での対立の時代である。…というのが，筆者の現状認識であり，時代診断である。しかし，筆者のような認識に立つ人は，スーザン・ジョージのような著述家以外には，国際的にみても，それほど多くはない（たとえば，ジョージ2014／スタンディング2016）。多くの研究者たちは，いまだにグローバル化以前の国民国家中心時代の学問分野のタコツボの中にいる。とはいえ，筆者のような見解の研究者も，他の分野の研究者たちと議論し，なんとか共通のことばを作り出して，専門分野を越えた論争を活性化しないかぎり，タコツボから這い出したことにならない。本章はそのためのささやかな試みである。

グローバル化時代の中東研究

　グローバル化時代の中東地域は，すばらしく不安定だ。パレスチナ，アフガニスタン，イラク，スーダン，そしてアラブ革命とその後のシリアやIS（「イスラーム国」）の名を挙げるだけでいいだろう。つまり，中東は，グローバル・エリートにとっては，頭痛の種，あるいは挑戦しがいのあるグローバル資本主義体制維持ゲームの難問であり，筆者にとっては，グローバル化時代のしくみについて他の研究者たちと議論し，論争を活性化するための格好の材料，理論研究のための重要な事例である。

　それだけではない。筆者にとって中東地域は，グローバルな時代転換の実践，すなわち人類の希望を語るうえで欠かせない所でもある。筆者は日本列島で生まれ，育ち，現在も生活しているが，すでに1980年代から何度も中東地域を訪れ，そこに住む多くの人々と出会い，多くの問いを投げかけられ，様々な議論をしてきた。さしあたり日本語で書かれるこの文章を中東地域の人々がすぐに目にすることは期待できないが，これを読む読者諸氏を通じて，ここでの議論が中東地域を含む世界の人々にも伝えられていくことを期待している。そうして，中東研究が，中東地域をはじめとする世界の世論を動かす力となり，さらには世界の現状を変えていく力とならねばならないと思う。

　このように考えるとき，中東研究の現状は，量的にはすばらしく成長したものの，質的な面では，タコツボ化を脱しているとはとうてい言えない。グローバルなエリート支配を脱する世論を創る力になるどころか，漁師ならぬグローバル・エリートによって一網打尽に利用されるだけの状態にあるといってもいい。筆者とはやや異なった視点からではあるが，このような学問研究の現状に激しく警鐘をならして，とりわけ中東研究者に対して研究の質的転換を求めているのが，日本中東学会の実質的な創設者，板垣雄三氏である。

　そこで，第2節で板垣氏の問題提起を紹介し，第3節で筆者の立場からの評価と批判を述べ，第4節で様々なアプローチによる研究者がタコツボを這い出て，人類全体を鼓舞する群舞なり多声のアンサンブルなりを展開できるような，共通の広場を設定するための課題を示すことにしたい。

2 板垣雄三氏の問題提起

板垣氏の欧米中心主義批判の危うさ

板垣氏の問題提起は欧米中心主義批判の形をとる。たとえば 2014 年 5 月の日本中東学会大会での学会 30 年を回顧・展望するシンポジウムの基調講演をみよう。

> 中東諸社会は，元来グローバリズムの温床だったことに加え，その固有のネットワーキング機能により，変幻自在の地域性および世界性を同時発生的に発現してやまない。欧米中心主義とは，いわば，それに対する陰険な対抗運動 reaction だったのである。(中略)/ところが実際には，なんとその中東諸社会までも欧米中心主義に感染した現実は覆いがたく，中東研究もまた，末期現象の欧米中心主義を疑う余地なき拠り処と錯覚し続けて，後生大事にしがみつき，それに身を任せているのが現状である。/そこで中東研究は，知的活動の他分野に率先して自己変革をなしとげ，人類史的視野で欧米中心主義の束縛から自由な新しい世界像を獲得しなおす課題，とりわけ「近代」ないし「近代性」の捉え返しを牽引する課題を，すすんで引き受けるべき責任がある。 (板垣 2014：100)

結論部分の「人類史的視野」で「新しい世界像」を獲得しなおす課題には賛成である。だが，そこにいたる根拠づけの論理は，「元来」無垢で世界に開かれた「中東諸社会」があって，それに対して「陰険な」対抗をする「欧米」がある，というものだ。だがこの論理は，板垣氏が欧米中心主義の特徴とする不毛な「二項対立的二分法」ではないだろうか。もっとも，同じ講演の後の部分には，次のようなくだりがある。

> ここで注意が肝要なのは，欧米中心主義が一網打尽のグローバル現象だということ。問題は欧米 vs. 非欧米という対抗関係（欧米中心主義が用意するお定まりの約束事）ではない。(中略)/念を押して言うが，欧米とイスラエルに対して，イスラーム運動やイスラーム主義が対抗しているのではない。イス

ラーム復興運動／イスラーム主義も十二分に欧米中心主義に捕り込まれているからだ。 (板垣 2014：107)

だが，その直前には，次のような説明があって，「欧米」の「敵」として対抗しているのは「非欧米」でも「イスラーム運動やイスラーム主義」でもなく，「ムスリムたち」や「タウヒード思考」だと明確に記されている。

　欧米中心主義終焉論をも欧米中心主義に回収しようとする欧米中心主義は，その犠牲者・異議申立人・補償請求権者・批判者らすべてのウラをかき，後始末を人類全体に押し付けて免責を抽きだす手探り＝「自己破産」プロジェクトを実行しつつある。そこでの重要な道具立ては，欧米中心主義の歴史認識の虚偽を敏感に見抜きその国際秩序が依拠してきた不正義・不公正に対して厳しく拒否的姿勢をとることが一般的な世界のムスリムたちの抵抗力であり，これを辱めヨリ怒らせて挑発することだ。さらに先回りして，欧米中心主義の凋落を招いたパラダイムに批判の目を向け，敵から学び盗んだタウヒード思考への頭の切り替えを推進して，人類的叡知としての特許権(パテント)は欧米の手に落ちる仕掛け（ポスト-モダン，ポスト-コロニアルの欧米現代思想）をつくるのである。 (板垣 2014：106)

このような欧米現代思想による欧米中心主義の自己批判への批判を見れば，板垣氏が欧米中心主義を批判する理由は，その内容よりも，「人類的叡知としての特許権(パテント)」が「欧米の手に落ちる」ことだと考えざるを得ない。なるほど多国籍企業とWTOは世界各地の先住民族の伝統薬を含む人類的叡知を知的所有権として独占することを狙っている。だが知的所有権の国際的保護の問題として，そこで議論になっているのは，欧米か非欧米かではない。問題は，企業の独占か人類の共有財産かであり，先住民族の代表を含む多くの研究者が人類の共有財産化を支持している。また「自己破産」とは，事業に失敗した人が債務奴隷に陥ることを防いで立ち直りを促すものであり，人間的，市民的な連帯に基づく制度だ。板垣氏のようにこれを否定してしまうと，債務奴隷の復活論になり，同じ講演の後段で推奨される修復的司法どころか報復的司法への逆転ということになってしまう。

どうやら板垣氏の真意は，人類史的視野に立って，中東やイスラームに目を向けようということであり，欧米を敵視するかのような欧米中心主義批判は，人目を引くための単純化のレトリックにすぎないように思われる。だがそれは危険すぎる。人類史的視野に立つ欧米中心主義批判のより正確な表現は，次のようになろう。同じ人類の中で，ある時期には中東地域に住む人々の間でグローバルに開かれた考え方が優勢になり，別の時期には欧米地域に住む人々の間で自分たちを中心として他を見下す考え方が優勢になった，今こそ人類全体でこれまでの狭い了見を乗り越える時だ，と。

なおもう一点，同じ講演の後段には，「21世紀日本でサッカー選手や野球選手がサムライになり，政治家が武人(もののふ)を装うのは，日本人のDNAに軍国主義が埋め込まれているからではないか」(板垣 2014：116)というくだりがある。これも，民族的文化現象の本質を遺伝子に還元する点で，人種主義に直結するDNA神話を用いた危ういレトリックと言わざるをえない。この引用文の直前に，「「日本人」が多様なルーツをもつゆえに，「一民族一国家」の幻を掲げることが，日本の人種主義の一特徴点となった」(同上)という的確な人種主義批判があるだけに，残念でならない(DNA神話批判については，たとえば，加藤 2007を参照)。

板垣氏の問題提起の核心

とはいえ，板垣氏の問題提起の積極面に目を向ければ，その核心は，次の3つの刺激的命題からなるといえよう。すなわち，イスラームの登場は，人類史的近代の始まり，とする第1命題。そして，イスラエル国家の存在は，人類史的近代の病変の表れ，とする第2命題。最後に，2011年のアラブ革命は，人類史的近代の甦りと全面開花の出発点，とする第3命題である。

筆者が刺激的というのは，この3つの命題が，氏独自の「近代」概念を軸に，中東で生活し貧困と抑圧と戦火に苦しむ人々とともに新しい歴史を作り出そうとする実践的見地に立って，人類史を再考することを迫るからだ。これらの命題がすべて，中東に言及しながら提起される点では，欧米中心主義ならぬ中東中心主義としての外観を持つ。だが，筆者は，外観ではなく，そこでの「近代」概念の内実に注目したい。

以下，これらの命題のそれぞれについて，積極面を中心に解説しよう。

第1命題――人類史的近代の始まりとしてのイスラーム

　イスラーム登場は，人類史的近代の始まりだというのが，第1命題である。この人類史的近代の内実については，次のような見事な表現がある。

　　すでに述べたように，イスラーム文明の特質は何かといえば，都市人間をつくり出す，人間の内面を都市化する，ということです。どこでどんなに暮らしていようが，(中略)「心は都会」なのです。「都市」を生きる。都市を生きるとは，異質な文明同士が出会い，対話の場をたゆまず拡げていく，そして多様な社会・地域の間のネットワーキングを進めるということです。ここに近代性が生み出される。
　　　　　　　　　　　　　　　　　　　　　　　　　(板垣 2003：226-227)

　つまり，人類史的にみた「近代」の内実は，多様な社会・地域の異質な文明を背負う人間同士の対話だというのである。しかも，対話の場(＝空間)がたえず拡がる(＝時間)という規定とあわせて，その前段では，生きること自体が対話をすることであるような(＝対話を欲望する)人間の登場という規定がある。対話する主体が，近代を担う主体，近代人として措定されている。
　それでは，そのような近代的主体を創り出す都市とは何か。

　　アラブ地域社会の性格を問題とするとき，それは世界の中の＜都市的地域＞としてとりあげることができる。そしてこの場合の「都市性」を規定しているのは，アラブの文化において主要な契機をなす商業的機能である。社会における生活形態において都市生活の外側に立つ農民や遊牧民の場合も，彼らの生活と精神を規定し動機づける商業的機能に正しく関心を払わなければならない。つまり商人的行動パターンおよびメンタリティーが，生活形態上の差異を超えて社会的に文化のアーバニズム的性格を形づくっているというべきなのである。
　　　　　　　　　　　　　　　　　　　　　　　　　(板垣 1992：217-218)

　都市には軍事，政治，イデオロギーなど様々な機能があるだろうが，商業取引が行われる場所だという機能が最も重要だというのである。
　様々な場所から様々な商品の持ち手が集い，交換条件について対話を拡げていく。商品の持ち手は，家族や部族あるいは大商人などに所属し，様々な伝統

や金銭・労務に関する契約関係に縛られているかもしれない。だが，商品交換に関する対話は，そのような商品の持ち手の相違を越えて，お互い同士を同じ人間（責任能力ある人格）として認め合うところから始まり，あくまでも対等平等な個人としてのお互いの決断が一致したときに，契約が行われる。

つまり，市場での商品交換には，個人主義，合理主義，普遍主義がある。この点で，所有する個人の尊厳を認めない点で個人主義とは無縁の略奪，合理的とは言い難い互恵関係を期待する贈与，普遍的にはなりえない伝統として意識される再分配とは決定的に異なる。とすれば，このような市場での商品交換の関係に見られる，対等平等で対話的な人間関係の原理の登場は，人類史的に見て画期的なものと言わねばならない。

市場の廃絶を目指した社会主義体制崩壊後に市場がグローバル化し深化拡大しつつある今日の時点で，人類史の画期として市場における商品交換の人間関係的側面に注目した板垣氏の視点は高く評価できる。なお「人類史的近代」は，「本来あるべきものであった」（阿久津編 2014：45）近代性という意味で，「超近代（スーパー・モダニティ）」とも呼ばれ，板垣氏が商品交換の関係に見出した規範的・実践的意味が明確にされている。

このような，商品交換→都市→対話→近代という思考回路を通じて，「私は，西暦七世紀にイスラーム文明が成立した時点から，人類の歴史は「近代」を迎えたと考えています」（板垣 2003：27）という刺激的な命題が提出されている。それはさらに次のように説明され，中東・イスラーム史の見直しによる世界史の書き換えが求められている。

> イスラームの都市性と近代性がヨーロッパ的に展開したものこそヨーロッパの近代だと，私は考えています。（中略）ヨーロッパがイスラームから受け取ったものは何かというと，個人主義・合理主義・普遍主義です。（中略）／「市場経済」という話は，ソ連の崩壊後，急にはやりだしたけれども，本来マーケット・エコノミーの考え方は，むしろイスラームに密着した考え方であり，「法の支配」という理念や「市民社会（シビル・ソサエティー）」という観念も，元来，どこから来たのかといえばイスラームです。「国民国家（ネーション・ステイト）」という概念は，最近評判はあまりよくないけれども，ここでも七世紀に成立したウンマ・イスラーミーヤこそ国民国家の原型だっ

たのです。(中略)／「共和主義」あるいは「共和制」についても，同様です。

(板垣 2003：229-230)

ただし後の中東学会講演では，「7世紀を中心として東西で，宇宙の理法を洞察した前代の智慧の継受と壮大な文明交流とを踏まえて，華厳とタウヒードとがそれぞれに開示したスーパーモダニティ」(板垣 2014：111) が語られ，中東のイスラームだけでなく，中国，朝鮮半島，日本列島の華厳仏教からも，「同時展開」として板垣氏の意味での人類史的近代が開始されたとされる。板垣氏の人類史的近代論は，ついに中東・イスラーム中心主義の衣さえ脱ぎ始め，東アジアの思想と歴史の見直しを要請するまでになっている。

第2命題──人類史的近代の病変としてのイスラエル

だが，その近代は，欧米に渡来した後に病変して欧米中心主義となり，欧米からグローバルに展開した。20世紀以降，欧米は，中東ではイスラエルを要とする「中東諸国体制」を形成し，パレスチナ住民を中心とする中東の人々を苦しめると同時に，病の進行が逆に身体の抵抗力を呼び覚ますように，「中東諸国体制」すなわち欧米中心の「病変した近代」に対する「本来の近代」の抵抗を呼び起こすとされる。これが第2命題だ。

この命題は，19世紀以降の帝国主義列強の中東分割から20世紀の二度の大戦と冷戦を経て21世紀の今日に至るまでの中東の政治変動と民衆運動について，一貫した説明を可能にする点で優れている。板垣氏は，2011年末に次のように書いている。

現在の中東諸国の枠組みは，第1次世界大戦後に英・仏が (1920年サンレモ会議では日本も加担)，ついで第2次世界大戦後は米・ソが，中東を分割・区画し保守してきた人口の空間だ。アラブ諸国とイスラエルとの組み合わせは，トルコ・イランとも並列して，全体が一組の装置(ワン・ユニット)として設計された。／だが，このシステムは安定しない。1950年代以降ウルーバ(アラブたること)意識とアラブ民族運動の，1980年代からはウンマ(イスラーム国民)意識とイスラーム復興運動の，挑戦に曝(さら)された。革命下の多民族国家イランを保全したのは，サッダーム・フセインのイラン・イラク戦争。湾岸戦争からイラク戦争までの過程は，クウェート

第Ⅱ部　中東諸国の課題

> 国家を温存するかわり，イラクを分解させた。南北イエメン統合，西サハラ問題，南部スーダン問題，そして「反テロ戦争」下中東における米国版体制変革（レジーム・チェンジ）諸計画は，システムの綻（ほころ）びの修繕または再編の企てである。／人工の中東「国分け」システムでは，凝集力が弱い「国民」意識は，アイデンティティ選択の優先度が高くない。2011 年に国旗を持ち出す市民がいたのは，世界変革へのステップを確認するもの。　　　　　　　　　（板垣 2012：11）

すなわち，欧米が作り出したイスラエル国家を組み込んだ中東支配の枠組みに対して，民衆の側の一貫した抵抗が，1950～70 年代のアラブ民族運動，1980 年代以降のイスラーム復興運動を生み出し，枠組みを揺るがしてきたという整理である。この視点はさらに，2011 年のアラブ革命にも貫かれている。

> 中東の市民決起は，各国ごと権威主義的強権体制の打倒にとどまらず，世界と「自分」とを変えようとするところに眼目がある。（中略）公言はせずとも，市民たちが変革しようと相手どっている現実とは，米国とイスラエルが支配する世界。市民らが直視していたのは，米国が四半世紀にわたりその対外援助総額の半分近くをイスラエル・エジプト二国に注ぎ込んできたことの意味〔ママ〕／カイロの米国大使館の要塞のような偉容に隠された米国の恐怖心〔ママ〕／イスラエルの反人道的なガザ封鎖への米国・エジプトの共犯性〔ママ〕／だった。（中略）／市民決起の意味を根底的に把握するには，パレスチナ人の絶滅・消去（ジェノサイド）の「どん詰まり」が迫るパレスチナ問題の緊迫感が，アラブ民衆の心に渦巻く深層を見極めることが必要だ。（中略）米国覇権の衰弱とイスラエル国家存立のリスク増大とが，中東市民に決起を促す条件であり，同時に，市民決起が促す結果ともなる。こうしてアラブ市民の怒りは，植民地主義・人種主義・軍国主義の横行が人間の「生」を辱しめている世界を革命する要求へと，変わりはじめるのだ。（中略）／だから，運動は，（中略）中東の中の親米政権が標的であるどころか，イランやシリアの体制，パレスチナ人指導部もろもろ，従来型イスラーム運動諸潮流など，グローバル体制のあらゆる構成要素に対して噴出する性質のものなのだ。　　　　（板垣 2012：13-14）

近代の病変とされる「中東諸国体制」の内実は，このように入植政策を一貫

して継続するイスラエルと，それに対抗して軍事独裁色を強める中東諸国の「植民地主義・人種主義・軍国主義」として規定されている。そして第1命題で言う近代の核心である「個人主義・合理主義・普遍主義」を求める中東の民衆と対置されている。

第3命題――人類史的近代の甦りとしての2011年アラブ革命

　第2命題でいう「病変」に対する抵抗力が全面展開すれば，病気は克服され，健康な近代が回復されることになる。2011年のアラブ革命は，グローバルな人類史的近代の甦りを告げるものだ，というのが第3命題である。

　すなわち，アラブ革命は，次のような拡がりを持つ「世界史の画期」とされている。

　　起点は，西サハラ，チュニジア，エジプトでの市民決起であったが，瞬く間にアラブ諸国の多くに拡がり，（中略）アラブ市民決起に触発された世界諸地域の市民決起は，たまたま時を同じくして東日本大震災のもとで福島第1原発の複合過酷事故が発生したことにより，一層激しさを増した。中国での少数民族や出稼ぎ労働者の反乱／インドの反腐敗・反原発運動／ヨーロッパを揺るがす環境・反原発・反格差運動の高揚のもとで市民の広場占拠や緑の党躍進／スコットランド独立運動の前進／ベラルーシ市民の偽装デモ／ラテンアメリカを覆う対リビア干渉反対の反米・反NATO気運とボリビアのパチャママ法（母なる大地の権利法）の環境共生運動／米国と英国で1％富裕層の支配に抗議するオキュパイ運動／などである。もともとパレスチナ人のインティファーダから出発し，反テロ戦争＝新自由主義体制に対して蓄積されてきた世界民衆の抗議・批判と人間の尊厳・誇りの回復の要求とが，レゾナンス（共振共鳴）を起こしつつ2011年に一挙に噴出したのだ。米国がイスラエルとセットにして別格のテコ入れを施してきたエジプトのムバーラク政権が市民の非暴力抵抗のまえに崩壊していき，それが世界大の変化と一気に繋がりあうのは，まさしく世界史の画期の情景であった。　　（板垣 2014：114）

　ここで，世界諸地域の市民決起として列挙された中国，インド，ヨーロッパ，ラテンアメリカなどの事例は，「植民地主義・人種主義・軍国主義」への対抗

という枠には入りきらないものもある。だが，先に第1命題に関連して分析したような，「個人主義・合理主義・普遍主義」を生み出す商品交換と対話の世界である都市的世界を前提として，市民社会，国民国家，共和主義が成立するという，板垣氏の人類史的近代＝超近代性の概念の広がりを念頭に置けば，人類史的近代の甦りとして理解できる。すなわち，グローバル化による商品交換を中心とする人間関係の広がりは，今日の多国籍企業エリート支配のグローバル化に対抗する社会運動を生み出していると見ることができるのだ。

板垣氏の「近代性」論は，このように，今日のグローバル化世界での社会運動の方向を把握する手がかりを与えてくれている。

3　板垣氏の問題提起への疑問

第1命題に関して——商品交換，都市，対話の文化を見る視点

以下，板垣氏の問題提起に対する筆者の疑問点を列挙していこう。

第1命題に関してまず浮かんでくる疑問は，商品交換→都市→対話→近代という思考回路だけでいいのだろうかということだ。商品交換によって，交換する者同士が個人主義，合理主義，普遍主義の関係を生み出すのは先述のとおりだ。だが問題は，だれが商品交換を行うのかということだ。商品交換は，商品となる財産の所有者によって行われる。では財産所有者はだれか。たとえば板垣氏が注目する7世紀に，どれだけの人が財産所有者として商品交換に参加できたのだろうか。財産所有から排除された，従属民や奴隷，女性はどれほどいたのだろうか（女性を中心とする概観として，アハメド2000を参照）。

さらに，そもそも視点を商品から商品へという循環（商品A－貨幣－商品B）に置くだけでいいのだろうか。その場合，だれもが異なる使用価値を得たという点で，相互利益の面だけが浮かび上がる（以下，マルクス『資本論』第1巻第1章および第2巻を参照）。だが，商品交換は必ず貨幣を媒介する。貨幣から貨幣に視点を置けば，商品交換の繰り返しによってだれが交換価値を増やして儲け，資本家として成功したか，だれがそうでなかったかが明らかになる（m量の貨幣－商品－n量の貨幣）。最後に，生産から生産に視点を置くこともできる（商品生産の場－商品A－貨幣－商品B－商品生産の場）。この視点では，生産者の視点から市場の役割，商人や貨幣・金融業者の役割が問題とされ，独占商人や特権商

人の存在が問題とされる。生産力上昇と社会的富の増大を促進する市場の役割を考察したアダム・スミスの視点がこれだ。

実際に商品となるものを作っているのは，できたものの所有者になれない家族成員，奴隷，農奴，徒弟職人，あるいは賃金労働者かもしれない。この最後の視点から商品交換を見れば，市場は，実際の生産者とは異なる財産所有者階級のみによる，財産の相互交換と対話の場に過ぎないものになる。この視点は，マルクスが重視した階級の視点であり，ウェーバー，パーソンズをへて今日の社会科学にも受け継がれている（岡野内 2000 参照）。

板垣氏が商品交換と市場経済を見る視点は，社会全体を捉えるには，あまりに一面的，部分的だと言わねばならない。

第2命題に関して――何が病の原因か
病変の原因は次のように特定されている。

　スーパーモダニティの衰弱には，華厳の空論化やタウヒードの弛緩・劣化のような社会の不覚も否定できないが，その停滞と抑圧を決定的にしたのは欧米中心主義の自他二分法・排中原理／植民地主義・人種主義・軍国主義／その根底をなす男中心主義が惹き起こした「病変」（悪性腫瘍の発生・増殖・転移に譬えられえる）であった。　　　　　　　　　　　（板垣 2014：112）

ここで病変の原因として挙げられているのは，「社会の不覚」，そして「欧米中心主義」という「世界が欧米化すべきだと仮想するイデオロギー」（板垣 2014：100）である。要するに，ものの考え方が原因だというわけである。だが，人が不覚に陥るのはなぜか，妙なものの考え方に落ち込むのはなぜかを考えることは，説得あるいは治療のために不可欠な第一歩ではないだろうか。言葉の意味が言葉の受け取り手の状況（文脈）に依存するとすれば，言葉の受け取り手である病に落ち込む主体の置かれた状況を理解し，それを変える努力をすることなしに，説得も治療もありえないだろう。こんな状況だったから欧米中心主義が魅力的に見えた，でも今はこんな状況だからもう魅力はないのではないか，という議論，すなわち，主体が置かれた状況に照らした病の魅力の解明である。この点の解明が曖昧だと，病は簡単に遺伝＝DNAのせいにされてしま

い，不治の病と見られてしまう。

板垣氏による「人類史的近代」病変の原因論は，病人に向かって「病は気から」を指摘するだけの中途半端な議論，精神論だと言わざるをえない。

第3命題に関して——健康回復とはどのような状態か

第2命題に対する疑問を別の側面から言えば，健康回復とはどのような状態かという，板垣氏の第3命題への疑問となる。

「人類史の転換点」とされる2011年のアラブ革命の「意味・内容・特質」として，中東学会講演では，「非暴力直接行動」，「ネットワークとパートナーシップの運動組織」，「新しい社会・世界」，「修復的正義」の4項目が挙げられている（板垣 2014：115）。最初の2項目は転換そのもの，最後の項目は転換の後始末に関することであり，転換後の状況は，第3項目の「新しい社会・世界」にまとめられている。そこには，「植民地主義・人種主義・軍国主義・男中心主義の克服」，すなわち板垣氏のいう「欧米中心主義」の克服が掲げられている。続いて「公正と安全／自由と自立／平和と共生／多様性・いのちの尊重」とある（板垣 2014：115）。おそらくこれらの理念が欧米中心主義克服，したがって人類史的な「近代性」の病気克服の内容であろう。

だがこれらの理念はあまりに抽象的，理念的であり，経済や政治の仕組みをどのようなものに転換すれば健康回復と言えるのか，曖昧なままの精神論にとどまっている。

4　タコツボを超える対話のための修正命題

板垣氏の問題提起の意義と限界を捉える枠組み

板垣氏の問題提起の意義は，それが歴史を創り出す人間の命の営みが持つ底力をしっかり捉えている点にある。人間の命の営みには，集団で自然に働きかけて命の糧を得るといういささか動物的なレベルもあるが，その過程で個人間の対話が行われ，自然について，社会について，自分自身について，自分なりの考え方が形づくられていく。これが個人としての人間の主体性であり，対話の拡大，深化に対応して，無限の発展の可能性を持つ。したがって，板垣氏が対話に着目して，市場，都市の歴史的意義を評価されるのは卓見と言わねばな

らない。

 だが、板垣氏の問題提起の限界は、その対話を制限し、歪めてしまう世の中の仕組みの移り変わりと、命の営みとの関係が曖昧な点にある。集団で自然に働きかけて命の糧を得て、命を育んでいく必要があることから、人間は人間同士で、経済や政治の様々な仕組み、すなわち世の中の仕組みを創り出してきた。命の営みの底力は、そんな世の中の仕組みに助けられてすくすくと発展するが、世の中の仕組みは衣服のようなもので、一度作られてしまうと簡単には変わらない。そうなってくると、窮屈な衣服が肉体の動きを制限するように、世の中の仕組みが、命の営みを制限し、ゆがめてしまうようになる。命の糧を得るやり方も、対話の広がりも、仕組みによってかえって制限され、ゆがめられてしまう。この時、命の営みからみれば、世の中の仕組みは「病変」しているように見えてくる。だがその根底には、命の営みの底力の発展があって、新しい世の中の仕組みへの模索があり、やがて強力になった命の営みの底力に見合った、新しい世の中の仕組みが人々の対話と合意の中から採用されるようになる。…このようにみるならば、命の営みの底力と世の中の仕組みの移り変わりとの関係をより明確に、しかも、命の営みを実践する立場から整理できるだろう。

 なおこのような枠組みによる議論の整理は、ドイツの社会理論研究者ハーバーマスによって、『公共性の構造転換』から『史的唯物論の再構成』を経て『コミュニケイション的行為の理論』に至る著作の中で展開された議論を踏襲している。ハーバーマスの「生活世界」と「システム」は、筆者のことばで、「命の営み」と「世の中の仕組み」と言い換えてある（岡野内 2016a 参照）。

タコツボを超えるための社会科学の対話の場

 このようなハーバーマスの枠組みは、冒頭で述べたようにタコツボ化した現代の社会科学研究に対して、対話の場を提供するために設定されたものでもある。

 ハーバーマスは、1980年代初頭のタコツボ群を、近代社会に取り組む3つの研究潮流として整理している。筆者の言葉に直して説明しよう（ハーバーマス 1987：下巻388-390）。

 第1の潮流は、命の営みと渾然一体となった世の中の仕組みの類型化と比較研究である。社会史的研究の潮流としてR・ベンディックス、R・レプジウス、

C・W・ミルズ，B・ムーア，U・ヴェーラーらの名が挙げられているが，欧米や中東を「文明」として比較する板垣氏の議論，さらに比較歴史制度分析を目指すアブナー・グライフらの研究もこの潮流に入るだろう（グライフ 2009）。

第2の潮流は，もっぱら世の中の仕組みのメカニズムを純化して捉え，観察者の視点で命の営みまで世の中の仕組みに含めて捉えようとする研究である。パーソンズからルーマンに至る社会学のシステム理論，新古典派経済学や機能主義的行政学などが挙げられているが，今日では，ゲーム理論による社会科学の統合を唱えるギンティスらの制度理論，規範理論を除外する政治学における量的研究と質的研究の統合を目指すいわゆるKKVの議論もこの潮流に入るだろう（ギンティス 2011／キング・コヘイン・ヴァーバ 2004）。

第3の潮流は，もっぱら命の営みの場における当事者の視点を描くことに集中し，そこから世の中の仕組みの意味を捉えようとする研究である。E・P・トムスンの歴史研究や，現象学的，解釈学的，象徴的相互作用論的な理解社会学の諸潮流，人類学的サブカルチャー研究などが挙げられている。

ハーバーマスの提案は，人々の実践を導く命の営みの場での底力の形成（第3の潮流）が，世の中の仕組みの独自のメカニズム（第2の潮流）によってゆがめられながらも，新しい世の中の仕組みが形成されていく様相（第1の潮流）として，3つの研究潮流が相互に議論を繰り広げながら，人々の実践的関心と切り結ぶ理論的認識を生み出す社会科学的議論を創り出すことであった。

最後に，このような整理の延長上で，板垣氏の問題提起に応えて，中東研究をより活性化するための筆者なりの修正命題を提起しておこう。

修正第1命題──人類史的古代としてのイスラーム

イスラームの登場を個人主義，合理主義，普遍主義の線で把握したのは，板垣氏が最初ではない。ヘーゲルの『歴史哲学』の次の一節を見よう。

> …要するに西欧が偶然性を追っかけ廻し，混乱に陥り，それぞれ我欲の妄執に囚われている時に，世界全体の均衡を保つために，これと全く反対の傾向が世界に出現しなければならなかった。そしてこの後の役割は東洋の革命の中で果されたのである。この革命は，ただ抽象的な一者だけをその絶対唯一の対象にし，また純粋の主観的意識を，すなわちただこの一者だけの知

識を現実界の唯一の目的として立てることによって，(中略)一切の我性と妄執とを粉砕し，もって心情を完全に浄化し，純化したのだった。

(ヘーゲル 1971：下巻, 42)

ここで「東洋の革命」とはイスラームの登場のことだ。それは，「ただ一人の者が自由」な「東洋」から，「若干の者が自由」である「ギリシアとローマの世界」を経て，「すべての者が自由」な「ゲルマンの世界」に至る，というヘーゲルの世界史の三区分——これには専制政体→民主政体と貴族政体→君主政体という政体の形態変化が対応する（ヘーゲル 1971：上巻, 218）——の中で，第2形態から第3形態への移行を準備するという意義，すなわち，ローマ帝国を滅ぼしたゲルマン民族の大移動後に成立するヨーロッパ中世（フランク王国成立・分裂，封建制度，教権政治という3つの「反動」によって特徴づけられている）を形成させて，世界史的近代（宗教改革と啓蒙と革命で特徴づけられる）を準備したという意義が与えられている。

マホメット教の主旨は次の点にある。現実世界の中には確固不動のものなどはなく，万有は活動しつつ，躍動をなしつつ世界の無限の拡がりの中へ消え去って行くものであり，したがってこの万有をつなぐ唯一の絆は一者の崇拝だけだというのである。このひろがりの中，この威力の中では一切の制限も，民族の差別とか，階級の差別などというものも一切消滅する。

(ヘーゲル 1971：下巻, 44)

このくだりは，ヘーゲルなりのイスラーム神学の中心的理念であるタウヒードの把握といっていい。ヘーゲルも確かに，板垣氏と同様に，イスラーム登場の中に世界史的近代の重要な要素の成立を見ていた。

だが板垣氏の第1命題には，理念が社会的現実を生むのではなく社会的現実が理念を生むというマルクスらのヘーゲル批判を踏まえて，商品交換→都市→対話というより具体的な社会関係の中で，公共圏における不断の意思疎通の試みとしてタウヒード（互いに異なることを認め合った上での連帯，他者の承認と了解）を把握しようとする視点があった。この視点を生かして，さらに先述の批判点（商品所有者の範囲の明確化，商品生産者を含む考察の必要性）を考慮すれば，

ジェンダー差別や奴隷制を前提とするイスラーム登場後の社会が、それに先行するローマ帝国、ギリシア都市国家、さらにオリエントの諸帝国や都市国家の社会と比べて、どれほど画期的に異なるのかが怪しくなる。それは、7世紀における東アジアでの華厳の成立とそれ以前の諸王朝との関係についても同様である。

　したがって、板垣氏の第1命題の修正命題としては、イスラーム発生をめぐる社会関係を人類史的近代の始まりとして見ていく前に、ヘーゲルが「若干の人が自由」になったと高く評価した古代ギリシア、ローマなどのいわゆる古代社会との比較で見ていくことを提起したい。それは、板垣氏が詳しい検討抜きで概念設定そのものに批判的な「中世」あるいは「封建社会」という世の中の仕組みについて再考を迫ることになるだろう（その独特な人的従属の仕組みについてさしあたり、ブロック 1973, 1977 参照）。

修正第2命題──グローバルな賃労働システムの中の中東と生活世界

　イスラエル国家の形成とそれをとりまく第2次大戦後の中東諸国体制が、パレスチナ難民の形成を軸として、中東地域に住む人々の命の営みを系統的にゆがめる世の中の仕組みとなっていることに異論はない。その意味で、「すべての人が自由」であるはずの近代はまさに病変しているのだが、問題は、その原因である。筆者は、それをグローバルな賃労働システムに基づく資本主義システムの展開に求めたい。それによって、病を克服する抵抗力の形成、すなわち命の営みの底力の形成をも同時に捉えることができるからだ。その論理は次のようになる。

　商品交換→都市→対話が普遍化（グローバル化）すること、すなわち人類一人ひとりが商品所有者として商品交換に参加し、対話の場を持ち続けていくことは、板垣氏の言う人類史的近代を実現する力である。なぜなら、対話の普遍化と継続こそ、単純な「自他二分法・排中原理」の克服であり、排除と暴力に基づく「植民地主義・人種主義・軍国主義」さらに「男中心主義」の克服だからだ。それは、「すべての人が自由」なはずのヘーゲル的近代の人類規模の実現でもある。20世紀以後の中東を含む人類社会は、実際にこの線で商品交換が拡大してきた。もっともそれは、自分の労働力（正確にはその時間決めの使用権）以外には売るべき商品を持たない商品所有者、すなわち賃金労働者が拡大

する形をとった。

　そのこと自体は，命の営みの底力を背景に，公共圏で展開された奴隷制や様々な形態の従属労働や差別の廃止運動の圧力を受けて進行した世の中の仕組みの転換によるものだった。グローバルな労働市場で，労働力の買い手である資本家階級と売り手である賃金労働者階級に属する諸個人が自由に商品交換を行う，グローバルな賃労働システムはこうして形成された。

　今日のグローバル資本主義システムは，このグローバルな賃労働システムに立脚して形成されていったが，問題は，労働力以外に売るものを持たない賃金労働者階級の諸個人は，かつての従属労働に比べれば自由な商品所有者ではあるものの，労働力の買い手である資本家階級の諸個人と比較して圧倒的に不利な立場にあることだ。すなわち，賃金労働者の勤労の成果が資本蓄積に回されて技術革新に繋がるとき，職場と産業部門の再編が行われ，従来の賃金労働者は失業し，零細企業や独立小生産者から賃金労働者となるものが増加し，しかも省力化技術の導入によって賃金労働への需要は相対的に（場合によっては絶対的に）減少する。かつてマルクスが『資本論』で詳細に分析した19世紀半ばの賃労働に基づく資本主義システムの論理が，ポスト福祉国家の新自由主義政策によって展開するグローバルな賃労働システムのもとでそのまま妥当する（詳しくは，スタンディング 2016参照）。

　このような賃金労働者の弱点が，資本家階級の人々によって系統的に利用されるとき，資本主義システムという世の中の仕組みのもとで，賃金労働を通じて，賃金労働者階級に属する人々と資本家階級に属する人々との取引がゆがめられ，命の営みの中で抵抗力を育む意志疎通がゆがめられることになる。ここに，賃金労働システムの拡大に伴って商品交換を通じて一見自由な人々の関係が拡大・普遍化するにもかかわらず，同時に排除と暴力という歪みに基づく「植民地主義・人種主義・軍国主義」さらに「男中心主義」が絶えないことの根拠があるとみるべきではないだろうか。

　したがって第2命題の修正命題は，グローバルな賃労働システムに立脚するこの地域での資本主義システムの展開との関連で，イスラエルを含む中東諸国体制という政治システムの展開を考察し，そのような世の中の仕組み（経済・政治システム）の歪みにもかかわらず，命の営みにおける人々の間での意思疎通を通じて，世の中の仕組みを変えようとする抵抗力が形成されてくる様相を

考察するという課題を提起したい。

修正第3命題——グローバル・ベーシック・インカムを求める小市民革命

こうして，2011年のアラブ革命を捉える視点が明らかになった。グローバルな賃金労働システム自体が機能不全に陥っているが，中東地域の失業・不安定就労問題はもはや限界に達している。2011年のアラブ革命は，命の営みを脅かす中東地域の失業・不安定就労問題を解決できない政府を拒否したが，賃金労働システム自体の克服を提起できなかった。

自由な賃金労働システムを拒否する1つの道は，社会主義化による完全雇用だが，その道はすでにソ連東欧に追随したアラブ社会主義の失敗によって閉ざされており，革命でもその方向は追求されなかった。

もう1つの，そしておそらく唯一の道は，経済的に自立した，賃金労働に依存する必要のない市民を創出して，そのような市民の自由な経済活動に依拠した市場経済に転換することだ。すなわち全住民対象，無条件，個人向け，生涯継続，最低生活費水準の所得保障政策であるベーシック・インカム政策の導入である（詳しくは，ヘースケンス2016／岡野内ほか2016／岡野内2016(b)／スタンディング2016を参照）。

そのための財源は，多国籍企業がその多くを左右するグローバル資本主義経済の超過利潤（剰余価値）部分に課税することで得るしかない。中東の産油国は，そのかなりの部分をすでに財政資金として入手しているが，政府系金融機関などを通じて多国籍企業に再投資する仕組みが出来上がっている。

アラブ革命が，この資金を財源として，さしあたりは，中東規模で国境を越えて非産油国をも対象とするベーシック・インカムの導入と維持に踏み切ることが出来れば，それは，中東からのグローバル・ベーシック・インカム革命に連動することになるだろう。

この地域全体に，経済的に自立した市民を創出し，持続させる世の中の仕組みが形成されるならば，市民同士の商品交換取引を通じて，対話と意思疎通が活性化し，イスラエルをはじめ，中東諸国体制が形成されて以来今日に至るまでの歴史的不正義に対する正義回復を話し合うための経済的・社会的な基盤ができるだろう（岡野内2008-09／岡野内2016c参照）。

したがって，第3命題の修正命題は，こうなる。アラブ革命は，グローバ

ル・ベーシック・インカムを求める小市民革命へと繋がる時，初めて人類史的な世の中の仕組みの転換に至るのではないか，と。

　本書の多角的な分析を踏まえて，読者のみなさんが，タコツボを越える論争に参加されることを強く願う。グローバル化時代の人類史を創るのは，そんな議論を通じて形作られる私たち一人ひとりの意志なのだから。

参考文献

阿久津正幸編『中東イスラーム研究の先達者たち No.3, 板垣雄三先生インタビュー Vol.2』(TIAS Middle East Research Series. No.8)，2014年。

板垣雄三『歴史の現在と地域学——現代中東への視角』岩波書店，1992年。

板垣雄三『イスラーム誤認——衝突から対話へ』岩波書店，2003年。

板垣雄三「人類が見た夜明けの虹——地域からの世界史・再論」『歴史評論』741号，2012年。

板垣雄三「学知の建て替えに向けて——日本中東学会に託された課題」『日本中東学会年報』No.30-2, 2014年。

岡野内正「イスラームと経済学のコトバ」『えくす・おりえんて』3号，2000年。

岡野内正「パレスチナ問題を解く鍵としてのホロコースト（ショア）とナクバに関する正義回復（リドレス）」上・中・下『アジア・アフリカ研究』389号・390号・392号，2008-09年。

岡野内正「生存権をめぐる底辺からの運動——自立と権利」藤田憲・松下冽編『グローバル・サウスとは何か』(本シリーズ第1巻)，ミネルヴァ書房，2016年a（予定）。

岡野内正『グローバル・ベーシック・インカム構想の射程』法律文化社，2016年b（予定）。

岡野内正「中東と世界の未来のために——歴史的正義回復に向けた市民運動を」長沢栄治・栗田禎子編『中東と日本の針路——「安保法制」を越えて』大月書店，2016年c。

岡野内正ほか著訳『グローバル・ベーシック・インカム入門——世界を変える「ひとりだち」と「ささえあい」の仕組み』明石書店，2016年。

加藤秀一「遺伝子決定論，あるいは〈運命愛〉の両義性について——言説としての遺伝子／DNA」柘植あづみ・加藤秀一編著『遺伝子技術の社会学』文化書房博文社，2007年。

ライラ・アハメド（林正雄他訳）『イスラームにおける女性とジェンダー——近代論争の歴史的根源』法政大学出版局，2000年。

マルク・ブロック（新村猛ほか訳）『封建社会』1・2，みすず書房，1973・77年。
スーザン・ジョージ（荒井雅子訳）『金持ちが確実に世界を支配する方法──1％による1％のための勝利戦略』岩波書店，2014年。
ハーバート・ギンティス（成田悠輔ほか訳）『ゲーム理論による社会科学の統合』NTT出版，2011年。
アブナー・グライフ（岡崎哲二・神取道宏監訳）『比較歴史制度分析』NTT出版，2009年。
ユルゲン・ハーバーマス（細谷貞雄・山田正行訳）『公共性の構造転換』第2版，未來社，1994年。
ユルゲン・ハーバーマス（清水多吉監訳）『史的唯物論の再構成』法政大学出版局，2000年。
ユルゲン・ハーバーマス（丸山高司ほか訳）『コミュニケイション的行為の理論』上・中・下，未來社，1987年。
レネ・ヘースケンス（岡野内正訳）「グローバル・ベーシック・インカムとは何か？」(1), (2)『アジア・アフリカ研究』419号：420号，2016年。
ヘーゲル（武市健人訳）『歴史哲学』上・中・下，岩波書店，1971年。
G・キング，R・O・コヘイン，S・ヴァーバ（馬渕勝監訳）『社会科学のリサーチ・デザイン──定性的研究における科学的推論』勁草書房，2004年。
ガイ・スタンディング（岡野内正監訳）『プレカリアート』法律文化社，2016年。

関係年表

年	世界の動き	中東の動き
1898	2月米西戦争，12月パリ条約によりアメリカ，フィリピンを領有。キューバ，保護国化。	
1899	10月ボーア戦争（〜1902年）。	
1904	2月日露戦争（〜1905年9月）。	
1910	8月韓国併合に関する日韓条約調印。	
1911	10月イタリアのリビア植民地支配（〜1943年9月）。	
1914	7月第1次世界大戦（〜1918年11月）。	
1915		10月フセイン・マクマホン協定。
1916		5月サイクス・ピコ協定。
1917	11月バルフォア宣言。ロシア十月革命。	11月バルフォア宣言。
1920	1月国際連盟発足（ベルサイユ協定発効日）。6月国際商業会議所（International Chamber of Commerce）設立。	4月サン・レモ会議にてイギリスのパレスチナ委任統治決定。
1921		8月イラク建国（イギリスの委任統治領）。
1922	**7月国際連盟，英国によるパレスチナ委任統治の承認。11月クーデンホーフ＝カレルギー，「汎ヨーロッパ主義」を提唱。**	7月国際連盟，英国によるパレスチナ委任統治の承認。8月セーブル条約でクルディスタンの自治承認。
1923		7月ローザンヌ条約（クルディスタンの自治否定）。10月トルコ共和国建国。
1924		3月カリフ制廃止。
1928		3月エジプトのイスマーイリーヤでムスリム同胞団結成。
1931	9月柳条湖事件。日本軍，軍事行動を開始（「満州事変」）。	

1932		9月サウディアラビア（第3次サウード王国）建国。10月イラク独立。
1934	6月南アフリカ連邦地位法が可決され，南ア，イギリス連邦内で独立。	3月チュニジアにてネオ・ドゥストゥール党結成。
1937	7月盧溝橋で日中両軍衝突。12月日本軍，南京占領。	
1939	9月第2次世界大戦（1日，独軍ポーランド侵攻。～1945年9月2日，日本降伏文書調印）。	
1940	3月全インドムスリム連盟（1906年設立），ラーホール決議採択。9月日本軍，「仏印進駐」。	
1941	5月ホー・チ・ミン，ベトナム独立同盟（ベトミン）を結成。7月スピネッリらレジスタンス運動家による「ヴェントテーネ宣言」。8月大西洋憲章署名。12月日本軍，ハワイ真珠湾・マレー半島コタバル攻撃。	
1943	9月イタリア降伏，休戦協定調印。	
1945	**3月アラブ連盟の成立。**5月ドイツ降伏。8月広島，長崎への原爆投下。日本，ポツダム宣言受諾，降伏。インドネシア独立宣言（スカルノ初代大統領）。オランダとの間で独立戦争（～1949年）。9月ホー・チ・ミン，ベトナム民主共和国独立宣言。10月国際連合発足。12月国際通貨基金（IMF），国際復興開発銀行（世界銀行）設立。	3月アラブ連盟の成立。
1946	6月アルゼンチンでペロン政権成立（～1955年9月）。7月フィリピン独立。9月チャーチル，チューリヒで「ヨーロッパ合衆国構想」を提唱。12月第1回国連総会でUNICEF（国連国際児童緊急基金）を創設。インドシナ戦争始まる。	1月チュニジア労働総同盟（UGTT）の結成，イラン西北部でクルド人によるマハーバード共和国の成立と崩壊（～12月）。5月トランス・ヨルダン王国の独立。
1947	2月イタリアと連合国間でパリ講和条	11月国連パレスチナ分割決議案の採

	約調印（全植民地の放棄）。8月パキスタン成立（英連邦内自治領。1956年にパキスタン・イスラーム共和国として完全独立）。11月国連パレスチナ分割決議案の採択（国連総会決議181）。	択（国連総会決議181）。
1948	5月南ア，国民党勝利，アパルトヘイト政策を実施。**イスラエル独立宣言，第1次中東戦争の勃発**。8月大韓民国政府樹立。9月朝鮮民主主義人民共和国政府樹立。12月第3回国連総会で「世界人権宣言」採択。	5月イスラエル独立宣言，第1次中東戦争の勃発。
1949	9月ドイツ連邦共和国（西ドイツ）が米英仏占領地区に成立。10月ドイツ民主共和国（東ドイツ）がソ連占領地区に成立。中華人民共和国成立。	
1950	6月朝鮮戦争起こる（1953年7月，休戦協定調印）。12月国連難民高等弁務官事務所設立。	
1951	7月「難民の地位に関する条約」採択。9月サンフランシスコ講和条約調印。	
1952	4月ボリビア革命（スズ国有化，農地改革，普通選挙，教育の無償化）。7月パリ条約に基づく石炭鉄鋼共同体（ECSC）設立。	2月トルコ，NATOに加盟。
1953	7月カストロらキューバ・モンカダ兵営襲撃。	
1954	5月仏軍要塞ディエンビエンフー陥落。6月周恩来・ネルーが会談，平和五原則発表。7月インドシナ休戦協定（ジュネーブ協定）調印。臨時軍事境界線（北緯17度線）の北にベトナム人民軍，南にフランス連合軍が集結。	
1955	4月インドネシア・バンドンで「アジア・アフリカ会議」開催。10月ゴー・ディン・ジェム，ベトナム共和国（南ベトナム）樹立宣言，初代大統領に。	
1956	10月**スエズ危機（第2次中東戦争）**。	3月チュニジア独立（フサイン朝によ

		る王政)。10月スエズ危機(第2次中東戦争)。
1957	3月ガーナ共和国,英から独立(ンクルマ初代大統領)。	7月チュニジア共和国樹立。10月イラク・イスラーム・ダアワ党結成。
1958	1月ローマ条約に基づく欧州経済共同体(EEC)・欧州原子力共同体(EURATOM)・欧州投資銀行(EIB)設立。7月イラク共和革命。10月ギニア共和国,仏から独立(セク・トゥーレ初代大統領)。	7月イラク共和革命。
1959	1月キューバ革命勝利。5月ベトナム労働党(共産党),南ベトナムにおける武装闘争発動を決定。	
1960	アフリカの年。7月「コンゴ動乱」,現コンゴ民主共和国(DRC)の内戦(〜1965年11月)。12月南ベトナム解放民族戦線結成。	
1961	2月アンゴラ解放人民運動(MPLA)蜂起により,アンゴラ独立戦争勃発(〜1974年4月)。5月カストロ,キューバ社会主義共和国を宣言。韓国で朴正煕らの軍事クーデター。ケネディ米大統領,ベトナムへの特殊部隊と軍事顧問の派遣発表。9月第1回非同盟諸国首脳会議,於ベオグラード(ほぼ3〜5年間隔で2012年まで16回開催)。12月第16回国連総会「第1次国連開発の10年」採択。	
1962	2月キューバ,第2ハバナ宣言。6月社会主義民族解放組織「モザンビーク解放戦線(FRELIMO)」結成,独立運動を開始(ソ連・中国・キューバの支援を受ける)。10月キューバ危機。	
1963	5月アフリカ統一機構(OAU)発足,OAU憲章採択。	
1964	1月パレスチナ解放機構(PLO)設立。3月ブラジルで軍事クーデター,軍事政権発足(4月)。6月国連貿易	1月パレスチナ解放機構(PLO)設立。

	開発会議（UNCTAD）開催。8月「トンキン湾事件」。10月第2回非同盟諸国首脳会議（於カイロ）。	
1965	3月ジョンソン米政権，ベトナムに戦闘部隊派遣，恒常的北爆開始。6月日韓基本条約調印。8月シンガポールが分離独立，現在のマレーシア形成。9月インドネシア9・30事件。10月アメリカ合衆国において1965年移民国籍法成立，国別割当制度の廃止。	
1966	1月三大陸人民連帯会議開催（ハバナ）。2月ガーナでクーデター，ンクルマ失脚。5月中国で文化大革命起こる（〜1976年10月）。	8月エジプトでサイイド・クトゥブ処刑。
1967	1月「難民の地位に関する議定書」採択。6月第3次中東戦争勃発。7月欧州共同体（EC）設立。8月東南アジア諸国連合（ASEAN）結成。9月カナダ，新移民法施行。10月ゲバラ，ボリビア政府軍により射殺。	6月第3次中東戦争の勃発，イスラエルによるヨルダン川西岸・ガザ地区の占領。
1968	1月南ベトナムで解放勢力のテト攻勢開始。3月インドネシア，スハルト大統領就任。	7月イラク・バアス党が政権奪取。
1970	11月チリ人民連合勝利，アジェンデ大統領選出。	9月ヨルダン内戦（黒い9月事件）。
1971	8月ニクソン米大統領，金・ドル交換停止。12月第3次インド・パキスタン戦争，バングラデシュ民主共和国，独立。**英国によるスエズ以東撤退（湾岸諸国の独立）。**	12月英国によるスエズ以東撤退（湾岸諸国の独立）。
1972	2月ニクソン訪中。9月フィリピン・マルコス大統領，戒厳令布告。日中国交回復。	
1973	1月韓国朴正煕大統領，重化学工業化宣言（大統領年頭記者会見）。ベトナム和平協定調印（於パリ）。9月チリでピノチェト将軍による軍事クーデター。10月OPEC，石油戦略発動。第	10月第4次中東戦争。

329

	4次中東戦争。アルゼンチン・ペロン政権発足。	
1974	4月国連資源特別総会,「新国際経済秩序に関する宣言」採択。11月PLOをパレスチナ人の唯一正当な代表と認める国連総会決議（3236号）。	
1975	4月カンボジアでポル・ポト政権誕生,大虐殺始まる。ベトナム人民軍の大攻勢でサイゴン陥落,ベトナム戦争終わる。6月第1回世界女性会議開催（於メキシコ）。11月「アンゴラ内戦」,米ソ代理戦争（〜2002年4月）。12月ラオス民族連合政府,王制廃止とラオス人民民主共和国樹立を宣言。	
1976	7月ベトナム社会主義共和国樹立。	
1977	3月PLOによる「ミニ・パレスチナ国家」構想の承認。	3月PLOによる「ミニ・パレスチナ国家」構想の承認。
1978	8月日中平和友好条約調印。11月ユネスコ,人権および人種差別に関する宣言。12月中国の改革開放政策始まる。	1月チュニジアUGTTのゼネストに対する大弾圧（黒い木曜日事件）。
1979	1月カンボジアのポル・ポト政権崩壊。米中国交樹立。2月イラン・イスラーム革命の達成,湾岸諸国のシーア派蜂起。中国軍,ベトナムに侵攻（中越戦争）。3月欧州通貨制度（EMS）・欧州通貨単位（ECU）運用開始。7月ニカラグアでサンディニスタ革命,ソモサ独裁倒れる。12月ソ連軍,アフガニスタン侵攻（1989年2月,ソ連軍,完全撤退）。「女性差別撤廃条約」採択（於第34回国連総会）。	2月イラン・イスラーム革命の達成,湾岸諸国のシーア派蜂起。3月イスラエルとエジプトによる平和条約締結。7月イラク,フセイン大統領就任。
1980	4月在イラン米国大使館占拠事件。米国とイラン断交。	1月トルコ,1・24決定（IMFの勧告に基づく構造改革の開始）。4月在イラン米国大使館占拠事件。米国とイラン断交。9月トルコで軍事クーデタ。イラン・イラク戦争の勃発。
1981	6月「バンジュール憲章（人及び人民	5月湾岸協力理事会（GCC）の発足。

	の権利に関するアフリカ憲章)」採択 (於ナイロビ第18回OAU首脳会議)。12月マレーシア・マハティール首相が「ルック・イースト(東方政策)」発表。	
1982	6月マルビーナス(フォークランド)戦争でアルゼンチン, 英国に敗北。	6月レバノン戦争勃発, ヒズブッラーの原型となるイスラーム抵抗結成。
1984	3月国際人口会議(於メキシコシティー),「人口と開発に関するメキシコシティ宣言」採択。	
1985	12月ダッカにて南アジア地域協力連合(SAARC)が発足。	
1986	7月構造調整プログラム開始:ブルンジ, ギニア, ニジェール。10月「バンジュール憲章」発効。12月ベトナム共産党第6回党大会開催, ドイモイ(刷新)政策を提起。	
1987	4月国連環境と開発に関する世界委員会「われら共有の未来」発表。6月韓国, 6・29民主化宣言。7月単一市場構築に関する「単一欧州議定書」発効。	11月チュニジア, ベン・アリーによる権力掌握。12月第1次インティファーダ勃発。
1988	**8月国連安保理イラン・イラク停戦決議598号が発効。**11月国連環境計画(UNEP)と世界気象機関(WMO),「気候変動に関する政府間パネル」(IPCC)設立。**PLO民族評議会, パレスチナ国家の独立宣言。**12月マルタ会談により, 冷戦終結。	7月ヨルダン, ヨルダン川西岸の切り離しを宣言。**8月国連安保理イラン・イラク停戦決議598号が発効(イラン・イラク戦争の停戦)。11月PLO民族評議会, パレスチナ国家の独立宣言。**
1989	4月経済通貨同盟(EMU)設立に関する「ドロール・レポート」公表。「ベルリンの壁」崩壊。6月中国で天安門事件起こる。7月カンボジアからベトナム軍撤退。11月第44回国連総会で子どもの権利条約を採択。	6月イラン革命の指導者ホメイニー師が死去, ハーメネイー師が最高指導者に就任。7月IMF勧告に基づくヨルダン経済構造改革の開始。12月マルタ会談により, 冷戦終結
1990	2月「アフリカ人民参加憲章(開発と変化への人民の参加のためのアフリカ憲章)」採択(於アルーシャ)。デクラーク大統領, ネルソン・マンデラ釈放。	**8月イラクによるクウェート侵攻(湾岸危機の発生)。**

	3月チリで民政復帰，エイルウィン大統領就任。6月日本において出入国管理及び難民認定法が改正，施行。7月ペルーで第一次フジモリ政権発足。8月イラクによるクウェート侵攻（湾岸危機の発生）。	
1991	1月湾岸戦争の勃発，イラク軍がクウェートから撤退。6月南ア，アパルトヘイト体制終結宣言。8月ベトナムと中国が関係正常化で合意。10月カンボジア問題パリ和平会議，最終合意文書調印。11月米空軍クラーク基地，フィリピンに返還（米海軍スービック基地は1992年11月）。12月独立国家共同体（CIS）の創設とソ連の消滅。	1月湾岸戦争の勃発，イラク軍がクウェートから撤退。10月マドリード中東和平国際会議の開催。
1992	1月ロシアで価格・貿易自由化開始（10月バウチャー民営化の開始）。6月ブトロス＝ガリ国連事務総長が『平和への課題』を公表。ブラジル，リオデジャネイロにおいて「環境と開発に関する国連会議（UNCED）」開催，政治宣言とアジェンダ21採択。	
1993	9月イスラエルのラビン首相とPLOアラファート議長，「オスロ合意」調印。11月マーストリヒト条約に基づく欧州連合（EU）設立。12月マンデラおよびデクラーク大統領，ノーベル平和賞。	9月イスラエルのラビン首相とPLOアラファート議長，「オスロ合意」調印。
1994	1月北米自由貿易協定（NAFTA）発効。4月ルワンダ虐殺（ジェノサイド）発生（〜1994年7月）。5月ネルソン・マンデラ大統領就任。	10月ヨルダン・イスラエル平和条約。
1995	1月世界貿易機関（WTO）設立。3月シェンゲン協定発効，ヨーロッパにおいて協定圏内の自由移動が可能に。7月米越国交正常化声明。ベトナムがASEANに加盟。8月戦後50年の村山首相談話，侵略・植民地支配への「お詫び」表明。9月第4回世界女性	

	会議（於北京）開催。	
1996	12月南ア，新憲法採択。	
1997	7月アジア通貨危機の発生。香港，中国に復帰。ミャンマーとラオスがASEANに加盟。12月「京都議定書」採択。	2月トルコ「2月28日キャンペーン」の開始。8月イランでハータミー改革派政権が発足。
1998	5月民主化運動によってスハルト大統領辞任，ハビビ大統領就任。6月欧州中央銀行（ECB）設立。8月ロシア通貨・金融危機。在ケニアおよびタンザニア米国大使館爆破事件。	
1999	1月ユーロ導入。2月ベネズエラでチャベス政権成立。	
2000	3月プーチン，ロシア大統領に当選（〜2008年，2008〜12年首相，2012年〜大統領）。8月第1回南米首脳会議開催（ブラジリア）。9月国連ミレニアム・サミット開催，「国連ミレニアム目標」（MDGs）を採択。11月国連，「人身売買議定書」採択。	7月イスラエル・PLO間での和平交渉決裂。9月第2次インティファーダ勃発。
2001	9月米国同時多発テロ事件。10月米軍によるアフガニスタン侵攻。「アフリカ開発のための新パートナーシップ（NEPAD）」。12月中国WTO加盟。	2月トルコ金融危機（2000年11月の危機と合わせて「双子の危機」）。9月米国9.11同時多発テロ事件，アル＝カーイダの台頭と「対テロ戦争」の開始。10月米軍によるアフガニスタン侵攻，ヨルダン・米自由貿易協定の発効。
2002	7月アフリカ連合（AU）発足。8月**イランにおける秘密裏の核施設の存在が発覚（「イラン核開発問題」の発生）**。	8月イランにおける秘密裏の核施設の存在が発覚（「イラン核開発問題」の発生）。11月トルコの公正発展党が単独与党の座に就く。
2003	1月ブラジル，ルーラ労働者党政権発足。3月イラク戦争の勃発。4月イラクで連合国暫定当局（CPA）による暫定占領統治開始。5月キルチネル政権発足。6月赤道原則（Equator Principles）の開始。	3月イラク戦争の勃発，バアス党政権の崩壊。4月イラクで連合国暫定当局（CPA）による暫定占領統治開始。
2004	4月アジア海賊対策地域協力協定（ReCAAP）の採択（2009年9月発	6月イラク，連合国当局からイラク暫定政府へ主権移譲。

333

	効)。10月国民による初の直接投票でユドヨノがインドネシア大統領に選出。11月ASEAN非公式首脳会議で「人身売買に対抗するASEAN宣言」を採択。	
2005	4月バンドン会議50周年記念会議。12月ロシア・ウクライナガス紛争（〜2006年1月）。国連で平和構築委員会の設立が決定。	10月トルコ、EU加盟交渉開始。11月ヨルダン首都同時多発テロ。
2006	1月ボリビアでモラレス政権発足。10月北朝鮮の第1回核実験（2009年第2回、2013年第3回）。	1月パレスチナ評議会選挙でハマースが第1党に。2月国際原子力機関（IAEA）、「イラン核開発問題」を国連安保理に付託、イラクのサーマッラーにてシーア派聖廟爆破事件。
2007	1月エクアドル、コレア大統領就任。8月サブプライムローン問題表面化。	3月パレスチナ自治政府の分裂（西岸地区ではファタハが、ガザ地区ではハマースが実質的支配）。8月トルコ、ギュル大統領の就任（政軍関係のパワーバランスの逆転）。
2008	2月ラウル・カストロ、キューバ国家評議会議長に就任。8月イタリア・リビア友好協定（ベンガジ協定）締結。**9月世界金融危機（リーマン・ショック）。**	9月世界的金融危機（リーマン・ショック）。
2009	5月スリランカで1983年以来のスリランカ政府とタミル・イーラム解放のトラ（LTTE）との内戦終結。10月政権交代を契機として、ギリシャで財政・債務の危機的状況が露呈。12月リスボン条約（EU条約・EC条約を改正する条約）発効。	
2010	5月欧州金融安定化メカニズム（EFSM）設立。6月欧州金融安定ファシリティ（EFSF）設立。	12月チュニジア中西部スィーディー・ブーズィードでムハンマド・ブーアズィーズィー青年の焼身自殺。
2011	1月ベン・アリー大統領亡命（チュニジア革命）、カイロのタハリール広場でムバーラク大統領に辞任を求める若者たちのデモ。2月ムバーラク大統領	1月ベン・アリー大統領亡命（チュニジア革命）、カイロのタハリール広場でムバーラク大統領に辞任を求める若者たちのデモ。2月ムバーラク大統領

	辞任。11月オバマ米大統領，ダーウィン（豪州）でアジア太平洋地域への「リバランス」を宣言。12月オバマ大統領，米軍戦闘部隊完全撤退によりイラク戦争終結を宣言。	辞任。3月GCC合同軍が治安維持のためバハレーンに軍事介入。10月チュニジアの制憲議会選挙でナフダ党他三党の連立政権成立。12月エジプト憲法改正の賛否を問う国民投票。オバマ大統領，米軍戦闘部隊完全撤退によりイラク戦争終結を宣言。
2012	1月米，「新国防戦略指針」発表。10月欧州安定メカニズム（ESM）設立。	1月エジプトの人民議会選挙でムスリム同胞団系の自由公正党が単独与党に。6月エジプト，ムルスィー大統領就任。12月エジプト新憲法の発効。
2013	11月ウクライナ・マイダン革命（〜2014年2月）。	2月チュニジアで左派政治家シュクリー・ベライードの暗殺。7月チュニジア，ムハンマド・ブラーフミーの暗殺と政治危機，エジプト軍がムルスィー大統領を逮捕。軍部が最高憲法裁判所のマンスール長官を暫定大統領に任命。8月カイロのラーバア・アダウィーヤ広場などで同胞団支持者に対する強制排除。イランでロウハーニー政権が誕生，核問題の解決を約束。
2014	8月米国，対「イスラーム国」軍事作戦開始。9月シリア領内でもアメリカ主導の「有志連合」によるISに対する空爆開始。	1月チュニジア新憲法成立，エジプト新憲法案の賛否を問う国民投票。6月エジプトのスィースィー前国防相が大統領就任，イラクで「イスラーム国」がモースル陥落，カリフ国家樹立を宣言。8月トルコ初の国民投票による大統領選挙でエルドアンが勝利，米国，対「イスラーム国」軍事作戦開始。
2015	4月バンドン会議60周年を記念する首脳会議（於ジャカルタ）。9月国連サミット開催，「持続可能な開発目標」（SDGs）を採択。11月フランスでパリ同時多発テロ事件。12月地中海を越えてヨーロッパへ渡った難民が100万人を超える。ASEAN共同体（AC）・ASEAN経済共同体（AEC）発足。	3月サウディアラビア主導によるイエメン紛争への軍事介入。10月エジプト人民議会選挙（〜12月2日）。
2016		1月イラン核合意が発効（対イラン経済制裁が解除・一時停止）。

人名索引

あ 行

アーレント, H. 174
アウワー, S. 56
アサド, B. 27, 29, 31, 36, 38
アサド, H. 22, 23
アッバース, M. 145, 146
アッラーウイ, I. 258, 259
アバーディ, H. 250, 256, 262
アハメド, L. 155, 313
アブドゥッラー 204, 209, 230, 238
アブドゥッラー1世 142, 287
アブドゥッラー2世 30, 290-292, 295, 298-301
アブドゥルアジーズ 203
アフマディーネジャード, M. 29, 31, 35, 233-236, 240
アラファート, Y. 22, 29, 273, 281
アルアラミー, M. 130
アルンチ, B. 190
アンダーソン, L. 107, 108, 110
板垣雄三 13, 305-323
ウォルツァー, M. 286
ウォルフォウィッツ, P. 26, 28
エヴレン, K. 181
エジェビト, B. 182
エルドアン, R.T. 186, 187, 189, 190, 197
エルバカン, N. 186-188, 190
オーウェン, R. 286
オザル, K. 187
オザル, T. 181, 182, 184, 186, 187, 190, 195
オバマ, B. 7, 33-40

か 行

カーイド・セブスィー 120
カースルズ, S. 163

カーブース 205
カッザーフィー, M. 70, 215
ガンヌーシー, R. 112
キャルービー, M. 234
ギュル, A. 189-191
ギュレン, F. 188, 189
ギョクチェク, M. 187
クトゥブ, S. 47
クリントン, W.J. 20-23, 27, 28, 39
クローマー卿 139

さ 行

サーダート, A. 47, 115, 143, 269, 270
サーリフ 216
サイード 205
サイード, E. 125, 144, 155
サドル, M.B. 44
ザルカーウィー, A.B. 27, 38
シャミール, Y. 277, 278
シャリーアティー, A. 225, 226
シャロン, A. 28, 29, 281, 282
ジョンソン, L.B. 19
神野直彦 61
スィースィー, A. 36, 82, 101
ズライク, C. 130
ソーヴィ, A. 195
ゾルル, F.R. 195

た 行

ダーヴトオール, A. 192
立山良司 4
チャーチル, W. 287
デジョージズ, T. 122
デルヴィシュ, K. 182, 183

な 行

ナーセル, G.A. 29, 30, 114, 124, 143, 201

中村文隆　59
ナスルッラー，H.　30, 31
ヌルスィー，S.　188
ネタニヤフ，B.　281

は行

ハーヴェイ，D.　180
ハータミー，S. M.　230, 232-234
ハーディー，A. R. M.　216, 218
ハーバーマス，J.　317, 318
ハーメネイー，A.　31, 235, 236
ハーリディー，R.　143, 145
ハシェード，F.　114
ハターミー，M.　28, 29
ハマド　77
浜中新吾　62
バラク，E.　281
ハリーリー，R.　29
バンナー，H.　44
ビシュリー，T.　56
ビン=ラーディン，U.　26, 37, 48
ファイサル　213, 242, 287
ファイス，D.　28
ブーアズィーズィー，M.　105, 106, 119
フサイニー，H. A. A.　130, 140-142
フサイン　274, 287
フセイン，S.　18, 20, 21, 26-28, 38, 44, 153, 164, 167-170, 237, 242-244, 249, 251, 256, 276
ブッシュ，G. H. W.［父］　20, 22
ブッシュ，G. W.［子］　7, 24-35, 37, 39, 231, 256
フランクス，O.　2
ブルギバ，H.　108-117
ブレマー，P.　26, 167
フワイディー，F.　56

ヘーゲル　318-320
ベギン　270, 272
ペペ，I.　132, 133, 136, 140
ベン・アリー，Z. A.　105-107, 115-117, 119
ベン・サーリフ，A.　114, 115
ベン・ユースフ，S.　109-111, 114
ホメイニー，A. R.　19, 224, 226-230, 232, 235, 237, 239
ボルトン，J.　28

ま行

マーリキ，N.　249, 250, 255, 258-260, 262
マルクス，K.　314, 315, 319, 321
マルズーキー，M.　120
丸山眞男　303
ムーサヴィー，M.　234
ムクリン　204
ムスタファ・ケマル（アタテュルク）　179, 180, 188-191, 200
ムバーラク，M. H.　9, 30, 36, 81-83
ムハンマド・ビン・サルマーン　204, 205
ムハンマド・ビン・ナーイフ　204, 205
ムルスィー，M.　9, 50, 51, 81-83, 90, 176

ら行

ラーニア妃　291
ラビン，Y.　281
ラフサンジャニー，H.　229, 230, 232, 234, 236, 237
ラムズフェルド，D.　26
レーガン，R. W.　20
ロウハーニー，H.　236
ロス，M.　64, 67-69
ロビンス，P.　193

事項索引

あ 行

アジア・アフリカ会議　195
アタテュルク主義　200
「アナトリアの虎」　182
アブー・グレイブ捕虜虐待事件　33
アフロバロメーター　89
アラビア半島諸国　201-220
アラブ・イスラエル紛争　268, 270, 271, 276
アラブ・ナショナリズム　124
アラブ・バロメーター　89, 90
アラブ革命　312, 313
アラブ社会主義バアス党　→　バアス党
アラブ大反乱　287
「アラブの春」　5, 9, 36-39, 41, 44, 50-53, 56, 57, 69, 71, 105-122, 149, 153, 193, 194, 202, 204, 210, 216, 217, 284-286, 291-296, 299-301
アラブの冷戦　201
アラブ民族主義　2, 3, 13, 30, 201, 288
アラブ連盟　142, 214, 215
アル＝アクサー・インティファーダ　281, 292
アル＝アクサー・モスク　28
アル＝カーイダ　24, 26-28, 35, 37, 41, 48, 49, 52
アンカラ・フォーラム　193
アンマーン同時多発テロ　292
イエメン紛争　202, 215-217
意識構造　92, 93, 100
意識調査　89-91, 96, 101
イスラーム　213, 224-226, 308-310, 318-320
イスラーム過激派　8
イスラーム救国戦線（FIS）（アルジェリア）　50, 54

イスラーム共和党（IRP）（イラン）　226
イスラーム原理主義　42
イスラーム行動戦線党（IAF）（ヨルダン）　292, 294
「イスラーム国」（IS）　4, 5, 11, 12, 27, 37-39, 41, 46, 51-53, 194, 240, 242, 250, 257, 260-263, 300, 301
イスラーム集団　47
イスラーム主義（運動）　8, 41-58, 126, 176, 224
イスラーム諸国会議機構（OIC）　192
イスラーム中道派　56
イスラーム抵抗運動　→　ハマース
イスラーム復興　4, 42, 45, 47, 55, 176
イスラエル・パレスチナ紛争　265, 267, 269
イスラエル・ロビー　230
1月25日革命（エジプト）　81-101
1・24決定　181
委任統治　127, 136, 138-141
移民　13, 72-77
イラク　164-172, 242-263
イラク・アル＝カーイダ　27, 31, 38
イラク・イスラーム・ダアワ党　44
イラク戦争　10, 12, 26, 27, 33-35, 44, 49, 52, 63, 70, 149, 152, 173, 245, 249, 252, 253, 256, 284, 290, 292, 298
イラクのクウェート侵攻　201, 214
イラン　224-241
イラン・イラク戦争　19, 206, 214, 215, 243, 244
イラン・コントラ事件　229
イラン・リビア制裁法（ILSA）　230
イラン（・イスラーム）革命　5, 12, 45, 50, 206, 207, 214, 224
インターネット・メモ事件　191
インティファーダ（民衆蜂起）

（第1次）　28, 143-145, 289
　（第2次）　28, 29, 133
ウィキリークス　238
英国のスエズ以東撤退　213, 214, 218
エーシュ　88
エジプト　81-101
エジプト・イスラエル和平条約　3
エスノクラシー　72, 74, 75, 78
エルゲネコン事件　191
オイルショック　67
オイルブーム　4, 8, 63, 221
王朝君主制　203-205, 219
欧米中心主義　306-308, 311
オスマン帝国　43
オスロ・プロセス　280-283
オスロ合意（暫定自治政府原則の宣言）　5, 22, 125, 126, 128, 143-147, 278, 279
オスロ合意II（ヨルダン川西岸地区およびガザ地区に関するイスラエル・パレスチナ合意）　278, 279
オランダ病　65, 66
オリエンタリズム　42, 155

か　行

階層意識　95
カイロ合意（ガザ地区とエリコ地区に関する合意）　278, 279
覚醒評議会　35
核不拡散体制（NPT体制）　231
「革命の輸出」　206
家父長制　158, 163, 170, 173
上エジプト　86, 87, 93-95, 100
「加盟のためのパートナーシップ」　191
カリフ　51
北大西洋条約機構（NATO）　190
キャンプ・デービッド合意　142, 270, 272-274, 281
9.11事件　→　米国同時多発テロ
ギュレン運動　54, 188, 189
共産主義　213
近代化　189

クーデタ　179
グリーン革命　35, 36
クルディスタン地域　247, 251, 255, 259
「黒い9月」事件　274
クローニー・キャピタリズム（縁故資本主義）　9, 107, 117
グローバリゼーション　183, 184
グローバル化　304, 305
軍最高評議会（エジプト）　81
君主制　201-203, 211, 219
計画経済　2, 4
経済グローバル化　8, 59, 62
経済構造改革　5
経済制裁　243-245
経済成長　3, 8, 11, 64, 65, 68
ゲジェコンドゥ　185
結社の自由　222
ケマリズム　180
権威主義　4, 5, 61-63, 67-74, 77
公正な体制　186
公正発展党（トルコ）　56, 179, 183-185, 188, 191, 193, 196
国際原子力エネルギー機関（IAEA）　231
国際通貨基金（IMF）　116, 117, 181, 182, 297, 299
国内避難民　150, 151, 153, 165
国民議会選挙（イラク）　249, 252, 253, 258, 262
国民救済党（トルコ）　186
国民秩序党（トルコ）　186
国民投票（エジプト）　81, 82
「国民の視座」　186
国連後発開発途上国（LDC）会議（第4回）　197
国連難民高等弁務官事務所（UNHCR）　149, 289, 290, 300, 301
国連パレスチナ難民救済事業機関（UNRWA）　289, 290, 300
国家資本主義　180
コペンハーゲン基準　190

さ 行

サイクス・ピコ秘密協定　287
最終的地位交渉　272, 273, 281
再生可能エネルギー　80
財政民主主義　61, 62, 68, 73
「サウス」的中東　2-6, 8
「砂漠の嵐」作戦　20
サンプリング　90, 91
シーア派　208, 236-241
ジェンダー　9, 59, 66, 176
シオニズム運動　128, 130, 134, 136, 267
市場経済　2
自治交渉　272
ジニ係数　86
ジハード（聖戦）　46, 49, 52
ジハード団　47
自爆テロ　47, 49
至福党（トルコ）　188
下エジプト　93-95
社会運動　84, 85
社会主義政策　164, 170
社会的ダーウィニズム　198
社会統合政策　223
ジャスミン革命　36
宗教知識人　235, 236
自由公正党（エジプト）　81
自由主義経済　4
従属理論　2
12イマーム・シーア派　227, 240
自由貿易協定（FTA）　286, 298, 300
情報革命　96
植民地主義　2, 12, 13, 124, 125, 130, 133, 136, 139, 144, 155
植民地独立闘争　150
食料安全保障　88
女性家長　156-158, 174
女性差別撤廃条約　176
シリア　160-163, 173
シリア紛争　10, 63, 152
シリア問責レバノン主権回復法（シリア問責法）　28, 29
自立独立産業家・企業家協会（MUSIAD）　182, 183, 186, 188
新アラブ主義　4
親イスラーム政党　179, 186
新自由主義　11, 168, 179-182
人種主義　308
新冷戦　37
「水平線の外から」政策　19
スーダン　103, 104
政教分離　179, 194
政治意識　89, 91
脆弱性　86, 87, 101
西洋化　189, 190
世界銀行　116, 117
世界金融危機　75, 87, 111
世界食糧危機　88
石油資源　201, 202, 210, 215, 244, 245
「石油の呪い」　8, 63, 64, 67, 68, 70, 78
世俗主義　8, 11, 43, 186, 194
絶対君主制　201, 202
「ゼロ・プロブレム」外交　194
総合住宅管理庁（TOKI）　185
増派戦略　35
祖国党（トルコ）　181
ソフトパワー　194
ソ連のアフガニスタン侵攻　206, 214

た 行

ターリバーン　26, 28, 41, 46
大イスラエル主義　272
第1次世界大戦　150
第3共和制（トルコ）　179
第三世界　195
第三世界主義　228
体制利益判別評議会　235
対テロ戦争　26, 27, 32, 33, 37, 49
多極共存型民主主義　254
多国籍企業　68
多重対応分析　92, 93
タハリール広場（カイロ）　82, 84, 85, 95,

96, 100
タブリーグ　54
タマッルド（エジプト）　82
地域研究　2, 3, 70, 71
　　社会科学的——　6, 7, 9, 13
　　人文学的——　3, 6, 7, 9, 13
地域秩序の安定化　179, 194
中東「諸国体制」　141, 143, 147
中東研究　303-323
中東新冷戦　7, 8, 29, 30
中東戦争
　　（第1次）　151
　　（第3次）　3, 43, 125, 128, 129, 132, 141
中東戦争（第4次）　67
チュニジア　105-122
チュニジア革命　292
チュニジア労働総同盟（UGTT）　105, 110, 113-115, 118, 120
「強い経済に向けたプログラム」　182, 183, 185
帝国　24-33
帝国主義　124-127, 130, 133, 134, 136-138, 140, 141, 143, 146, 147
定量的調査　90
テロリズム　140
東方問題　189
独立　213, 215
トルコ　179-198, 200
トルコ国際協力機構（TİKA）　196, 197
トルコ産業家・企業家協会（TUSIAD）　181
トルコ商工会議所連合（TOBB）　186, 193

な　行

ナクバ（大災厄）　124, 130, 131, 133
ナフダ党（チュニジア）　37, 50, 56, 194
「ならずもの国家」　24, 25
南北問題　2
難民　149-175
2月28日キャンペーン　187-189
「二重の封じ込め」政策　20, 21, 28

二柱政策　19, 213
『人間開発報告書2011』　86
ヌスラ戦線　38, 39
ヌルジュ運動　188
ネオ・ドゥストゥール党（チュニジア）　108-111, 113-115
ネオコン（新保守主義者）　24, 25, 27, 33

は　行

バアス党（アラブ社会主義バアス党）（イラク）　26, 44, 169, 242, 243, 247, 250-252, 259, 260, 263
バグダード条約機構　192
覇権国家　7
バスィージ　234, 239
パックス・アメリカーナ　18-25
パトロン=クライアント関係　9, 107, 108, 110, 112-114, 119, 122
バハレーン解放イスラーム戦線（IFLB）　207
ハマース（パレスチナ・ハマース、イスラーム抵抗運動）　23, 33, 41, 47, 48, 50, 55, 56, 126, 144-147, 280-282
バルフォア宣言　138, 287
バルヨズ計画　191
パレスチナ解放機構（PLO）　22, 125, 131, 141-147, 271, 273, 275, 276, 278, 279, 281
パレスチナ革命　125, 126, 141
パレスチナ自治政府　278, 279, 281
パレスチナ難民　124, 126, 128-133, 142
「パレスチナの大義」　129, 130, 141
パレスチナ分割決議　266
パレスチナ民族運動　128
パレスチナ民族評議会（PNC）　273
パレスチナ問題　10, 124-147, 264-283
パレスチナ立法評議会（PLC）　282
「半島の盾」軍　207, 211, 218
反米　5, 8
ヒズボッラー（レバノン・ヒズボッラー）　23, 29-31, 41, 47, 48, 55, 56, 230, 238
非同盟（NAM）諸国　232

事項索引

美徳党（トルコ）　188, 190
貧困　86, 87, 97
貧困率　86
ファタハ　126, 141, 145, 146, 282
フーシー　238
福祉党（トルコ）　183, 184, 186-188
フサイン・マクマホン協定　287
部族　201
「双子の危機」　182, 183
「ブッシュ・ドクトリン」　24, 25, 32, 34
不平等　86, 87
分割労働市場　221
米国　17-40
米国同時多発テロ（9.11事件）　24, 26, 28, 41, 48, 49, 230
米国のシリア空爆　215
ベーシック・インカム　322, 323
法学者の統治論　11, 12, 226, 227, 235
保護国　212
「保守的なグローナリスト」　183, 184, 195
「ポスト・イスラーム主義」論　53-55

ま 行

マドリード・プロセス　277-279
マドリード中東和平会議　5, 22, 23
マララさん襲撃事件　176
未承認国家　288
緑運動　234
ミニ・パレスチナ国家構想　273
民主化　59, 67, 69, 70, 169, 170, 172, 200
民主主義　4, 12, 62, 67, 170
「民主主義の守護者」　192
ムスリム同胞団　36, 37, 39, 41, 44, 47, 49-51, 54, 55, 81-83, 85, 145, 176, 194, 209, 210, 292, 294
モジャーヘディーネ・ハルク（MKO）　231, 232
モノカルチャー経済　201

や 行

輸出協定　161

ユダヤ人入植地　268, 282
ヨーロッパ化　190
ヨルダン　158-162, 173, 284-301
ヨルダン内戦　288

ら 行

ラービア・アダウィーヤ・モスク　82
立憲君主制　205
立憲民主連合（RCD）（チュニジア）　107, 116-119
リビア・シリアへの空爆　202
リンケージ論　5
リン資源開発社（CPG）（チュニジア）　118, 121
レバノン・ヒズブッラー　→　ヒズブッラー
レバノン戦争
　（第1次）　143
　（第2次）　30, 193, 238
レバント・カルテット　193
連合国暫定当局（CPA）　26, 27, 249-252
レンティア国家　8, 59-78
レント　59-63, 68, 71-78
労働市場　10, 67, 72, 73, 75, 77
「ロードマップ」　282
6月5日運動（エジプト）　85
6月30日革命（エジプト）　83

わ 行

若者革命　96
湾岸アラブ諸国　221-223
湾岸危機　192, 215, 243, 244
湾岸協力理事会（GCC）　11, 21, 202, 205-212, 217, 219
　――のイエメン軍事介入　217
　――のバハレーン軍事介入　211, 215, 217, 218
湾岸戦争　4, 20, 23, 25, 70, 144, 214, 244, 250, 288

欧 文

CPA　→　連合国暫定当局

343

CPG	→ リン資源開発社（チュニジア）	IS	→ 「イスラーム国」
EU 化　190		MKO	→ モジャーヘディーネ・ハルク
EU 加盟交渉（トルコ）　183, 188, 190, 191		NATO のリビア空爆　215	
EU 調和法パッケージ　191		PLO	→ パレスチナ解放機構
E クーデタ　191		RCD	→ 立憲民主連合（チュニジア）
FIS	→ イスラーム救国戦線（アルジェリア）	SNS　53	
		TİKA	→ トルコ国際協力機構
FTA	→ 自由貿易協定	TOBB	→ トルコ商工会議所連合
GCC	→ 湾岸協力理事会	UGTT	→ チュニジア労働総同盟
IAF	→ イスラーム行動戦線党（ヨルダン）	UNHCR	→ 国連難民高等弁務官事務所
		UNRWA	→ 国連パレスチナ難民救済事業機関
IMF	→ 国際通貨基金		
IMF 構造調整　285			

執筆者紹介 （執筆順，＊は編者）

＊松尾昌樹 （まつお・まさき） はしがき，序章，第3章
1971年生まれ。1995年立教大学文学部卒業。2004年東北大学大学院国際文化研究科博士後期課程修了，博士（国際文化）。現在，宇都宮大学国際学部准教授。主な著作に，『湾岸産油国――レンティア国家のゆくえ』講談社，2010年；『オマーンの国史の誕生――オマーン人と英植民地官僚によるオマーン史表象』御茶の水書房，2013年；『湾岸アラブ諸国における移民労働者――「多外国人国家」の出現と生活実態』（共著）明石書店，2014年。

溝渕正季 （みぞぶち・まさき） 第1章
1984年生まれ。2006年神戸大学国際文化学部卒業，2011年上智大学大学院グローバル・スタディーズ研究科博士後期課程単位取得退学，博士（地域研究）。現在，名古屋商科大学経済学部准教授。主な著作に，ロジャー・オーウェン著『現代中東の国家・権力・政治』（共訳）明石書店，2015年；「冷戦終結以降の中東における地域秩序の変遷――『アメリカの覇権』の趨勢をめぐって」*NUCB Journal of Economics and Information Science*, Vol. 59, No. 2, 2015年；「「見えない敵」への爆撃――第二次レバノン戦争（2006年）とガザ戦争（2008/09年）におけるイスラエルのエア・パワー」『国際政治』第178号，2014年。

末近浩太 （すえちか・こうた） 第2章
1973年生まれ。1998年英国ダラム大学中東・イスラーム研究センター修士課程修了，2004年京都大学アジア・アフリカ地域研究研究科5年一貫制博士課程修了，博士（地域研究）。現在，立命館大学国際関係学部教授。主な著作に，『イスラーム主義と中東政治――レバノン・ヒズブッラーの抵抗と革命』名古屋大学出版会，2013年；『現代シリアの国家変容とイスラーム』ナカニシヤ出版，2005年；『現代シリア・レバノンの政治構造』（共著）岩波書店，2009年；『比較政治学の考え方』（共著）有斐閣，2012年。

岩崎えり奈 （いわさき・えりな） 第4章
1989年上智大学外国語学部卒業，一橋大学大学院経済学研究科博士後期課程修了，博士（経済学）。現在，上智大学外国語学部教授。主な著書に，『変革期のエジプト――マイグレーション・就業・貧困』早山書籍工房，2009年；『現代アラブ社会――「アラブの春」とエジプト革命』（共著）東洋経済新報社，2013年；"Income Distribution in Rural Egypt‐A Three Village Case" *Journal of African Studies and Development*, Vol. 7 No. 1, 2015年。

渡邊祥子　（わたなべ・しょうこ）　第5章
1979年生まれ。2011年東京大学大学院総合文化研究科博士課程単位取得退学，博士（学術）。現在，日本貿易振興機構アジア経済研究所研究員。訳書に『アルジェリア戦争──フランスの植民地支配と民族の解放』（ギー・ペルヴィエ著）白水社，2012年。著作に「『アルジェリア・ムスリムのウンマ』の概念形成──帰化問題と政教分離法適用問題に対するアルジェリア・ウラマー協会の見解を題材に」『日本中東学会年報』27-1号，2011年。

金城美幸　（きんじょう・みゆき）　第6章
1981年生まれ。2004年立命館大学国際関係学部卒業，2012年立命館大学先端総合学術研究科修了，博士（学術）。現在，日本学術振興会特別研究員RPD。主な著作に，「破壊されたパレスチナ人村落史の構築──対抗言説としてのオーラルヒストリー」（研究ノート）『日本中東学会年報』第30-1号，2014年；「イスラエル建国以前の労働シオニズムにおける「民族共生論」の役割」『アジア・アフリカ研究』第55巻3号，2015年；「反・二国家解決としてのオスロ・プロセスと新たな和平言説の誕生」今野泰三・鶴見太郎・武田祥英編『オスロ合意から20年──パレスチナ／イスラエルの変容と課題』NIHUイスラーム地域研究TIAS中東研究シリーズ第9巻，2015年。

円城由美子　（えんじょう・ゆみこ）　第7章
1965年生まれ。1989年ウィスコンシン大学ジャーナリズム学科卒業，2011年立命館大学国際関係研究科修士課程修了，修士（国際関係学）。現在，関西大学外国語教育学研究科兼任講師。主な著作に，「フセイン政権後に見られる女性の人身取引──紛争の契機と歴史・文化的要因を視野に入れて」『アジア・アフリカ研究』第55巻第3号，2015年；「イラクにおける女性政策と女性の社会的地位の変遷──フセイン政権崩壊前後の政策に見られる連続性を中心に」『大阪女学院短期大学紀要』第43号，2014年；「フセイン政権崩壊後のイラクと国外避難民──「治安改善」がなぜ帰還を促進しないのか」『立命館国際関係論集』第12号，2012年。

今井宏平　（いまい・こうへい）　第8章
1981年生まれ。2011年中東工科大学（トルコ・アンカラ）国際関係学部博士課程修了，2013年中央大学大学院法学研究科政治学専攻博士後期課程修了，中東工科大学Ph.D.（International Relations），中央大学博士（政治学）。現在，日本貿易振興機構アジア経済研究所研究員。主な著作に，『中東秩序をめぐる現代トルコ外交』ミネルヴァ書房，2015年；「西洋とのつながりは民主化を保障するのか──トルコのEU加盟交渉を事例として」『国際政治』第182号，2015年。

村上拓哉　（むらかみ・たくや）　第9章
1986年生まれ。2007年中央大学総合政策学部卒業，2016年桜美林大学大学院国際学研究科博士後期課程単位取得満期退学。現在，中東調査会研究員。主な著作に，『「新しい戦争」とは何か』（共著）ミネルヴァ書房，2016年；「湾岸地域における新たな安全保障秩序の模索──GCC諸国の安全保障政策の軍事化と機能的協力の進展」『国際安全保障』第43巻第3号，2015年12月。

坂梨　祥　（さかなし・さち）　第 10 章
1971 年生まれ。2005 年 3 月，東京大学大学院総合文化研究科国際社会科学専攻博士課程満期退学。現在，日本エネルギー経済研究所中東研究センター研究主幹。主な著作に，土屋一樹編『中東地域秩序の行方――「アラブの春」と中東諸国の対外政策』（共著）アジア経済研究所，2013 年。

吉岡明子　（よしおか・あきこ）　第 11 章
1975 年生まれ。1999 年大阪外国語大学外国語学部卒業。現在，日本エネルギー経済研究所中東研究センター主任研究員。主な著作に，『「イスラーム国」の脅威とイラク』（共編著）岩波書店，2014 年；『現代イラクを知るための 60 章』（共編著）明石書店，2013 年。

江﨑智絵　（えざき・ちえ）　第 12 章
1976 年生まれ。1998 年筑波大学第三学群国際総合学類中退，2006 年筑波大学大学院国際政治経済学研究科単位取得満期退学，博士（国際政治経済学）。現在，防衛大学校人文社会科学群国際関係学科准教授。主な著作に，『イスラエル・パレスチナ和平交渉の政治過程――オスロ・プロセスの展開と挫折』ミネルヴァ書房，2013 年；『平和構築へのアプローチ――ユーラシア紛争研究の最前線』（共著）吉田書店，2013 年。

＊吉川卓郎　（きっかわ・たくろう）　第 13 章
1974 年生まれ。2004 年立命館大学大学院国際関係研究科単位取得退学，国際関係学博士。現在，立命館アジア太平洋大学アジア太平洋学部准教授。主な著作に，『イスラーム政治と国民国家――エジプト・ヨルダンにおけるムスリム同胞団運動の戦略』ナカニシヤ出版，2007 年。

＊岡野内　正　（おかのうち・ただし）　第 14 章
1958 年生まれ。1981 年大阪外国語大学アラビア語科卒業，1986 年同志社大学大学院経済学研究科博士後期課程退学，経済学修士。現在，法政大学社会学部教授。主な著作に，『グローバル・ベーシック・インカム構想の射程』法律文化社，2016 年（予定）；『グローバル・ベーシック・インカム入門――世界を変える「ひとりだち」と「ささえあい」のしくみ』（訳著）明石書店，2016 年；「パレスチナ問題を解く鍵としてのホロコーストとナクバ」上・中・下『アジア・アフリカ研究』第 389，390，392 号，2008-9 年。

堀拔功二　（ほりぬき・こうじ）　コラム 1
1982 年生まれ。2006 年立命館大学国際関係学部卒業，2011 年京都大学大学院アジア・アフリカ地域研究研究科修了，博士（地域研究）。現在，一般財団法人日本エネルギー経済研究所中東研究センター研究員。主な著作に「国際労働力移動のなかの湾岸アラブ諸国の位置づけ」細田尚美編『湾岸アラブ諸国の移民労働者――「多外国人国家」の出現と生活実態』明石書店，2014 年；「カタル外交の戦略的可能性と脆弱性――『アラブの春』における外交政策を事例に」土屋一樹編『中東地域秩序の行方――「アラブの春」と中東諸国の対外政策』アジア経済研究所，2013 年；「湾岸諸国における国境と国家の存立構造――UAE の国境問題の展開を事例に」『国際政治』162 号，2010 年。

井堂有子　（いどう・ゆうこ）　コラム2
1975年生まれ。大阪外国語大学外国語学部卒業，東京大学大学院総合文化研究科修士課程修了（地域研究専攻），オランダ社会科学国際研究所修士課程修了（開発学／国際政治経済専攻）。外務省専門調査員（エジプト），国際協力機構専門家（シリア，スーダン）等を経て，現在，東京大学大学院総合文化研究科博士課程，国際基督教大学アジア文化研究所準研究員，日本社会事業大学非常勤講師。主な著作に，「「社会的公正」と再分配政策：エジプトの補助金制度改革の課題と展望」『政策提言研究』アジア経済研究所，2015年。

平井文子　（ひらい・ふみこ）　コラム3
1943年生まれ。1965年早稲田大学第一文学部卒業。現在，アジア・アフリカ研究所会員。主な著作に，『アラブ革命への視角——独裁政治，パレスチナ，ジェンダー』かもがわ出版，2012年。

岩坂将充　（いわさか・まさみち）　コラム4
1978年生まれ。2001年上智大学外国語学部卒業，2007年ビルケント大学大学院経済社会科学研究科単位取得退学，同年上智大学大学院外国語学研究科単位取得満期退学，博士（地域研究）。現在，同志社大学高等研究教育機構准教授。主な著作に，İdiris Danışmaz (ed.), *The Turkish Model: Reality and Applicability*（分担執筆），Doshisha University，2015年；「トルコにおける『民主化』の手法——文民化過程にみる『制度』と『思想』の相互作用」『国際政治』第178号，2014年；『中東地域秩序の行方——「アラブの春」と中東諸国の対外政策』（共著）アジア経済研究所，2013年。

細田尚美　（ほそだ・なおみ）　コラム5
1967年生まれ。上智大学比較文化学部卒業，京都大学大学院アジア・アフリカ地域研究研究科博士課程修了，博士（地域研究）。現在，京都大学大学院アジア・アフリカ地域研究研究科助教。主な著作に，『湾岸アラブ諸国の移民労働者——「多外国人国家」の出現と生活実態』（編著）明石書店，2014年；Bina Fernandez and Marina de Regt (eds.), *Migrant Domestic Workers in the Middle East*（共著），Palgrave Macmillan，2014年；Kwen Fee Lian, Md Mizanur Rahman, Yabit bin Alas (eds.), *International Migration in Southeast Asia: Continuities and Discontinuities*（共著），Springer, 2016.

グローバル・サウスはいま③
中東の新たな秩序

2016年5月30日　初版第1刷発行　　　　　〈検印省略〉

定価はカバーに
表示しています

編著者	松尾　昌樹
	岡野内　　正
	吉川　卓郎
発行者	杉田　啓三
印刷者	林　初彦

発行所　株式会社　ミネルヴァ書房
607-8494　京都市山科区日ノ岡堤谷町1
電話代表　(075)581-5191
振替口座　01020-0-8076

©松尾・岡野内・吉川ほか, 2016　　太洋社・新生製本

ISBN978-4-623-07627-7
Printed in Japan

グローバル・サウスはいま（全5巻）

監修：松下冽・藤田和子
体裁：Ａ５判・上製・平均350頁・本体価格3800円

第１巻	グローバル・サウスとは何か	藤田　憲　編著 松下　冽
第２巻	新自由主義下のアジア	藤田和子　編著 文　京洙
＊第３巻	中東の新たな秩序	松尾昌樹 岡野内正　編著 吉川卓郎
第４巻	発展と安定を模索するアフリカ	木田　剛　編著 竹内幸雄
第５巻	ラテンアメリカはどこに行く	山崎圭一　編著 後藤政子

（＊は既刊）

ミネルヴァ書房
http://www.minervashobo.co.jp/